Angela Wagenknecht

Morris N. Eagle

Neuere Entwicklungen in der Psychoanalyse

Morris N. Eagle

Neuere Entwicklungen in der Psychoanalyse

Eine kritische Würdigung

Aus dem Amerikanischen von Hilde Weller

Verlag Internationale Psychoanalyse
München–Wien 1988

Titel der Originalausgabe: Recent Developments in Psychoanalysis. A Critical Evaluation. English edition copyright © 1984 by McGraw-Hill Inc., New York. All rights reserved.
Autorisierte Übersetzung aus dem Amerikanischen von Hilde Weller.

Lektorat:
Dr. H. Jürgen Kagelmann, Petra Glück, Dipl.-Psych.

Wissenschaftliche Beratung:
Professor Dr. Dieter Ohlmeier, Frankfurt/M.
Dr. Peter Zagermann, München

CIP-Kurztitelaufnahme der Deutschen Bibliothek

Eagle, Morris, N.:
Neuere Entwicklungen in der Psychoanalyse : e. krit. Würdigung / Morris N. Eagle. Aus. d. Amerikan. von Hilde Weller. – München ; Wien : Verl. Internat. Psychoanalyse, 1988
Einheitssacht.: Recent developments in psychoanalysis ⟨dt.⟩.
ISBN 3-621-26505-8

Umschlagentwurf: Dieter Vollendorf, München
Herstellung: Wilfried Wirth, Regensburg
Satz, Druck und Bindung: Pustet, Regensburg

Printed in Germany.

ISBN 3-621-26505-8

Für Rita und David

Inhalt

Danksagungen

Ich möchte meiner Frau Rita Simon Eagle nicht nur meine Dankbarkeit für die Ermutigung, die sie mir hat zuteil werden lassen, zum Ausdruck bringen, sondern auch meine Wertschätzung ihrer hilfreichen Ratschläge und ihrer durchdachten Kommentare. Ich kann nichts mehr von dem, was ich schreibe, als abgeschlossen ansehen, bevor es ihrer Kritik unterzogen worden ist. Dankbar bin ich auch Robert R. Holt, der das Manuskript gelesen und mit der für ihn typischen Gründlichkeit durchgesehen hat, wobei er auch auf grundlegende Probleme und Themen hinwies. Was die vorliegende Version des Manuskripts an Klarheit aufzuweisen hat, ist zu einem guten Teil ihm zu verdanken. Schließlich möchte ich Jim Blight meine Dankbarkeit aussprechen, dessen Enthusiasmus und Verständnis für das, was ich zu sagen versucht habe, äußerst hilfreich und ermutigend waren.

Teil I
Kritische Würdigung neuerer Entwicklungen in der psychoanalytischen Theorie

1. Kapitel
Einleitung

In der Psychoanalyse gärt es zur Zeit beträchtlich. Ein wichtiger Aspekt dieser Gärung ist das starke Interesse, das den Objektbeziehungen und dem Begriff des Selbst entgegengebracht wird. Dieses Interesse hängt zum Teil mit der gegenwärtigen Beschäftigung mit Borderline-Zuständen und narzißtischen Persönlichkeitsstörungen zusammen (z. B. Kernberg, 1975, 1976; Kohut, 1971, 1977), läßt sich aber natürlich weiter zurückverfolgen. Es wurde auch durch die Pionierarbeit von Spitz (1945, 1946 a, 1946 b) über die Auswirkungen des Mangels an mütterlicher Zuwendung, die Arbeit von Melanie Klein (z. B. 1932, 1948, 1957) und die der englischen Theoretiker der Objektbeziehungen (z. B. Fairbairn, 1952; Guntrip, 1969; Winnicott, 1958, 1965), die Formulierungen Mahlers und ihrer Kollegen (1968, 1975) über Symbiose sowie Loslösung und Individuation, die Arbeit Bowlbys (1969, 1973) über Bindung und Trennung und schließlich durch die allgemeine Unzufriedenheit mit gewissen Aspekten der psychoanalytischen Theorie (z. B. Klein, 1976) angeregt. Ferner haben sich inzwischen Ergebnisse aus verschiedenen Forschungsbereichen angesammelt, die gewisse Grundannahmen der traditionellen Freudschen Theorie in Frage stellen (Eagle, 1981, 1982 a).

In den letzten Jahren hat die psychoanalytische Theorie ihr Erscheinungsbild radikal verändert. Einiges von dem, was man einmal für die fundamentalen Thesen der Psychoanalyse hielt, ist in erheblichem Maße neu definiert worden. Es ist keineswegs sicher, daß alle diese Änderungen mit der klassischen psychoanalytischen Theorie, wie sie von Freud und seinen ersten Anhängern entwickelt wurde, in Einklang stehen. Wenn man den Umfang der Neuformulierungen genau betrachtet, ist man völlig im Ungewissen, was von der traditionellen psychoanalytischen Theorie übrigbleibt. Und doch werden diese Neuformulierungen und Änderungen oft so dargestellt, als wären sie lediglich Erweiterungen früherer Ideen oder nur ergänzende Formulierungen, ohne zu fragen, ob sie sich mit der bereits bestehenden traditionellen Theorie in logischer Übereinstimmung befinden. Diese Neuformulierungen enthalten nämlich oft auch hartnäckige, besonders zwingende kritische Beurteilungen der psychoanalytischen Theorie, ohne ausdrücklich zu erwähnen, daß solche Kritik bereits erfolgte, jetzt zur Kenntnis genommen wird und man sich mit ihr auch tatsächlich auseinandersetzt. So wird die angebliche Behebung eines Mangels der traditionellen psychoanalytischen Theorie, die von Kritikern längst erkannt wurde, allzu oft als theoretischer Fortschritt oder gar als Durchbruch begrüßt, wobei die frühere Kritik häufig nicht zitiert wird, wie es wissenschaftlicher Übung entspräche. Und schließlich ist es nicht selten so, daß vorgegeben wird, einige dieser Neuformulierungen – mitunter recht radikaler Art – seien bereits in *manchen* Freudschen Schriften vorweggenommen, sie stünden im Einklang mit *manchen* Ideen Freuds oder erweiterten sie, und es wird kaum oder gar nicht danach gefragt, ob diese Neuformulierungen in einem logischen Zusammenhang mit den Grundgedanken der Psychoanalyse als einem kohärenten theoretischen System[1] stehen.

Neuere Formulierungen und Befunde, vor allem im Bereich der Objektbeziehungen und der Entwicklung des Selbst, stellen starke Herausforderungen gewisser grundlegender Freudscher Thesen und Begriffe hinsichtlich des Charakters der Persönlichkeitsentwicklung und der Psychopathologie dar. Ich werde ausführen, daß Formulierungen und Befunde, wie immer sie ursprünglich dargeboten worden sein mögen, in Wahrheit mit einigen zentralen Freudschen Thesen und Begriffen nicht in Einklang stehen. Kurz gesagt, ein gut Teil neuerer psychoanalytischer Arbeiten – auch wenn sie nicht immer in diesem Lichte erscheinen – stellt tatsächlich eine Generalüberholung bestimmter wichtiger Punkte der traditionellen psychoanalytischen Theorie dar.

Modell (1975) hat festgestellt, daß „diese neue Dimension der Objektbeziehungen ... noch mit Freuds Modell in *Das Ich und das Es* integriert werden muß", und ferner behauptet, daß „wenn die Objektbeziehungstheorie nicht in *Das Ich und das Es* integriert werden kann, letzteres nicht als zentrales Paradigma der Psychoanalyse überleben wird" (S. 58) [übers. v. H. W.]. Obgleich Modell zu dem Schluß kommt, daß *Das Ich und das Es* als zentrales Paradigma der Psychoanalyse weiterbestehen kann, glaube ich nicht, daß dies ohne weiteres zutrifft, und ich werde versuchen, die Grundlagen *meiner* Schlußfolgerung aufzuzeigen.

Ich halte es für wichtig, den Ansturm neuer Ideen und Begriffsbildungen einer systematischen Prüfung zu unterziehen und deutlich zu machen, inwiefern die psychoanalytische Theorie überholt worden ist, was von ihr bleibt und welche Gestalt die neuen psychoanalytischen Begriffe der Persönlichkeitsentwicklung, der Psychopathologie und der *Conditio humana* angenommen haben. Ich pflichte in vollem Umfang der Äußerung Gedos (1979) bei, daß „die Zeit endlich gekommen ist, dem vierzigjährigen Bemühen, mit Freuds theoretischem Erbe durch stückweise Flickarbeit zurechtzukommen, ein Ende zu setzen" (S. 9) [übers. v. H. W.]. Das vorliegende Buch soll daher einen systematischen Überblick über neuere Vorstellungen geben und damit über den gegenwärtigen Stand der psychoanalytischen Theorie Rechenschaft ablegen.

Bei meiner Erörterung neuerer Entwicklungen in der Psychoanalyse war es nicht meine Absicht, allumfassend zu sein und sämtliche wichtigen Autoren zu berück-sichtigen, die einen Beitrag zur psychoanalytischen Theorie geleistet haben. Ich möchte erklären, weshalb einige bedeutende Persönlichkeiten ausgelassen wurden. So hat beispielsweise Erikson ohne Frage die Psychoanalyse durch seine Beiträge überaus bereichert. Diese Beiträge wurden jedoch bereits vor längerer Zeit geleistet; sie sind in die psychoanalytische Theorie eingegangen und wurden weithin diskutiert. Schwerer läßt sich erklären, weshalb ich Kernberg kein Kapitel gewidmet habe. Obwohl ich mich im Text auf ihn beziehe und obwohl er zweifellos die psychoanalytische Theorie erweitert hat (z. B. durch seine Beschreibungen und Erklärungen von Borderline-Zuständen), vermochte ich kein kohärentes System theoretischer Formulierungen zu erkennen, welches ich gut genug verstehen konnte, um es darzustellen und kritisch zu würdigen. Schließlich möchte ich vor allem erklären, weshalb ich kein Kapitel über Benjamin B. Rubinstein aufgenommen habe, dessen Schriften meines Erachtens zu denen gehören, in denen sich das intelligenteste, präziseste Denken in der gegenwärtigen psychoanalytischen Literatur widerspiegelt. Zum einen handelt es sich bei Rubinsteins Arbeiten im Gegensatz zu dem übrigen Material, das ich verwendet habe, nicht um klinische und theoretische Modifizierungen der Psychoanalyse, sondern vielmehr um begriffliche Analysen und Klärungen grundlegender psychoanalytischer Vorstellungen. Zum zweiten hatte ich mich zu der Zeit, als ich das vorliegende Buch abschloß, bereit erklärt, für ein von J. Reppen herausgegebenes Buch über die Psychoanalyse ein Kapitel über Rubinsteins Beiträge zu schreiben. Ich wußte daher, daß ich Gelegenheit haben würde, über die wichtige Arbeit Rubinsteins in den letzten Jahren zu berichten.

Anmerkung

[1] Das neueste Beispiel dieser Neigung begegnete mir in Kaplans (1981) Besprechung des Buches von Gedo *Beyond Interpretation.* Er überlegt, „ob eine solche Revision sich lohne", und fragt sich dann, „ob die Dinge, mit denen sich Gedo befaßt, und zwar sehr kenntnisreich, nicht bereits Bestandteil der ... traditionellen psychoanalytischen Theorie sind. Sicherlich kann man bei Freund an vielen Stellen die Vorstellung finden, daß Desorganisation oder Organisation als Reaktionen auf die Deutung von Täuschungen einen diagnostischen Hinweis liefern. Ebensowenig vernachlässigte Freud das Problem einer Hierarchie von Abwehrfunktionen" (S. 287) [übers. v. H. W.]. Es kommt nicht darauf an, ob man diese oder jene bestimmte Vorstellung irgendwo in Freuds Schriften findet (oder zu finden glaubt), sondern darauf, ob Gedos Neuformulierungen mit den zentralen Annahmen und Thesen der traditionellen Theorie logisch in Einklang stehen.

2. Kapitel
Objektbeziehungen und Freudsche Triebtheorie

Die meisten Abweichungen von der traditionellen psychoanalytischen Theorie nahmen ihren Ausgang von einer Ablehnung oder zumindest einer Neuformulierung der Freudschen Triebtheorie. Zwar sind das Postulat des dynamischen Unbewußten und die Prinzipien des psychischen Determinismus und der Überdeterminierung die vertrautesten zentralen Merkmale der Freudschen Theorie, doch ich glaube, daß Bowlby (1969) recht hat, wenn er bemerkt, daß Freuds Triebtheorie den Kern seiner Metapsychologie darstellt. Während die erstgenannten Prinzipien für einen Analytiker nahezu jeder Richtung annehmbar sind, ist die Triebtheorie entschieden freudianisch und bildet den Grundstock vieler anderer psychoanalytischer Begriffe, etwa „Angst", „Abwehr", „primärprozeßhaftes Funktionieren". Es ist kein Wunder, daß historisch gesehen die Bejahung oder Ablehnung der Triebtheorie als wichtigstes Kriterium diente, um Abtrünnigkeit von der Freudschen Psychoanalyse zu definieren. Eine Kritik der Triebtheorie wurde und wird noch immer von vielen als Ablehnung des Biologischen, des Trieberbes des Menschen, also dessen angesehen, was mehr als alles andere die Freudsche Schule von den angeblich oberflächlicheren neo-freudianischen psychoanalytischen Richtungen unterschied, die sich auf zwischenmenschliche oder kulturelle Faktoren stützten. Ich will zu beweisen versuchen, daß diese Ansicht falsch ist. Außerdem möchte ich zeigen, daß die traditionelle Freudsche Theorie, insbesondere die Triebtheorie, die Objektbeziehungen nicht genügend berücksichtigt.

Es wird nützlich sein, wenn wir uns zunächst daran erinnern, auf welche Weise das Thema der Objektbeziehungen in der traditionellen Theorie behandelt wird. Die Freudsche Triebtheorie ist eine jener allumfassenden Motivationstheorien menschlichen Verhaltens, nach denen *jedes* Verhalten – das kognitive, zwischenmenschliche, gesellschaftliche. usw. – direkt oder indirekt so aufgefaßt wird, daß es im Dienste angeblich fundamentaler oder primärer Triebe steht oder ein Ausdruck derselben ist. Nach diesen Theorien dient jedes Verhalten dazu, diese primären oder andere Triebe zu befriedigen, die sich sekundär in Verbindung mit den sogenannten primären Trieben entwickelt haben.

Ich glaube zeigen zu können, daß diese Formulierung unmittelbar von der quasi darwinistischen Annahme ausgeht, daß Verhalten unter dem Aspekt seiner Überlebensfunktion zu verstehen sei. Dies tritt in den frühen Schriften Freuds stärker in Erscheinung, als er die Triebe postulierte, die im wesentlichen der Selbsterhaltung (z. B. Hunger) oder der Arterhaltung (z. B. der Geschlechtstrieb) dienen. Wenngleich er später vornehmlich von libidinösen und aggressiven Trieben sprach, blieb die frühere Entwicklungsvorstellung in ihrer Substanz unangetastet.[1]

Da für Freud Triebbefriedigung und Erregungsabfuhr im wesentlichen gleichbedeutend sind, läßt sich die These, daß alles Verhalten im Dienste der Triebbefriedigung stehe, auch so formulieren, daß die Grundtendenz des Orgnaismus die unmittelbare Erregungsabfuhr sei. Daß dieser Tendenz nach Freuds Auffassung eine Überlebenswert zukommt, ergibt sich aus seiner Annahme, daß Erregung den Organismus schädigen kann, wenn sie nicht abgeführt wird oder einen extrem hohen Pegelstand erreicht. In der Tat wird exzessive Erregung als die grundlegende Gefährdung des Organismus angesehen – eine Vorstellung, die im „Entwurf" (1887–1902) ausgeführt und von Freud niemals aufgegeben wird –, und verschiedene Möglichkeiten, dieser Gefahr aus dem Wege zu gehen, sind in vielen menschlichen Verhaltensweisen enthalten.[2]

Zwar können äußere Reize zu exzessiver Erregung beitragen, doch die Hauptquelle dieser Gefahr sind Triebspannungen. Dies beruht darauf, daß man – im Gegensatz zu äußeren Reizen – vor innerlich erzeugten Spannungen nicht flüchten kann. In jedem Fall ist es eine natürliche Neigung des Organismus, zu sofortiger Abfuhr von Spannungen zu gelangen. Dies wird im wesentlichen durch die physische wie die gesellschaftliche Realität, das heißt die Zivilisation, unmöglich gemacht.

Daß eine unmittelbare Abfuhr nicht möglich ist, hat ungeheure Folgen für die Persönlichkeitsentwicklung und das Verhalten. Nach der Freudschen Theorie erzwingt diese Unmöglichkeit die Entwicklung des Denkens und anderer Ichfunktionen und führt zum Umgang mit Objekten in der Welt und zum Interesse an ihnen. Das heißt, lebte man in einer Science-Fiction-Welt, in der jeder Wunsch

Wahrheit würde, würde man weder andere Funktionen als das Wünschen noch Objektbeziehungen entwickeln. Als Beispiel hierfür mag Freuds (1900) Vermutung gelten, daß der Säugling, nachdem sein Hunger gestillt ist, eine Wunscherfüllung zu erreichen versucht, indem er die Brust halluziniert, sobald er erneut Hunger verspürt. Freud bemerkt, daß dies nur darauf beruht, daß die Hungerspannung auf diese Weise nicht beseitigt wird und sich das Kind mit realistischeren, wenngleich verzögerten und indirekten Abfuhrmöglichkeiten zufriedengeben muß. Aus Freuds Schriften geht sehr klar hervor, daß sich ohne die uns auferlegten Aufschübe und Frustrationen das Denken und andere Funktionen, die uns die Realität vermitteln, niemals entwickeln würden. Für Freud ist das Denken nur ein Umweg beziehungsweise ein weitschweifiges Mittel zur Triebbefriedigung, das von der Realität gefordert wird. Er drückt es so aus: „Die Befriedigung tritt nicht ein, das Bedürfnis dauert fort" (S. 571) – trotz der halluzinatorischen Aktivität, und daher ist der psychische Apparat gezwungen, andere Wege zu suchen, „die schließlich zur Herstellung der gewünschten Identität von der Außenwelt her führen" (S. 572). Doch Freud erinnert uns: „All die komplizierte Denktätigkeit aber, welche sich vom Erinnerungsbild bis zur Herstellung der Wahrnehmungsintensität durch die Außenwelt fortspinnt, stellt doch nur einen durch die Erfahrung notwendig gewordenen Umweg zur Wunscherfüllung dar. Das Denken ist doch nichts anderes als der Ersatz des halluzinatorischen Wunsches" (S. 572). Und selbst nach der Entwicklung von Realitätsprüfung und Denken, bleibt es – laut Freud – wahr, daß nur ein Wunsch unseren psychischen Apparat in Bewegung zu setzen vermag.[3]

Was vom Denken gesagt werden kann, gilt auch für das Interesse an Objekten und für Objektbeziehungen im allgemeinen. Wäre eine Triebbefriedigung ohne Objekte möglich (das heißt, könnte die Halluzination der Brust und ihrer Äquivalente Befriedigung verschaffen), würde man weder ein Interesse an Objekten noch an Objektbeziehungen entwickeln. Angesichts der Realität ist man jedoch laut Freud (1915a) *gezwungen* zu überwinden, was er den Urhaß nennt, und die Triebbefriedigung bei ihnen zu suchen. Ihre Bedeutung liegt demnach hauptsächlich in ihrer Rolle als „dasjenige, an welchem oder durch welches der Trieb sein Ziel erreichen kann" (Freud, 1915a, S. 215).

In seiner Erörterung des Narzißmus tritt auch Freuds (1914)

Überzeugung zutage, daß wir Objekte nur widerstrebend besetzen. Nach Freud bilden wir also „die Vorstellung einer ursprünglichen Libidobesetzung des Ichs, von der später an die Objekte abgegeben wird, die aber, im Grunde genommen, verbleibt und sich zu den Objektbesetzungen verhält wie der Körper eines Protoplasmatierchens zu den von ihm ausgeschickten Pseudopodien" (S. 141). In demselben Aufsatz spricht Freud später von dem Neurotiker, der durch seine übermäßigen Objektbesetzungen im Ich verarmt. Mit anderen Worten: Der ursprüngliche narzißtische Widerwille, Objekte zu besetzen, ist fundamental und besteht lebenslang weiter; ferner ist die Objektbesetzung stets potentiell mit der Gefahr der Ichverarmung verbunden.

Die Freudsche Erklärung der Bildung zwischenmenschlicher Bindungen ergibt sich unmittelbar aus der allgemeinen Vorstellung von der Rolle und der Funktion von Objekten. Charakter und Ursprung der zwischenmenschlichen oder Objektbeziehungen sind auch im Sinne der Freudschen Triebtheorie zu verstehen. Die Bindung des Kindes an seine Mutter (und, implizit, unsere spätere Bindung aneinander) erklärt sich in erster Linie dadurch, daß sie uns Triebbefriedigungen erleben läßt. Freud (1940 a) drückt es so aus: „Die Liebe entsteht in Anlehnung an das befriedigte Nahrungsbedürfnis" (S. 115). Allgemeiner gesagt, beruht die Bindung des Kindes an seine Mutter vor allem darauf, daß sie eine übermäßige Stimulierung verhindert, die aus der Entwicklung von Triebspannungen erwachsen würde, und als Folge davon auf ihrer Rolle als Erregerin der erogenen Zonen (oder, um eine von Freuds dramatischeren Bezeichnungen zu verwenden, als „Verführerin"). Obgleich man, wie Bowlby (1969) ausführt, in Freuds Schriften Passagen finden kann, die auf einen primären, eigenständigen Charakter der frühen Mutter-Kind-Beziehungen verweisen, ergibt sich aus seinen Arbeiten im allgemeinen sowie aus der Logik seiner Triebtheorie, daß die Bindung des Kindes an die Mutter ihre Erklärung darin findet, daß diese ihm Triebbefriedigungen vermittelt.

Insoweit man davon ausgeht, daß zwischenmenschliche Zuneigung ihre Stärke aus der Verbindung mit Triebbefriedigung bezieht, verleiht man ersterer in der Freudschen Theorie einen sekundären, abgeleiteten Status, der damit als Beispiel für das dient, was Bowlby (1969) eine „Sekundärtrieb"-Theorie der Mutter-Kind-Bindung nennt. Entsprechend diesen Theorien wird das Triebhafte (oder, in der traditionellen Lerntheorie, die sogenannten „primären Triebe") als primärer, biologischer Kern der Persönlichkeit verstanden, während das Interpersonale und Soziale als sekundäre, abgeleitete, überlagerte Aspekte der Persönlichkeit gelten.

Diese Vorstellung von der Objektbeziehung als sekundär und von den Grundtrieben abgeleitet, wird durch Spitz' (1960) Erklärung seiner Ergebnisse bezüglich des Entzugs mütterlicher Zuwendung (maternal deprivation) exemplifiziert. Da diese Ergebnisse so häufig zitiert wurden, um die katastrophalen Auswirkungen einer mangelnden Bemutterung in der frühen Kindheit auf die Entwicklung zu zeigen, selbst wenn offensichtlichere körperliche Bedürfnisse befriedigt werden (Hunger, Durst, Obdach), wird leicht übersehen, daß Spitz' eigene Interpretationen seiner Befunde sich eng im Rahmen der Freudschen Triebtheorie hielten. Das heißt, Spitz schreibt die Wirkungen der Trennung von der Mutter teilweise dem Umstand zu, daß der Verlust des Liebesobjekts die Abfuhr sowohl libidinöser als auch aggressiver Triebe unterbricht. Er stellt ausdrücklich fest: „Ich muß nochmals betonen, daß beim emotionalen Austausch mit dem Liebesobjekt sowohl die libidinösen als auch die aggressiven Triebe abgeführt werden. Der Verlust des Liebesobjekts unterbricht die Abfuhr beider Triebe" (S. 90). Mit anderen Worten: Nicht der Verlust des Liebesobjekts als solcher ist so schädlich, sondern die Tatsache, daß durch diesen Verlust die Möglichkeiten zur Abfuhr libidinöser und aggressiver Triebe entfallen. Diese Formulierung impliziert eindeutig, daß die Blockierung libidinöser und aggressiver Triebenergien der Mechanismus ist, der in erster Linie für die extremen Auswirkungen auf die Entwicklung verantwortlich ist, die mit der Trennung von der Mutter einhergehen. Das ist ein ebenso klarumrissenes hydraulisches Modell wie eines, dem man wahrscheinlich in neueren psychoanalytischen Formulierungen begegnen kann. Es veranschaulicht auch, wie Äußerungen über frühe Objektbeziehungen unter dem Gesichtspunkt der Freudschen Triebtheorie gedeutet werden. Aus dieser Perspektive sind Objekte und Objektbeziehungen in erster Linie als Mittel und Werkzeuge zur Abfuhr libidinöser und aggressiver Triebe von Bedeutung. So gesehen, haben sie in der Tat einen sekundären, abgeleiteten Status.

Zusammengefaßt können wir demnach sagen, daß wir, folgt man der Freudschen Theorie, weder ein Interesse an Objekten und Objektbeziehungen noch an Ichfunktionen, die der Realitätsprüfung dienen, entwickeln würden, wenn Objekte nicht zur Triebbefriedigung benötigt würden und eine unmittelbare Befriedigung möglich wäre (wie am Beispiel der halluzinierten Brust exemplifiziert). Da aber die Realität anders beschaffen ist, ist eine unmittelbare Befriedigung nicht möglich, und Objekte *sind* erforderlich, ebenso wie Befriedigung geplant und auf Umwegen erreicht werden muß.[4] Wir sind daher gezwungen, Umgang mit Objekten zu pflegen. Doch dieser Umgang ist so beschaffen, daß unser Interesse an den Objekten und die Beziehung zu ihnen direkt oder indirekt an ihre Bedeutung als Mittel zur Triebbefriedigung gebunden bleibt.

Es gibt mittlerweile viele Hinweise, daß Freuds „anaklitisches" Modell der Mutter-Kind-Bindung ebenso wie die allgemeine Vorstellung von der Grundlage der Objektbeziehungen, die die traditionelle Theorie anbietet, falsch ist. Den bekanntesten dieser Hinweise liefern Harlows (1958) Untersuchungen über „das Wesen der Liebe".

Die Unzufriedenheit mit Erklärungen zwischenmenschlicher Beziehungen auf der Grundlage eines „Sekundärtriebs" (die, wie man festhalten sollte, das „anaklitische" Modell einschließt) führte zu den nunmehr klassischen Untersuchungen Harlows, die sehr eindringlich zeigten, daß die Bindung des Affenbabys an seine Ersatzmutter nicht von der Verringerung sogenannter primärer Triebe (etwa Hunger und Durst) herrührte oder durch sie bedingt war. Die Bindung schien vielmehr auf dem autonomen Bedürfnis nach dem zu beruhen, was Harlow „Kontaktbehagen" („contact comfort") nannte. Affenbabys wurden bei der Geburt von ihren natürlichen Müttern getrennt und von Ersatzmüttern betreut, die aus Draht und Frottee bestanden. Harlow schloß daraus, daß das Affenbaby sich zu jeder beliebigen Ersatzmutter hingezogen fühlen würde, die die primären Triebe Hunger und Durst verringerte, wenn seine Bindung an sie davon abgeleitet wäre. Stattdessen entwickelte das Affenbaby eine Bindung an die (Frottee-)Ersatzmutter, die „Kontaktbehagen" spendete, selbst wenn eine andere (Draht-)Ersatzmutter seine sogenannten „primären" Triebe befriedigte.

Es ist wichtig, im Auge zu behalten, daß die Ersatzmütter, denen die Zuneigung der Affenbabys galt, nicht einfach die Aufgabe hatten, „Kontaktbehagen" zu spenden, wie andere Ersatzmütter Milch spendeten, sondern daß man sich an sie anklammern konnte und sie in neuen, als gefährlich empfundenen Situationen Sicherheit vermittelten. Mit anderen Worten, die Affenbabys gingen wohl zur milchspendenden Drahtmutter, wenn sie hungrig waren, doch ihre *allumfassende Zuneigung* galt der Frotteemutter, und an „sie“ klammerten sie sich, wenn sie des Trostes und der Sicherheit bedurften.[5]

Diese Ergebnisse stellen Bindungsmodelle, die sich auf eine „homöostatische Triebreduktion“ stützen, ernstlich in Frage, und wenn man von Affenbabys auf Menschenbabys schließen kann, bedeuten sie auch eine Herausforderung gegenüber dem traditionellen „anaklitischen“ Bindungsmodell.[6] Wenn Zuneigung zu einem Objekt von dessen Rolle bei der Triebbefriedigung herrührt, warum galt die Zuneigung der Affenbabys dann nicht der milchspendenden Mutter, die eine Befriedigung bot, welche einem Triebabfuhrmodell eher entsprach als die Befriedigung durch „Kontaktbehagen“ seitens der Frotteemutter?

Der Umstand, daß das Kind dem Spender des „Kontaktbehagens“ mehr Zuneigung entgegenbringt als dem Spender der Milch, ist eine wichtige Entdeckung in bezug auf das Wesen der Bindung. Sie legt nahe, daß Kinder genetisch prädisponiert sind, sich einer Einheit mit bestimmten Eigenschaften zuzuneigen, unter denen die Fähigkeit, „Kontaktbehagen“ zu schaffen, an erster Stelle steht. Es ist wahrscheinlich, daß das frühe Bedürfnis nach „Kontaktbehagen“ und die Prädisposition zur Bindung an den Vermittler des „Kontaktbehagens“ die Grundlage – und ein Vorläufer – späterer Bedürfnisse nach Kontakten und Objektbeziehungen ist, die zunehmend psychologischer werden – zum Beispiel das Bedürfnis nach einfühlsamen Reaktionen der bemutternden Person. Kurz gesagt, statt sekundär oder „anaklitisch“ zu sein, entwickeln sich Zuneigung und Objektbeziehungen auf einer autonomen genetischen Grundlage.

Selbstverständlich obliegen in der natürlichen Umwelt das Nähren, Pflegen und die „Kontaktbehagen“-Funktionen ein und derselben Person oder ein und demselben Tier, und in der Tat wird durch Nähren und Pflegen viel „Kontaktbehagen“ vermittelt. Zweifellos verstärkt dies die Zuneigung des Kindes zur Mutter und hat damit Überlebenswert.[7] Die Harlow-Untersuchung zeigt jedoch – indem diese Funktionen experimentell getrennt werden –, daß der wichtigste „Träger“ der Zuneigung das „Kontaktbehagen“ ist und nicht das Nähren. Bei einiger Überlegung stellt man fest, daß auch dies in hohem Maße der Anpassung dient. Denn die Fähigkeit, Kontaktbehagen zu schaffen, ist eine wesentliche Eigenschaft, die allen Angehörigen der Spezies gemeinsam ist, so daß die Bindung an *irgendeinen* Artgenossen praktisch garantiert ist. Dem kommt erhöhte

Bedeutung zu, wenn nach der Kindheit die Beziehungen zur Gruppe der Gleichaltrigen und Überlegungen, mit wem man sich partnerschaftlich verbinden möchte, Relevanz erlangen. „Kontaktbehagen" als ein ursprüngliches Mittel, Zuneigung zu wecken, bietet dafür eine breitere Grundlage und einen größeren Umfang als das Nähren. Insofern die breite Grundlage und der größere Umfang der Bindung die Beziehung zu Gleichaltrigen und Partnerschaft erleichtern, besitzen sie offensichtlich einen adaptiven und selektiven Wert für die Spezies. (So ist es zum Beispiel weniger wahrscheinlich, daß Tiere, die keine auf Zuneigung beruhenden Bindungen zu Altersgenossen herstellen können, ihre Erbanlagen weitergeben.)

Es ist wichtig festzustellen, daß Affen, die ohne Mutter, doch zusammen mit Gleichaltrigen aufgezogen wurden, keine der schweren Entwicklungsstörungen zu zeigen scheinen, die bei Affen auftreten, welche von künstlichen Ersatzmüttern (d. h. Draht- und Frotteemüttern) betreut oder in Isolation aufwuchsen. Im Gegensatz dazu zeigen Affen, die zwar von ihren biologischen Müttern aufgezogen wurden, denen aber der Kontakt mit Altersgenossen verwehrt war, deutliche Mängel hinsichtlich ihrer gesellschaftlichen Verhaltensmuster (Harlow & Harlow, 1969).

Affen, die ohne Mütter, aber zusammen mit Altersgenossen aufgezogen wurden, hängen mit starker Zuneigung aneinander (Harlow, 1969) – ein Muster, das auffallende Parallelen zur Beschreibung der sechs Kinder aufweist, die im Alter von wenigen Monaten bis zu einem Jahr zusammen in Konzentrationslager geworfen worden waren. Als A. Freud und S. Dann (1951) von ihnen erfuhren, hatten sie mehr als zwei Jahre gemeinsam in verschiedenen Konzentrationslagern verbracht. Sie waren einander sehr zugeneigt, reagierten sehr sensibel auf die gegenseitigen Einstellungen und Gefühle und teilten all ihre Besitztümer. Sie legten ein sehr starkes „In-Group"-Gefühl an den Tag und reagierten anfangs auf erwachsene Betreuer entweder mit Nichtbeachtung oder verbalen und körperlichen Angriffen. Am wichtigsten in unserem Zusammenhang ist die Tatsache, daß diese Kinder nicht das Maß und die Art schwerer Pathologie zeigten, die das Fehlen mütterlicher Fürsorge nach den meisten gängigen psychodynamischen Theorien unvermeidlich verursachen sollte. A. Freud und Dann bemerken, daß diese Kinder „weder zurückgeblieben, delinquent oder psychotisch" waren (1980, S. 514).

Die Bedeutung der Zuneigung Gleichaltriger für die Entwicklung und der Umstand, daß sie möglicherweise in begrenztem Umfang die Beziehung zur Mutter ersetzen kann, beleuchtet noch in anderer Weise die eigenständige Grundlage von Objektbeziehungen und läßt ferner die Annahme zweifelhaft erscheinen, daß sich zwischenmenschliche Zuneigung sekundär von der Befriedigung primärer Triebe herleitet. Wenn frühe Zuneigung in erster Linie eine Funktion der Stillung des Hungers wäre, würde es einem schwerfallen, die starke Zuneigung unter Gleichaltrigen zu erklären. Es liegt klar auf der Hand, daß sich die Jungen nicht wegen der Nahrung an ihre Altersgenossen halten, sondern auf Grund des Bedürfnisses nach Objektbeziehungen, die mit der Nahrung nicht das geringste zu tun haben.

Alle Forschungs- und Beobachtungsergebnisse über Menschen und zwischenmenschliches Verhalten unterstützen in überwältigendem Maße die Vorstellung, daß es ein primäres, autonomes Triebsystem der Zuneigung gibt, welches von Hunger wie auch von Sexualität und Aggression relativ unabhängig ist. Wie von Bowlby (1969) und anderen beschrieben, handelt es sich dabei um ein System, das Verhaltenskomponenten wie das Lächeln, Lautbildung, Saugen, die Fähigkeit, sich besänftigen zu lassen, die Bereitschaft, auf Objekte mit bestimmten spezifischen Merkmalen zu reagieren, und, wie die Arbeit Harlows (1958) zeigt, das Bedürfnis nach „Kontaktbehagen“ einschließt. Bei allen Arten, bei denen sich eine Zuneigung zwischen Kind und Mutter entwickelt, beruhen das Pflegeverhalten der Mutter und die anhänglichen Reaktionen des Kindes auf Gegenseitigkeit (Bowlby, 1969). Es gibt keinen Beweis, daß all diese anhänglichen Reaktionen vollkommen von der Befriedigung anderer Bedürfnisse abhängen oder einzig und allein auf sie zurückzuführen sind (wenngleich die Anhänglichkeit an die Mutter natürlich durch solche Befriedigungen verstärkt werden kann). Elemente des kindlichen Verhaltensrepertoires, soweit es die Anhänglichkeit betrifft (das heißt, Komponenten des Verhaltenssystems Zuneigung), treten bei der Geburt praktisch bei allen Angehörigen der Spezies in Erscheinung. Sie alle ermöglichen das „vorhersehbare Ergebnis“ der Nähe zum Betreuer und des Kontakts mit ihm entweder durch Signale (z. B. Weinen, Lächeln), die komplementäre Reaktionen beim Betreuer auslösen, oder durch aktive Verhaltensweisen (z. B. Saugen, Anklammern), die unmittelbare Nähe und Kontakt herstellen.

Stern (1980), ein bekannter Forscher auf dem Gebiet der Mutter-Kind-Interaktionen, kommt zu dem Schluß, daß es mittlerweile genügend Hinweise gibt, „daß kraftvolle Beziehungen nicht durch das Füttern geschmiedet werden, sondern vielmehr durch gemeinsame und einander ergänzende Erfahrungen. Es ist vielleicht an der Zeit zu erklären, daß Erfahrungen wie Hungrigsein, Gefüttertwerden und sorglos einzuschlafen, selbst wenn sie mit einer bestimmten Person in Verbindung stehen, nicht zu subjektiver Intimität mit dieser Person führen, es sei denn, Subjekt und Objekt ergänzten sich gegenseitig und hätten denselben Status" (S. 37) [übers. v. H. W.]. Dieser Auffassung kann die klassische psychoanalytische Position gegenObergestellt werden, die von „einer ersten Mutterbeziehung ‚nach dem Anlehnungstypus', d. h. einer Phase, in der die mit der Befriedigung wichtiger Körperbedürfnisse verbundenen lustvollen Sensationen die Libido zur Besetzung einer Person in der Außenwelt führen", ausgeht (A. Freud, 1960, dt. 1980, S. 1779). (Dieser Gegensatz wird besonders deutlich, wenn man in Betracht zieht, daß „wichtige Körperbedürfnisse" nach der klassischen Theorie nicht umfassen, was Stern „gemeinsame und einander ergänzende Erfahrungen" nennt, und auch keine „lustvollen Empfindungen", wie sie im Kontext eines Triebabfuhrmodells definiert werden.)

Daß das von Freud vorgeschlagene „anaklitische" Modell nicht richtig ist, wird auch anhand der Wirkungen des Objektverlusts (vorwiegend des mütterlichen) deutlich. So kann man die Tatsache, daß die Sterblichkeitsrate von Affenbabys durch das Vorhandensein oder Fehlen eines Mulltuches in einem im übrigen leeren Käfig beeinflußt wird, kaum unter dem Aspekt von Füttern oder Nahrung erklären (Harlow, 1958). Man hat auch zeigen können, daß selbst beim Fortbestehen von Gesichts-, Gehörs- und Geruchsinteraktionen die Verhinderung körperlicher Berührung zwischen Kind und Mutter bei Affen zu abnormen Entwicklungen führt (Harlow & Zimmermann, 1959; Hinde & Spencer-Booth, 1971; Harlow & Harlow, 1969). Auch bei Menschenkindern hat man beobachtet, daß trotz adäquater Ernährung und medizinischer Versorgung mangelndes Interesse seitens der Mutter abnorme Entwicklungen verursacht (vgl. Powell u. a., 1967 a, b; Silver & Finkelstein, 1967) und eine hohe Sterblichkeitsrate zur Folge haben kann (Bakwin, 1949; Patton und Gardner, 1963). Chronische Entbehrung führt auch zu permanenter Verringerung der Körpergröße, eine Entwicklung, die man als „psychosozialen Zwergwuchs" bezeichnet (z. B. Thoman & Arnold, 1968). Goldschmidt (1975) hat berichtet, daß die Kinder der Sebei zwar auf Wunsch gefüttert und relativ spät entwöhnt werden, daß es aber in bemerkenswerter Weise an Zärtlichkeit und Blickkontakt fehlt und die Mütter abwesend, teilnahmslos und distanziert sind. Das führt dazu, daß die Beziehungen der erwachsenen Sebei hauptsächlich auf Nützlichkeitserwägungen beruhen, daß das Leiden anderer sie kaum berührt, und daß sie relativ gefühllos sind.

Beim Versuch, ein Tiermodell des menschlichen „psychosozialen Zwergwuchses" zu erstellen, haben Schanberg und Kuhn (1980) den schlagenden Beweis geliefert, daß es sich bei der mütterlichen Deprivation eher um einen primären Faktor handelt als um einen Faktor, der von anderen abgeleitet ist. Zunächst haben sie gezeigt, daß mütterliche Deprivation in Form vorzeitiger Entwöhnung von Rattenjungen zu einer Abnahme der Aktivität der Ornithin-Decarboxylase (ODC) – einem biologischen Index der Gewebereifung – von Hirn, Herz und Leber führt und diese Aktivität ansteigt, wenn man die Jungen der Mutter zurückgibt. Daß die verringerte ODC-Aktivität nicht mit einem Nahrungsmittelentzug zusammenhängt, wurde dadurch schlüssig bewiesen, daß es *nicht* zu einer solchen Abnahme kam, wenn die Jungen einer Rattenamme zugeführt wurden, deren Brustwarzen abgebunden waren, während die Abnahme *eintrat*, wenn Jungen, die unter Entbehrung litten, durch eine Magensonde Sustacal gefüttert wurde oder wenn sie mit Rattenammen zusammengeführt wurden, die kein aktives mütterliches Verhalten zeigen konnten, weil sie durch die betäubende Wirkung von Urethan daran gehindert wurden, während dieser Eingriff Milchproduktion und -ausstoß sowie das Saugen der Jungen nicht beeinflußte.

Daß die Versagung taktiler Stimulierung ein kritischer Aspekt der Auswirkungen mütterlicher Deprivation ist, zeigt die Tatsache, daß bei der Mutter beraubten Jungen, denen man zwei Stunden lang energisch Rücken und Kopf mit einer nassen Kamelhaarbürste streichelte (was den Pflegeleistungen der Mutter ähnelt), die übliche Abnahme der OCD-Aktivität *nicht* eintrat. Shanberg und Kuhn setzen diesen Befund zu dem Bericht in Beziehung, daß die taktile Stimulierung von Frühgeburten Gewichtszunahmen erbrachte, die signifikant über denen von Kontrollpersonen lagen (White & LaBarba, 1976).

Die Vorstellung, daß ein Interesse an Objekten nur entstehen könne, wenn zunächst eine fundamentale narzißtische Tendenz und der „Urhaß" überwunden werden, daß es sich ergebe, weil dem

Primärvorgang eine unmittelbare Abfuhr (wie bei der halluzinierten Brust) nicht gelinge, und daß es ganz allgemein von den Schicksalen der Triebbefriedigung abhänge, wird in zunehmendem Maße auch dadurch widerlegt, daß Säuglinge nach Reizen strebende Organismen sind und ihre selektiven Vorlieben für gewisse Reizkonfigurationen autonome, angeborene, natürliche Neigungen sind, die bei oder kurz nach der Geburt in Erscheinung treten.

Man hat demonstrieren können, daß Säuglinge sogar die Nahrungsaufnahme unterbrechen, um sich einem neuen oder interessanten Reiz zuzuwenden (Emde & Robinson, 1979). Der Säugling kann die Quelle eines Geräusches visuell erkennen. Es gehört zu seinen Fähigkeiten, mittels *einer* Modalität (Sehvermögen) ein Objekt wahrzunehmen, das er mittels einer anderen Modalität (Berührung) kennengelernt hat. Er kann Geschehnisse der gleichen zeitlichen Struktur ebenso vergleichen wie die Stärke eines Reizes, den er in zwei verschiedenen Modalitäten erlebt hat.

Die Forschung hat auch bewiesen, daß sehr junge Säuglinge ein Unterscheidungsvermögen und selektive Vorlieben für neue visuelle und akustische Reize besitzen (z. B. Friedman, Bruno & Vietze, 1974), daß sie bestimmte geometrische Figuren anderen vorziehen (z. B. McCall & Nelson, 1970; Ruff & Birch, 1974), daß sie eine Vorliebe für bestimmte Muster haben (z. B. Fantz, 1958, 1965), für Zahl und Größe von Reizelementen (z. B. Fantz & Fagan, 1975), daß sie plötzliche Helligkeit unterscheiden (Hershenson, 1964) sowie Farben (Cohen & Gelber, 1975; Cohen et al., 1971) und die optimale Diskrepanz gegenüber früheren Reizen (z. B. Kinney & Kagan, 1976). Insoweit sich diese Untersuchungen mit selektiven Vorlieben befassen (wie sie beispielsweise durch visuelle Fixierung erkennbar werden), scheint die Vorstellung eines *Interesses* an Objekten den in Frage stehenden Phänomenen besonders angemessen.

Zusammenfassend läßt sich zum Kernpunkt sagen, daß alle Ergebnisse darauf hindeuten, daß sowohl das Interesse an Objekten als auch die Entwicklung von Gefühlen der Zuneigung nicht einfach Abkömmlinge libidinöser Energien und Zielvorstellungen oder Resultat der Befriedigung anderer Bedürfnisse sind, sondern daß sie einen entscheidenden unabhängigen Entwicklungsaspekt darstellen, der ein Ausdruck angeborener Neigungen ist, kognitive und affektive Bindungen zu Objekten in der Welt herzustellen. Offenbar ist taktile Stimulierung (und, wie andere Hinweise, die ich nicht angeführt habe, nahelegen, kinästhetische Stimulierung) schon sehr früh eine entscheidende Dimension von Objekten, auf die der Säugling reagiert. Forschungsergebnisse bestätigen auch die Intuition und die Formulierungen Balints (1937), der argumentierte, daß „primäre Objektliebe" die frühen Neigungen des Säuglings genauer beschreibe als Freuds Begriff des primären Narzißmus, sowie diejenigen Fairbairns (1952), der die These aufstellte, daß „Libido primär eher Suche nach dem Objekt als nach Lust" sei.

Ich-Psychologie

Die vorgenannten Ergebnisse stellen von außen kommende Herausforderungen der traditionellen psychoanalytischen Theorie dar. In den letzten Jahren hat es aber auch Herausforderungen von innen gegeben.

Innerhalb der traditionellen psychoanalytischen Theorie wurde die Vorstellung, daß alles Verhalten und alle psychischen Funktionen sekundäre Ableitungen von Urtrieben seien, zunächst hinsichtlich der Ichfunktionen ernstlich in Frage gestellt. Dieses Thema tritt explizit in den Entwicklungen der psychoanalytischen Ich-Psychologie zutage und ist am engsten mit der Arbeit Hartmanns (1958, 1964) verknüpft. Er eröffnete die Möglichkeit, Aspekte des Verhaltens, der Entwicklung und des psychischen Funktionierens als vom Trieb relativ unabhängig zu betrachten. Dies war zwar für die psychoanalytische Theorie von Bedeutung, doch kaum als empirische Entdeckung anzusehen. Konkret lief es lediglich darauf hinaus, die Phänomene und Fakten der biologischen *Reifung* in ihrer Anwendung auf kognitive Funktionen anzuerkennen und in die psychoanalytische Theorie aufzunehmen – Phänomene und Fakten, die Biologen, Kinderärzten, experimentellen und Entwicklungspsychologen seit langem bekannt waren. Handelt es sich schließlich nicht bei der These, daß sich in einer „durchschnittlich erwartbaren Umgebung" gewisse Ichfunktionen relativ konfliktfrei und unabhängig von anderen Triebschicksalen entwickeln werden, psychoanalytisch betrachtet, im wesentlichen um eine Feststellung über das Phänomen der Reifung? In diesem Sinne kann Hartmanns Beitrag vorwiegend als politisch-theoretisch betrachtet werden, denn er erlaubte es psychoanalytischen Theoretikern, die sich noch für Freudsche Analytiker hielten, kognitive Ichfunktionen zumindest für *teilweise* unabhängig von Triebbefriedigung und Triebtheorie zu betrachten.[8] Und ich sage *teilweise* unabhängig, weil Hartmann in einigen seiner Schriften darauf hingewiesen hat, daß sich Ich-Apparate zwar parallel zur biologischen Reifung entwickeln können, aber dennoch der Kraft der Triebe bedürfen, um zu funktionieren und zur Aktion zu gelangen. Diese Behauptung soll später einer besonderen Erörterung unterzogen werden.

Was im Bereich der Ichfunktionen, wenngleich unvollständig, erreicht wurde – die Freiheit, sie relativ unabhängig von der Triebtheorie zu betrachten –, wurde für andere Bereiche des Verhaltens und des psychischen Funktionierens, vor allem die Gebiete der Objektbeziehungen und des Selbst, nicht erreicht. Da es sich bezüglich der kognitiven Entwicklung nicht um eine zentrale Kontroverse zwischen Neo-Freudianern und Freudschen Theoretikern handelte, befand man sich eher auf „neutralem" Boden und war Modifizierungen und Neuformulierungen eher zugänglich. Die eigentlichen Streitpunkte zwischen Freudianern und Neo-Freudianern lagen im zwischenmenschlichen, sozialen und kulturellen Bereich. Die Diskussion darüber war emotional aufgeladen und geeignet, zum zentralen ideologischen Thema zu werden. Hinzu kam, daß zwar ein gut Teil Arbeit hinsichtlich der Reifungsprozesse in der kognitiven Entwicklung bereits geleistet worden war, eine entsprechende Bearbeitung der biologischen Wurzeln zwischenmenschlicher und sozialer Verhaltensaspekte aber erst später erfolgte oder zumindest länger brauchte, ehe sie das psychoanalytische Denken stärker beeinflußte. So erschien beispielsweise Bowlbys Arbeit, die die wichtigen Resultate ethologischer Untersuchungen und anderer systematischer Forschungen – welche die primären biologischen Wurzeln des Zwischenmenschlichen und Sozialen bestätigen – der psychoanalytischen Theorie einzuverleiben versuchte, erst 1969. Und Harlow berichtete erst 1958 über sein oben beschriebenes klassisches Experiment, mit dem er zu zeigen versuchte, daß es sich bei der Bindung des Kindes an seine Mutter nicht um eine sekundäre Ableitung von sogenannten Urtrieben wie Hunger und Nahrungsaufnahme handelte. Und erst in neuerer Zeit ist die Kind-Mutter-Interaktion systematisch erforscht worden.

Es ist eine interessante historische Tatsache, daß parallel zur Entstehung der psychoanalytischen Ich-Psychologie ähnliche Entwicklungen bei der akademischen Psychologie zu beobachten waren. Harlows klassisches Experiment war in der Tat dazu bestimmt, der Vorstellung entgegenzutreten, daß alles Verhalten dazu diene, sogenannte Urtriebe zu befriedigen oder Motive und Ziele zu verfolgen, die sekundäre Ableitungen dieser Triebe sind – eine Grundannahme nicht nur der Freudschen Theorie, sondern auch der Lerntheorie, wie sie von Hull (1943) und später von Dollard und Miller (1950) formuliert wurde.[9] Ähnlich der Freudschen Theorie war auch Hulls Lerntheorie eine jener Motivationstheorien, die offensichtlich von der Evolutionstheorie abgeleitet war und davon ausging, daß Verhalten ausschließlich durch Triebreduzierung motiviert wird. Diese Auffassung, die die amerikanische Lerntheorie beherrschte, kam etwa zur selben Zeit unter Beschuß, als die Ich-Psychologie auftauchte, und – obgleich sie sich hauptsächlich mit tierischem Verhalten befaßte – aus ähnlichen Gründen wie denen, die die Ich-Psychologen vorbrachten. Es wurde beispielsweise gezeigt, daß Tiere Neugier und exploratorisches Verhalten an den Tag legten – sozusagen die tierische Version von Ichfunktionen –, und zwar ganz unabhängig von sogenannten Urtrieben (z. B. Barnett, 1958; Berlyne, 1960; Butler, 1965).

Übersicht über neuere Entwicklungen in der Psychoanalyse

Welche Modifizierungen der traditionellen psychoanalytischen Theorie die Ich-Psychologie auch anbot, sie befanden sich stets, wie ich später genauer ausführen werde, in vollem Einklang mit dem grundlegenden Es-Ich-Strukturmodell der Freudschen Theorie, und dies war auch beabsichtigt. So gesehen stellten sie keine entscheidende Herausforderung der Grundannahmen der traditionellen Theorie dar. Dasselbe kann jedoch nicht von neueren Befunden und Formulierungen gesagt werden, die, wie Modell (1975) bemerkte, einige Aspekte der Freudschen Theorie vor grundsätzliche Schwierigkeiten stellen. Der Kernpunkt dieser Herausforderungen besteht darin, daß gewisse entscheidende Probleme und Merkmale der Persönlichkeitsentwicklung wie der Psychopathologie, die mit den Objektbeziehungen und dem Selbst zu tun haben, sich nicht ohne weiteres mit dem grundlegenden Es-Ich-Modell der traditionellen Theorie vereinbaren lassen. So erschienen beispielsweise nicht jene Beschreibungen der psychologischen Entwicklung, die sich mit der psychosexuellen Entwicklung befaßten, modernen Praktikern und Theoretikern am bedeutungsvollsten, sondern Darstellungen, die sich auf Dimensionen wie die Differenzierung des

Selbst vom anderen, den Fortschritt von der Symbiose zu Loslösung und Individuation und auf den Grad der Eigenständigkeit konzentrierten. Das zunehmende Interesse an diesen Dimensionen wurde nicht nur durch Beobachtungen von Kindern und Mutter-Kind-Interaktionen geweckt, sondern auch durch die neuere Beschäftigung mit bestimmten Formen von Pathologie – vornehmlich Borderline-Zuständen, narzißtischen Persönlichkeitsstörungen und schizoiden Persönlichkeiten[10] –, bei denen es sich offenbar weniger um die üblichen intrapsychischen ödipalen Es-Ich-Konflikte handelt, sondern um präödipale Probleme von Eigenständigkeit sowie Loslösung und Individuation.

In den nächsten Kapiteln sollen diese Herausforderungen, die von innen kamen, angegangen werden. Allgemein gesprochen, fallen sie in eine von vier verschiedenen Kategorien. In der ersten Kategorie besteht die Reaktion hauptsächlich in dem Versuch, die traditionelle Triebtheorie aufrechtzuerhalten und sie mit der Erkenntnis der Bedeutung der Objektbeziehungen und des Selbst zu kombinieren. Dieser Ansatz wird durch die Arbeit Mahlers (1968, 1975) veranschaulicht. (Er wird auch von Kernberg 1975, 1976 und Jacobson 1964 vertreten, deren Arbeiten hier nicht berücksichtigt werden.) Er mißt zwar Problemen wie den Objektbeziehungen und dem Selbst größeres Gewicht bei, beharrt aber weiterhin auf der Annahme, daß die Entwicklung in diesen Bereichen in irgendeiner Weise mit den Schicksalen der Triebentfaltung und -befriedigung verbunden und von ihnen abhängig ist.

Die zweite Kategorie kann als Zwei-Faktoren-Theorie bezeichnet werden; hier können die frühen Schriften Kohuts (1971) und die Arbeit Modells als Beispiel dienen. Psychoanalytische Theoretiker, die diese Anschauung vertreten, scheinen sowohl die Triebtheorie als auch eine Psychologie der Objektbeziehungen und des Selbst zu akzeptieren, wobei jede theoretische Perspektive vermutlich einer unterschiedlichen Reihe von Phänomenen zugeschrieben wird (z. B. narzißtische Persönlichkeitsstörungen *vs.* neurotische „strukturelle Konflikte“).

Die Reaktion der dritten Kategorie besteht in der offenen Ablehnung der Freudschen Triebtheorie und ihrer radikalen Ersetzung durch eine Psychologie der Objektbeziehungen und des Selbst. Für diesen Ansatz stehen Fairbairn (1952), Guntrip (1969) und, wie ich glaube, G. S. Klein (1976); er wird auch in Kohuts späteren Schriften (1977) und denen seiner Nachfolger vertreten.

Die vierte und letzte Kategorie ist Gedos (1979) epigenetisch-hierarchischer Theorie vorbehalten, die gewisse Ähnlichkeiten mit Kohuts wie mit Kleins Formulierungen aufweist.

Schließlich möchte ich noch die Arbeiten von Weiss, Sampson und ihren Kollegen erwähnen (Horowitz et al. 1975; Sampson, 1982; Sampson et al., 1972; Sampson et al., 1976; Sampson & Weiss, 1977; Sampson, Weiss & Gassner, 1977; Weiss, 1952, 1971, 1982; Weiss et al., 1977; Weiss et al., 1980), die in keine der genannten Kategorien hineinpassen, traditionelle Vorstellungen jedoch hinreichend in Frage stellen und interessant genug sind, um einbezogen zu werden. Wie wir sehen werden, kann der Ansatz dieser Gruppe als modernisierte, scharfsinnige Ich-Psychologie bezeichnet werden.

Anmerkungen

1 Die Vorstellung, daß Verhalten unter dem Aspekt seiner Überlebensfunktion zu verstehen sei, ist auch ein zentrales Merkmal des neueren ethologischen Ansatzes. Eine Grundannahme der Ethologie besteht darin, daß *Verhaltensweisen* und Verhaltenssysteme ebenso wie Organstrukturen nach ihrem Anpassungswert ausgewählt wurden. Demzufolge ist es möglich, ein gegebenes Verhalten zu verstehen, indem man seine Anpassungsfunktion klärt. Was indessen Freuds Triebtheorie von der Ethologie unterscheidet, ist seine Annahme, daß mit Sexualität und Aggression die etwaigen Anpassungsmotive des Verhaltens erschöpft seien. Die beiden Ansätze unterscheiden sich ferner dadurch, daß nach Freuds Vorstellung Trieb Erregung bedeutet und daß er den Überlebens- oder Anpassungswert mit der Vermeidung der Gefahr exzessiver Erregung gleichsetzt. Unter diesem Gesichtspunkt ist jedes Verhalten, das zur Triebabfuhr führt, in dem Maße adaptiv, wie es die Gefahr einer Schädigung des Nervensystems vermeidet, die sich aus exzessiver Erregung ergibt. Im Gegensatz dazu benutzen die meisten modernen Ethologen (Lorenz ist eine Ausnahme) kein Triebabfuhr-Modell. Schließlich sind sie lediglich damit befaßt, das Verhalten einer bestimmten Spezies zu verstehen, wärend die Freudsche Theorie auch als Richtschnur zum Verständnis und zum Eingreifen im individuellen Fall gedacht ist.

2 Erst 1939 (1940 a) schreibt Freud: „Das eigene Es ist eine Quelle ähnlicher Gefahren und zwar mit zwei verschiedenen Begründungen. Erstens können übergroße Triebstärken das Ich in ähnlicher Weise schädigen wie die übergroßen ‚Reize' der Außenwelt" (S. 130).

3 Man beachte die Ähnlichkeit zwischen Freuds Auffassung und derjenigen McDougalls (1948), daß „die Triebimpulse den Zweck aller Aktivitäten bestimmen und die Antriebskraft liefern, durch die alle psychischen Aktivitäten in Gang gehalten werden; der ganze komplexe intellektuelle

Apparat des höchstentwickelten Geistes ist nur ein Mittel zu diesem Zweck, das Instrument, mit dessen Hilfe diese Impulse nach Befriedigung streben ..." (S. 38) [übers. v. H. W.]. Ich glaube nicht, daß diese Ähnlichkeit der Auffassungen Freuds Einfluß auf McDougall widerspiegelt. Eher kommt in beiden die quasi evolutionäre Annahme zum Ausdruck, daß alles Verhalten, einschließlich der psychischen Aktivitäten, im Dienste von Trieben mit Überlebensfunktionen stehe.

4 Man beachte die Verknüpfung zwischen der Entwicklung des Denkens einerseits und der psychologischen Existenz von äußeren Objekten andererseits. Nach Freuds Theorie macht das Bedürfnis, mit realen Objekten und der Art, wie sie operieren, zurechtzukommen (insbesondere mit der Rolle, die sie bei der Triebbefriedigung spielen), die Entwicklung des Sekundärprozeßdenkens erforderlich. Ich sage Sekundärprozeßdenken, weil man beim Primärprozeßdenken ständig versucht, die realen Operationen von Objekten zu ignorieren und sie nach den eigenen Wünschen zurechtzubiegen. In jedem Fall ist hier Freuds Erkenntnis hinsichtlich der Verknüpfung von Objekten von Interesse. Wir werden jedoch sehen, daß wir uns nicht wegen der Frustration von Trieben den Objekten zuwenden, sondern wegen unserer angeborenen Neigungen. Die Entfaltung dieser Neigungen liefert dann ihrerseits die primitiven Schemata für die Entwicklung des Denkens.

5 Daß selbst das Spenden von „Kontaktbehagen" für eine normale Entwicklung nicht ausreicht, wird dadurch bewiesen, daß Affen, die von *beliebigen* unbelebten Ersatzmüttern betreut wurden, schwere Verhaltensstörungen zeigten, sobald sie „erwachsen" waren (Harlow, 1974).

6 Eine unkritische Ausdehnung von Befunden der Tierforschung auf menschliches Verhalten ist oft gefährlich. Im vorliegenden Fall scheint die Ausdehnung jedoch aus mindestens zwei Gründen berechtigt. Erstens deuten übereinstimmende Beobachtungen der Interaktionen zwischen Menschenkind und Mutter in dieselbe Richtung wie Harlows Ergebnisse (vgl. Stern, 1980). Und zweitens ist die Rolle, die andere Faktoren als Hunger und Durst für die Entwicklung der Zuneigung zwischen Kind und Mutter spielen, eher größer als geringer, je weiter man sich auf der phylogenetischen Skala nach oben bewegt.

7 Harlow und Harlow (1972) haben auch die Wirksamkeit anderer Variablen bei der Entstehung der Bindung zwischen Kind und Mutter gezeigt. Affenbabys werden beispielsweise stärker von einem beweglichen als von einem feststehenden Ersatz angezogen, und Wärme ist in den ersten 15 Tagen so wichtig, daß sie einen erhitzten Ersatz aus Draht einem Ersatz aus Frottee, der nur Raumtemperatur aufweist, vorziehen. Nach 15 Tagen kehrt sich dieses Verhältnis um. Schließlich ist es für ein Affenbaby praktisch unmöglich, sich einem eisig kalten Ersatz zuzuwenden. Man beachte, daß die Merkmale, die die Babys bevorzugen und die die Zuwendung erleichtern – Bewegung und Wärme – den Eigenschaften natürlicher Mütter genau entsprechen.

8 Dies ist ein Beispiel für etwas, worauf ich bereits früher hingewiesen habe. Ein Versuch, einen offensichtlichen Mangel der traditionellen Theorie zu korrigieren – ihre Vernachlässigung der Fakten der Reifung der kognitiven

Funktionen und Kontrollinstanzen –, wird als bedeutender theoretischer Fortschritt und Durchbruch bejubelt.

[9] Im Jahre 1950 veröffentlichten Dollard und Miller ihr Buch *Personality and Psychotherapy,* das einen Versuch darstellte, Freudsche Begriffe in jene der Hullschen Lerntheorie zu übersetzen. Die Affinität zwischen der Freudschen Theorie und Lerntheorien, die hier wahrgenommen wurde, beruhte unzweifelhaft in hohem Maße darauf, daß sie gemeinsam hatten, was Cofer and Appley (1963, 1972) als „homöostatisches Trieb"-Modell menschlichen Verhaltens bezeichneten. Natürlich besteht keine solche Affinität zwischen der Freudschen Theorie und der modernen Verhaltenstheorie, die, Skinners Einfluß widerspiegelnd, keinen markanten Triebbegriff enthält.

[10] Hier ist die Terminologie ein Problem. Was von den englischen Theoretikern der Objektbeziehungen als schizoide Persönlichkeit bezeichnet wird, wird Kohut wahrscheinlich narzißtische Persönlichkeitsstörung nennen, während Kernberg durchaus von Borderline-Zuständen sprechen könnte.

3. Kapitel
Objektbeziehungen und Selbst als Ergebnis von Triebschicksalen: Das Werk Margaret Mahlers

Die psychische Entwicklung wird von Mahler und ihren Kollegen (Mahler, 1968; Mahler u. a., 1975) unter dem Aspekt der Symbiose sowie der Loslösung und Individuation dargestellt. Mahlers Interesse gilt dabei vornehmlich jener Dimension der psychologischen Entwicklung, die das Wachstum des Kindes vom Zustand der Nichtdifferenzierung zwischen „Ich" und „Nicht-Ich" bis zur schließlich erreichten Phase von Loslösung und Individuation verfolgt. Bei Mahler u. a. (1975) heißt es: „Die biologische und die psychische Geburt des Menschenkindes fallen zeitlich nicht zusammen" (1978, S. 13). Die psychische Geburt wird als Loslösungs- und Individuationsprozeß bezeichnet. Die Loslösung „stellt das Auftauchen des Kindes aus der symbiotischen Verschmelzung mit der Mutter dar", während „die Individuation aus jenen Errungenschaften besteht, die zeigen, daß das Kind seine individuellen Persönlichkeitsmerkmale als solche annimmt" (S. 14). Mit anderen Worten, Mahlers Interesse und das ihrer Mitarbeiter gilt jener Entwicklungslinie, die darin gipfelt, daß man eine eigene getrennte körperliche und psychische Identität besitzt, daß man losgelöst und eigenständig in der Welt funktioniert und die individuellen Merkmale (z. B. im Bereich der Wahrnehmung, des Denkens und des Gedächtnisses), die mit diesem eigenständigen Funktionieren verbunden sind, erkennt.

Laut Mahler schreitet die Entwicklung von einem Stadium des „normalen Autismus" über die symbiotische Phase zu den vier aufeinander folgenden Subphasen des Loslösungs- und Individuationsprozesses fort. Obgleich, wie wir sehen werden, diese Schritte und Sequenzen Teil eines sich normal entfaltenden Reifungsprozesses sind, wird jeder Schritt stark durch die Kind-Mutter-Interaktion beeinflußt, insbesondere durch Faktoren wie die frühe symbiotische Befriedigung und die emotionale Verfügbarkeit der Mutter. Wenngleich die meisten Menschen, die auf diesem Gebiet arbeiten, mit den von Mahler postulierten Entwicklungsstufen vertraut sind, mag es von Nutzen sein, sie hier noch einmal kurz darzustellen.

In den ersten Lebenswochen befindet sich das Kind nach Mahler (1968) im Zustand des *normalen Autismus,* in dem sich seine Erfahrungen auf „Ablagerungen von Erinnerungsspuren der beiden primordialen Eigenschaften („lustvoll" und „gut" *vs.* „unlustvoll" und „böse") und Stimuli" (1979, S. 14) beschränken. Um diesen Zustand zu beschreiben, wird Freuds (1911) Benutzung des Vogeleis als Modell eines geschlossenen Systems herangezogen. In diesem Stadium erreichen den Säugling äußere Reize vermutlich nicht; er reagiert nicht auf sie. Er ist in erster Linie ein physiologischer Organismus und scheint sich „in einem Zustand primitiver halluzinatorischer Desorientiertheit zu befinden, in dem die Bedürfnisbefriedigung seinem eigenen allmächtigen *autistischen* Umkreis angehört" (S. 13).

Auf das Stadium des normalen Autismus folgt im zweiten Monat die *symbiotische Phase*, die vom verschwommenen Gewahrwerden des bedürfnisbefriedigenden Objekts gekennzeichnet ist. In dieser Phase befindet sich das Kind in einem „Zustand der Undifferenziertheit, der Fusion mit der Mutter ..., in dem das ‚Ich' noch nicht vom ‚Nicht-Ich' unterschieden wird" (1979, S. 14f.). „Das wesentliche Merkmal der Symbiose ist", laut Mahler, „die halluzinatorisch-illusorische somatopsychisch *omnipotente* Fusion mit der Mutter und insbesondere die illusorische Vorstellung einer gemeinsamen Grenze" (Mahler u. a., 1978, S. 63f.).

Im Alter von etwa vier bis fünf Monaten beginnt die erste Subphase des Loslöungs- und Individuationsprozesses: die *Differenzierung*. In dieser Subphase machen alle normalen Kinder „ihre ersten tastenden Schritte, um in physischem Sinne aus ihrer bis dahin völlig passiven Schoßkindrolle auszubrechen: dem Stadium der Zweieinheit mit der Mutter" (Mahler u. a., 1978, S. 76). Bei Kindern, die sicher im symbiotischen Umkreis verankert sind und deren symbiotische Befriedigung optimal war, beobachtet man ein großes Vergnügen an Sinneswahrnehmungen, Neugier und Verwunderung (eher als Fremdenangst), wenn sie Fremde anschauen, und das Muster des „Nachprüfens („checking back") an der Mutter", einer Art vergleichenden „Abtastens" der Mutter und anderer. Auch Übergangsphänomene (Winnicott, 1958) treten in dieser Subphase auf.

Etwa im 9. Monat (und bis zum 15. bis 18. Monat anhaltend) beginnt die zweite Subphase, von Mahler *Übungsphase* genannt.

Das auffallendste Verhaltensmerkmal dieser Phase ist das Üben der Fortbewegung, einschließlich des Krabbelns, Watschelns und Kletterns, das natürlich zuletzt im freien, aufrechten Gang seinen Höhepunkt erreicht. Laut Mahler (1968) hat es den Anschein, als habe das Kleinkind „den Höhepunkt des Glaubens an die eigene magische Omnipotenz erklommen, die allerdings noch immer in beträchtlichem Ausmaß von dem Gefühl hergeleitet wird, *daß es die magischen Kräfte seiner Mutter teile*" (1979, S. 26). Mahler bezieht sich auf Greenacre (1957), die vom Kind in diesem Stadium gesagt hat, es habe ein „Liebesverhältnis mit der Welt". Die Erforschung der Welt durch das Kind und sein Liebesverhältnis mit ihr hängen aber in subtiler Weise mit der Verfügbarkeit der Mutter zusammen. Das ist auf vielerlei Art zu erkennen. Bei seinen Forschungsunternehmungen wahrt das Kind eine optimale Distanz von der Mutter, betrachtet sie als seine „Heimatbasis" und kehrt periodisch zum „emotionalen Auftanken", wie Furer es genannt hat, zu ihr zurück. Auch das Maß der Freiheit, mit der es die Welt erkundet, wechselt entsprechend der Vorgeschichte und dem Charakter der Beziehung zwischen Kind und Mutter.

Die dritte Subphase – die *Wiederannäherung* – folgt auf die Übungsphase, wenn das Kind etwa 15 bis 18 Monate alt ist (und dauert etwa bis zum 24. Lebensmonat). Dieses Stadium ist dadurch gekennzeichnet, daß sich das Kleinkind seiner Getrenntheit stärker bewußt ist, daß es größere Trennungsangst empfindet und als Folge davon ein gesteigertes Bedürfnis und den Wunsch, bei der Mutter zu sein, zu wissen, wo sie sich aufhält, seine neuen Errungenschaften mit ihr zu teilen und ihre Liebe zu besitzen. Laut Mahler u. a. (1975) zeigt das Kind dieses Alters zwei charakteristische Verhaltensmuster: das unaufhörliche „Beschatten" der Mutter und das Weglaufen von ihr, die als Ausdruck „des Wunsches nach Wiedervereinigung mit dem Liebesobjekt als auch der Angst, von ihm erneut verschlungen zu werden" (1978, S. 102), gedeutet werden. Die zunehmenden kognitiven Fähigkeiten des Kindes ermöglichen eine verbesserte verbale Kommunikation und den Beginn der „Vorstellungsintelligenz" (Piaget, 1936). Man kann ferner die beginnende Errichtung eines kohärenten Selbst und der Geschlechtsidentität beobachten. Nach Auffassung Mahlers und ihrer Kollegen ist es für die künftige Entwicklung des Kindes von größter Wichtigkeit, wie die Wiederannäherungsphase bewältigt wird. Zu diesem Zeitpunkt muß die Mutter ständig emotional verfügbar und gleichzeitig bereit sein, die

Zügel locker zu lassen und dem Kind einen „sanften Schubs" zur Unabhängigkeit zu verabfolgen. Wegen ihrer eigenen Schwierigkeiten sind manche Mütter dazu außerstande und werden eher zu „Beschattern" als zu „Beschatteten", während andere Mütter nicht ausreichend verfügbar sind und abrupt und vorzeitig auf Unabhängigkeit dringen. Derartiges Fehlverhalten hat oft gesteigerte Trennungsangst und verzweifeltes Anklammern an die Mutter zur Folge und erschwert es dem Kind, seiner Umwelt Interesse entgegenzubringen und sich mit Freude und Vertrauen den eigenen Funktionen hinzugeben.

Etwa zu Anfang des dritten Lebensjahres beginnt die vierte Subphase: „die Konsolidierung der Individualität und die Anfänge der emotionalen Objektkonstanz" (Mahler et al., 1978, S. 142). Die wichtigsten Entwicklungsaufgaben während dieser Subphase sind der Erwerb einer lebenslangen, klar umrissenen Individualität und eines gewissen Maßes an Objektkonstanz. Zu den wichtigsten Errungenschaften gehören die Errichtung der affektiven Objektkonstanz, die die vorhergegangene „kognitive Zuordnung der symbolischen inneren Repräsentanz des permanenten Objekts (im Sinne Piagets)" (1978, S. 143) impliziert, ferner die Konsolidierung der Geschlechtsidentität und die Vereinigung „guter" und „schlechter" Repräsentanzen zu einer integrierten Repräsentanz. Im Gegensatz zu früheren Subphasen ist diese zeitlich unbegrenzt und umfaßt Aufgaben, die während der weiteren Entwicklung fortbestehen.

In einem Aufsatz aus dem Jahre 1981 hat Milton Klein sich mit Mahlers Formulierungen und Begriffen im Lichte neuer Forschungsbemühungen der Kinderpsychologie auseinandergesetzt. Er kam dabei zu dem Resultat, daß einige von ihnen ernstlich zu wünschen übrig lassen und verfügbare Forschungsergebnisse fast ganz vernachlässigen. So ist beispielsweise zweifelhaft, ob sich der Säugling jemals in einem Zustand von „normalem Autismus" befindet, wie ihn Mahler und ihre Mitarbeiter beschreiben. Es gibt Hinweise, die nahelegen, daß der Säugling niemals ein Stadium totaler Nicht-Differenzierung zwischen sich selbst und anderen durchläuft, und daß psychische und biologische Geburt gleichzeitig stattfinden (das heißt, es besteht keine Notwendigkeit, eine spätere, separate psychische Geburt zu postulieren). Daraus folgt, daß Charakterisierungen des Säuglings mit Begriffen wie „primärer Narzißmus", „Objektlosigkeit", „verschmolzen" usw. nach Kleins Meinung schlicht falsch sind.

Stern (1980) liefert ebenfalls überzeugende Beweise, daß selbst bei der Geburt die Differenzierung zwischen dem eigenen Selbst und anderen nicht völlig fehlt. Im Gegenteil, von Anfang an zeigt der Säugling Fähigkeiten, die es ihm erlauben würden, rudimentäre Vorstellungen vom Selbst und anderen zu bilden und zwischen beiden zu unterscheiden. So besitzt der Säugling zum Beispiel die Fähigkeit, in einer Modalität ein Objekt zu erkennen, das er nur in einer anderen Modalität wahrgenommen hat; er kann die Quelle eines Geräusches visuell ausmachen; er kann auf zwei Ereignisse mit gleichem zeitlichen Ablauf reagieren, als ob sie zusammengehörten; er kann die Intensität eines Reizes, den er in einer Modalität erlebt hat, mit der Intensität in einer anderen Modalität in Zusammenhang bringen; er kann die Identität eines dreidimensionalen Objekts trotz veränderter Perspektive wahrnehmen; er läßt erkennen, daß er sich an ein Ereignis erinnert, das Tage zuvor stattgefunden hat, wobei er mit minimalen Hinweisen – etwa dem Kontext – auskommt, und er vermag zwischen einem konstanten und einem variablen Verstärkungsplan zu unterscheiden.

An all diesen Fähigkeiten ist nicht nur bemerkenswert, daß sie in den ersten Lebensmonaten vorhanden sind, sondern daß es sich um eben jene Fähigkeiten handelt, die für das Entstehen eines rudimentären Gefühls vom Selbst und anderen und zur Unterscheidung zwischen beiden erforderlich sind. So impliziert beispielsweise der Begriff des Objekts, daß der Säugling eben jene Fähigkeiten besitzt. Um ein anderes Beispiel zu nennen: Wenn das Selbst auf das Selbst einwirkt, bedarf es eines konstanten Verstärkungsplans, während Einwirkungen des Selbst auf andere einen variablen Verstärkungsplan benötigen. Die Fähigkeit des Säuglings, zwischen diesen verschiedenen Verstärkungsplänen zu unterscheiden, bietet demnach zumindest *eine* Grundlage zur Unterscheidung zwischen dem Selbst und anderen.

Sowohl Klein als auch Stern treffen wichtige Unterscheidungen, die in Mahlers Formulierungen oft verschwommen erscheinen. So besteht beispielsweise ein entscheidender Unterschied zwischen der relativ geringfügigen Unterscheidung des Selbst von anderen, die auf normalen Entwicklungsstadien des kognitiv-affektiven Wachstums einerseits und der Verschmelzung andererseits beruht, wobei es sich um ein pathologisches Phänomen handeln kann, welchem komplexe kognitive Vorgänge auf so hohem Niveau zugrundeliegen, daß sie die Fähigkeiten des Kindes übersteigen. Stern besteht darauf, daß

Begriffe wie „Selbst-Objekte", „symbiotische Objekte" und „Teilobjekte", die zur Beschreibung bestimmter pathologischer Phänomene bei Erwachsenen geeignet sind, „nicht ausgeborgt werden dürfen, um im nachhinein als normale Bestandteile des affektiv-kognitiven Erlebens des Kindes installiert zu werden" (1980, S. 28) [übers. v. H. W.] (eine Tendenz, die Klein als „pathomorphen" Mythos bezeichnet). Umgekehrt verurteilt er die Tendenz, pathologische Erscheinungen bei Erwachsenen als Reaktivierungen normaler Entwicklungsphasen zu begreifen.

Viele Kritikpunkte Kleins und Sterns wurden bereits früher von Peterfreund (1978) vorgetragen, der bestimmte störende Tendenzen in psychoanalytischen Theorien über die Kindheit feststellte. Auch er beobachtet und beklagt die Neigung, normale Phasen der Kindheit mit Begriffen aus der Pathologie Erwachsener zu benennen (eine Kombination von „Adultomorphismus" und „Pathomorphismus"). So wird beispielsweise der Säugling als „desorientiert" oder „irrational" beschrieben, statt zu erkennen, daß er entsprechend dem Maße seiner Funktionsfähigkeiten orientiert und realistisch ist. Ebenso wie Klein und Stern bezweifelt Peterfreund auch, ob es richtig ist, den Säugling als völlig „undifferenziert", „verschmolzen" oder „narzißtisch" zu bezeichnen.

Es liegt auf der Hand, daß viele der genannten Kritikpunkte bestimmten Aspekten der Darstellung des Kindes und seiner Entwicklung durch Mahler gelten können (und es in der Tat auch tun). Doch, wenn ich mir diese Redensart erlauben darf, besteht hier die Gefahr, das Kind mit dem Bade auszuschütten. Das heißt, selbst wenn es beispielsweise falsch sein sollte, daß Mahler das Kind als völlig undifferenziert und vollständig mit der Mutter verschmolzen beschreibt, hat sie einen wertvollen Beitrag geliefert, indem sie Loslösung und Individuation als wichtigste Dimensionen der psychologischen Entwicklung hervorhob. Selbst wenn also, wie Klein, Stern, Peterfreund und andere behauptet haben, Individuation und Differenzierung mit der Geburt beginnen, steht außer Frage, daß sie nur rudimentär vorhanden sind, daß ihre Weiterentwicklung zum psychischen Wachstum des Kindes gehört und daß sie eine wesentliche Dimension dieses Wachstums darstellen.

Indem sie das Begriffspaar Loslösung und Individuation schuf, hat Mahler eine wahrhaft universale Dimension entdeckt, die auf alle Angehörigen der Spezies und in abgewandelter Form auch auf Angehörige anderer Arten anwendbar ist. Sie hat ferner mit der

Beschreibung der weiteren Entfaltung dieser Dimension gewisse Relationen (z. B. zwischen „sicherer Verankerung“ und Forschungsverhalten) aufgezeigt, die, wie wir sehen werden, breite und systematische Bestätigung gefunden haben. Schließlich ist es wichtig festzustellen, daß Begriffe wie symbiotische Befriedigung und vor allem Loslösung und Individuation nicht im Sinne von (sexueller oder aggressiver) Triebbefriedigung verstanden werden, sondern sich auf das Bindungsverhalten beziehen. Ich werde zu zeigen versuchen, daß Mahler zwar häufig von Libido und Trieb spricht, daß man diese Terminologie aber im wesentlichen ignorieren kann, wenn man ihre grundlegenderen Formulierungen verstehen will.

Ebenso wie alle anderen Tiere, die ein Bindungsverhalten zeigen, muß auch das Menschenkind den häufig schwierigen Pfad zur Individuation und Unabhängigkeit einschlagen, die vom erwachsenen Artgenossen erwartet und gefordert werden. Bei infrahumanen Arten würde zweifellos das Überleben gefährdet, wenn diese Forderungen nicht erfüllt würden. Beim weitaus komplexeren, an seine Kultur gebundenen Menschen führt ein solches Versagen zu ungleichmäßiger Entwicklung, psychischen Störungen, abweichendem Verhalten, zwischenmenschlichen Schwierigkeiten usw. Mit anderen Worten, Psychopathologie und abweichendes Verhalten sind eher auf bindungsbedingte Probleme von Symbiose und Individuation zurückzuführen als auf Probleme, die von sexuellen oder aggressiven Trieben ausgehen. Während Sexualität und Aggression bei der Persönlichkeitsentwicklung unzweifelhaft eine Rolle spielen, stellen Loslösung und Individuation eine wahrhaft universale und unausweichliche Herausforderung dar – eine Herausforderung, an der die Persönlichkeit am häufigsten scheitert. Daran dachte Fairbairn (1952) sicher unter anderem, als er erklärte, Psychopathologie hänge stets auf die eine oder andere Weise mit dem Fortbestehen und den Schicksalen der kindlichen Abhängigkeit zusammen. In der Tat ist es wahrscheinlich, daß die Fähigkeit, sexuelle Bedürfnisse angemessen zu befriedigen, sowie Häufigkeit und Qualität bestimmter pathologischer aggressiver Verhaltensweisen durch frühe Bindungserfahrungen stark beeinflußt werden. So zeigten Harlows Affenbabys, die ihren natürlichen Müttern weggenommen und von künstlichen Ersatzmüttern aus Draht oder Frottee betreut worden waren, im Erwachsenenalter schwere sexuelle Funktionsstörungen und ein abweichendes aggressives Verhalten (Harlow, 1974).

Es scheint demnach, daß Mahlers Vorstellungen von Symbiose

und Loslösung und Individuation implizieren, daß die Hauptrolle dem System der Bindung zufällt, während die sexuellen und aggressiven Triebe bei der Persönlichkeitsentwicklung und schwerer Psychopathologie eine Nebenrolle spielen. Und dennoch verknüpft sie Symbiose, Loslösung und Individuation nicht mit einem autonomen Bindungssystem, sondern mit der Freudschen Trieblehre. Ich glaube, daß dies zum Teil deshalb so ist, weil, wie bereits erwähnt, in der Geschichte der psychoanalytischen Bewegung das Festhalten an der Triebtheorie als Säuretest des wahren Freudianismus angesehen wurde, während ihre Ablehnung oder radikale Veränderungen in bezug auf die Hauptrolle der beiden Triebe seit jeher mit neo-Freudscher Abtrünnigkeit gleichgesetzt wurde.

Allerdings führt der Versuch, Objektbeziehungen und Selbst in die Triebtheorie hineinzupressen, zu offensichtlicher theoretischer Unbeholfenheit und gelegentlich – das muß man sagen – zu einem nahezu unverständlichen Jargon. Mahler u. a. (1975) bemerken beispielsweise, daß sie mit dem Terminus Identität ein Gefühl beschreiben wollen, das „eine partielle Besetzung des Körpers mit libidinöser Energie umfaßt" (1978, S. 19). Es ist völlig unklar, ob ein solcher Satz irgendeine empirische Bedeutung hat. Oder betrachten wir ein extremeres Beispiel: „Das primordiale Energiereservoir, das dem undifferenzierten ‚Ich-Es' angehört, enthält noch eine undifferenzierte Mischung von Libido und Aggression. Wie verschiedene Autoren ausgeführt haben, beschützt die libidinöse Besetzung der Symbiose durch die Verstärkung der angeborenen instinktuellen Reizgrenze das rudimentäre Ich vor vorzeitiger, phasenunspezifischer Beanspruchung, vor Streßtraumata" (Mahler, 1979, S. 15). Was soll man mit solchen Passagen anfangen?

Es ist wichtig, nochmals darauf hinzuweisen, daß es zum Verständnis von Mahlers Beschreibung und Erörterung von Loslösung und Individuation weder des obigen Jargons noch der Triebtheorie und eines Energiebegriffs bedarf, und daß sie als solche einen wirklichen Beitrag zur psychoanalytischen Theorie der Psychopathologie und der Persönlichkeitsentwicklung darstellen.

Was Mahlers Arbeit wichtig macht und auszeichnet, ist die starke empirische Unterstützung, die bestimmte Formulierungen und Beobachtungen durch umfassende Untersuchungen außerhalb des psychoanalytischen Kontexts erfahren. Man beachte Begriffe wie das „emotionale Auftanken", die „sichere Verankerung", die von Mahler und ihren Mitarbeitern vorgeschlagen wurden. Wie bereits erwähnt, beruhen diese Begriffe auf der Grundidee, daß sich das Kind unbekümmerter selbständigen exploratorischen Unternehmungen widmen wird, wenn es periodisch zum „Auftanken" zur Mutter zurückkehren kann. Implizit ist damit auch gesagt, daß die Anwesenheit der Mutter sich positiv auf das Lernverlangen auswirkt. Und in der Tat stellt man fest – wodurch Mahlers Thesen bestätigt werden –, daß die Verbindung zwischen der Verfügbarkeit dessen, was als „sichere Basis" bezeichnet wurde, und dem Forschungsdrang bei einer großen Anzahl von Arten, einschließlich der Vögel (z. B. Hogan & Abel, 1971; Wilson & Rajecki, 1974), der Affen (z. B. Harlow & Harlow, 1965, 1972; Kaufman, 1974) und des Menschen (Ainsworth et al., 1971; Ainsworth, 1974) empirisch schlüssig nachgewiesen werden konnte. Ferner gibt es Hinweise, daß andere Reize als die von der Mutter ausgehenden als sichere Basis dienen können. So haben Candland und Mason (1968) festgestellt, daß sich die Herztätigkeit bei jungen Affen in einem Raum, der ihnen nicht vertraut war, stärker verringerte, wenn sich dort ein Mulltuch befand, als wenn keines vorhanden war. Hill und McCormack (zit. nach Mason, 1970) berichteten indessen von einem niedrigeren Cortisolspiegel bei jungen Affen in fremder Umgebung, wenn sie Zugang zu einem Ersatz hatten. Bei Kindern ist erwiesen, daß sich ihr Forschungsdrang erhöht oder verringert, je nachdem ob die Mutter anwesend oder abwesend ist (Cox & Campbell, 1968; Ainsworth & Wittig, 1969; Feldman & Ingham, 1975; Rheingold & Eckerman, 1970). Doch das Forschungsverhalten verändert sich auch bei *Bildern* von der Mutter (Passman & Erck, 1977) oder mit der „Schmusedecke"[1] bei an die Decke gewöhnten („blanket-attached") Kleinkindern, während bei Kindern, die nicht an die Decke gewöhnt („non-blanket-attached") sind, keine solche Wirkung eintritt (Passman & Weisberg, 1975).

Mahlers Formulierungen (ebenso wie die Winnicotts, 1958, 1965) implizieren, daß das Kind umso wahrscheinlicher zu einem selbständigen Forschungsverhalten neigt, je gefestigter die Bindung von Mutter und Kind ist. Ob die Mutter körperlich anwesend ist oder nicht, das Kind, dessen Bindung an sie gefestigt ist (im Sinne Winnicotts, 1965, der den Begriff der Ich-stützenden Umwelt einführte), wird ein stärkeres Forschungsinteresse an den Tag legen. Insoweit die gefestigte Bindung eine verinnerlichte „sichere Basis" impliziert, wird diese Hypothese durch die vorangegangene erweitert. Wieder unterstützt die empirische Erfahrung außerhalb des psychoanalytischen Kontexts die hinsichtlich dieser Beziehung aufgestellte Hypothese. Jene, deren Beziehung zur Mutter als eine ängstliche Bindung bezeichnet werden kann, zeigen eher Störungen beim Spiel, im Forschungsverhalten und bei selbständigen Aktivitäten. Umgekehrt ermöglicht eine gefestigte Bindung größere Freiheit in diesen Bereichen (Ainsworth & Wittig, 1969; Ainsworth, Bell & Stayton, 1971; Ainsworth, in Vorb.).

Mahler hat sich auch zu einem zusätzlichen kritischen Faktor, der Loslösung und Individuation beeinflußt, geäußert. Sie hat die These aufgestellt, daß die Mutter im Idealfall ein Gleichgewicht zwischen körperlicher Anwesenheit und emotionaler Verfügbarkeit während der selbständigen Unternehmungen (Mahler spricht vom Prozeß des „Ausschlüpfens") des Kindes herstellt und es ermutigt, auf dem Weg zu Loslösung und Individuation voranzugehen.[2] In diesem Bereich wurden zwar kaum systematische Untersuchungen an Menschen angestellt, doch wird die postulierte Beziehung zwischen dem oben beschriebenen Gleichgewicht und selbständigem Verhalten durch Tierbeobachtungen bestätigt. Man kann bei Arten unterhalb des Menschen die komplexe Rolle der Mutter bei der Loslösung von der frühen Bindung durch übermäßige Nähe ebenso wie durch aufmerksame Verfügbarkeit beobachten, wenn sich das Kind in einer Situation potentieller Gefahr befindet oder die Mutter in anderer Weise benötigt (vgl. z. B. Hinde, 1975; Marvin, 1977). Was sowohl bei Menschen (Devore & Konner, 1974) als auch bei Affen (Kaufman, 1974) beobachtet wurde, ist die Rolle der Gleichaltrigen und älterer Jugendlicher beim Fortschreiten zu Loslösung und Individuation. Mit anderen Worten, Loslösung und Individuation bedeuten nicht nur ein *Weg*bewegen von der Mutter, sondern eine *Hin*bewegung zum neuen gesellschaftlichen Umfeld der Gleichaltrigen und der Jugendlichen. (Nebenbei bemerkt lohnt es sich darauf hinzuweisen, daß die Rolle, welche die Gleichaltrigen bei der Entwicklung spielen, verhältnismäßig wenig betont wurde.)

Daß es Mahler gelungen ist, bestimmte fundamentale Dimensionen der Entwicklung zu erkennen, ist in hohem Maße darauf zurückzuführen, daß sie und ihre Mitarbeiter kindliches Verhalten und Mutter-Kind-Interaktionen außerhalb des Sprechzimmers beobachtet haben. Ihre Erfahrungen auf diesem Gebiet und ihre Bereitschaft, sich Erkenntnisse zunutze zu machen, die nicht in der analytischen Situation gewonnen wurden, sind bei Analytikern selten. Tatsächlich sind, wie das vorgelegte Material zeigt, jene

Formulierungen Mahlers am wertvollsten und werden durch die Daten anderer am stärksten untermauert, die sich auf direkte Beobachtung stützen, während jene, die nahezu gänzlich von der traditionellen Theorie abgeleitet sind, wahrscheinlich weniger Unterstützung finden und zudem in einem buchstäblich unverständlichen Jargon abgefaßt sind.

Anmerkungen

1 Im Original ist von „security"-blanket die Rede. Da sich dies nicht übersetzen läßt, wurde in Anlehnung an die populäre Comic-Figur Linus („Peanuts") der Ausdruck „Schmusedecke" gewählt. – Anm. d. Übers.

2 Alternative, nicht-optimale Muster sind das vorzeitige Hineinstoßen in die Selbständigkeit, indem man nicht zur Verfügung steht, sowie eine überängstliche ständige Gegenwart, die selbständiges Verhalten entmutigt.

4. Kapitel
Zwei-Faktoren-Theorie: Modells Versuch einer Integration von Objektbeziehungs- und Freudscher Triebtheorie

Ein unumwundener Versuch, Herausforderungen durch die Objektbeziehungstheorie mit der traditionellen Freudschen Theorie zu integrieren, wurde kürzlich von Modell (1975) unternommen. Von Kuhns (1962) Analyse ausgehend, bemerkt Modell, daß die Psychoanalyse nunmehr an einem kritischen Punkt angelangt sei, der durch die Diskrepanz zwischen der traditionellen Theorie einerseits, die in der Phase der „normalen Wissenschaft" unangefochten geherrscht hatte, und dem Auftauchen neuer Fakten andererseits, die im wesentlichen der „Psychopathologie von Objektbeziehungen" entstammen, heraufbeschworen wurde. Modell erklärt: „Es ist diese neue Dimension der Objektbeziehungen, die noch mit Freuds Modell in *Das Ich und das Es* integriert werden muß" (1975, S. 58) [übers. v. H. W.]. Diesem Versuch widmet Modell seine Arbeit.

Die angestrebte Integration von Phänomenen der Objektbeziehungen mit dem traditionellen Freudschen Modell sieht folgendermaßen aus: Zunächst schlägt Modell vor, nunmehr zwei Kategorien von Trieben zu akzeptieren – die sexuellen und aggressiven Triebe des Es und die neuerdings anerkannten Objektbeziehungstriebe, die als mit Objektbeziehungen verknüpfte Ich-Triebe anzusehen seien.[1] Letztere unterscheiden sich von Freuds Es-Trieben insofern, als sie „ruhiger" sind, nicht leicht einer physiologischen Ursache zugeschrieben werden können, am besten als Prozeß und Interaktion statt als Abfuhr gekennzeichnet werden und durch Reize zu befriedigen sind, die nicht im Innern des Organismus entstehen, sondern in der Umwelt, in der die Befriedigung auf „einem Zusammenpassen mit den spezifischen Reaktionen anderer" beruht. Die erforderlichen spezifischen Reaktionen summieren sich zum Bedürfnis nach – im Sinne Winnicotts (1965) – „hinreichend guten" Objektbeziehungen, die für „die Bildung einer bestimmten Struktur des Ichs selbst wesentlich sind: dem Selbst- oder Identitätsgefühl" (1978, S. 64) [übers. v. H. W.]. Was die Beziehungen zwischen den beiden

Triebklassen angeht, so „liefern die Objektbeziehungen das Setting für die normale Entfaltung der Es-Triebe" (S. 63) [übers. v. H. W.], und sie dienen auch dazu, die Es-Triebe zu zähmen und zu beherrschen. Das Ich vermag die Kontrolle über die Es-Triebe hauptsächlich mittels Identifizierung mit einem „guten" Objekt zu erlangen. Wenn ich Modell richtig verstehe (ich glaube nicht, daß er sich bezüglich dieses Themas ganz klar ausdrückt), stellt er die These auf, daß die Identifizierung auf zweierlei Art zur Zähmung der Es-Triebe beiträgt: indem sie die Entwicklung eines sicheren Selbstgefühls fördert und, wie Freud (1923, S. 257) vermutete, als einzige „Bedingung, unter der das Es seine Objekte aufgibt".

Wie bereits erwähnt, geht Modell davon aus, daß „wenn die Objektbeziehungstheorie nicht mit *Das Ich und das Es* verknüpft werden kann, letzteres nicht als zentrales Paradigma der Psychoanalyse überleben wird" (1975, S. 58) [übers. v. H. W.]. Er geht ferner davon aus, daß „wenn das Bedürfnis nach einem Objekt das Wirken eines Triebes widerspiegelt, anerkannt werden muß, daß sich der Triebbegriff hier von Freuds Verwendung der Bezeichnung stark unterscheidet" (S. 61). Und schließlich ist anzumerken, daß Modell von der traditionellen Freudschen Theorie insofern abweicht, als er von der Autonomie und sogar dem Primat der Entwicklung des Selbst[2] ausgeht. Insbesondere bemerkt er, daß „Objektbeziehungen das Setting für die normale Entfaltung der Es-Triebe" liefern (S. 63), ein Zusammenhang, der in direktem Gegensatz zur traditionellen Auffassung steht, wonach, wie erwähnt, die Schicksale der Es-Triebe das Setting für die Entfaltung der Objektbeziehungen liefern.

Trotz seiner bemerkenswerten Anstrengungen verwickelt sich Modell durch den Versuch, die neueren objektbezogenen Es-Triebe der Freudschen Theorie aufzupfropfen, in unvermeidliche Schwierigkeiten und Widersprüche. Zunächst und ganz allgemein ist kaum zu verstehen, was gemeint ist, wenn man über Triebe, die dem Es angehören, und solchen, die dem Ich angehören, reden hört. Triebsysteme gehören zum Organismus oder zum Individuum, nicht zu einem Es oder Ich. Außerdem, wenn Triebe nicht mit dem Es verbunden sind, was geschieht dann mit dem Begriff vom Es als der psychischen Repräsentanz und dem Reservoir biologischer Triebe? Die zentrale Logik des Es-Ich-Modells stützt sich auf den Gegensatz zwischen biologischen Trieben einerseits und realitätsprüfenden, kontrollierenden Strukturen andererseits. (Sicherlich, sogenannte Objektbeziehungstriebe sind nicht weniger biologisch als die herkömmlichen Es-Triebe.) Wie kann man behaupten, am grundlegenden Es-Ich-Modell festzuhalten, wenn man über Triebe spricht, die mit dem Ich verbunden sind? Es hätte eher im Einklang mit dem gegenwärtigen Es-Ich-Modell gestanden, wenn Modell den Begriff des Es in dem Sinne erweitert und rekonzeptualisiert hätte, daß er Triebneigungen, die mit Objektbeziehungen verknüpft sind, einschließen würde (vgl. Bowlbys Bindung als Triebsystem).

Modells Unterscheidung zwischen den beiden Triebkategorien läßt sich auch aus weiteren Gründen einfach nicht aufrechterhalten. Man beachte, daß er es schwierig findet, Objektbeziehungstriebe auf eine physiologische Ursache zurückzuführen, und daß er meint, sie seien dadurch gekennzeichnet, daß „der Reiz zur Befriedigung dieser Triebe nicht im Inneren des Organismus entsteht, sondern in der Umwelt; die Befriedigung des Triebs erfordert ein Zusammenpassen mit den spezifischen Reaktionen anderer Personen" (Modell, 1975, S. 62) [übers. v. H. W.]. Was die Schwierigkeit der Zurückführung von Objektbeziehungstrieben auf eine physiologische Ursache angeht, so liegt dies zumindest teilweise eher an unserem Wissensstand (und der neueren „Entdeckung" des Bindungsverhaltens und dem Interesse daran) als an einem substantiellen Unterschied zwischen sogenannten Es- und Ich-Trieben. Der offensichtliche Umstand, daß taktile und kinästhetische Stimulierung für eine normale psychische und physische Entwicklung notwendig sind, läßt vermuten, daß das physiologische Substrat als Vermittler sogenannter Objektbeziehungstriebe fungiert. Was den zweiten Teil seiner Darstellung angeht, so entsteht der „Reiz zur Befriedigung" der Sexualtriebe ebenfalls „nicht im Inneren des Organismus", und die Befriedigung dieser Triebe erfordert auch ein „Zusammenpassen mit den spezifischen Reaktionen anderer Personen". Doch was immer er im Sinn haben mag, man kann hier sagen: 1. daß sexuelle Befriedigung normalerweise *sehr wohl* spezifische Reaktionen anderer erfordert, und 2. daß man auch bei „Objektbeziehungstrieben" gleichartige Perversionen, Verschiebungen und Substituierungen finden kann. Ja, man kann behaupten, daß bestimmte Abweichungen des Sexualverhaltens als Reaktion auf unbefriedigte, mit einer Objektbeziehung zusammenhängende Bedürfnisse anzusehen sind (vgl. Kohut, 1977).[3]

Modell scheint zu diesen unhaltbaren Unterscheidungen gelangt zu sein, indem er Objektbeziehungsphänomene betrachtete und versuchte, sie in den Rahmen von Freuds *Das Ich und das Es* einzupassen. Er akzeptiert eine grundlegende Antithese, wonach „das Ich allein mit der Außenwelt in Kontakt steht, während das Es dem Innern des Organismus, das von der Außenwelt abgeschnitten ist, entspricht“ (1975, S. 66) [übers. v. H. W.]. Doch alles, was über sexuelles und aggressives Verhalten bekannt ist, widerlegt diese Unterscheidung. Ein solches Verhalten sowohl des Menschen als auch anderer Tiere wird durch äußere Reize stark beeinflußt und interagiert mit ihnen.

Modells Versuch einer Integration von Objektbeziehungs- und Triebtheorie weist zwei weitere Schwierigkeiten auf. Er schreibt, daß „die Untersuchung von Borderline- und narzißtischen Charakterstörungen ... Freuds zentrale These bestätigt hat, wonach eine Identifizierung die Intensität von Triebansprüchen zu mildern vermag“ (1975, S. 60) [übers. v. H. W.]. Weiterhin bemerkt er, daß der Borderline-Patient, bei dem der Identifizierungsvorgang und damit das Selbstgefühl Mängel aufweist, „Affekte, die mit Wut und Liebe verbunden sind, mit solcher Heftigkeit erlebt, daß sie ein Gefühl der Vernichtung auslösen ...“ (S. 61). Kurz gesagt, laut Modell ist eine der wohltätigsten Folgen eines sicheren Identitätsbewußtseins die Zähmung von Es-Trieben, während eine der primären pathogenen Konsequenzen der mangelhaften Entwicklung eines kohärenten Selbst darin besteht, daß Triebe mit solcher Intensität erlebt werden, daß sie ein Gefühl der Vernichtung wecken. Einige Kommentare sind angezeigt.

Was Freuds (1923) Ansicht über die Beziehung zwischen Identifizierung und Trieben angeht, so schrieb er in dem von Modell zitierten Absatz: „Vielleicht ist diese Identifizierung überhaupt die Bedingung, unter der das Es seine Objekte aufgibt“ (S. 257). Im Zusammenhang dieses Absatzes wird klar, daß Freud hier im Sinn hatte, daß der Knabe durch die Identifizierung mit dem Vater seine aggressiven Wünsche diesem gegenüber und die inzestuösen Wünsche gegenüber der Mutter aufgeben kann. Er verliert kein Wort darüber, daß Triebe durch die Identifizierung in spezifischer Weise gezähmt würden.

Noch bedeutsamer ist indessen, daß Modell nicht erklärt, wie denn nun die Identifizierung angeblich die Triebe zähmt. Wenn er glaubt, daß ein kohärentes Selbst Es-Triebe stärker zu kontrollieren imstande sei und sich deshalb durch solche Triebe weniger bedroht fühle, ist es ungenau und irreführend, zu sagen, die Identifizierung diene dazu, „die Intensität von Triebansprüchen zu mildern“ oder

„Triebe zu zähmen". Es geht nicht um eine gesteigerte oder verringerte Intensität von Triebansprüchen, sondern um ein kohärentes Selbst, das sich durch Ansprüche weniger bedroht fühlt, gleichgültig ob sie aus dem Inneren oder aus der Außenwelt kommen. Das ist gleichbedeutend mit der Feststellung, daß ein Mensch mit einem starken Ich sich von inneren Vorgängen und Ansprüchen weniger bedroht fühlen wird.[4] Wichtiger ist jedoch, daß sich in der Vorstellung, das vom Borderline-Patienten und anderen Patienten, die unter schweren Störungen des Selbst leiden, empfundene Vernichtungsgefühl rühre von der Intensität von Es-Trieben her (in Modells Worten, „Wut und Liebe ... mit [großer] Heftigkeit erlebt"), eine verwirrende Vermischung einer Psychologie des Selbst mit einer Psychologie von Es-Trieben widerspiegelt.

Mir scheint, daß diese Verwirrung und die Vermischung zweier Bezugsrahmen ein Beispiel für jene Art von „Flickschusterei" an der Freudschen Theorie ist, von der Gedo (1979) gesprochen hat. Gibt es wirklich solide klinische Beweise dafür, daß das Vernichtungsgefühl oder, in Kohuts Worten, die „Desintegrationsangst" von der Intensität von Trieben oder Affekten herrührt? Oder beruht diese Vorstellung auf dem theoretischen Postulat einer „primären Triebfeindlichkeit des Ichs" (A. Freud, 1966)? Wer eine solche Ansicht vertritt, würde – aus nicht-empirischen Gründen – annehmen, daß das Erleben von „Desintegrationsangst" oder eines Vernichtungsgefühls notwendigerweise von einem Ich herrührt, das von Trieben und ihren affektiven Abkömmlingen überwältigt wird. In Wahrheit jedoch kann man vor allem von schizoiden Persönlichkeiten, bei narzißtischen Persönlichkeitsstörungen und von manchen Borderline-Patienten (die angeblich alle unter Störungen des Selbst leiden) Berichte über Gefühle der Leere, der Flauheit und der Unfähigkeit, starke Emotionen irgendwelcher Art zu empfinden, hören. Eine Erklärung, die eher im Einklang mit klinischer Erfahrung und mit der Phänomenologie solcher Erlebnisse steht, scheint die von Kohut (1977) und Fairbairn (1952) angebotene zu sein – nämlich, daß das Vernichtungsgefühl, das Individuen ohne kohärentes Selbst erleben, nicht durch starke Triebe hervorgerufen wird, sondern durch beliebige, heftige Angst verursachende Erfahrungen, die ein nicht intaktes Selbst erkennen lassen. Zu den Situationen, die diese Angst und das daraus folgende Vernichtungsgefühl bei solchen Individuen wecken, gehört in erster Linie, daß sie sich von einem wichtigen stützenden Objekt getrennt fühlen oder dessen Hilfe vermissen, oder daß sie sich der Gnade eines verinnerlichten verfolgenden Objekts ausgeliefert fühlen.

Man betrachte beispielsweise das Syndrom der Platzangst, insbesondere wenn sie in der vertrauten Form ständiger, vielfältiger Ängste auftritt. Ein gewisses Maß an Angst wird dann praktisch in allen Lebenslagen empfunden, und die Intensität der Angst kann als Funktion der Entfernung von der häuslichen Sicherheit und der Gegenwart oder Abwesenheit einer hilfreichen Person angesehen werden. Unter der Einwirkung zunehmender Erkenntnisse und klinischer Erfahrung sind frühere psychoanalytische Definitionen, die sich vornehmlich auf die Sexualtriebe konzentrierten (z. B. Prostitutionsphantasien, Freud [1887–1902]) sowie auf aggressive Triebe (z. B. Feindseligkeit gegenüber dem notwendigen Gefährten, Deutsch [1930]), dem Bewußtsein gewichen, daß der chronisch an vielfältiger Platzangst Leidende in erster Linie schwere Probleme mit der Loslösung und Individuation hat und unfähig ist, ohne unterstüzende Selbst-Objekte zu überleben.[5] Die „Desintegrationsangst" bzw. das Vernichtungsgefühl, das der schwer unter Agoraphobie Leidende empfindet, ist nicht auf starke sexuelle oder aggressive Triebe zurückzuführen, die ihn überfallen, sobald ihm das Haus keine Sicherheit bietet, sie wird vielmehr durch den Umstand erklärt, daß derjenige, der keine adäquate Individuation und die damit verbundene Fähigkeit zur Loslösung erreicht hat, fühlt, daß er ohne belebte und unbelebte, tatsächliche und symbolische stützende Selbst-Objekte nicht überleben kann. Er muß der Gefahr also auf der anderen Seite des Konflikts entgegentreten, nämlich den regressiven, symbiotischen Verschmelzungswünschen, die ebenfalls die Integrität des Selbst bedrohen. Deshalb verbleibt er häufig auch dann in einem chronischen Angstzustand, wenn er sich nicht in einer agoraphobischen Situation befindet (vgl. Eagle, 1979).

Modells Versuch, Freuds Modell in *Das Ich und das Es* mit neueren Erkenntnissen hinsichtlich der Objektbeziehungen zu integrieren, mißlingt vor allem deshalb, weil er in Wahrheit die letzteren aus der traditionellen Perspektive der ersteren deutet. Das heißt, obgleich er erkennt, daß Objektbeziehungserfahrungen, die nicht von Triebbefriedigung abhängig sind, für die Bildung des Aspekts des Ichs, welcher das Selbstgefühl einschließt (im Gegensatz zu Kohut betrachtet Modell das Selbstgefühl als einen Aspekt des Ichs), von entscheidender Bedeutung sind, scheint er diesem Selbstgefühl in erster Linie die Funktionen des Kontrollierens, Zähmens und

Regulierens von Es-Trieben zuzuschreiben. Daraus folgt, daß die Psychopathologie, die auf gestörten Objektbeziehungen und einem geschwächten Selbstgefühl beruht, vor allem als ein Versagen des Ichs bei der Kontrolle, Zähmung und Regulierung von Es-Trieben zu verstehen ist. Modell glaubt daher, daß ein spezifisches Symptom dieser Art von Psychopathologie, das Vernichtungsgefühl, durch übermäßige Triebansprüche und „Affekte, die mit Wut und Liebe verbunden sind", hervorgerufen wird.

Kurz gesagt, wieviel Anerkennung Modell auch den neuen Objektbeziehungsphänomenen und den Herausforderungen, die sie darstellen, zollen mag, er deutet dennoch die Psychopathologie von Objektbeziehungen und Selbst im Rahmen des traditionellen Modells, wonach die primäre psychische Gefahr für das Individuum von der Intensität der Es-Triebe ausgeht. Das ist nicht Integration, sondern Einverleibung. Und solange man an der theoretischen Position festhält, daß die Es-Triebe die primäre Gefahr für das Individuum darstellen, kann es auch nur Einverleibung statt Integration (und statt Modifizierungen der Theorie, die neuere Befunde und Erkenntnisse exakt widerspiegeln) geben. Von dieser theoretischen Perspektive ausgehend, glaubt man, daß die schwerste psychische Bedrohung, vor der ein Individuum stehen kann – das Gefühl der Auflösung und Vernichtung –, eine noch geheimnisvollere, fundamentale Gefahr repräsentiere: heftige Es-Triebe.

Wenngleich es ihm nicht gelingt, die traditionelle Theorie mit neueren Definitionen zu integrieren, sieht Modell doch der Tatsache klar ins Auge, daß das zentrale Paradigma des Es-Ich durch Objektbeziehungs- und Selbst-Phänomene ernstlich in Frage gestellt wird. Wir wenden uns nun der hervorstechend neuen Herausforderung des traditionellen psychoanalytischen Es-Ich-Modells zu.

Anmerkungen

[1] Sie dürfen nicht mit Freuds Vorstellungen von Ich-Trieben verwechselt werden, die mit Verhaltensformen im Dienste der Selbsterhaltung zu tun haben. Die von Modell vorgeschlagene Unterscheidung steht tatsächlich den von White (1963) proklamierten „viszerogenen *vs.* neurogenen" Motiven näher.

[2] Es liegt auf der Hand, daß Modell in der traditionellen psychoanalytischen Theorie einen Platz für Phänomene wie Bindungsreaktionen, die von

Fairbairn (1952) betonte „Objektsuche" und Balints „primäre Objektliebe" zu finden versucht.

[3] Ich möchte nebenbei anmerken, daß man angesichts der Schwierigkeiten Modells bei seinem Versuch, „Objektbeziehungstriebe" in einen Es-Ich-Rahmen einzupassen, wieder von den Vorzügen beeindruckt ist, die Bowlbys (1966) scharfsinnigere Vorstellung relativ eigenständiger, aber interagierender Verhaltenssysteme aufweist, welche von verschiedenen Reizkonstellationen und inneren Voraussetzungen beeinflußt werden.

[4] Wenn es um die gesteigerte Intensität von Triebansprüchen geht, ist es, wie Apfelbaum (1966) ausführt, ebenso wahrscheinlich, daß dies eher die Folge von Verdrängung und nicht einfach deren Ursache ist.

[5] In *Hemmung, Symptom und Angst* beschreibt Freud (1926) das Bedürfnis des Agoraphoben nach Gefährten mit Worten, die gegenwärtigen Auffassungen weitgehend entsprechen; es handle sich um „eine zeitliche Regression in die Kinderjahre (im extremen Fall bis in den Mutterleib ...") (S. 157).

5. Kapitel
Zwei-Faktoren-Theorie: Kohuts Ablehnung des Es-Ich-Modells

Kohuts Werk kann einmal als eine Zwei-Faktoren-Theorie angesehen werden, die die traditionelle Theorie durch eine Psychologie des Selbst ergänzen soll, und zum anderen als eine allumfassende Psychologie des Selbst, die dazu bestimmt ist, das Es-Ich-Modell der Psychoanalyse zu ersetzen. Seine Arbeit war früher an jenem ersten Modell ausgerichtet, während seine spätere Arbeit und die seiner Anhänger durch das zweite Modell gekennzeichnet ist. Seine Beschäftigung mit narzißtischen Persönlichkeitsstörungen hat ihn zu praktischen und theoretischen Formulierungen veranlaßt, in denen der traditionelle Primat der Sexualtriebe durch die stärkere Betonung einer Psychologie des Selbst und der Objektbeziehungen ersetzt ist.

Allgemein gesagt weicht Kohut am stärksten von der traditionellen Theorie ab, indem er eine getrennte narzißtische Entwicklungslinie postuliert, die von der psychosexuellen und Ich-Entwicklung[1] unabhängig ist und ihr vorausgeht. Er betont vor allem die Entwicklungsleistung eines kohärenten Selbst. Er argumentiert, daß dieser Aspekt bzw. diese Dimension des psychischen Wachstums, von ihm als narzißtische Entwicklungslinie bezeichnet, von zentraler Bedeutung sei und unabhängig davon in Betracht gezogen werden sollte, daß das Hauptgewicht üblicherweise auf psychosexuelle Sequenzen oder auf die Ich-Entwicklung gelegt werde. Was letztere angeht, ist in der Tat für Kohut ein einheitliches Selbst eine wichtige Vorbedingung für ein adäquat funktionierendes Ich.

Bevor wir in eine kritische Erörterung des Kohutschen Werkes eintreten, erscheint es nützlich, einige seiner wichtigsten Vorstellungen bezüglich der Entwicklung eines kohärenten Selbst zusammenzufassen. Entsprechend seiner Definition, die sich nicht wesentlich von ähnlichen Konzeptionen unterscheidet (z. B. Freud, [1914]; Mahler, [1968]), ist die früheste Phase der narzißtischen Entwicklunglinie die des Autoerotismus[2], in der nur ein „fragmentiertes Selbst" und „Ich-Kerne" existieren. Daraus folgt, daß „die glückliche Reaktion der Mutter auf das ganze Kind ... in der entsprechenden Phase die Entwicklung vom Autoerotismus zum Narzißmus unterstützt – von der Stufe des fragmentierten Selbst ... zur Stufe des kohärenten Selbst ..." (Kohut, 1973, S. 143).

Irgendwo entlang der Entwicklunglinie wird die „umfassende Vollkommenheit", die das Kind angeblich empfindet (und die, wie ich vermute, eine gewisse Ähnlichkeit mit Begriffen wie „kindliche Omnipotenz" und „symbiotische Einheit" hat), infolge der unvermeidlichen Mängel der Versorgung durch die Mutter gestört. Doch das „narzißtische Gleichgewicht" des Kindes wird nunmehr durch die Entfaltung eines Größen- und exhibitionistischen Selbst aufrechterhalten und dadurch, daß die frühere Vollkommenheit einem bewunderten, allmächtigen (Übergangs-)Selbst-Objekt, *der idealisierten Elternimago*, zugeschrieben wird (Kohut, 1973, S. 57).

Sowohl die Spiegelübertragung als auch die spätere Idealisierung ermöglichen die reibungslose Entfaltung der normalen und notwendigen narzißtischen Phase von Grandiosität und Exhibitionismus sowie die Bildung einer „idealisierten Elternimago". Das Erleben von Grandiosität und die Verfügbarkeit einer idealisierten Imago erlauben dem Kind, sich trotz der unvermeidlichen Mängel und Frustrationen der Realität mächtig und ausgefüllt statt machtlos und leer zu fühlen. Und solange die Einheit mit diesen Selbst-Objekten gewährleistet ist, fühlt sich das Kind in der Tat mächtig, ausgefüllt und sicher und nicht ohnmächtig, leer und unsicher.

Bei normaler Entwicklung, die vornehmlich durch einfühlsames Spiegeln und Gelegenheit zur Idealisierung der Eltern gefördert wird, werden archaische Grandiosität und Exhibitionismus gezähmt, modifiziert und in „gesunden Narzißmus" umgewandelt, wie er sich in einem kohärenten Selbst, einer adäquaten Regulierung des Selbstwertgefühls und der Entwicklung von Ambitionen, Werten und Idealen manifestiert. Bei pathologischen Entwicklungen, die vornehmlich auf mangelnde Spiegelübertragung und mangelnde Möglichkeiten zur Idealisierung zurückzuführen sind, wird keine adäquate Selbst-Kohärenz erreicht, archaische Grandiosität und Exhibitionismus bleiben bestehen, und „die Psyche ist weiterhin an eine unscharf abgegrenzte Imago absoluter Vollkommenheit fixiert ..." (Kohut, 1973, S. 86).

Ein kritischer Aspekt der narzißtischen Entwicklungslinie ist der wechselhafte Charakter der Objektbeziehungen. In frühen Phasen stellt das Kind eine Beziehung zu anderen her, die es nicht als völlig getrennte andere sondern als „Selbst-Objekte" sieht. Das heißt, es verläßt sich darauf, daß das Selbst-Objekt so vitale psychische Funktionen wie die Regulierung von Spannungen, die Bewahrung der Selbst-Kohärenz sowie die Regulierung des Selbstwertgefühls übernimmt. Bei normaler Entwicklung wird diese Verwendung der Selbst-Objekte allmählich aufgegeben, und die Fähigkeit, vitale psychische Funktionen selbst auszuüben, nimmt zu. Man ist zunehmend imstande, andere als getrennte andere zu erleben sowie als Objekte der Triebbefriedigung. Bei pathologischer Entwicklung reagiert man auf andere weiterhin als auf Selbst-Objekte und verläßt sich darauf, daß sie jene psychischen Funktionen erfüllen, die man normalerweise selbst wahrnehmen würde. Am wichtigsten ist jedoch, daß man es anderen überläßt, die Selbst-Kohärenz aufrechtzuerhalten und das Selbstwertgefühl zu regulieren. Außerdem empfindet sich das Individuum ohne das Gefühl der Einheit mit dem idealisierten Selbst-Objekt leer, ohnmächtig und der „Desintegrationsangst" ausgeliefert. Von solchen Menschen sagt Kohut, daß sie an narzißtischen Persönlichkeitsstörungen leiden und bei der Behandlung auch den Therapeuten im Kontext sich entwickelnder Spiegel- und idealisierender Übertragungen (d. h. Beziehungen, die den früheren, traumatisch gefärbten Spiegelungs- und Idealisierungserfahrungen mit den Eltern entsprechen) als Selbst-Objekt benutzen.

Nach Kohut kommt es zur Bildung eines kohärenten Selbst und zum allgemeinen Wachstum psychischer Strukturen mittels eines Vorgangs, den er als „umwandelnde Verinnerlichungen" bezeichnet. Hinsichtlich dessen, was er mit dieser Bezeichnung meint, drückt er sich nicht sehr klar aus, doch kann man aus seinen Schriften auf die grundlegende Hypothese schließen, daß innere Strukturen irgendwie durch den Abzug narzißtischer Besetzung (er spezifiziert nicht, was das ist) von Selbst-Objekt-Imagines und den darauf folgenden Verinnerlichungsprozeß gebildet werden. Eine äußerst wichtige Konsequenz dieses Verinnerlichungsprozesses und der Bildung psychischer Strukturen besteht darin, daß das Kind nun Funktionen ausübt, die es zuvor dem Objekt überlassen hatte und zu denen Realitätsprüfung, Selbst-Kohärenz und Regulierung des Selbstwertgefühls gehören.

Während Kohut in seiner früheren Arbeit (1971) seine Vorstellung vom Selbst als einer Komponente des Ichs präsentierte, wird das Selbst später (1977) als übergeordnete Struktur vorgestellt, deren untergeordnete Komponenten Triebe und Abwehr sind. Demnach sind weder Triebfixierungen noch Ich-Defekte primäre Erscheinungen. „Es ist das Selbst des Kindes, das ... nicht sicher etabliert wurde, und es ist das schwache und von Fragmentierung bedrohte Selbst, das ... sich auf defensive Weise durch die Stimulierung erogener Zonen Lustzielen zuwendet und dann, sekundär, die orale (und anale) Triebfixierung und die Versklavung des Ichs an die mit den stimulierten Körperzonen verbundenen Triebziele herbeiführt" (Kohut, 1979, S. 75). (Ich werde zeigen, daß diese Vorstellung mit der Fairbairns [1952] identisch ist.) An anderer Stelle bemerkt Kohut, daß „von Anfang an die Trieberfahrung der Erfahrung untergeordnet ist, die das Kind in der Beziehung zwischen dem Selbst und den Selbstobjekten macht" (1979, S. 80). So ist beispielsweise für Kohut die Aggression „nicht als Manifestation eines primären Triebes ... sondern als Desintegrationsprodukt, das zwar primitiv, aber nicht psychologisch primär ist" (S. 106) anzusehen. Zerstörerische Wut ist „immer durch eine Verletzung des Selbst motiviert" (S. 108). (Dieses Thema wird von Rochlin [1973] ausführlich behandelt, doch wird dies von Kohut nicht erwähnt.) Im allgemeinen plädiert Kohut für eine begriffliche Trennung zwischen Triebbefriedigung und anderen Aspekten des Bemutterns, wenn er feststellt, daß eine Mutter jeden Triebanspruch des Kindes befriedigen und es dennoch traumatischen Erfahrungen aussetzen könne, indem sie ihm „bestätigenden und bewundernden Widerhall ... und Billigung" (1979, S. 79) versagt. Hier sehen wir Kohut klar und deutlich eine theoretische Position vertreten, bei der die Triebe hinter Betrachtungen über das Selbst und die Objektbeziehungen zurücktreten – eine Position, die das Gegenteil der traditionellen Freudschen Auffassung darstellt.

Kohuts Vorstellung des psychischen Funktionierens kommt vielleicht am klarsten in seiner Beschreibung dessen zum Ausdruck, was geschehen müßte, bevor man die Behandlung eines Menschen abschließt, der unter einer narzißtischen Persönlichkeitsstörung leidet. Laut Kohut wäre diese Bedingung erfüllt, „wenn es (durch die Behandlung) gelungen ist, einen Sektor im Bereich des Selbst zu errichten, durch den ein ununterbrochener Zustrom von narzißtischen Strebungen seinem kreativen Ausdruck entgegengehen kann – wie begrenzt auch immer die soziale Wirkung der Leistungen der Persönlichkeit sein mag und wie unbedeutend die kreative Aktivität des Individuums anderen auch erscheinen mag. Ein solcher Bereich umfaßt immer ein zentrales Muster von Exhibitionismus und Größen-Strebungen, eine Reihe von zuverlässig verinnerlichten Vollkommenheitsidealen und ein damit verbundenes System von Begabungen und Fertigkeiten, die zwischen Exhibitionismus, Strebungen und Größen-Selbst auf der einen Seite und den Idealen auf der anderen Seite vermitteln" (1979, S. 59f.). Als weitere Aspekte gesunden Funktionierens führt Kohut die fortlaufende Entwicklung der Struktur des Selbst – mittels „umwandelnder Verinnerlichungen" – in der Weise an, daß Selbst-Kohärenz und Selbstwertgefühl nicht zu stark und ausschließlich mit dem überschätzten und idealisierten Selbst-Objekt verknüpft werden; daß andere als völlig getrennte andere empfunden werden, sowie die Fähigkeit eines „stabiler und befriedigender besetzten Selbst ... ruhig und entspannt zum Mittelpunkt und Koordinator objektgerichteter Strebungen" zu werden, „indem es letztere von der Bürde befreite, im Dienste defensiv verfolgter Bedürfnisse nach Steigerung des Selbstwertgefühls tätig zu werden" (S. 50).

Laut Kohut kommt es zu diesen Veränderungen in der Behandlung nicht durch Deutung und Einsicht, sondern „infolge der allmählichen Verinnerlichungen, die durch die Tatsache bewirkt werden, daß die alten Erfahrungen wiederholt von der jetzt reiferen Psyche durchlebt werden" (S. 41). Spezifischer ausgedrückt, die Rolle des Therapeuten besteht hauptsächlich darin (im Kontext der sich unvermeidlich entwickelnden Spiegel- und idealisierenden Übertragungen), als Selbst-Objekt zu dienen und damit die Wiederaufnahme der traumatisch unterbrochenen Entwicklung der Struktur des Selbst zu ermöglichen. Das heißt, der Patient benutzt den Therapeuten als ein Selbst-Objekt, das die eigenen schwach ausgebildeten psychischen Strukturen ausgleichen soll. Allmählich, so Kohut, vermindert der Patient die narzißtische Besetzung des Therapeuten; er verinnerlicht die Angst mildernden, Aufschub duldenden und andere reale Aspekte der Imago des Therapeuten.

Aus der obigen Schilderung sollte klar geworden sein, inwieweit Kohut daran festhält, daß die narzißtische Entwicklungslinie eine getrennte sei, mit eigenen phasenspezifischen Merkmalen, die von Triebschicksalen ganz unabhängig sind und ihnen sogar vorausgehen, unabhängig auch von der psychosexuellen wie der Ich-Entwicklung. Für Kohut steht fest, daß Traumata in diesem Bereich – vor allem ein Mangel an einfühlsamer Spiegelung und Gelegenheiten zur Idealisierung – zu spezifischen Störungen des Selbst führen.

Implizit enthalten seine Schriften den Anspruch, daß psychische Gesundheit nicht adäquat und umfassend beschrieben werden könne, ohne Verhalten und Funktionieren in der narzißtischen Sphäre in Betracht zu ziehen. Es hat den Anschein, als wolle er sagen, daß man nicht zu den „tiefen Quellen“ der eigenen Grandiosität und des Exhibitionismus vordringen könne, ohne starke Werte und Ideale, einschließlich des Ideals der Vollkommenheit, auszubilden. Dies sind die Merkmale, die in Kohuts Vorstellung vom optimalen Funktionieren hervorgehoben werden, während traditionellen psychoanalytischen Zielen wie der Fähigkeit, Befriedigung und Lust aus spontaner Triebbefriedigung zu beziehen, genital funktionsfähig zu sein und auf Gegenseitigkeit beruhende innige Objektbeziehungen herstellen zu können, relativ wenig Beachtung zuteil wird.

Inwieweit sind Kohuts Formulierungen anwendbar?

Da Kohuts Darstellung und Definitionen in erster Linie im Hinblick auf narzißtische Persönlichkeitsstörungen gesehen werden müssen, erhebt sich die Frage nach dem beabsichtigten Umfang ihrer Anwendbarkeit. Sind sie beispielsweise relevant in bezug auf das Verständnis der Neurose, die schließlich die wichtigsten Daten für Freuds Theorie lieferte und auf die sie in erster Linie Anwendung finden sollten? Kohuts Position ist hier etwas doppeldeutig und ambivalent. Diese Doppeldeutigkeit und Ambivalenz kommen auf verschiedene Weise zum Ausdruck.

Einerseits bietet Kohut, vor allem in seinen früheren Arbeiten, eine auf Entwicklung gestützte Zwei-Faktoren-Theorie und ein Aufteilungsschema an, wonach eine Selbst-Psychologie auf frühere Phasen und die narzißtische Entwicklungslinie angewendet werden soll, die traditionelle Trieb-Konflikt-Theorie hingegen auf spätere ödipale Phasen. Soweit es sich um pathologische Erscheinungen handelt, soll nach diesem Schema eine Selbst-Psychologie für Störungen des Selbst relevant sein (etwa narzißtische Persönlichkeitsstörungen), während eine Triebpsychologie auf „strukturelle Neurosen“ anwendbar sei. Der Vorrang des Triebs bei Neurosen und der Selbst-Psychologie bei Störungen des Selbst tritt auch in Kohuts Gegensatz zwischen einer Form von Angst, die vor allem die Auflösung des Selbst fürchtet, und einer neurotischen Angst zutage, bei der – die Errichtung eines mehr oder weniger kohärenten Selbst vorausgesetzt – die Furcht vor Gefahrensituationen im Vordergrund steht, welche vermutlich mit Triebdurchbrüchen verbunden sind.

Nach diesem Schema stellen in den frühesten Entwicklungsphasen Probleme wie die Errichtung eines gefestigten, kohärenten Selbst, die Regulierung des Selbstwertgefühls (Aufrechterhaltung des „narzißtischen Gleichgewichts"), einschließlich der Zähmung und Umwandlung von archaischer Grandiosität und Exhibitionismus, und die Umwandlung der Beziehungen zu Selbst-Objekten zu wirklichen Beziehungen zu getrennten anderen die überwiegenden Herausforderungen dar. Erst wenn diese frühen Herausforderungen einigermaßen erfolgreich bewältigt worden sind, wird sich das Individuum Problemen stellen, die mit Triebbefriedigung, triebbestimmten Beziehungen zu Objekten der ödipalen Phase und intrapsychischen Konflikten bei angeblich intakten Strukturen zu tun haben. Für jene, denen es nicht gelungen ist, mehr oder weniger intakte Selbst-Strukturen zu entwickeln, handelt es sich um pathologische Probleme, die mit Selbst-Defekten sowie mit den kompensatorischen und Abwehrstrukturen zusammenhängen, welche als Reaktion auf dieses Versagen errichtet wurden. Bei denjenigen, die ein kohärentes Selbst aufgebaut haben, treten pathologische Erscheinungen in Gestalt „struktureller Neurosen" auf, bei denen es sich vorwiegend um Konflikte zwischen relativ intakten Strukturen und ödipalen Triebkonstellationen handelt.

Das bedeutet, daß diejenigen, die mit Selbst-Defekten behaftet sind, wahrscheinlich hauptsächlich mit Problemen des Selbstwertgefühls, Phantasien über die Verschmelzung mit allmächtigen Objekten, Angst vor Selbst-Auflösung, Grandiosität und Exhibitionismus, mangelhaft verinnerlichten Werten, Gefühlen von Isolation und Leere, falscher Selbstgenügsamkeit und destruktiver Wut im Gefolge narzißtischer Kränkungen zu kämpfen haben. Die Kämpfe neurotischer Patienten drehen sich hingegen vermutlich um Konflikte wegen sexueller und aggressiver Impulse, um Schuld, Kastrationsangst, übermäßige Bindung an Elternimagines, die der Intimität gegenwärtiger Beziehungen im Wege steht, um das Unvermögen, zu sexueller Befriedigung zu gelangen und um die Furcht vor Selbstbehauptung und Erfolg. Das heißt, diejenigen, die das Glück hatten, intakte Selbst-Strukturen herzustellen, können es sich sozusagen leisten, sich vorzugsweise mit entwicklungsmäßig fortgeschrittenen ödipalen Problemen zu befassen, bei denen Triebe und Triebbefriedigung im Vordergrund stehen, während sich diejenigen, die keine intakten Selbst-Strukturen errichtet haben, hauptsächlich auf das Ringen um Selbst-Kohärenz konzentrieren werden, wie es in Verschmelzungsphantasien, Auflösungsangst usw. zum Ausdruck kommt.

Welche Probleme im Vorstehenden enthalten sein mögen, es handelt sich jedenfalls um ein klar umrissenes Zwei-Faktoren- oder Aufteilungsschema, wonach eine Psychologie des Selbst auf die frühesten Entwicklungsphasen angewendet werden soll, während die traditionelle psychoanalytische Theorie auf spätere Entwicklungsstadien verwiesen wird. (Kohut [1977] bezeichnet dieses Schema fälschlich als „Komplementarität".) In seinen späteren Schriften läßt er allerdings erkennen, daß er imperialistischere, allumfassende Ambitionen für seine Psychologie des Selbst hegt, das heißt, sie soll global und ganz unabhängig von der nosologischen Kategorie angewendet werden.

So soll beispielsweise die Feststellung, daß „von Anfang an die Trieberfahrung der Erfahrung untergeordnet ist, die das Kind in der Beziehung zwischen dem Selbst und den Selbstobjekten macht" (Kohut, 1979, S. 80), offensichtlich eine allgemeingültige Tatsache, die psychische Entwicklung betreffend, beschreiben, ohne daß auf diese oder jene diagnostische Kategorie hingewiesen wird. Oder ein anderes Beispiel: Kohuts Behauptung, in der Destruktivität bekunde sich kein primärer Trieb, sie sei vielmehr ein „Desintegrationsprodukt", ist eine allgemeine Feststellung. Mit beiden (und anderen) Behauptungen scheint Kohut sagen zu wollen, daß, *allgemein gesprochen*, Triebe und Triebbefriedigung keine primären Entwicklungsfaktoren, sondern dem Selbst und den Objektbeziehungen untergeordnet seien. An anderer Stelle sagt er klipp und klar, daß „Abnormitäten der Triebe und des Ichs ... die symptomatischen Konsequenzen dieses zentralen Defektes im Selbst" (1979, S. 81) sind. Diese Feststellung ist von umwerfender Allgemeingültigkeit und scheint in keiner Weise auf narzißtische Persönlichkeitsstörungen beschränkt zu sein.

Kohut geht demnach davon aus, daß bei *allen* Patienten Objektbeziehungserfahrungen, die wenig, wenn überhaupt irgendetwas mit Triebbefriedigung zu tun haben, die entscheidende Rolle bei der Entwicklung der Persönlichkeit und der Selbst-Strukturen spielen. Diese Feststellung Kohuts bezieht sich auf die *allgemeine Entwicklung* ohne Berücksichtigung nosologischer Kategorien. In der Tat wird die spezielle Pathologie des Erwachsenen, einschließlich der

Frage, ob ödipale Probleme oder Defekte des Selbst als primäre Faktoren anzusehen sind, in hohem Maße anhand dieser frühen, nicht triebbezogenen Erfahrungen zu beurteilen sein. Kohuts Auffassungen implizieren daher, daß Überlegungen hinsichtlich der Triebe und Triebbefriedigung in der frühesten Entwicklungsphase, die für das Schicksal von Selbst-Strukturen ganz entscheidend ist, nicht besonders wichtig sind. Was hier festgehalten werden soll, ist, daß Kohuts Vorstellung von der frühen Entwicklung und von den Faktoren, die dabei eine entscheidende Rolle spielen – auch wenn er von einer Zwei-Faktoren-Theorie ausgeht –, der traditionellen Freudschen Ansicht diametral entgegengesetzt ist.

Die allgemeine Verschiebung von einer Zwei-Faktoren-Theorie zu eher allumfassenden Ansprüchen einer Psychologie des Selbst ist auch an Kohuts verändertem Selbst-Begriff in seinen früheren Schriften gegenüber den späteren abzulesen. Das Selbst wurde früher (1971) als eine Komponente der Ich-Struktur verstanden, während es später (1977) als übergeordnete Struktur dargestellt wird und Triebe und Abwehren allenfalls als konstitutierende Bestandteile angesehen werden.

Darüber hinaus wird, wie ich an anderer Stelle ausgeführt habe (Eagle, 1982), das Aufteilungsschema, wonach die Neurose der traditionellen Theorie (mit ihrer Betonung der sexuellen und aggressiven Triebe, des „strukturellen Konflikts" und der ödipalen Probleme) zugewiesen wird und Störungen des Selbst der Psychologie des Selbst, in einer Weise präsentiert, die von Eindeutigkeit weit entfernt ist. Erstens legt Kohut, wie erwähnt, in bestimmten Passagen nahe, daß Schwierigkeiten mit der Sexualität und Aggression häufig, wenn nicht immer, Problemen mit dem Selbst und den Beziehungen zwischen Selbst und Selbst-Objekten nachgeordnet seien. Zweitens sieht er im ödipalen Konflikt ebensosehr eine Entwicklungsleistung (durch die Fähigkeit gekennzeichnet, sich für Menschen als getrennte andere sexuell zu interessieren) wie eine Krankheitsursache, und er fragt sich, ob der Ödipuskomplex in der klassischen Auffassung nicht „bereits die Manifestation einer pathologischen Entwicklung" ist (1979, S. 250). Drittens kann und wird ein breites Verhaltensspektrum, das von der traditionellen Theorie auf eine bestimmte Weise aufgefaßt wird, von Kohut und seinen Anhängern als Anzeichen für Defekte des Selbst betrachtet werden.

Rangell (1980) hat festgestellt, daß die meisten, wenn nicht alle, klinischen Phänomene, die Kohut und seine Anhänger beschrieben haben, vielen Analytikern vertraut sind, für diese aber in den Bereich der neurotischen Pathologie gehörten, ohne die Aufstellung einer besonderen Kategorie erforderlich zu machen. Der springende Punkt ist, daß man in vielen Fällen von pathologischem Verhalten und Erleben Selbst-Defekte ausmachen kann. Wenn dem so ist, wird es immer wahrscheinlicher, daß Kohuts Psychologie des Selbst im wesentlichen eher als *eine neue Art, pathologische Phänomene zu betrachten,* gedacht ist, denn als Mittel, Klarheit über eine spezifische pathologische Kategorie, nämlich Störungen des Selbst, zu gewinnen.[3] Aber auch wenn letzteres beabsichtigt wäre, belehrt uns Kohut, daß gerade die Störungen des Selbst heutzutage wegen der angeblichen Veränderungen der Familienstruktur und der Interaktion zwischen Eltern und Kindern so weit verbreitet seien. Daraus ergibt sich, daß der typische Patient von heute wahrscheinlich unter einer Selbst-Störung leidet und man nicht erwarten sollte, allzu viele Patienten zu finden, deren Schwierigkeiten mit Hilfe der traditionellen Theorie verstanden und am besten behandelt werden können. Zwei-Faktoren-Theorie und Aufteilungsschema sind dann, wie ich an anderer Stelle ausgeführt habe, gleichbedeutend mit dem Angebot „eines Aufteilungsschemas, bei dem der Wert eines Sektors mit nahezu null angesetzt ist“ (Eagle, 1983).

Kohuts Konflikt zwischen der Postulierung einer Zwei-Faktoren-Theorie, die etwas wie eine „psychoanalytische Form von Ökumene“ (Mitchell, 1979) darstellt, und der eher „imperialistischen“ Ambition, die traditionelle Theorie *insgesamt* durch eine Selbst-Psychologie zu ersetzen, drückt sich sowohl in logischen Widersprüchen als auch darin aus, daß logische Implikationen der eigenen Position nicht mitgeteilt werden. Hinsichtlich des ersten Punktes stellt Mitchell folgende Frage: „Wenn Triebe Auflösungsprodukte sind, die einen Zusammenbruch primärer Beziehungskonfigurationen widerspiegeln, wie können dann ‚strukturelle Neurosen‘ zu gleicher Zeit keine Selbst-Pathologie und Konflikte, die Triebe betreffen, enthalten, welche *per definitionem* eine schwere Selbst-Pathologie widerspiegeln?“ (Mitchell, 1979, S. 181) [übers. v. H. W.].

Was das Versäumnis angeht, logische Schlüsse zu ziehen, muß man folgendes sagen. Wenn pathologische Phänomene, wie Kohut argumentiert, sich immer mehr in die Richtung narzißtischer Störungen bewegen; wenn es wahr ist, daß einzig die Selbst-Psychologie diesen Phänomenen gerecht wird, und wenn ferner wahr ist, daß die traditionelle Theorie intrapsychischer Konflikte diesen Phänomenen *nicht angemessen* ist, so folgt daraus, daß die Selbst-Psychologie in relativ kurzer Frist die traditionelle Theorie *in vollem Umfang* ersetzen wird. Es folgt auch, sozusagen im nachhinein, aus der ursprünglichen Prämisse, daß – wie die früheren neo-Freudianischen „kulturalistischen" Kritiker Freuds behaupteten – Gültigkeit und Anwendbarkeit der traditionellen psychoanalytischen Theorie kultur- und zeitgebunden sind und mit bestimmten Charaktertypen zusammenhängen, und daß sie nicht, wie Freudianer erklären, zeitlos und universal sind. Diese Implikation haben Kohut und andere nicht deutlich gemacht.

Schließlich scheint die Annahme einer Aufteilung, wonach die traditionelle Theorie für die neurotische Pathologie zuständig sei, während die schwereren, präödipalen Erkrankungen des Selbst in den Zuständigkeitsbereich der Selbst-Psychologie fallen, zumindest von einigen Anhängern Kohuts nicht akzeptiert zu werden. So führt Goldberg (1973) aus, daß man „narzißtische Störungen nicht mit ‚früher, primitiv oder kränker' gleichsetzen kann", und er stellt ferner fest, daß „narzißtische Störungen von Psychosen ... bis zu leichten Beeinträchtigungen im Alltagsleben reichen ..." (S. 28) [übers. v. H. W.]. Dies bestärkt einen in dem Verdacht, daß zumindest einige Anhänger Kohuts immer die Absicht hatten, seine Psychologie als Anschauungsweise für ein breites pathologisches Spektrum, vielleicht einer Dimension oder eines Aspekts der gesamten Pathologie, zu betrachten und nicht als eine Sichtweise, die sich auf narzißtische und verwandte Störungen beschränkt und die traditionelle Theorie ergänzt. In gewissem Sinne formuliert Goldberg die Implikationen der Selbst-Psychologie Kohuts ausführlicher als dieser selbst. Denn wenn man eine narzißtische Entwicklungslinie postulieren will, die getrennt und unabhängig von der psychosexuellen und Ich-Entwicklung verläuft, dann sollte dies mit dem Anspruch verbunden sein, daß Entwicklungsleistungen wie -störungen sich über die ganze Skala erstrecken, sozusagen vom Einfachsten bis zum Schwierigsten. Wie Goldberg sagt: „... wenn der Narzißmus eine Entwicklungslinie ist, die von Objektliebe (und -haß) abgelöst ist, dann hat er auch seine eigenen Entwicklungsstufen und seine eigenen Hinweise auf Störungen" (S. 28) [übers. v. H. W.].

Da „Erfolg" in allen Bereichen der Persönlichkeitsentwicklung und des Funktionierens stets relativ ist, stets eine Frage von mehr oder weniger, und immer mit den Lebensumständen und situationsbedingten Anforderungen zusammenhängt, ist es wahrscheinlich, daß Probleme, die die Intaktheit von Selbst-Strukturen betreffen, auch im Krankheitsbild und der Behandlung der „strukturellen Neurosen" aufscheinen werden (worauf, wie wir später sehen werden, Gedo [1980] hingewiesen hat). Kohut legt sich diesbezüglich nicht fest. Einerseits erklärt er, daß die Intaktheit der Selbst-Struktur für die Behandlung der Neurose irrelevant sei. Andererseits meint er, daß dieses Problem bei allen oder zumindest vielen Analysen auftauchen werde, wenn die „tiefsten Stufen" erreicht sind. Letztere Auffassung impliziert, daß bei manchen stärker traumatisierten gestörten Individuen Probleme des Selbst an erster Stelle stehen und unmittelbar ins Auge springen. Bei anderen, deren Entwicklungsgeschichte glücklicher verlaufen ist, sind solche Probleme nicht offenkundig, doch es wird sich herausstellen, daß sie den neurotischeren Symptomen und Abwehren zugrundeliegen, wenn die „tiefsten Stufen" der Analyse erreicht sind. Wie wir sehen werden, wird eben diese Position von Fairbairn (1952) und Guntrip (1969) vertreten, die davon ausgehen, daß die grundlegenden, elementaren Probleme jeder Erkrankung eher auf das Fehlen eines intakten Selbstgefühls als auf sexuelle und aggressive Triebe zurückzuführen sind. Obgleich Kohut diese Position nicht eindeutig und ausdrücklich einnimmt, ist sie in manchen seiner Ausführungen implizit enthalten.

Kohuts Angstbegriff

Kohuts Doppeldeutigkeit hinsichtlich des Umfangs der Phänomene und der Pathologie, auf die er seine Formulierungen anwenden möchte, spiegelt sich auch in seiner Diskussion der Angst wider. Zunächst geht er ganz klar von zwei Arten von Angst aus: „Die erste umfaßt die Ängste, die von einem Menschen empfunden werden, dessen Selbst mehr oder weniger kohärent ist. Es sind Ängste vor spezifischen Gefahrensituationen (Freud, 1926). Der Nachdruck der Erfahrung liegt im wesentlichen auf der spezifischen Gefahr und nicht auf dem Zustand des Selbst. Die zweite Art umfaßt die Ängste, die von einem Menschen erlebt werden, der sich bewußt wird, daß sein Selbst zu zerfallen beginnt" (1979, S. 97). Kohut bemerkt dann, daß Freuds Erörterung der „Libidogefahr" (1923) im Sinne von „Überwältigung oder Vernichtung" (S. 287) oder „übergroße(r) Stärke der Erregung" (1926, S. 121) und Anna Freuds Beschreibung einer Art von Angst („Bedrohung durch die Stärke der Instinkte") „Versuche ... innerhalb des Rahmens der klassischen Psychologie des psychischen Apparates die Desintegrationsangst zu bewältigen" (Kohut, 1979, S. 98) darstellen. Laut Kohut ist der „Kern der Desintegrationsangst ... die Furcht vor dem Zerbrechen des Selbst, nicht die Furcht vor dem Trieb" (S. 99). Ich glaube, daß Kohut recht hat, wenn er fragt, ob man sich überwältigende Angst am sinnvollsten als „Libidogefahr" vorstellt. Zweifellos sind auch seine klinischen Beobachtungen in bezug auf die unterschiedliche Intensität von Angst zutreffend (ich übersetze seine beiden Angstformen in verschiedene Grade von Angst). Die Frage ist, ob seine Analyse des Wesens der Angst genügend in die Tiefe geht. Er versäumt es, danach zu fragen, in welchem Sinne *jede* Form oder jeder Grad von Angst eine spezifische Libidogefahr darstellt. Man kann „Libidogefahr" mindestens auf zwei Arten deuten. Einerseits scheint Freud damit die äußere Bestrafung zu meinen, mit der Triebwünsche in Verbindung gebracht werden, und andererseits kann die Gefahr gemeint sein, die eine vom Trieb bestimmte exzessive Erregung mit sich bringt.

Beim ersten Modell ist das Bindeglied zwischen Trieb und Angst ein Triebwunsch, der (wegen einer früheren Verknüpfung von Triebwunsch und tatsächlicher oder angedrohter Bestrafung) die Bestrafung vorwegnimmt, insbesondere Strafen, die die Gefahrensituationen des Objektverlusts, des Verlusts der Liebe des Objekts, der Kastrationsangst oder des Tadels des Überichs heraufbeschwören. Es ist die Antizipation dieser Gefahrensituationen, welche die Angst erzeugt. Man nehme als Beispiel die Kastrationsangst. In welchem Sinne ist Kastrationsangst eine „Libidogefahr"? Obgleich Kastrationsangst die Folge libidinöser (inzestuöser) und aggressiver Wünsche ist, ist sie – zumindest nicht offensichtlich – keine „Libidogefahr" im eigentlichen Sinne – das heißt, eine direkte Drohung, die vom Trieb selbst ausgeht. Es ist vielmehr die Furcht vor Bestrafung in Form einer Verstümmelung, die eine äußere (später verinnerlichte) Instanz vornimmt. Ähnlich ist es mit dem Objektverlust und dem Verlust der Liebe des Objekts. Zwar mögen diese Gefahren auf Grund libidinöser und aggressiver Wünsche vorhanden oder auf sie zurückzuführen sein, doch handelt es sich im wesentlichen um Bestrafungen, die ursprünglich von einer äußeren Instanz durchzuführen sind.

Die obigen Beispiele implizieren, daß die mit libidinösen und aggressiven Impulsen verbundene Angst vollständig auf von außen (gesellschaftlich) auferlegten Verboten beruht. Gäbe es solche Verbote nicht – wären etwa die Gesellschaft und die Aufzucht nachsichtiger –, würden libidinöse oder aggressive Wünsche wenig oder gar keine Angst auslösen. Wie plausibel diese Deutung der Freudschen Angsttheorie erscheinen mag und wie häufig sie auch angeführt wird – ich glaube, daß sie im wesentlichen falsch, zumindest aber unvollständig ist.

Es entspricht zwar der Logik der Freudschen Triebtheorie, daß die Verinnerlichung äußerer Verbote und Strafen einen für Angst und Schuldgefühle empfänglich macht, doch würden libidinöse und aggressive Wünsche ohne äußere Strafandrohungen nicht unbedingt als gutartig angesehen, noch würde ihr angsterzeugendes Potential beseitigt. Anna Freud (1936) macht dies ganz deutlich, wenn sie von der „primären Triebfeindlichkeit des Ichs" (1980, S. 338) spricht. Insofern Triebe stets die Möglichkeit Ich-schädigender exzessiver Erregung in sich tragen sollen, sind sie, entsprechend der Logik der Triebtheorie, der natürliche Feind des Ichs, und zwar ganz unabhängig von bestimmten kulturell und gesellschaftlich bedingten Verboten und Strafen.

Weil Triebdruck nicht durch Kampf oder Flucht behoben werden kann (man kann die eigenen Wünsche nicht physisch bekämpfen oder vor ihnen davonlaufen), liegt es besonders nahe, daß er die theoretisch höchste Gefahr exzessiver Erregung und daraus resultierender Ich-Schädigung mit sich bringt und deshalb zum natürlichen Feind des Ichs wird. Ich verweise auf all diese Elemente der Freudschen Theorie, um zu zeigen, daß das, was von Kohut (und anderen) übersehen wird, für Freud das unveränderliche Element und die schwerste Bedrohung, die in jeder Form von Angst zutage tritt, die exzessive Erregung ist. Kastration, Objektverlust und Verlust der Liebe des Objekts haben demnach gemeinsam, daß sie – weil sie dem Individuum keine Gelegenheit zur Triebabfuhr bieten – dem Organismus das Potential für exzessive Erregung liefern und damit das Ich in höchstem Maße zu schädigen drohen.[4] Mit anderen Worten, sie sind Ausdruck einer traumatischen Gefahrensituation, in der heftige Erregung ein Gefühl völliger Hilflosigkeit auslöst und die Schädigung des Ichs als fundamentale Bedrohung erlebt wird.

Die grundlegende Gefahr für den Organismus bilden demnach nicht Triebimpulse und -ansprüche *per se*, sondern der exzessive Grad der Erregung und die damit verbundene drohende Ich-Schädigung. In der Tat bergen äußere Situationen, in denen man sich überwältigender Stimulierung nicht ohne weiteres entziehen kann, wie Freud (1926) bemerkt, die gleiche Gefahr, daß ein exzessiver Erregungsgrad zur Ich-Schädigung führt.[5] Ein solch exzessiver Erregungsgrad, der die Fähigkeit des Organismus, ihn zu bewältigen oder zu ertragen, übersteigt, bezeichnet Freud als „traumatische Situation". Und es ist die primäre Funktion der Signalangst, „traumatische Situationen" zu verhindern, indem sie den Organismus auf „Gefahrensituationen" aufmerksam macht – das heißt, Situationen, die zu „traumatischen Situationen" werden können, falls irgendein Bewältigungsmechanismus (hauptsächlich beispielsweise die Abwehr oder auch Verhaltensweisen wie physische Flucht und Vermeidung wie im Falle von Phobien) nicht mobilisiert wird.

Im gegenwärtigen Kontext muß darauf hingewiesen werden, daß Kohuts scharfe Unterscheidung zwischen Angst, die von „Libidogefahr" ausgeht, und Angst, die mit der Furcht vor Auflösung des Selbst verbunden ist, nicht völlig aufrechterhalten werden kann. Sie trägt der Tatsache nicht Rechnung, daß auch für Freud der Kern der Angst die Furcht vor Ich-Schädigung ist – eine Vorstellung, die nicht allzu weit von dem entfernt scheint, was Kohut als „die Furcht vor dem Zerbrechen des Selbst" oder Furcht vor der Auflösung des Selbst[6] bezeichnet.

Obwohl bei Freud von seelischen Apparaten die Rede ist und Kohuts Perspektive vermutlich auf der subjektiven Auffassung beruht, wie das Individuum die Phänomene erlebt, scheint mir in Freuds Vorstellung von der Beziehung zwischen Trieb, Erregung, Angst und dem Ich implizit der Gedanke enthalten zu sein, daß es die Integrität des Selbst ist, die von der Angst am stärksten bedroht wird. Der Unterschied zwischen Freud und Kohut (sowie zwischen Freud und den Theoretikern der Objektbeziehungen) besteht nicht darin, daß die stärkste Bedrohung von der Angst ausgeht, sondern in den Vorstellungen von den Ursachen dieser Bedrohung. Für Freud ist es der exzessive Erregungsgrad, der, um es so einfach wie möglich auszudrücken, aus der Anhäufung nicht abgeführter Triebspannungen resultiert. Für Kohut (und die Theoretiker der Objektbeziehungen) ergibt sich die Bedrohung des Selbst aus erahnten und wirklichen Mängeln und Schwächen in der Struktur des Selbst, wenn sie mit Situationen zusammentreffen, in denen man sich entweder vom bedürfnisbefriedigenden Objekt (in Kohuts Terminologie: dem Selbst-Objekt) isoliert oder mit ihm verschmolzen fühlt. Jedenfalls gibt es keine „Libidogefahr", die im Gegensatz zur Gefahr für das Selbst steht. Es gibt nur eine Gefahr für das Selbst und verschiedene Ansichten über die Ursache dieser Gefahr.

Selbst-Psychologie und ödipaler Konflikt

Die Doppeldeutigkeit des Kohutschen Zwei-Faktoren-Ansatzes hinsichtlich der Beziehung zwischen traditioneller Theorie und Selbst-Psychologie wird an seiner Behandlung des ödipalen Konflikts erkennbar. Eine Implikation des Zwei-Faktoren-Ansatzes und der Vorstellung, daß durch eine Behandlung die Wiederaufnahme der traumatisch unterbrochenen psychischen Entwicklung möglich werde, ist die, daß Patienten mit narzißtischen Persönlichkeitsstörungen oder andere Patienten mit Selbst-Defekten, nachdem sie durch eine erfolgreiche Behandlung einen erhöhten Grad der Selbst-Kohärenz erreicht haben, ödipale Probleme in Angriff nehmen und Konflikte, Abwehren und eine Symptomatologie, wie sie für die Neurose typisch ist, zeigen werden.[7]

Gelegentlich beschreibt Kohut eine solche Abfolge, doch wird diese Beschreibung damit verschönt, daß die Patienten in die ödipale Phase „freudig eingetreten" seien. Betrachtet man dies in Verbindung mit anderen Kommentaren (die darauf hinauslaufen, daß die ödipale Phase, wie in der traditionellen Theorie dargestellt, bereits eher die Manifestation einer früheren pathologischen Entwicklung und kein unvermeidliches, allgegenwärtiges Phänomen sei), hat man Grund zu der Annahme, daß Kohut die Implikation seiner eigenen Zwei-Faktoren-Formulierung, typisch neurotische Probleme wären die Folge der Errichtung eines gefestigten, kohärenten Selbst, nicht ganz ernst nimmt. Wenn narzißtische Patienten, wie die Zwei-Faktoren-Theorie behauptet, die ein höheres Maß an Selbst-Kohärenz erwerben, sich nunmehr auf einer Entwicklungsstufe befinden, die der neurotischer Patienten ähnelt (z. B. indem sie „strukturelle Konflikte", ödipale Probleme usw. erleben), weshalb wirken sie dann soviel froher, kreativer, selbstzufriedener als viele neurotische Patienten?

In subtiler Weise scheinen diese Fallberichte jedoch zu implizieren, daß man zwar unter psychosexuellen Gesichtspunkten auf einer präödipalen Ebene funktionieren mag, aber dennoch ein kreatives, frohes und lohnendes Leben führen, realistische, sinnvolle Ambitionen haben und hohe, bleibende Werte und Ideale entwickeln kann.

Das mag wahr sein oder nicht, worauf ich hier aber hinaus will, ist, daß Kohuts Beschreibungen die Implikationen der Zwei-Faktoren-Entwicklungstheorie Lügen strafen oder im Gegensatz zu ihr stehen. Ersteres besagt im Widerspruch zum zweiten, daß therapeutisches Wachstum in der narzißtischen Dimension (das heißt, der Schritt vom pathologischen zum „gesunden Narzißmus") allein zu einem reichen, sinnvollen Leben führen kann, indem unter anderem ehrgeizige Ziele verfolgt werden, das Selbstwertgefühl ausreichend reguliert ist, Ideale und Werte entwickelt sind – und all das ganz unabhängig davon, ob im Bereich der psychosexuellen Entwicklung oder damit verbundener Konflikte ein Fortschritt erzielt worden ist oder nicht. Das heißt natürlich mit anderen Worten, daß die psychosexuelle Entwicklung und Konflikte im Zusammenhang mit Sexualität und Aggression in Wirklichkeit irrelevant sind, und daß es, um ein reiches, sinnvolles und lustvolles Leben zu führen, nur darauf ankommt, zur Selbst-Kohärenz zu gelangen und sich erfolgreich vom pathologischen zum „gesunden Narzißmus" fortzubewegen. Spezifischer und konkreter: Was Kohut implizit zu sagen scheint, ist, daß man ein erfülltes, befriedigendes Leben führen kann, ohne Probleme wie Objektliebe und -haß und die Fähigkeit zu engen Beziehungen adäquat gelöst zu haben – vorausgesetzt, daß man zu Selbst-Kohärenz und „gesundem Narzißmus" gelangt ist.[8]

Kohuts Interesse an Genies und den „großen Männern" ist ein weiterer Hinweis auf seine grundlegende Überzeugung, daß das, was das Leben in Wahrheit lebenswert macht, beständige Werte und Ideale sind, die Verfolgung und Verwirklichung der von diesen Idealen und Werten gespeisten und angespornten Ambitionen und die Talente, die man besitzt, sowie das durch diese Werte, Ideale und Ambitionen gewonnene Selbstwertgefühl. Hier ist anzumerken, daß es sich bei diesen Aktivitäten und Leistungen vornehmlich um solche handelt, die man aus eigenem Antrieb vollbringt. Nach Kohuts Theorie sind andere Menschen ätiologisch und unter Entwicklungsgesichtspunkten erforderlich, um Spiegelung und Gelegenheit zur Idealisierung zu bieten, die zur Entfaltung eines kohärenten Selbst und zur reibungslosen Umwandlung archaischer Grandiosität in „gesunden Narzißmus" benötigt werden. Doch wenn diese anderen ihre Rolle gespielt haben, ermöglicht es der gesunde Narzißmus – den Genies und Helden *par excellence* besitzen –, sich allein aufzumachen und die Lebensaufgaben zu erfüllen.

Inwieweit ist die Kohutsche Selbst-Psychologie, so fragt man sich, auf die klinischen Phänomene der Störungen des Selbst zurückzuführen, und inwieweit kommen in ihr seine eigenen Werte, insbesondere sein Glaube zum Ausdruck, daß ein Leben dann ausgefüllt ist, wenn es hinsichtlich der Erlangung des „gesunden Narzißmus" dem Leben des Genies und des Helden am nächsten kommt?

Anmerkungen

[1] Gedo (1980) bezweifelt, ob die Entwicklung der Selbst-Kohärenz und eines intakten Selbstgefühls am besten als eine spezifisch narzißtische Entwicklungslinie zu bezeichnen sei. Das heißt, man kann die Entwicklung des Selbst überprüfen und die zentrale Bedeutung der Selbst-Organisation für die Persönlichkeit ganz unabhängig vom Begriff des Narzißmus erkennen. (Vgl. z. B. G. S. Klein [1976] und Gedo [1980], die beide die Kontinuität und Integrität der Selbst-Organisation als ein übergeordnetes Ziel ansehen, das keiner Narzißmus-Theorie bedarf.) Diese begriffliche Unterscheidung zwischen einer narzißtischen Entwicklungslinie und dem Wachstum des Selbst unterstreicht die Tatsache, daß Kohut nicht einfach auf die Bedeutung des Selbst für die dynamische Selbst-Psychologie hinweist, sondern daß er eine *spezielle Theorie des Selbst* vorstellt, die davon ausgeht, daß die Entwicklung des Selbst ein Äquivalent der Entwicklung des Narzißmus ist. Mit Hilfe dieser Äquivalenz läßt sich die Postulierung angeblicher Entwicklungsphänomene wie das phasenspezifische Auftauchen eines grandiosen und exhibitionistischen Selbst erklären. Dabei kann man die Tatsache aus den Augen verlieren, daß Kohuts theoretischer Ausgangspunkt Freuds Theorie und Diskussion des Narzißmus ist. Was als interessante und wichtige theoretische Aufgabe verbleibt, ist eine genaue Analyse der Umwandlungen, die Freuds Narzißmusbegriff in Kohuts Selbst-Psychologie durchmacht.

[2] Es ist schwer zu verstehen, weshalb angesichts Kohuts Entwicklungsbegriff das früheste Stadium der narzißtischen Entwicklung als „Autoerotismus" bezeichnet werden soll.

[3] Ein Beispiel hierfür liefern Slap und Levine (1978). Bei der Erörterung des Falles von Herrn B. teilt Kohut mit, daß der Patient, nachdem ihn seine Analytikerin als „liebenswert und kontaktfähig" bezeichnet hatte, „erregt und ängstlich wurde, Schlafstörungen hatte und von einer Vielzahl erschreckend aggressiver, sexueller und oraler Phantasien über Frauen, einschließlich der Analytikerin, berichtete" (Slap & Levine, 1978, S. 511) [übers. v. H. W.]. Slap und Levine bemerken, daß Kohut nicht die Phantasien des Patienten erörert, sondern die Reaktion des Patienten folgendermaßen deutet: „Der Kindheitswunsch (vielmehr das Bedürfnis) nach einfühlender körperlicher Zuwendung seiner Mutter war plötzlich intensiv erregt worden ... Im tiefsten Grunde war jedoch der psychische

Grunddeffekt des Patienten Ursache der Erregung ..." (Kohut, 1973, S. 267f.). Dieses Beispiel zeigt, daß Kohut das Vorhandensein von Selbst-Defekten und das Bedürfnis nach einfühlender mütterlicher Zuwendung deuten und Beweise dafür in Verhaltensweisen finden kann, die dies nicht unbedingt nahelegen und von vielen anderen Analytikern nicht auf diese Weise gedeutet würden. Wenn danach nahezu jedes Verhalten als Beweis für Selbst-Defekte und Bedürfnis nach einfühlender Zuwendung gelten kann, wird deutlich, daß Kohut vorschlägt, sämtliche pathologischen Erscheinungen unter einem neuen Blickwinkel zu betrachten.

[4] Man wird sich erinnern, daß dies genau der Logik von Spitz (1960) entspricht, der die schädlichen Folgen der Entbehrung der Mutter darauf zurückführt, daß ihre Nichtverfügbarkeit die Abfuhr libidinöser und aggressiver Triebe verhindert.

[5] Dies trifft insbesondere im Fall des Kindes zu, dessen „Reizschranke" und andere Bewältigungsmechanismen noch nicht ausreichend entwickelt sind.

[6] Die Formulierung, daß der Kern der Angst die exzessive Erregung sei, weist darauf hin, daß Freud die grundlegende Idee seiner ersten Angsttheorie niemals ganz aufgegeben hat. Diese Theorie Freuds besagt, daß Angst aus der toxischen Anhäufung nicht abgeführter sexueller Spannungen resultiere. Solche Spannungen werden in Angst umgewandelt. Formaler ausgedrückt ist Angst das Resultat der affektiven Umwandlung eines verdrängten Impulses. Freud glaubt demnach, daß gewisse sexuelle Praktiken, die eine Libidoabfuhr beeinträchtigen, etwa der Coitus interruptus, zur Verursachung von Angst beitrügen. Diese erste Angsttheorie wurde vermutlich fallengelassen, weil sich Freud keinen Vorgang vorzustellen vermochte, durch den Libido in Angst umgewandelt werden konnte. Wie in den meisten Zusammenfassungen der Freudschen Theorie gern festgestellt wird, wurde die erste Theorie durch Freuds zweite Angsttheorie ersetzt. Deren wesentliche Merkmale sind der Begriff der Signalangst und die Idee, daß die Verdrängung der (Signal-)Angst vorausgeht und von ihr ausgelöst wird, nicht aber die Verdrängung die Angst verursache (wie die erste Theorie besagte). Das heißt, eine geringe Angstmenge wirkt als Signal, um das Ich auf eine Gefahr aufmerksam zu machen und folglich auf die Notwendigkeit, sich der Verdrängung und anderer Abwehrmechanismen zu bedienen.

Doch worauf beruht die Gefahr, auf die das Ich aufmerksam gemacht wird? Wie erwähnt, ist die größte Gefahr (einschließlich der Gefahren, die von der Kastrationsangst, dem Objektverlust, usw. herrühren) die das Ich schädigende, vom Trieb ausgehende exzessive Erregung. Mit anderen Worten, was von der ersten Angsttheorie übrigbleibt, ist die Grundidee, daß die Anhäufung von Erregung infolge nicht abgeführter Triebspannungen eine elementare Bedrohung des Organismus darstellt und mit Angst verknüpft ist. Aufgegeben wird die Vorstellung, daß solche Triebspannungen automatisch in Angst *umgewandelt* werden. Die Verbindung zwischen Triebspannungen und Angst bleibt bestehen, beruht nun aber teilweise darauf, daß der Organismus auf die den ersteren innewohnende Gefahr mit Signalangst reagiert, das heißt, einer verringerten Angstmenge, die die Gefahr antizipiert und Abwehrmaßnahmen einleitet. Die andere, dramatischere Verbindung zwischen Triebspannungen und Angst ist die, daß *massive Angst* (im Gegensatz zur Signalangst) ihrem Wesen nach eine traumatische Situation schafft, in der man angesichts überwältigender endogener Stimulierung, die von Trieben ausgeht, hilflos ist. Mit anderen Worten, in dieser Formulierung ist implizit die Vorstellung enthalten, daß *massive Angst die affektive, empirische Komponente überwältigender Erregung* sei. Daraus ergibt sich die wichtige Schlußfolgerung, daß Angst nicht die *Umwandlung* von Triebspannungen ist, sondern das *affektive Erleben* von exzessiver, den Trieben entstammender Erregung (so wie sie in einer entsprechenden Situation das affektive Erleben exzessiver Erregung wäre, die auf äußere Stimulierung zurückgeht).

Die Vorstellung, daß Angst mit exzessiver Erregung verbunden sei, steht völlig im Einklang mit modernen Theorien und Befunden, die Angst mit physiologischer Übererregung verknüpfen. So legen beispielsweise Lader und Wing (1966) Beweise vor, daß es eine genetische Komponente der Gewöhnungsrate gibt – eine Erkenntnis, die im Lichte ihrer Theorie, daß eine niedrigere Gewöhnungsrate im Verein mit einem hohen Niveau zentralnervöser Aktivität zu einer positiven Rückkopplung mit zunehmender neuraler Aktivität führt, von Interesse ist. Dieses Phänomen stellt nach ihrer Ansicht insofern eine „Gefahr für den Organismus" dar, weil es „zu exzessiver Erregung im zentralen Nervensystem führt" (S. 142) [übers. v. H. W.]. Sie stellen ferner fest, daß „krankhafte Angst das Resultat anormal ausgedehnter exzessiver Aktivität" ist (S. 143) [übers. v. H. W.]. – eine Feststellung, die Freuds Grundauffassung von der Angst in bemerkenswerter Weise ähnelt.

Ein Problem, das bei dieser kurzen Erörterung der Freudschen Angsttheorie auftaucht, ist die Rolle der Abwehr bei der Reduzierung von Angst. Warum und wie vermindert Abwehr die Angst? Freud hat auf diese Frage mehrere Antworten gegeben. In seinen frühen klinischen Arbeiten (z. B. den *Studien über Hysterie*) hat er die Wirkung der Abwehr in dem Sinne beschrieben, daß man eine Vorstellung, die einem als moralisch verwerflich erscheint, vom Bewußtsein fernhält. Man kann sagen, daß es der Abwehr hier gelingt, Angst zu reduzieren, weil sie das Selbstbild intakt läßt. Eine spätere Antwort (z. B. Freud, 1926) lautet, daß – insofern eine bestimmte Vorstellung oder ein Wunsch mit der Androhung von Kastration, Liebesverlust usw. verbunden war – die Entfernung dieser Vorstellung aus dem bewußten Erleben die mit ihr verbundene antizipierte Bedrohung reduzieren wird. Man beachte, daß dies eine relativ geradlinige Erklärung auf der Basis von Konditionierung ist (vgl. Dollard & Miller [1950] bezüglich der Übersetzung bestimmter Freudscher Begriffe und Formulierungen in Begriffe der Lerntheorie).

In der zweiten Antwort geht es zum Teil um die Beziehung zwischen Abwehr und exzessiver Erregung. Ja, die Entfernung einer Vorstellung oder eines Wunsches aus dem Bewußtsein kann die erwarteten Strafen, die mit ihnen verbunden sind, mildern und damit Angst reduzieren. Kann aber Abwehr die Erregung unmittelbarer reduzieren? Bei der Beantwortung dieser Frage stoßen wir auf andere Möglichkeiten der Verringerung von Angst durch Abwehr. Zum einen erlauben die meisten, wenn nicht alle,

Abwehrformen außer der Verdrängung eine gewisse Triebabfuhr, das heißt, Triebwunsch und -vorstellung können bis zu einem gewissen Grade beibehalten und tatsächlich oder in der Phantasie verwirklichkeit werden. So gestattet einem zum Beispiel die Rationalisierung, ein Triebziel zu verfolgen, indem man ein gesellschaftlich akzeptableres Ziel vorschiebt. Oder ein anderes Beispiel: Das Ungeschehenmachen erlaubt ebenfalls eine gewisse Triebbefriedigung, solange sie durch das darauffolgende Verhalten ungeschehen gemacht wird. Der springende Punkt ist nun, daß diese Abwehren, insoweit sie eine partielle Triebabfuhr oder -befriedigung gestatten, die Gefahr der Akkumulation exzessiver Erregung verringern und damit der Minimierung des Angstpotentials dienen.

Eine eher abstrakte grundlegende Vorstellung, wie Abwehr die Gefahr exzessiver Erregung verringert, wurde von Freud (1895) im „Entwurf" entwickelt; sie besagt im wesentlichen, daß eine „Seitenbesetzung" gewissermaßen potentiell exzessive Erregung ablenkt. Von diesen „Seitenbesetzungen", die Freuds frühesten Ich-Begriff repräsentieren, kann man sagen, daß sie die Erregung *hemmen,* so daß sie sich nicht in vollem Umfang auf bestimmte Neuronen richtet.

[7] Natürlich fragt man sich mit Levine (1977), weshalb ein Erwachsener *de novo* ödipale Phantasien entwickeln sollte, der sich nicht mehr in der Situation befindet, die ödipale Konflikte auslöst. Wie Levine anmerkt, ist dies nur ein spezifisches Beispiel für jene Schwierigkeiten, auf die man gegenüber der allgemeinen unkritischen Ansicht stößt, daß Menschen im Erwachsenenalter seit langem unterbrochene Entwicklungsaufgaben wiederaufnehmen und zu Ende führen.

[8] Kohut weist wohl darauf hin, daß man bei entwickelter Selbst-Kohärenz Beziehungen zu anderen als getrennten Personen aufnehmen und sie um ihrer eigenen Qualitäten willen schätzen kann, statt sie als Selbst-Objekte anzusehen. Das impliziert, daß man mit der Entwicklung der Selbst-Kohärenz eher zu engen Beziehungen zu anderen imstande ist (im Gegensatz zu symbiotischer Verschmelzung). Es widerspricht aber nicht der Implikation, daß ein Mensch mit ödipal bedingter Unfähigkeit zu engen Beziehungen ein erfülltes, befriedigendes Leben führen könnte, falls er ein gewisses Maß an „gesundem Narzißmus" erlangt hätte.

6. Kapitel
Kohuts Psychologie des Narzißmus: Eine kritische Übersicht

Eine zentrale Frage, die sich aus den Ausführungen im 5. Kapitel ergibt, ist die nach der Beziehung der Kohutschen Selbst-Psychologie zu seiner Psychologie des Narzißmus. Es war zwar üblich, bei der Betrachtung seines Werkes beide gleichzusetzen, doch halte ich das für einen Fehler. Obgleich seine Psychologie (von Kohut selbst und anderen) als Selbst-Psychologie bezeichnet wird, finde ich es in der Tat richtiger, sie als eine erweiterte Abhandlung über den Narzißmus zu beschreiben.

Andere Autoren – etwa Mahler (1968) –, die sich mit der frühen Errichtung eines Selbstgefühls befassen, nehmen vernünftigerweise an, daß die Bildung eines Selbst-Begriffs eine adäquate Differenzierung zwischen Selbst und anderem voraussetzt und erfordert. Es heißt, daß sich das Kind vor dieser Differenzierung im Zustand des primären Narzißmus befinde. Diese scheinbar einfache Annahme bildete die Grundlage dafür, die Entfaltung eines Selbstgefühls mit einer Psychologie des Narzißmus zu verbinden und schließlich mit verwandten Begriffen wie dem der Objektkonstanz und der Objektbeziehungen. Man könnte demnach sagen, daß ein Kind, welches diese Differenzierung nicht erfolgreich abgeschlossen hat – das beispielsweise zu lange in einer symbiotischen Beziehung verblieben ist –, unvermeidlich Mängel bei der Errichtung eines gefestigten, kohärenten Selbstgefühls zeigen wird. Kohut drückt sich zwar anders aus, doch beschreibt er ähnliche Schicksale, wenn er Selbst-Defekte mit dem Bedürfnis nach anderen als Selbst-Objekten verknüpft. Das heißt, jemand, der andere eher als Selbst-Objekte behandelt denn als gänzlich getrennte andere, hat offensichtlich keine ausreichende Differenzierung zwischen Selbst und anderem erreicht. Bis dahin ist es nicht schwierig, den Narzißmus und die Entfaltung des Selbst miteinander zu verknüpfen, da eine nicht gelungene Differenzierung als Versagen auf der narzißtischen Entwicklungslinie und als kritischer Aspekt im Bereich von Selbst-Defekten angesehen werden kann.

Die Schwierigkeiten mit Kohuts Selbst-Psychologie und ihrem

Eingebettetsein in eine Psychologie des Narzißmus betreffen Annahmen und Begriffsbildungen wie die Phase eines grandiosen und exhibitionistischen Selbst, narzißtische, idealisierende, grandiose Libido und „gesunden Narzißmus". Was die erste Annahme angeht, so ist die Grundlage des Postulats der unvermeidlichen, universalen Phase eines grandiosen, exhibitionistischen Selbst keineswegs klar und erscheint in der Tat etwas willkürlich. Es gibt wenig, wenn überhaupt, Beweise, die die Annahme rechtfertigen, daß Grandiosität ein normales Entwicklungsstadium sei. Kohut beweist nicht, etwa anhand von Längsschnittuntersuchungen an Kindern, daß Grandiosität in einem gewissen Entwicklungsstadium regelmäßig auftritt. Sein einziger „Beweis" für diese ätiologische, die Entwicklung betreffende Behauptung ist das Material, das von Erwachsenen, die sich in Behandlung befanden, gewonnen wurde – oder, genauer gesagt, Material, das von Kohut und seinen Anhängern ausgewählt, berichtet und gedeutet wurde. Außerdem würde kein noch so hohes Maß sensibler Einfühlung in erwachsene Patienten rechtmäßige Schlußfolgerungen über das Vorhandensein eines frühen grandiosen, exhibitionistischen Selbst zulassen.

Der Begriff eines grandiosen, exhibitionistischen Selbst beruht nicht auf einer soliden empirischen Grundlage, sondern es war Kohuts Theoretisieren, das seiner bedurfte und ihn schuf. Dieser Begriff basiert auf einem ausgeklügelten Modell, nachdem die „absolute Vollkommenheit", die das Kind angeblich im Stadium des primären Narzißmus erlebt, durch den Einfluß der unvermeidlichen Mängel der mütterlichen Fürsorge gestört und nun durch das „narzißtische Gleichgewicht" ersetzt wird, wodurch ein grandioses, exhibitionistisches Selbst erhalten bleibt. Dieses grandiose, exhibitionistische Selbst wird, nachdem es gehörig gezähmt und modifiziert wurde, zur Grundlage des nachfolgenden „gesunden Narzißmus". Man sieht, welche zentrale Bedeutung dieser Begriff für Kohuts Theoriebildung hat. Aber diese zentrale Bedeutung sollte uns nicht übersehen lassen, daß es an empirischer Bestätigung fehlt. Außerdem erscheint die Vorstellung einer grandiosen, exhibitionistischen Phase selbst unter rein theoretischen Gesichtspunkten und ganz unabhängig von empirischen Daten willkürlich. Warum sollten beispielsweise mangelhafte mütterliche Fürsorge und Störungen des „narzißtischen Gleichgewichts" (das heißt, der „absoluten Vollkommenheit") unvermeidlich eine Phase der Grandiosität und des Exhibitionismus auslösen? Weshalb funktionieren unvermeidliche

Mängel in der mütterlichen Fürsorge nicht auf die gleiche Weise wie „optimale Frustrationen“ oder aber, um mit Winnicott (1965) zu sprechen, wie „die allmähliche Wandlung zur Unabhängigkeit“ (1978, S. 315), die langsam und kumulativ zu einer realistischen, statt zu einer grandiosen Vorstellung von Selbst und Objekt führen?[1] Wenn aber solche Mängel traumatische Ausmaße erreichen, warum bewirken sie dann kein Urmißtrauen (Erikson, 1959) oder ein Gefühl der Unsicherheit hinsichtlich der Verläßlichkeit der Umwelt? Weshalb sind die spezifischen Folgen Grandiosität und Exhibitionismus?

Kohuts ausgeklügeltes Modell wirft noch weitere Fragen auf. Zum Beispiel fragt Gedo (1980), welchen Beweis es denn überhaupt gebe, daß Kinder die bedingungslose Bewunderung derer, die sie versorgen, benötigen und daß signifikante Konsequenzen jeder Art für die Entwicklung eintreten, wenn ihnen diese bedingungslose Bewunderung nicht zuteil wird.

Es ist auch keineswegs sicher, daß Kinder „absolute Vollkommenheit“ erleben müssen, um ihr „narzißtisches Gleichgewicht“ zu wahren. Oder was bedeutet es überhaupt für ein Kind, „absolute Vollkommenheit“ zu erleben? In Freuds (1914) ursprünglicher Konzeption des Narzißmus werden magisches Denken und „Allmacht des Gedankens“ postuliert, die durch seinen Hinweis auf den „Größenwahn“ des Kindes (und, wie er ausführte, des Schizophrenen und des sogenannten Primitiven) unterstrichen werden. Ob Freud recht hatte oder nicht, man kann jedenfalls verstehen, was er im Sinn hatte: Die Grundidee, daß etwas eintritt, weil man es wünscht (die „Halluzination der Brust“ beim Hungergefühl ist das klassische Beispiel). Doch worauf beruht die von Kohut postulierte narzißtische Grandiosität und die „absolute Vollkommenheit“?

Peterfreund (1978) weist darauf hin, daß all diese psychoanalytischen Charakterisierungen der Kindheit – primärer Narzißmus, Omnipotenz, und ich würde hinzufügen: absolute Vollkommenheit – „adultomorph“ sind, weil sie die Maßstäbe des Erwachsenen zugrundelegen. Wenn sich ein Erwachsener so benähme, wie es für ein Kind normal ist, könnte man meinen, er sei narzißtisch und glaube an seine Allmacht oder absolute Vollkommenheit. Das Kind verhält sich jedoch auf diese Weise, weil ihm angesichts seiner Funktionsfähigkeiten keine andere Möglichkeit zu Gebote steht. Was insbesondere das subjektive Empfinden angeht, wie kann man da annehmen, das Kind *erlebe* Allmacht, absolute Vollkommenheit oder eine um es selbst zentrierte Grandiosität? Bei solchen Unterstellungen scheint es sich doch eindeutig um Anmaßungen und Projektionen Erwachsener zu handeln.

Kohuts idiosynkratische Vorstellung vom Narzißmus und die einigermaßen willkürliche Verknüpfung mit der Selbst-Psychologie ist auch von Gedo (1980) bemerkt worden. Nach der Durchsicht von Goldbergs (1978) Buch *The Psychology of the Self: A Casebook* stellt er fest, daß bei vielen der mitgeteilten Fälle Schwierigkeiten bei der Spannungsregulierung und der Organisation des Verhaltens im Vordergrund stehen. Weshalb, so fragt Gedo, werden solche Schwierigkeiten im Kontext des Narzißmus gesehen? Inwiefern handelt es sich um spezifisch narzißtische Störungen? Eine Psychologie des Selbst, die nicht willkürlich in Zusammenhang mit dem Narzißmus gebracht würde, würde solche Schwierigkeiten als Integrationsversagen einer übergeordneten Struktur betrachten, die begrifflich als Selbst-Organisation gefaßt werden kann (die aber, in einem anderen theoretischen Rahmen im Sinne der synthetischen Funktion des Ichs verstanden werden kann) (vgl. G. S. Klein [1976] und Gedo [1979] bezüglich einer Selbst-Psychologie, die nicht mit dem Narzißmus verknüpft ist).

Man beachte auch die Beziehung zwischen dem nicht-kohärenten Selbst einerseits und Grandiosität und Exhibitionismus andererseits. Worin besteht diese Beziehung? Nochmals: Warum sollte sich Nicht-Kohärenz des Selbst – vom rein theoretischen Standpunkt aus – in Gestalt von Grandiosität und Exhibitionismus äußern oder so eng mit ihnen verknüpft sein? Aus dem Blickwinkel des gesunden Menschenverstandes beobachtet man oft, daß Menschen, die von sich eingenommen, prahlerisch und grandios sind (das heißt, narzißtisch im gewöhnlichen Sinne des Wortes), häufig ein zugrundeliegendes Gefühl des Ungenügens und ein geringes Selbstwertgefühl abwehren und auf diese Weise kompensieren. Wenn dies der Kernpunkt der postulierten Verknüpfung zwischen Selbst-Defekten und exhibitionistischer Grandiosität wäre, so wäre dies eine vernünftige, wenngleich natürlich keine sehr neue Verbindung. Und in der Tat scheint mir, daß einige der Kohutschen Formulierungen, die Selbst-Defekte und Grandiosität miteinander verknüpfen, eben diese vernünftige Idee auf eine sehr diffuse Weise zum Ausdruck bringen. So erklärt man uns beispielsweise, daß ein Mensch mit defektem Selbst, der auf der Stufe archaischer Grandiosität und des Exhibitionismus verweilt, „weiterhin an eine unscharf abgegrenzte Imago absoluter

Vollkommenheit fixiert" bleibt (Kohut, 1973, S. 86) – wahrscheinlich, weil eben das Gefühl des Selbst-Defekts und der Anfälligkeit (z. B. für Desintegrationsangst) nach der Kompensation durch Grandiosität verlangt. Aber Kohut geht noch weiter und bemerkt, daß das Fortbestehen von archaischer Grandiosität und Exhibitionismus das Selbst irgendwie schwächt. Wenn damit gemeint wäre, daß unrealistische Grandiosität die realistische Beurteilung und Erfahrung der eigenen Person (einschließlich ihrer Talente, Fähigkeiten, Grenzen usw.) sowie eine realistische Planung der Lebensziele beeinträchtigt, wäre dies wiederum eine vernünftige, wenn auch nicht sehr originelle Idee. Stattdessen sagt man uns aber: „Die Gefahr, die das Ich abwehrt, indem es das archaische Größen-Selbst abgespalten und/oder verdrängt hält, ist der entdifferenzierende Zufluß nicht-neutralisierter narzißtischer Libido ..." (1973, S. 178). Das ist natürlich reines Fachchinesisch und läßt nur äußerst vage – wenn überhaupt – einen Sinn erkennen. Außerdem wird die Frage nach vermittelnden Instanzen, die die Nicht-Kohärenz des Selbst und Grandiosität miteinander verbinden, nicht einmal angeschnitten.[2]

Kohuts Formulierungen werfen noch weitere Fragen auf, etwa ob die Fähigkeit, Ambitionen und Interessen zu entwickeln und Werten und Idealen nachzustreben, ausschließlich eine Funktion frühen Spiegelns und Idealisierens ist, ob sie so unentwirrbar mit früher Grandiosität und Exhibitionismus verknüpft ist, und ob (gesunder oder sonstiger) Narzißmus der sinnvollste theoretische Kontext ist, in dem solche Verhaltensweisen zu verstehen sind. Hinsichtlich der beiden ersten Punkte möge der Hinweis genügen, daß es einer völligen Nichtbeachtung späterer Erfahrungen und Ereignisse im Leben des Individuums sowie des größeren gesellschaftlichen Umfelds, in dem sich die entsprechende Entwicklung vollzieht, gleichkäme, würde man Ambitionen, Interessen und insbesondere Werte und Ideale so ausschließlich auf vermutete Geschehnisse in der Kindheit zurückführen. Es ist jedoch der letzte Punkt – der Begriff des „gesunden Narzißmus" –, dem ich mich hier eingehender widmen möchte.

Gesunder Narzißmus

Wie bereits erwähnt, behauptet Kohut, daß die narzißtische Entwicklungslinie eine grundlegende Dimension des Persönlichkeitswachstums sei. Demzufolge durchlaufen wir nicht nur, allgemein gesprochen, die Stadien der psychosexuellen Entwicklung mit ihren Zonen und Modalitäten der sexuellen Befriedigung, sondern wir zeigen auch regelmäßige Entwicklungsverläufe bei den Mitteln, die zum Zweck der Selbsterhaltung und der Selbsterhöhung eingesetzt werden. So wie wir bei der psychosexuellen Entwicklung von unreifen zu reifen Mitteln der sexuellen Befriedigung fortschreiten, so schreiten wir in der narzißtischen Entwicklungslinie von primitiveren zu reiferen Methoden der Selbsterhaltung und Selbsterhöhung fort. Im typischen Fall geht man zum Beispiel, laut Kohut, von archaischer, ungezähmter Grandiosität und Exhibitionismus zu einer gezähmten, modifizierten Grandiosität über, die in die Ich-Organisation integriert ist und in realistischen Ambitionen und Vorhaben zum Ausdruck kommt.

Es ist also klar, daß Kohut von einer Linie der Persönlichkeitsentwicklung und einer Reihe von Motiven ausgeht, die mit dem psychosexuellen Wachstum und der sexuellen Motivation parallelläuft und in jeder Hinsicht ebenso grundlegend ist. Ja, Kohuts Schriften lassen stark vermuten, daß er die narzißtische Entwicklungslinie für die primäre und elementare hält. Er hat deutlich seine Überzeugung geäußert, daß die traditionelle Psychoanalyse das Objektinteresse überbetont hat, sowie seine Absicht, dieses Ungleichgewicht zu korrigieren, indem er die Bedeutung von Selbstliebe, Selbstachtung und Selbstentwicklung anerkennt.

Die traditionelle psychoanalytische Theorie, erklärt uns Kohut, hat das Schwergewicht allzu ausschließlich auf die libidinöse Besetzung des Objekts gelegt und die narzißtische Besetzung des Selbst vorwiegend mit herabsetzenden Bezeichnungen bedacht – zum Beispiel unter Entwicklungsaspekten als primitiv oder pathologisch. Die psychoanalytische Selbst-Psychologie soll dieses Ungleichgewicht korrigieren und darstellen, daß ein optimales Niveau narzißtischer Selbstachtung, Selbstliebe und sogar modifizierter Grandiosität für ein ausgefülltes, frohes Leben notwendig sei. Es wird ferner festgestellt, daß über diese Objektbesetzung hinaus ein gewisses Maß an narzißtischer Besetzung des Selbst notwendig sei, um Projekte und Aktionen durchzuführen.[3] Die Leistungen des „Helden" und des künstlerischen Genies – Typen, für die sich Kohut lange interessiert hat – sind prototypische Beispiele narzißtisch motivierter und beharrlich verfolgter Aktivitäten. Demzufolge ist die traditionelle Theorie ausschließlich mit objektbezogener Triebbefriedigung befaßt, während die Selbst-Psychologie die psychologische Bedeutung stärker narzißtisch orientierter Aktivitäten betont, etwa das Verfolgen von Zielen und Ambitionen, die Verwirklichung kreativer Talente und Fertigkeiten und ein Verhalten, das im Einklang mit Idealen und Werten steht. Aus dieser Auffassung ergibt sich eindeutig, daß Erhaltung und Erhöhung des Selbst zumindest ebenso wichtige Motive sind wie die objektbezogene Triebbefriedigung. In der Tat scheint Kohut in seinen späteren Schriften, wie ich zu zeigen versuchte, die Position einzunehmen, daß die erfolgreich bewältigte narzißtische Entwicklungslinie – vom archaischen, primitiven zum reifen, gesunden Narzißmus – die entscheidende Determinante eines befriedigenden Daseins sei. Mit anderen Worten, Kohut ersetzt in zunehmendem Maße die traditionelle Vorstellung der psychosexuellen Phasen durch die narzißtische Entwicklungslinie als zentraler Dimension der Persönlichkeitsbildung.

Mir scheint, daß Kohut einen gültigen und wichtigen Beitrag geleistet hat, indem er versuchte, ein Ungleichgewicht in der psychoanalytischen Theorie zu korrigieren, und indem er darauf hingewiesen hat, daß beispielsweise manche grundlegenden Verhaltensweisen, Ambitionen und Bestrebungen nicht ausschließlich im Kontext psychosexuellen Funktionierens oder im Sinne ödipaler Triebbefriedigung (oder ihrer Sublimierung) erklärt werden können, sondern daß sie durch Selbsterhaltung und Selbsterhöhung motiviert sind.[4] In der Tat kann man, wenn man menschliche Motivation nicht unter dem Aspekt der Verringerung von Triebspannungen betrachtet, erkennen, daß die sexuelle Befriedigung als solche mit dem zusammenhängen mag, was G. S. Klein ((1976) als „Selbst-Werte" bezeichnet. Es gibt Beweise, daß die Fähigkeit, Interessen und Ziele zu verfolgen, sowie hohe Ideale und Werte unter furchtbaren Umständen (etwa in Konzentrations- oder Kriegsgefangenenlagern) zu psychischer Intaktheit beitragen können. Im übrigen wird Kohuts Postulat eines Bindeglieds zwischen einem gefestigten, kohärenten Selbst und der Fähigkeit, sich Werte und Ideale zu eigen zu machen, durch allgemeine Hinweise gestützt (Eagle, 1982).

Dennoch ist die Sache nicht so einfach, wie Kohut meint. Zum einen ist es wahrscheinlich, daß die Beziehung zwischen Ambitionen usw. und einem kohärenten Selbst doppelgleisig und nicht, wie Kohut nahelegt, eingleisig ist. Ich habe an anderer Stelle zu zeigen versucht (Eagle, 1982), daß besondere Talente und Gaben und der Umstand, daß man einen Großteil seines Daseins ihnen widmet, dazu dienen können, ein im übrigen schwankendes, nicht-kohärentes Selbst zu stützen. Außerdem darf man nicht übersehen, daß manche Individuen hohe, häufig fanatische Ideale und Werte aufstellen und überragenden Ambitionen nachgehen, die tatsächlich zum Teil durch das Bedürfnis motiviert sind, ein inadäquates Selbstwertgefühl zu festigen. Diese Punkte bedürfen sicherlich weiterer Untersuchung.

Nachdem wir Kohuts Verdienste auf diesem Gebiet gewürdigt haben, bleiben Fragen hinsichtlich seines Begriffs eines „gesunden Narzißmus" offen. Zunächst wird es vielleicht von Nutzen sein, sich zu erinnern, was mit der Bezeichnung Narzißmus gemeint ist. Eine Überprüfung der psychoanalytischen Literatur verweist auf drei verwandte Dimensionen: 1. mangelnde Differenzierung zwischen Selbst und anderem wie beim primären Narzißmus, 2. Regulierung von Selbstliebe und Selbstwertgefühl und 3. egozentrische Beschäftigung mit sich selbst. Was die ersten beiden Dimensionen angeht, ist es nicht schwierig, sich eine narzißtische Entwicklungslinie vorzustellen, die von einer relativ geringen Differenzierung zwischen Selbst und anderem zu wachsender Differenzierung, zu einem gesteigerten Selbstgefühl und Selbstachtung sowie zur zunehmenden Fähigkeit reicht, das Selbstwertgefühl zu regulieren.[5] Ich werde zu zeigen versuchen, daß sich Kohuts Schwierigkeiten aus der dritten Dimension ergeben. Wir wissen, daß wir uns im Laufe der psychischen Entwicklung von relativ egozentrischer Beschäftigung mit uns selbst fortbewegen und in zunehmendem Maße die Fähigkeit erwerben, uns für andere zu interessieren und in ihre Rolle zu schlüpfen (wobei verschiedene Persönlichkeitsaspekte hervorgehoben werden; das haben beispielsweise Piaget [1969] und Winnicott [1965] beschrieben und diskutiert). Es ist nicht klar, ob Kohuts Begriff des „gesunden Narzißmus" diesen dritten Aspekt der narzißtischen Entwicklung angemessen berücksichtigt.

Kohuts Formulierungen bereiten offensichtlich deshalb Schwierigkeiten, weil sie relativ wenig Raum für eigenständige objektgerichtete Vorhaben und Interessen lassen, die nicht im Dienst von Selbsterhaltung und Selbsterhöhung stehen – das heißt, daß sie nicht ausdrücklich mit – pathologischen oder gesunden – narzißtischen Motiven verbunden sind. Kohut weiß natürlich, daß man sich mit zunehmender Reife leichter objektgerichteten Vorhaben zuwenden kann – „von der Bürde befreit(e), im Dienste defensiv verfolgter Bedürfnisse nach Steigerung des Selbstwertgefühls tätig zu werden" (1979, S. 50). Doch indem er diese gesteigerte Fähigkeit als *gesunden Narzißmus* bezeichnet, legt er nahe, daß diese objektgerichteten Vorhaben in irgendeiner Weise im Dienst der Selbsterhöhung stehen. Weshalb sollten sie sonst als spezifische Ausdrucksformen des Narzißmus angesehen werden? Und da Kohut die These aufstellt, selbst objektgerichtete Vorhaben (einschließlich und insbesondere jene, die Ambitionen und Ziele betreffen) seien partiell durch gezähmte Grandiosität und Exhibitionismus motiviert, glaubt er offenbar, daß solche Aktivitäten eine notwendige, tief verwurzelte narzißtische Komponente enthalten.

Kohuts Formulierungen implizieren die Allgegenwärtigkeit narzißtischer Motive. Beim pathologischen Narzißmus sind Selbstbezogenheit sowie die defensive, verzweifelte Suche nach Selbsterhaltung und Selbsterhöhung offenkundig, während beim „gesunden Narzißmus" die Selbstbezogenheit gezähmt und die Motive der Selbsterhaltung und Selbsterhöhung modifiziert und erfolgreich in Vorhaben und Aktivitäten integriert sind. Allgegenwärtig bleiben indessen die unvermeidlichen, dominierenden narzißtischen Motive. Ironischerweise besteht hier eine genaue Parallele zur Freudschen Triebtheorie. So wie bei letzterer das gesamte Verhalten – direkt oder indirekt, offen oder verdeckt – im Dienst der Triebbefriedigung steht, implizieren Kohuts Schriften (insbesondere sein Begriff des „gesunden Narzißmus"), daß das gesamte Verhalten irgendwie im Dienst von Selbsterhaltung und Selbsterhöhung steht. Daraus ergibt sich, daß ebenso wie in Freuds Triebtheorie wenig oder kein Raum für autonome, von der Triebbefriedigung unabhängige Ich-Aktivitäten bleibt, in Kohuts System wenig oder kaum Raum für eigenständige objektgerichtete Vorhaben bleibt, die relativ unabhängig von selbsterhaltenden und selbsterhöhenden Motiven sind.[6]

Tatsache ist, daß sich Menschen häufig objektgerichteten Vorhaben widmen, weil sie ein Interesse an solchen Aktivitäten haben und nicht lange danach fragen, ob sie selbsterhaltend sind oder nicht. Und tatsächlich ist die selbsterhaltende und selbsterhöhende Wirksamkeit solcher Aktivitäten oft ein *Nebenprodukt* ihrer Durchführung und nicht ihr Motiv. Es ist daher irreführend, ein derartiges Verhalten als Ausdruck von pathologischem oder gesundem Narzißmus zu bezeichnen. Im allgemeinen Sprachgebrauch sagen wir von Menschen, die sich gänzlich objektgerichteten Vorhaben hingeben und dementsprechend stärker von einem äußeren Objekt absorbiert sind, daß sie *weniger narzißtisch* seien und nicht, ihr Narzißmus sei gesünder. Das ist ein Beispiel dafür, daß der allgemeine Sprachgebrauch weniger verwirrend ist als spezialisierte Bedeutungen. Statt von gesundem Narzißmus zu sprechen, ist es meines Erachtens weniger verwirrend zu sagen, daß die Entwicklung eines grundlegenden Gefühls der Intaktheit, des Selbstwerts und der Selbstachtung es einem erlaubt, auf überwiegend narzißtische Motive als Ordnungsfaktoren unseres Verhaltens und unserer Beziehungen zu verzichten.

Meine Beweisführung beruht auf der Annahme, daß es eine Wechselseitigkeit zwischen objektgerichteten Vorhaben und Egozentrik gibt, eine dem allgemeinen Sprachgebrauch entsprechende Version der von Freud (1914) postulierten Wechselseitigkeit zwischen narzißtischen und libidinösen Besetzungen. Im Gegensatz dazu impliziert Kohuts Begriff des „gesunden Narzißmus" eine Ablehnung dieses Prinzips der Wechselseitigkeit, insofern ersterer das gleichzeitige Wirken von Objektbezogenheit und narzißtischen Motiven erlaube. Indem er dieses Thema aufgreift, um Kohuts Position zu unterstützen, lehnt auch Stolorow (1975) das Prinzip der Wechselseitigkeit ab und führt als Begründung für diese Ablehnung den Umstand an, daß narzißtische Menschen starke Bindungen an Objekte unterhalten können. Er weist darauf hin, daß sie sogar die Anwesenheit von Objekten benötigen, um ein Gefühl der Selbst-Kohärenz aufrechtzuerhalten.[7] Er schlägt dann vor, eine „funktionale Definition des Narzißmus" einzuführen, nach der ein Verhalten in dem Maße als narzißtisch anzusehen sei, in dem es „im Dienste" der Erhaltung und Erhöhung des Selbst steht (ich deute „im Dienste" in dem Sinne, daß das Verhalten von dem Bedürfnis motiviert ist, das Selbst zu erhalten und zu erhöhen). Im Einklang mit der Logik der Kohutschen Formulierungen unterscheidet er dann den pathologischen vom gesunden Narzißmus nach dem *Maße des Erfolges* bei der Erreichung des Ziels der Selbsterhaltung und -erhöhung.

Wenn „gesunder Narzißmus" einfach auf dem Maß des Erfolges bei der Erhaltung und Erhöhung des Selbst beruht, dann sind das

Verhältnis der narzißtisch gestörten Persönlichkeit zu Selbst-Objekten und die ausbeuterische Benutzung anderer insofern als einigermaßen gesund anzusehen, als sie das Selbst für lange Zeitspannen zu erhalten und zu erhöhen vermögen. Nach Stolorows Logik müßte man ein jähes Absinken des Selbstwertgefühls infolge eines realen Versagens und der Verletzung seiner Ideale und seines Moralkodexes als Ausdruck von pathologischem Narzißmus betrachten. Am wichtigsten ist jedoch, daß die von Kohut und Stolorow als „gesunder Narzißmus" beschriebenen Aktivitäten – Ambitionen, Ideale, Objektbezogenheit usw. – *im allgemeinen nicht in erster Linie durch das Bedürfnis motiviert sind, das Selbst zu erhalten und zu erhöhen. Sie tragen vielmehr, wie bereits erwähnt, zur Festigung des Selbst und des Selbstwertgefühls bei und sind häufig Nebenprodukte dieser Aktivitäten.* Man pflegt sich ihnen wegen des Interesses zu widmen, das sie wecken, sowie wegen des Vergnügens und der Befriedigung, die sie bereiten (um mit Hunt [1965] zu sprechen, sie sind „Motivationen an sich"). Oder, wie White (1960, 1963, 1966) bemerkt, es haben zwar manche Aktivitäten, etwa das Forschen und Manipulieren, einen offensichtlichen Überlebenswert, doch betreibt man sie häufig einfach deshalb, weil sie „Spaß machen", und „ein Teil des Spaßes besteht in dem Gefühl der Tüchtigkeit oder der Meisterschaft ..." (1966, S. 247f.) [übers. H. W.].

Man beachte zum Beispiel Stolorows Behauptung, daß einige fest verinnerlichte Ideale ein Beweis für gesunden Narzißmus seien, da sie wahrscheinlich zur Erhaltung und Erhöhung des Selbst beitragen würden. Zunächst garantieren fest verinnerlichte Ideale, wie bereits erwähnt, nicht unbedingt für Selbstachtung, ja, sie können möglicherweise das Selbstwertgefühl in Frage stellen, falls man den eigenen Maßstäben und Idealen nicht gerecht wird. Noch wichtiger ist jedoch, daß man nicht nach Maßstäben und Idealen lebt, *um* das Selbst zu erhalten und zu erhöhen oder „im Dienste" der Erhaltung und Erhöhung des Selbst. Die Erhöhung des Selbst ist oft eher das Nebenprodukt einer Lebensführung im Einklang mit bestimmten Idealen und Werten als das Motiv eines solchen Verhaltens. Ähnliches gilt für Ambitionen und Ziele und objektgerichtete (statt narzißtisch bestimmter) Vorhaben und Interessen. Im allgemeinen, so scheint mir, ist es sowohl klinisch als auch theoretisch sinnvoll zu sagen, daß es einem freisteht – ein gewisses Minimum an Selbst-Kohärenz und Selbstwertgefühl vorausgesetzt –, sein Verhalten in zunehmendem Maße nicht von narzißtischen Motiven (gesunden oder anderen) bestimmen zu lassen, sondern von Objektbeziehungen und objektgerichteten Vorhaben. Um es zu wiederholen: Daß man Objektbeziehungen und objektgerichtete Vorhaben mit „narzißtischer Erfüllung", (gezähmter) Grandiosität und Exhibitionismus, mit einem „geordneten Fluß grandios-exhibitionistischer Libido", idealisierender Libido und ähnlichen Vorstellungen und Bedingungen verknüpft, beruht nicht auf klinischen Erkenntnissen oder den Erfordernissen eines eleganten theoretischen Stils. Es beruht vielmehr auf Kohuts zentraler Annahme, daß der geeignetste Kontext für das Verständnis des Erfolges und der Erfüllung im Bereich von Ambitionen, Idealen und objektgerichteten Vorhaben die narzißtische Entwicklungslinie, einschließlich des Schicksals einer früheren Phase von Grandiosität und Exhibitionismus, sei.

Mit Bezug auf das Thema der Wechselseitigkeit zwischen Objektvorhaben und Narzißmus stellt Stolorow (1975) fest, daß „narzißtische Ziele durch eine sehr starke, offene Anlehnung an äußere Objekte gekennzeichnet sein können. Mit anderen Worten, eine gesteigerte Beschäftigung mit dem Selbst muß nicht unbedingt mit einer verringerten Objektbesetzung einhergehen ... Freuds [1914] ökonomische Hypothese einer sich gegenseitig ausschließenden Reziprozität zwischen narzißtischer Libido und Objektlibido läßt sich klinisch offenbar nicht bestätigen ... Es ist klar, daß eine stark libidinös besetzte Objektbeziehung eine primär narzißtische Funktion ausüben kann" (S. 182). [übers. v. H. W.].

Es ist natürlich wahr, daß, wie Stolorow feststellt, narzißtische Objektbindungen „durch eine sehr starke, offene Anlehnung an äußere Objekte gekennzeichnet sein können". Ich glaube aber, daß er einen kritischen Punkt übersieht. Dieser hat nichts mit Intensität zu tun, sondern mit dem *Charakter* der Anlehnung an Objekte, der für narzißtische Bindungen im Vergleich zu nicht-narzißtischen (d. h. objektgerichteten) Beziehungen typisch ist. Kohut selbst weist darauf hin, daß narzißtische Patienten auf andere nicht wie auf getrennte andere, sondern wie auf Selbst-Objekte reagieren und zeitweilig wie auf Teile ihrer selbst. Mit anderen Worten, es ist wirklich nicht richtig, im Falle narzißtischer Bindungen unqualifiziert von „Anlehnung an äußere Objekte" zu sprechen, da – psychologisch ausgedrückt – bei dieser Form der Bindung der andere ebensosehr Teil des Selbst wie ein getrenntes Objekt ist. Das ist der ganze Hintergrund, wenn Kohut von „Selbst-Objekten" spricht.

Betrachtet man die Rolle der Differenzierung zwischen Selbst und anderem bei der Entwicklung (eine Grunddimension des Narzißmus), so gelangt man zu der Erkenntnis, daß nicht jede zwischenmenschliche Interaktion unbedingt als voll ausgeprägte Objektbeziehung zwischen einem Selbst und einem anderen anzusehen ist. Diese Erkenntnis läßt vermuten, daß es unter einem bestimmten Gesichtspunkt eine *contradictio in adjecto* bedeutet, wenn man sagt, daß „eine stark libidinös besetzte Objektbeziehung eine primär narzißtische Funktion ausüben könne". Insoweit der andere eine „primär narzißtische Funktion" ausübt und kein völlig getrennter anderer ist, ist er nicht Bestandteil einer Objektbeziehung, sondern, mit Kohuts Worten, ein Selbst-Objekt. Man tut gut daran, sich zu erinnern, daß Narziß im antiken Mythos ebenfalls stark von einem äußeren Objekt gefesselt ist, doch ist dieses Objekt eben sein Spiegelbild. (In einem anderen Zusammenhang – vgl. z. B. Fairbairn [1952] oder Volkan [1978] – würde man von verinnerlichten Objektbeziehungen sprechen.) Daß narzißtische Bindungen, so stark sie sein mögen, keine echten Objektbeziehungen sind, ist seit langem anerkannt. So bemerkt etwa Fromm (1955): „Der Narzißmus liegt allen schweren psychischen Erkrankungen zugrunde. Für den narzißtischen Menschen gibt es nur eine Realität: die seiner eigenen Denkprozesse und Bedürfnisse. Er erlebt die Außenwelt nicht *objektiv*, er nimmt sie nicht *objektiv* wahr, das heißt nicht als etwas mit einem eigenen Standpunkt, mit eigenen Bedingungen und Bedürfnissen" (1967, S. 29; Hervorhebungen von Fromm).

Die obigen Überlegungen lassen vermuten, daß Freud im wesentlichen recht hatte, als er eine wechselseitige Beziehung zwischen Selbstbezogenheit und Objektbesetzung postulierte. Genauer gesagt, ich glaube, daß die Beobachtung, daß narzißtische Bindungen mit „starker ... Anlehnung an äußere Objekte" verknüpft sein können, Freuds Prinzip der Wechselseitigkeit nicht widerspricht, wenn man die Implikationen seiner Formulierungen in vollem Umfang versteht und die obige Klarstellung im Auge behält, daß das „äußere Objekt" in narzißtischen Bindungen (das natürlich nicht vollständig äußerlich ist) nicht denselben Status hat wie äußere Objekte in nicht-narzißtischen Bindungen. Die Quintessenz des Freudschen Begriffs der Objektlibido ist die libidinöse Besetzung eines Objekts im Hinblick auf seine Fähigkeit, Triebbefriedigung zu gewähren. Im Gegensatz dazu beruht die entscheidende Bedeutung der narzißtischen Libido darin, daß sie eine erotische oder libidinöse Bindung an das Selbst ist, selbst wenn ein Objekt dieser Bindung als Werkzeug dient.

Wenn Kohut den Schritt von Krankheit zu relativer Gesundheit in der Weise beschreibt, daß das Individuum nun zum „Mittelpunkt und Koordinator objektgerichteter Strebungen werden kann, indem es letztere von der Bürde befreit, im Dienste defensiv verfolgter Bedürfnisse nach Steigerung des Selbstwertgefühls tätig zu werden" (Kohut, 1979, S. 50), akzeptiert er, wie mir scheint, Freuds grundlegende Erkenntnis, daß Selbstbezogenheit mit der uneingeschränkten Verfolgung objektgerichteter Vorhaben unvereinbar sei. Diese Erkenntnis geht mit der Einführung des Begriffs des „gesunden Narzißmus" verloren. Denn die Unvereinbarkeit von Narzißmus und objektgerichteten Vorhaben, welche Ursachen und welchen Charakter der Narzißmus auch haben mag, bleibt bestehen. Das heißt, ob die Selbstbezogenheit auf mangelhafter Selbst-Kohärenz und archaischer Grandiosität oder auf gezähmter Grandiosität beruht, sie bleibt mit echter Objektbesetzung unvereinbar. Die einzige Bedeutung, die gesunder Narzißmus allenfalls haben und trotzdem mit Objektbesetzung vereinbar bleiben könnte, wäre die, daß ein optimales Maß an Selbstliebe und Selbstachtung, einmal entwicklungsgemäß gefestigt, charakterologisch stabil bleibt und nicht ständig aufgefüllt werden muß. Man beachte aber, daß nach dieser Definition „gesunder Narzißmus" zum Äquivalent von minimalem Narzißmus wird.

Am einfachsten und allgemein verständlichsten ausgedrückt, besagt Freuds Prinzip der Wechselseitigkeit, daß in dem Maße, wie man mit sich selbst beschäftigt ist, das Interesse an Menschen und Dingen der Außenwelt geringer wird, und umgekehrt, daß man in dem Maße, wie man echten Anteil an anderen nimmt und echte objektgerichtete Vorhaben verfolgt, weniger mit sich selbst beschäftigt sein wird. Mir scheint, daß dieses Prinzip sowohl durch den gesunden Menschenverstand als auch durch klinische Erfahrung weitgehend bestätigt wird. Die Beobachtung, daß selbstbezogene Menschen sich auch eng an Objekte anlehnen können, widerspricht dem Prinzip nicht, wenn man den Charakter dieser Anlehnung in Betracht zieht – sie ist nur eine andere Form von Selbstbezogenheit. Um diesen Teil der Diskussion zum Abschluß zu bringen, hier ein bezeichnender Witz: Ein Filmmagnat in Hollywood redet zu einer jungen Schauspielerin pausenlos über sich selbst. In einem seltenen Augenblick der Selbsterkenntnis unterbricht er sich und sagt: „Genug von mir. Reden wir mal über Sie. Was halten Sie von mir?"

Zum Schluß einige Bemerkungen bezüglich der Wurzeln des „gesunden Narzißmus“: Für Kohut ist das frühe Fundament des „gesunden Narzißmus“ das Erlebnis der „absoluten Vollkommenheit“, das im Lauf der Entwicklung angemessen gezähmt und modifiziert wird. Die narzißtische Persönlichkeitsstörung ist durch eine traumatische Beeinträchtigung dieses frühen Vollkommenheitsempfindens und eine Reihe defensiver und kompensatorischer Reaktionen darauf gekennzeichnet. Es ist wichtig, daß nach Kohuts Schema die narzißtische Persönlichkeitsstörung nicht auf zuviel Narzißmus beruht, sondern auf dem Mangel an genügend „gesundem Narzißmus“. Das heißt, das frühe Vollkommenheitserleben wurde traumatisch gestört und in der Folge weder hinreichend bewahrt noch umgewandelt. Die Selbstbezogenheit, die archaische Grandiosität usw., das heißt, der pathologische Narzißmus, ist das Ergebnis einer traumatischen Störung des „gesunden Narzißmus“ und die Reaktion darauf.

Wäre, laut Kohut, das frühe Vollkommenheitsgefühl weniger gestört, dann wäre man auch weniger narzißtisch im Sinne von Grandiosität usw. Diese Vorstellung ist natürlich nicht allzu weit von der alltäglichen Beobachtung entfernt, daß selbstbezogene, prahlerische, grandiose Menschen häufig auf ein zugrundeliegendes Gefühl der Minderwertigkeit und Unzulänglichkeit abwehrend reagieren und es auf diese Weise zu kompensieren suchen, während Menschen, die sich als tüchtig empfinden und ein Selbstwertgefühl besitzen, es nicht nötig haben, selbstbezogen, grandios und exhibitionistisch aufzutreten. Man beachte aber, daß nach dieser, dem gesunden Menschenverstand entsprechenden Auffassung das Gegenteil narzißtischer Selbstbezogenheit usw. ganz einfach darauf beruht, daß man sich für fähig hält, Ansprüchen zu genügen, und Selbstachtung besitzt. Es wird indessen nicht angenommen, daß es dazu des frühen Erlebens narzißtischer Vollkommenheit bedarf. Ich glaube, daß durch diese zusätzliche Bedingung Kohuts die Dinge durcheinandergebracht werden. Willkürlich scheint auch die Behauptung, daß uns allen – quasi als eine natürliche Entwicklungsstufe – ein Gefühl „absoluter Vollkommenheit“ garantiert sei, aus dem wir dann durch Mängel der elterlichen Fürsorge aufgeschreckt werden, zu denen nicht nur die unvermeidlichen Unzulänglichkeiten gehören, sondern auch das traumatisierende Fehlen von Spiegelung und Gelegenheit zur Idealisierung. Für diese Behauptung gibt es nicht nur keine Beweise, sie scheint auch eine Romantisierung dessen zu verraten, was als einzige vernünftige Erklärung des frühen Narzißmus gelten könnte – nämlich eine verhältnismäßig geringe Differenzierung (nicht nur zwischen dem Selbst und dem anderen, sondern auch zwischen verschiedenen Aspekten und Komponenten der eigenen Persönlichkeit). Ein derartiger relativ globaler, undifferenzierter Zustand würde kaum ein Gefühl der Vollkommenheit (oder auch der Unvollkommenheit) vermitteln können.

Die Alternative zu diesem Verständnis des primären Narzißmus bestünde im Postulat eines frühen Stadiums vollkommener Integration, das auf ein noch früheres autoerotisches Stadium des „fragmentierten Selbst“ oder der „Selbst-Kerne“ folgt. Daß Kohut etwas wie diese alternative Bedeutung im Sinn hat, ergibt sich aus folgender Passage, wo es heißt, daß „die glückliche Reaktion der Mutter auf das ganze Kind ... in der entsprechenden Phase die Entwicklung vom Autoerotismus zum Narzißmus unterstützt – von der Stufe des fragmentierten Selbst ... zur Stufe des kohärenten Selbst“ (Kohut, 1973, S. 143). Nimmt man diese Aussage wörtlich, so ergäbe sich daraus, daß es sich bei der narzißtisch gestörten Persönlichkeit nicht um jemand handelt, der allzu narzißtisch ist, sondern um jemand, der das Stadium des Narzißmus noch nicht ganz erreicht hat.

Weitere Probleme mit Formulierungen Kohuts

Im folgenden möchte ich einige Schwierigkeiten mit Kohuts Formulierungen behandeln, die bei der bisherigen Erörterung seiner Begriffe der Angst und des Narzißmus nicht zur Sprache gekommen sind.

Betrachten wir zunächst Kohuts Berufung auf das Prinzip der Komplementarität in dem Sinne, daß sowohl eine Trieb-Konflikt-Psychologie als auch eine Selbst-Psychologie, die Seite an Seite existieren, die allgemeine Persönlichkeitsentwicklung wie die Psychopathologie gleich gut erklären. Er übersieht dabei, daß das Prinzip der Komplementarität sich auf zwei verschiedene Modelle von gleichem Erklärungswert *für dieselbe Reihe von Phänomenen* bezieht, und nicht, wie er an anderer Stelle nahelegt, auf verschiedene Erklärungen für verschiedene Phänomene (z. B. pathologische Phänomene auf verschiedenen Entwicklungsstufen).

Eine grundlegende Schwierigkeit mit dem Kohutschen Aufteilungsschema ist die radikale Dichotomie zwischen entwicklungsbedingten Selbst-Defekten einerseits und intrapsychischen Konflikten andererseits. Dieses Problem ist wichtig genug, um in aller Ausführlichkeit erörtert zu werden, und das folgende Kapitel ist dieser Erörterung gewidmet. Hier möge der Hinweis genügen, daß es gute Gründe gibt, die Richtigkeit der Behauptung Kohuts zu bezweifeln, daß Patienten, die primär unter Selbst-Defekten leiden (etwa narzißtischen Persönlichkeitsstörungen) keine ödipalen Konflikte erleben, weil sie dieses Entwicklungsstadium noch nicht erreicht haben. Wie ich in einem weiteren Kapitel darlegen werde, glaube ich nicht, daß dies ein zutreffendes Bild des Charakters der psychischen Entwicklung ist.

Das Modell der psychischen Entwicklung, das Kohut impliziert, steht nicht im Einklang mit klinischer Erfahrung oder mit dem wahren Charakter von Entwicklung. Interessanterweise ist die *Struktur*, die in Freuds Vorstellung der psychosexuellen Verläufe implizit enthalten ist – ganz abgesehen vom spezifischen Gehalt der psychosexuellen Stadien – ein nützlicheres und genaueres Entwicklungsmodell. Bei diesem Modell schreitet die Entwicklung trotz Stillständen auf einer bestimmten Stufe (die als Fixierungen begriffen werden) fort, wenngleich die Art und Weise, wie man die späteren Phasen bewältigt, weiterhin von den Folgen früherer Stillstände und Fixierungen, beeinflußt wird. Freuds Modell weist keine harte Unterscheidung zwischen Defekten und Stillständen einerseits und Wünschen, Ängsten und Konflikten andererseits auf. Es sind schlicht verschiedene Aspekte und Perspektiven desselben Phänomens. Eine Fixierung auf einer bestimmten psychosexuellen Stufe kann demnach sowohl als Entwicklungsdefekt oder -stillstand als auch im Sinne phasenspezifischer Wünsche, Konflikte und Abwehren verstanden werden, die in den nachfolgenden Stadien fortbestehen. Im Gegensatz dazu zieht Kohut (neben anderen modernen psychoanalytischen Autoren) einen scharfen Trennungsstrich zwischen Entwicklungsdefekten und -stillständen einerseits und „strukturellen Konflikten" andererseits.

Dieser von Kohut und seinen Anhängern vertretenen Dichotomie entspricht die allgemeine scharfe Trennung zwischen Selbst-Psychologie und Konflikt-Psychologie. Ornstein (1978), ein Anhänger Kohuts, schreibt daher: „Ist die Integration der Konfliktpsychologie in das neue Paradigma der Selbst-Psychologie der nächste logische Schritt der Psychoanalyse? Die Antwort auf diese Frage ist ein entschiedenes Nein." Doch weshalb ein Interesse für den Begriff des Selbst mit dem Konfliktbegriff nicht vereinbar oder integrierbar sein soll, wird von Ornstein nicht klargemacht. In Anbetracht der Durchschlagskraft der Kohutschen Selbst-Psychologie kann man sich den Grund denken. Wie Wallerstein (1980) ausgeführt hat und wie ich bei der früheren Erörterung von Kohuts therapeutischem Modell einer impliziten „Mangel-Kompensation“ bemerkt habe, glauben Kohut und seine Anhänger, daß die Bildung des Selbst einzig und allein davon abhängt, in welchem Maße bestimmte Ingredienzien (etwa einfühlsames Spiegeln) geboten wurden, und intrapsychischer Konflikt nichts damit zu tun habe. Mir scheint jedoch, daß Kohut zwei wichtige Punkte übersehen hat. Zum einen führt, wie ich bereits früher zu zeigen versucht habe, selbst grobes Versagen beim Zuführen psychischer „Nahrung“ nicht nur zu Mangelzuständen, sondern häufig zu *Konflikten*, die mit der Entbehrungssituation zusammenhängen. So wird sich beispielsweise ein Mensch, dem in der Kindheit nicht genügend Liebe und Empathie zuteil wurde, möglicherweise nicht nur mit der Entbehrung dieser „Ingredienzien“ auseinandersetzen müssen, sondern auch mit solchen konfliktträchtigen Phänomenen wie zerstörerischer Wut, Ambivalenz, Habgier usw.

Der zweite entscheidende Punkt, den Kohut nicht berücksichtigt hat, als er einen scharfen Trennungsstrich zwischen Selbst-Psychologie und Konflikt-Psychologie zog, ist die einfache Erkenntnis, daß die Selbst-Organisation bedroht ist, wenn, um G. S. Kleins (1976) Worte zu gebrauchen, die „Versöhnung der Unvereinbarkeiten“ (d. h. Konflikte) nicht gelingt. Wie wir in einem späteren Kapitel sehen werden, geht aus Kleins Formulierungen hervor, daß die Betonung von Integrität und Kontinuität des Selbst als vorrangiges Motiv menschlichen Verhaltens durchaus mit einer „Konflikt-Psychologie“ vereinbar sein kann. Was Klein von Kohut unterscheidet, ist die Tatsache, daß ersterer anerkennt, daß bei einem so komplexen Organismus wie dem Menschen unvereinbare Ziele und Neigungen unvermeidlich sind. Daraus folgt, daß jede übergeordnete, koordinierende und integrierende Struktur – die schließlich ein wesentlicher Aspekt des Selbst-Begriffs ist – primär vor der Aufgabe steht, diese komplexen, konfligierenden Ziele und Neigungen zu integrieren. Es folgt auch daraus, daß Kohärenz und Integrität dieser Selbst-Struktur weitgehend bestimmen, wie erfolgreich diese primäre Aufgabe gelöst wird. Es ist daher nicht nur unnötig, Selbst-Psychologie und Konflikt-Psychologie radikal zu trennen, sondern auch verfehlt, weil sie erstere davon abhält, sich mit einigen ihrer wichtigsten Phänomene und Themen zu befassen.

Ich möchte auf Kohuts Neigung hinweisen, sowohl in seinen klinischen Darstellungen als auch in seiner Theorie „hybride Konzepte" (wie Slap und Levine [1978] es nennen) zu benutzen, und diese Neigung damit in Zusammenhang bringen, daß er in einfühlsamer Introspektion das besonders geeignete Mittel sieht, psychoanalytisches Wissen zu erlangen. Sicherlich, Kohut benutzt nicht als einziger „hybride Konzepte", aber es ist bemerkenswert, daß sich Slap und Levine hauptsächlich auf Kohuts Formulierungen konzentrieren, um dieses Phänomen zu veranschaulichen. Ich möchte zunächst einige Beispiele aus ihrem Artikel zitieren. Beim ersten Beispiel stellt Kohut (1971) fest, daß „der Patient ... versteht, daß dieser [pathologische] Zustand eine Folge eines vorübergehenden Verlustes der kohärenten narzißtischen Besetzung seines Selbst ist, die im Übermaß in seine Aktivitäten geflossen war" (1973, S. 154). Vorausgesetzt, man versteht die benutzten Termini, ist narzißtische Besetzung dann eine Sache, die man erleben oder aber begreifen kann, daß man ihrer beraubt wurde? Betrachten wir ein weiteres Beispiel, das Slap und Levine anführen. „Man könnte hier sehr wohl das Vorhandensein einer unbewußten Fellatio-Phantasie annehmen, in der das Verschlingen des magischen Samens die noch nicht erreichte Verinnerlichung und Strukturbildung bedeutet" (Kohut, 1973, S. 94, Fußnote). Wie kann eine Phantasie für ein metapsychologisches Konstrukt wie die Verinnerlichung oder die Strukturbildung stehen?

Bei den obigen Beispielen wird die Ebene der erfahrungsnahen und beobachtungsnahen Beschreibung mit hochabstrakten metapsychologischen Konstrukten vermischt, so als beträfen beide Ebenen wirkliche Erfahrungen und Verhaltensweisen von Menschen. Es ist eine Ironie, daß Kohut, der so bestimmt für Empathie und Introspektion als *die* Markenzeichen des psychoanalytischen Ansatzes eintritt, so leicht das, was jemand erlebt oder erleben könnte, mit einem abstrakten metapsychologischen oder ätiologischen Begriff verwechseln kann. Angesichts des Niveaus der Beweisführung kann ein solcher Begriff nicht einfach ein einfühlsames Verständnis für das, was ein anderer empfindet, bezeichnen, noch sollte man das von ihm erwarten. Wie kann man andererseits auf dem Wege der Einfühlung erkennen, welche ätiologisch-kausale Rolle das frühe Erleben des Patienten gespielt hat (oder gar, worin dieses frühe Erleben bestand)? Oder um ein anderes Beispiel zu wählen: Wie kann einem Empathie ermöglichen, „blinde“ Diagnosen über die Eltern des Patienten zu stellen? Zwar kann man Gefühle und Ängste eines anderen einfühlend nachvollziehen, doch wie kann man empathisch etwas über seine *strukturellen Defekte* wissen? Wie unterscheidet man auf empathischem Wege, ob jemand Defekte zu haben glaubt oder phantasiert, oder ob tatsächlich ein struktureller Defekt vorliegt (ich nehme einmal an, daß wir wirklich wissen, was mit letzterem gemeint ist)? Kann man ein solches Wissen jemals durch Einfühlung erlangen? Wenn ein Therapeut, wie Levine (1979) bemerkt, ein empathisches Wissen bezüglich der Selbst-Defekte eines Patienten beansprucht, so kann dies möglicherweise dessen Phantasien über seine Defekte bestätigen und auch eine psychoanalytische Erforschung solcher Phantasien ausschließen. Um ein altes Sprichwort zu variieren: Wenn man eine solche Empathie besitzt, was braucht man da noch Mißverständnisse?

Alle psychoanalytischen Deutungen und Formulierungen sind mit dem Risiko behaftet, daß sie im wesentlichen nicht mit dem übereinstimmen, was wirklich vorgeht und was der Patient erlebt.[8] Es ist leichter, mit dieser Möglichkeit zu rechnen, wenn man zugibt, daß die Deutung letztlich eine Folgerung ist. Behauptet man statt dessen, daß Deutungen und Formulierungen ausschließlich auf Empathie beruhen, so kann dies die Anerkennung der eigenen Fehlbarkeit insofern blockieren oder verzögern, weil man dann glauben kann, dieser Weg garantiere einen direkten, privilegierten Zugang zu dem, was ein anderer empfindet. Obwohl Kohut der Empathie einen so hohen Rang einräumt, zeigt die sorgfältige Lektüre seiner Arbeiten sowohl auf klinischem als auf theoretischem Gebiet meines Erachtens, daß seine Darstellungen und Formulierungen nicht in auffallender Weise erfahrungsnäher oder gar stärker empirisch verankert sind als die psychoanalytische Literatur im allgemeinen.

An Kohuts Arbeiten fällt auf, wie häufig er ätiologische Behauptungen aufstellt, ohne einen anderen Beweis dafür zu haben als die Berichte erwachsener Patienten – oder, genauer gesagt, die Deutungen solcher Berichte durch den Analytiker – über das, was sie gegenwärtig erleben oder ihrer Erinnerung nach in der Kindheit erlebt haben. Weil diese Behauptungen von Kohut und seinen Anhängern so häufig und mit solcher Sicherheit aufgestellt werden, kann man die überraschende Tatsache völlig aus den Augen verlieren, daß sich beispielsweise Formulierungen, die die Wirkungen frühen empathischen Spiegelns (oder seines Fehlens) und früher Idealisierung (oder ihres Fehlens) betreffen, auf keinen zuverlässigen, systematischen Beweis stützen können; es gibt nicht eine einzige Längsschnitt- oder Nachuntersuchung über die Auswirkungen dieser Faktoren auf die spätere Entwicklung. Doch in dieser Hinsicht trifft Kohut vielleicht nicht mehr Schuld als viele andere psychoanalytische Autoren, die ähnliche Behauptungen aufstellen, ohne sie zu beweisen. Dieses Thema soll später eingehender behandelt werden.

Stolorow (1976) weist darauf hin, daß es deutliche Ähnlichkeiten zwischen Kohuts Selbst-Psychologie und Rogers' (z. B. 1952) klientenzentrierter Theorie gibt (die, wie angemerkt werden sollte, von ihm ebenfalls als Selbst-Psychologie verstanden wird). Ich sehe in dieser Ähnlichkeit ein „Problem", weil Kohut versäumt, auf Einflüsse und Vorgänger ausreichend hinzuweisen. Um der wissenschaftlichen Korrektheit willen ist es wichtig, zumindest einige der auffallenden Parallelen zwischen den Formulierungen Kohuts und Rogers' zu erwähnen, die Stolorow anführt: das Gebot, eine Deutung zu unterlassen, die als Bedrohung des grandiosen, von Wunschdenken bestimmten Selbst des Patienten empfunden werden kann; die Parallele zwischen Kohuts Spiegelübertragung und Rogers' Spiegelung sowie dem Bedürfnis des Patienten, geschätzt zu werden; die beiden gemeinsame Betonung der Wichtigkeit der Empathie und der Erscheinungswelt des Patienten; die Verinnerlichung von Einstellungen des Therapeuten, seiner bedingungslos positiven Haltung bei Rogers und das empathische Spiegeln bei Kohut und schließlich die Parallele zwischen Kohuts Ziel der Zähmung des archaischen grandiosen Selbst und Rogers' Ziel der Mäßigung des idealen Selbst und der Verringerung der Diskrepanz zwischen ihm und dem realen Selbst.

Schließlich komme ich zur Neigung Kohuts (und seiner Anhänger), den Begriff des Selbst zu vergegenständlichen und bei der Diskussion der Selbst-Psychologie die logischen Zusammenhänge offenbar zu verwechseln. Wie Hartmann (1958) vor längerer Zeit ausführte, ist die einfachste und unproblematischste Definition des Selbst „die eigene Person". Rubinstein (1981) hat die Definition erweitert, indem er feststellte, daß das Selbst den subjektiven Aspekt der Person darstelle und „die Person der Person gegenüber sich selbst" (S. 13) [übers. v. H. W.] sei. Mit anderen Worten, man kann sich selbst anders erscheinen als man anderen erscheint und tut es häufig auch! Wenn wir beispielsweise sagen, jemand habe ein „grandioses Selbst", meinen wir, daß er ein bestimmtes, unrealistisches, extravagantes Bild von sich selbst habe und sich bestimmte extravagante Qualitäten zuschreibe – kurz, daß dieses Bild sich sehr von dem unterscheide, das andere von ihm haben, und daß sie ihn auch mit ganz anderen Eigenschaften ausstatten. (Ich gehe hier nicht darauf ein, daß ein grandioses Selbst angeblich eine Reaktion auf etwas anderes sei.) Oder, um ein anderes Beispiel Rubinsteins anzuführen: Statt „Er liebt sein Selbst" oder „Er haßt sein Selbst" kann man ein Reflexivpronomen verwenden und sagen „Er liebt sich selbst" oder „Er haßt sich selbst". In jedem Fall bedeuten diese Aussagen, daß er die Person liebt, die er ist (ich würde hinzufügen „Er liebt gewisse Aspekte der Person, die er ist"), oder „Er haßt die Person, die er ist" („Er haßt gewisse Aspekte der Person, die er ist"). Rubinstein weist jedoch darauf hin, daß einige psychoanalytische Theoretiker, darunter Kohut, die ersten beiden Sätze wörtlich zu nehmen scheinen – das heißt, sie behandeln den Begriff des Selbst als eine getrennte Substanz oder Einheit, die vom Begriff der Person geschieden ist. Manchmal behandeln sie den Selbst-Begriff so, als bezöge er sich auf den subjektiven Aspekt der Person, und manchmal wie eine Struktur in der Welt der Organismen. So bezeichnet Kohut (1977) an einer Stelle – wobei er deutlich die Welt von Personen im Sinn hat – das Selbst als „Mittelpunkt des psychologischen Universums", während er es an anderer Stelle (auf genau derselben Seite) den „Inhalt eines psychischen Apparates" (1979, S. 12) nennt.

Dieselbe Verwirrung und dieselbe Unschlüssigkeit in bezug auf den jeweiligen Zusammenhang findet sich auch in Kohuts Erörterungen über ein *fragmentiertes Selbst*. Wenn er beispielsweise über „desintegrierende Angst" schreibt, geschieht es gelegentlich in subjektiver Weise aus der Sicht des Patienten. Demnach kann man sich beim Erleben von „Desintegrationsangst" fragmentiert *fühlen*, so als zerspringe man in Stücke. In der Tat kann man sich fragmentiert, zerrissen, nicht integriert usw. fühlen. Bei anderen Gelegenheiten indessen sprechen Kohut und seine Anhänger über *mangelnde Selbst-Kohärenz, fragmentiertes Selbst und Selbst-Defekte*, als ob sie tatsächliche „Sprünge" in einer realen strukturellen Einheit meinten, so als wollten sie Verwerfungen in einer geologischen Struktur beschreiben. Rubinstein stellt hier die Frage, ob eine Bezeichnung wie *fragmentiertes Selbst* mehr sei als eine Metapher oder eine kurzgefaßte Beschreibung der „diffusen Mangelerscheinungen [und Symptome] eines Patienten". Gegen Metaphern und kurzgefaßte Beschreibungen ist nichts einzuwenden. Schwierig wird es dann, wenn man diese Metaphern und Beschreibungen mit existierenden Einheiten verwechselt und glaubt, man habe eine Erklärung für die diffusen Mangelerscheinungen und Symptome geliefert.

Ich sehe einen Grund für die große Bereitschaft bei vielen, über *fragmentiertes Selbst* und *mangelnde Selbst-Kohärenz* zu reden, in der gefühlsmäßigen Überzeugung, daß man damit zu einer tieferen, bis ins Innerste gehenden Erfahrungsebene vordringt. Ich habe diese Bereitschaft beobachtet, als ich Seminare über psychoanalytische Selbst-Psychologie für Graduierte abhielt. Die Menschen reden nicht in der gleichen Weise über Es, Ich und Überich oder gar über unbewußte Wünsche. Doch einige reagieren sehr stark auf Äußerungen über *mangelnde Selbst-Kohärenz*, weil darin etwas von dem widerklingt, *wie sie sich selbst empfinden*. Mit anderen Worten, wenn ein Beobachter beschreibt, wie ein Mensch sich selbst gegenübersteht, so scheint dies mit den *subjektiven Gefühlen*, die man diesbezüglich hegt, übereinzustimmen. Das ist sicher ein entscheidender Aspekt dessen, was wir normalerweise unter Empathie verstehen. Es ist jedoch sehr wichtig festzustellen, daß die *subjektive Empfindung* eines Menschen, fragmentiert zu sein, nicht bedeutet, daß er eine Struktur *besitzt* – ein Selbst, das fragmentiert ist. Dieser Anspruch, der, wie ich bereits bemerkte, nichts mit Empathie zu tun hat, spekuliert auf die Überzeugungskraft der Metapher „fragmentiertes Selbst" und darauf, daß sie dazu befähigt, sich empathisch auf die subjektiven Empfindungen eines Menschen einzustellen. Daß der Erklärungswert der Kohutschen Formulierungen gering ist, wird offenkundig, wenn man sich klarmacht, daß er *Gefühle* der Fragmentierung oder der Neigung, sich selbst als fragmentierten Menschen zu sehen, erklärt, indem er auf ein *fragmentiertes Selbst* verweist. Was verursacht das Gefühl, fragmentiert zu sein? Die Antwort: ein fragmentiertes Selbst.

Ich habe bereits auf Levines (1979) Kritik hingewiesen, daß Kohut nicht zwischen den phantasierten Defekten eines Patienten und seinen wirklichen Defekten unterscheidet, und daß er es versäumt, solche Phantasien zu analysieren. Diese Kritik bezog sich auf die therapeutische Bedeutung. Meine obigen Ausführungen laufen im wesentlichen auf dasselbe hinaus, sollen aber den geringen Erklärungswert der Kohutschen Formulierungen aufzeigen.

Schließlich erinnere ich den Leser an die Beobachtung von Slap und Levine (1978), daß Kohut reichlichen Gebrauch von „hybriden Konzepten“ mache, das heißt, abstrakten metapsychologischen Begriffen, als handle es sich um das wirkliche Erleben eines Menschen. Mir scheint, daß Selbst und eine Vielzahl weiterer Selbst-Begriffe (etwa das *fragmentierte Selbst*), so wie Kohut sie gebraucht, im Grunde „hybride Konzepte“ sind, die sich manchmal auf die subjektive Person und manchmal auf die nichtpersönliche Welt von Organismen beziehen oder, was noch schlimmer ist, die benutzt werden, als gehörten sie zu der einen Welt, während sie in Wahrheit zu der anderen gehören.

Implikationen für die Behandlung

Ich möchte kurz auf die Implikationen einiger Formulierungen Kohuts für die Behandlung eingehen, und zwar als erstes auf die Implikationen seines Entwicklungsmodells. Wie ich bereits bemerkt habe, glaube ich nicht, daß man sein Interesse am Patienten, weil es sich bei ihm um eine narzißtische Persönlichkeitsstörung handelt, er ein Borderline-Fall oder eine schizoide Persönlichkeit ist, auf Selbst-Defekte oder angeblich präödipale Probleme beschränken und ödipale Probleme außer acht lassen kann, mit der Begründung, letztere seien die entwicklungsmäßig späteren und deshalb nur für neurotische Patienten relevant. Diese Annahme, die in der neueren Literatur vielfach zum Ausdruck kommt, beruht, wie ich zu zeigen versucht habe, auf einer falschen Theorie über den Charakter der psychischen Entwicklung. Ich halte es für realistischer, soweit es die Behandlung betrifft, zu erwarten, daß bei allen Patienten Material aus vielen verschiedenen Entwicklungsstufen auftauchen wird; das muß dann bearbeitet werden, obwohl es hinsichtlich des spezifischen Gehalts, der Art der Bewältigung und des Vorherrschens einer bestimmten Stufe bei den einzelnen Patienten Unterschiede geben wird (vgl. Gedo [1979], der sich diesbezüglich ausführlicher äußert).

Die Dichotomie zwischen Defekten einerseits und intrapsychischen Konflikten andererseits kommt auch in Kohuts Vorstellung von der Desintegrationsangst zum Ausdruck, die ich bereits erörtert habe. In Kohuts Schema ist diese Art der Angst, worauf Levine

(1977) hingewiesen hat, eher ein passives Erleben auf der Grundlage echter Defekte als ein dynamisches Ereignis, das mit Wünschen, Konflikten und Abwehr zu tun hat. Wie bereits erwähnt, kann die allgemeine Ansicht, daß die Schwierigkeiten und Ängste des Patienten auf tatsächlichen frühen Defekten beruhen, für die Therapie potentiell die heimtückische Konsequenz haben, daß sie seine Phantasie, er sei schließlich doch mit Defekten behaftet, bestätigt (Levine, 1979).

Eine weitere Schwierigkeit mit dem von Kohut und seinen Anhängern vertretenen therapeutischen Ansatz – zumindest soweit es darum geht, ihn als psychoanalytische Behandlung zu betrachten – ist die, daß sie geeignet ist, Deutung durch Befriedigung zu ersetzen. Levine (1979) hat in seiner Analyse der von Goldberg (1973) veröffentlichten Fallberichte gezeigt, daß Anhänger Kohuts zwar die Deutung als Behandlungsmittel befürworten, sie jedoch unter bestimmten Umständen ablehnen und stattdessen Befriedigungen anbieten. (Vgl. Levine [1979], der spezifische klinische Beispiele anführt.)

Ich hatte immer Schwierigkeiten mit Schilderungen der Behandlung Erwachsener, die eine therapeutische Veränderung ausschließlich oder vorwiegend in der Wiederaufnahme eines unterbrochenen Entwicklungsprozesses sehen. Ein erwachsener Patient ist schließlich – chronologisch, physisch, gesellschaftlich und in vielen anderen wichtigen Bereichen – psychologisch ein Erwachsener, der nicht eine Entwicklung wiederaufnehmen kann, wie sie normalerweise ein Kind durchläuft. Ich glaube daher auch nicht, um auf das erwähnte spezifische Beispiel zurückzukommen, daß der chronologisch erwachsene Patient nach der Erlangung größerer Selbst-Kohärenz einfach in die ödipale Phase in ähnlicher oder gar derselben Weise „eintritt" wie ein kleines Kind. Levine (1977) hat uns daran erinnert, daß sich der Erwachsene in einer Situation befindet, die sich von der des Kindes – gesellschaftlich, physisch und psychologisch – gänzlich unterscheidet. Auch Loewald (1979) erinnert uns: „Die Analyse Erwachsener, gleichgültig wie sehr sie in wichtigen Funktionsbereichen zu Regressionen neigen oder wie unreif sie sind, ist ein Unternehmen, bei dem der Analysand nicht nur seinen Jahren nach ein Erwachsener ist, sondern das nur Sinn hat, wenn er über ein Reifepotential verfügt, das in bestimmten signifikanten Lebensbereichen in Erscheinung tritt" (1986, S. 373).

Bei den Beschreibungen mancher Patienten scheint sich Kohut

(neben anderen psychoanalytischen Autoren) nicht hinreichend dieser grundlegenden Tatsachen bewußt, auf die uns Loewald aufmerksam macht. So schildert Kohut beispielsweise bestimmte Patienten in einer Weise, als seien sie nicht über die frühesten Stadien der „Ich-Fragmentierung“ und „Ich-Kerne“ hinausgelangt, die angeblich die frühe Kindheit kennzeichnen. Nun, es ist schwierig zu verstehen oder gar sich vorzustellen, wie ein erwachsener Patient eine Entwicklung wieder aufnehmen kann, die in diesem frühesten Wachstumsstadium ihren Anfang nahm. Was für Prozesse können damit verbunden gewesen sein? Wir müssen auch fragen, wie es möglich ist, daß jemand, der auf ein so primitives frühes Stadium in einem zentralen Persönlichkeitsbereich (das heißt, der Selbst- oder Ich-Struktur) fixiert geblieben ist, in so vielen Lebensbereichen als Erwachsener funktionieren kann? Wie ist es möglich, daß diese Menschen denken, kommunizieren, Beziehungen zu anderen herstellen können (selbst wenn es auf eine zutiefst gestörte Art geschieht); wie können sie lernen, ihren Lebensunterhalt verdienen usw.?

Mir scheint, daß die klinischen und metapsychologischen Spekulationen vieler moderner psychoanalytischer Autoren – und ich halte Kohut für einen von ihnen – in bezug auf die Art, wie sie einige der elementarsten Realitäten, die Patienten betreffen, ignorieren, ein geradezu phantastisches Ausmaß erreichen. Auf seiten vieler moderner psychoanalytischer Autoren besteht eine beunruhigende Tendenz, sich auf eine – wie ich es an anderer Stelle genannt habe (Eagle, 1982 b) – „metapsychologische Infantilisierung“ von Patienten einzulassen. Wenn man einige dieser Beschreibungen von Patienten absolut ernst nehmen würde, könnte man nicht begreifen, wie sich diese in irgendeinem Lebensbereich einigermaßen behaupten können.

Eine Schwierigkeit hat Kohut auch mit anderen psychoanalytischen Autoren gemeinsam, das ist ein unnötiges Maß an Unbestimmtheit, gar der Verdunklung, wenn er Prozesse beschreibt, die zu einer Veränderung durch die Therapie führen. Das ist nicht immer der Fall, denn mitunter ist er von lobenswerter Genauigkeit bezüglich der Faktoren, die er für die Ursache solcher Veränderungen hält. So bringt er beispielsweise eindeutig seine Überzeugung zum Ausdruck, daß wirkliche Veränderungen durch die Therapie nicht die Folge intellektueller Einsicht sind, sondern daß sie „infolge der allmählichen Verinnerlichungen, die durch die Tatsache bewirkt werden, daß die alten Erfahrungen wiederholt von der jetzt reiferen Psyche durchlebt werden" (Kohut, 1979, S. 41), eintreten. Diese Behauptung, ob richtig oder falsch, hat einen einigermaßen klaren empirischen Sinn; sie kann zu ähnlichen früheren Formulierungen in Beziehung gesetzt, präzisiert und im Prinzip genauer beurteilt werden. Oder wenn Kohut in anderen Fällen die Bedeutung von Faktoren hervorhebt, die eine Idealisierung des Therapeuten und die Identifizierung mit ihm gestatten, sowie den Verzicht auf eine phantasierte narzißtische Vereinigung mit ihm, so hat dies alles meines Erachtens einen substantiellen empirischen Gehalt; es kann daher, wie schwierig und komplex die Durchführung auch sein mag, grundsätzlich einer strengen, kontrollierten Überprüfung unterworfen werden. Doch einer der theoretischen Schlüsselbegriffe, der laut Kohut für therapeutische Veränderungen verantwortlich sein soll – die „umwandelnden Verinnerlichungen" – ist so vage wie nur möglich.

Folgt man Kohut, kommt es zum allgemeinen Wachstum psychischer Strukturen durch umwandelnde Verinnerlichungen innerhalb und außerhalb der Therapie. Der Begriff der Verinnerlichung ist in der psychoanalytischen Literatur im allgemeinen verwirrend, und Kohuts Konzept bildet da keine Ausnahme (vgl. Meissner (1981) und Schafer (1968), die in neuerer Zeit versucht haben, auf diesem Sektor etwas Ordnung zu schaffen). Wenn man sich herauszufinden bemüht, was Kohut mit „umwandelnden Verinnerlichungen" exakt meint, liest man beispielsweise, daß es sich um die Schaffung psychischer Strukturen durch den Abzug der Besetzung von Objektbildern handle. Was aber sind psychische Strukturen? Und was bedeutet es, daß man von Objektbildern Besetzungen abzieht? Wenn diese Fragen nicht einigermaßen klar und empirisch gehaltvoll beantwortet werden, bleiben Erklärungen der „umwandelnden Verinnerlichungen" so vage wie der Terminus selbst. Leider muß man, wie ich glaube, an dieser Stelle den Schluß ziehen, daß dieser Schlüsselbegriff, wie ihn Kohut verwendet, um therapeutische Veränderung zu beschreiben und zu erklären, bestenfalls einen Annäherungswert besitzt, vielleicht aber nur scheinbar von Bedeutung ist.

Schließlich ist es schwierig – und das ist bezeichnend für Kohut wie für andere psychoanalytische Autoren –, aus ihren Schriften zu erfahren, was tatsächlich und im einzelnen in der Behandlung vor sich geht. Es ist schön und gut, über spiegelnde Empathie, Idealisierung, umwandelnde Verinnerlichungen usw. zu reden, doch bleibt dabei ebenso im unklaren, was Therapeuten in einer bestimmten Stunde tatsächlich *tun*, wie auch der Charakter der Interaktion zwischen Therapeut und Patient. Bevor diese Fragen geklärt sind, weiß man beispielsweise nicht, wie sich etwa Kohuts spiegelnde Empathie von Rogers' (1959, 1961) nicht-direktiven Reflexionen unterscheidet.

Einige allgemeine Beiträge Kohuts

Der mit Kohuts Arbeit vertraute Leser kann selbst beurteilen, inwiefern sie einen Beitrag zur psychoanalytischen Theorie und Praxis leistet. Meiner Meinung nach gibt es einige relativ klar umrissene Beiträge, die beachtet werden sollten. Zunächst stellen Kohuts Schriften eine Bereicherung der neueren psychoanalytischen Literatur dar, die insgesamt außerordentlich nachdrücklich und zwingend den Standpunkt vertritt, daß, wie Wallerstein (1980) sagt, die psychosexuelle Theorie nicht ausreicht, um die psychische Entwicklung zu erklären. Oder, um es spezifischer und nachdrücklicher zu formulieren (wie Loewald, 1979), daß die Selbst-Objekt-Differenzierung ein umfassenderes Phänomen ist als ein psychosexueller Konflikt. In dieser Hinsicht gebührt Kohuts Arbeit ein Platz neben den Beiträgen beispielsweise von Mahler (1968), Jacobson (1964), Klein (1976) und Fairbairn (1952).

Wenn man die Selbst-Objekt-Differenzierung als zentrale universale Dimension betrachtet, wird offenbar, daß die mit dieser Dimension verbundenen Themen eine wichtige Rolle in der Behandlung spielen werden, insbesondere der Behandlung von stärker gestörten Patienten. Wie Gedo (1980) bemerkt, trägt Kohuts Anerkennung der Wichtigkeit und Notwendigkeit, sich bei der Behandlung bestimmter Patienten mit symbiotischen Wünschen[9] zu beschäftigen, möglicherweise zur Effektivität der Behandlung bei und zu dem, was man seit einiger Zeit als den sich erweiternden Umfang einer psychoanalytisch orientierten Therapie zu bezeichnen pflegt.

Einen allgemeinen Beitrag hat Kohut auch insofern geleistet (manche würden es einen Rückschritt nennen – ich nicht), als er die Einführung bzw. die Wiedereinführung des Selbst-Begriffs in die psychoanalytische Theorie sehr gefördert hat. In dieser Hinsicht kann er sich neben Sullivan (1947, 1953), Erikson (1959, 1963), Jacobson (1964), G. S. Klein (1976) und Gedo (1979) stellen, die es alle – unabhängig von ihren unterschiedlichen Auffassungen (und diese sind beträchtlich) – für wesentlich gehalten haben, daß eine Theorie des menschlichen Verhaltens einem Konzept des Selbst und der Selbst-Organisation einen zentralen Platz einräumt. Ich habe „Wiedereinführung“ gesagt, weil einige erklären (z. B. Brandt [1966]), daß die traditionelle Psychoanalyse ursprünglich einen Selbst-Begriff besaß, Freuds „Ich“, und daß diese Tatsache auch im englischen Sprachraum bekannt geblieben wäre, hätte man „das Ich“ mit „the I“ oder „the self“ übersetzt.

Schließlich verdient meines Erachtens auch der Beitrag Kohuts hervorgehoben zu werden, den er dadurch geleistet hat, daß er auf die Bedeutung von Zielen, Werten und Idealen hinwies, die psychische Gesundheit widerspiegeln und sie bewahren. Diese Faktoren haben in traditionellen psychoanalytischen Formulierungen (Jacobsons [1964] Arbeit stellt eine hervorragende Ausnahme von dieser Regel dar) keine besondere Rolle gespielt, und Erikson (1959, 1963) hat sich mit ihnen hauptsächlich im Zusammenhang mit der Ich-Identität beschäftigt. Ob man mit Kohuts Vorstellung der Aneignung von Zielen, Werten und Idealen übereinstimmt oder nicht – es gereicht ihm zur Ehre, daß er ihre psychologische Bedeutung erkannt hat.

Zusammenfassung

In Kohuts Schriften finden sich drei widersprüchliche Gesichtspunkte gegenüber der traditionellen Trieblehre: 1. die Vorstellung, daß diese Theorie nur für ein umschriebenes Gebiet, nämlich die „strukturellen Neurosen“, relevant sei, 2. das „Prinzip der Komplementarität“, wonach Trieblehre und Psychologie des Selbst verschiedene Perspektiven hinsichtlich der im wesentlichen gleichen Phänomene eröffnen, und 3. die radikalste Position, wonach die Trieblehre im gesamten Bereich von Entwicklungs- und pathologischen Phänomenen durch die Psychologie des Selbst ersetzt wird. Kohut legt diese letzte Position nahe, doch widerstrebt es ihm, sie ausdrücklich zu vertreten. Dennoch ist sie es, die er und seine Anhänger implizit und explizit immer stärker einnehmen.

Diese letzte Position läuft auf eine durchgehende Ablehnung der Freudschen Trieblehre hinaus und besagt kurz und schlicht, daß die Grundprobleme von Entwicklung und Pathologie nicht in erster Linie mit Konflikten zwischen Triebwünschen, Ich und Überich zusammenhängen, sondern mit der Entwicklung eines intakten, kohärenten Selbst, das durch ein klares Identitätsbewußtsein, durch die Fähigkeit, Talente, Ambitionen und Erwartungen zum Ausdruck zu bringen, durch die Ausbildung von Interessen, Werten, Idealen und Zielen und schließlich dadurch gekennzeichnet ist, daß man zu anderen in Beziehung treten kann.

Kohuts Arbeiten scheinen zu implizieren, daß andere Probleme, die im Lauf des Lebens auftreten, etwa sexuelle Schuldgefühle oder Schuldgefühle infolge von Konkurrenzgelüsten, vermutlich auf relativ ökonomische Weise gelöst werden können (z. B. durch Kurzpsychotherapien), wenn ein gefestigtes, kohärentes Selbst vorhanden ist, während sie einer solchen Intervention gegenüber wahrscheinlich resistent bleiben, wenn das Individuum nicht über ein kohärentes Selbst verfügt. In jedem Fall stellen die typisch neurotischen Probleme nicht die stärkste therapeutische Herausforderung unserer Zeit dar. Wie Erikson (1963) vor einiger Zeit schrieb: „... der Patient unserer Tage leidet vorwiegend unter dem Problem, was er glauben soll und was er sein oder werden soll oder kann, während die Patienten in den Anfängen der Psychoanalyse vorwiegend unter Hemmungen litten, die sie daran hinderten, das zu sein, was sie ihrer festen Wertskala nach zu sein glaubten" (1984, S. 252).

In der Regel präsentieren Patienten von heute nicht einfach klassische neurotische Probleme ödipaler Art. Sie präsentieren vielmehr jene Probleme, denen man mittlerweile das Etikett „schizoid", „Borderline" oder „narzißtisch" anzuheften pflegt. Aus welchen Gründen auch immer, es sind jedenfalls Probleme des Selbst und der Objektbeziehungen – sie werden als Gefühle der Bedeutungslosigkeit, der Leere, als alles durchdringende Depression, als Mangel an förderlichen Interessen, Zielen, Idealen und Werten und als Beziehungslosigkeit erlebt –, die in überwältigendem Maße als Symptome des typischen Patienten von heute[10] auftreten. Da Winnicott bereits 1958 junge Analytiker darauf aufmerksam gemacht hat, daß sie in ihrer Praxis wahrscheinlich nicht viele neurotische Patienten im klassischen Sinne zu sehen bekommen würden, ist klar, daß wir es mit einem Phänomen von einiger Dauer zu tun haben.

Ich möchte beiläufig auf die Frage einer veränderten Pathologie eingehen, falls solche Veränderungen tatsächlich eingetreten sein sollten. Wie Morgenthau und Person (1978) bemerken, pflegen psychoanalytische Theoretiker, selbst wenn sie den stärkeren Einfluß gesellschaftlicher Faktoren auf Persönlichkeitsentwicklung und Pathologie anerkennen, diese Faktoren auf frühe Erfahrungen und

Kinderaufzucht zu reduzieren. Das heißt, wenn gesellschaftliche Faktoren die Persönlichkeitsentwicklung beeinflussen, dann hauptsächlich durch die Art, wie Kinder aufgezogen werden. Das wird beispielsweise an Kohuts (1977) Überlegung deutlich, daß die Selbst-Pathologie unserer Zeit eine Folge dessen sei, daß die Eltern die Kinder nicht genügend anregen (was wiederum mit der Berufstätigkeit der Eltern und dem Zeitverlust durch die Fahrt von und zur Arbeit usw. zusammenhängt), während im Gegensatz dazu eine übermäßige Stimulierung für neurotische Patienten typisch ist.

Es ist jedoch möglich, daß es auch dann, wenn eine „durchschnittlich erwartbare Umgebung" mit frühen Erfahrungen des Umsorgtseins (empathisches Spiegeln, „Halten", symbiotische Befriedigung usw.) gegeben ist, häufiger zur Störungen des Selbst kommen kann, und zwar wegen bestimmter gesellschaftlicher Faktoren, die nicht durch Bemutterung und Kindesaufzucht vermittelt werden. So können beispielsweise das Fehlen gefestigter Weltanschauungen und Werte, ein bestimmtes Wertsystem oder eine Atmosphäre der Enttäuschung und des Zynismus in der gesellschaftlichen Umwelt mächtige Faktoren sein, die Gefühle der Leere und Bedeutungslosigkeit wecken und sich als sehr wirksam erweisen können – nicht im Säuglingsalter oder in der Kindheit, sondern in jener Periode, die sich von der Präadoleszenz bis ins frühe Erwachsenenalter erstreckt. Auf jeden Fall muß dieses ganze Gebiet weiter erforscht und gründlich darüber nachgedacht werden.

Doch kehren wir zu unserer Zusammenfassung der Kohutschen Vorstellungen zurück. Wenn man sich seine radikale Position – wie ich es genannt habe – verdeutlicht, wird offenbar, daß sie in wichtigen Punkten der Position ähnelt, die von den sogenannten Theoretikern der Objektbeziehungen eingenommen wird. Fairbairn und Guntrip haben im wesentlichen argumentiert, daß das Kernproblem aller Psychopathologie das Fehlen intakter Selbst-Strukturen sei. Probleme, die in der klassischen Theorie als neurotisch eingestuft werden (Kohuts „strukturelle Neurosen"), werden von Fairbairn und Guntrip als Abwehr betrachtet, die gegen das Kernproblem des Fehlens eines intakten Selbstgefühls errichtet wird.

Entsprechend dieser Auffassung gibt es nur eine schwerere oder weniger schwerere Pathologie des Selbst statt qualitativ verschiedener nosologischer Kategorien einerseits, bei denen Trieb- und struktureller Konflikt im Vordergrund stehen, und Störungen des Selbst andererseits. Im Gegensatz zu Kohut stellen Fairbairn und Guntrip dies direkt und unzweideutig fest, weil sie nicht versuchen müssen, irgendwo Raum für die klassische Trieblehre zu schaffen, da ihrer Objektbeziehungstheorie von Anfang an die unumwundene Ablehnung der Freudschen Trieblehre zugrundelag. Im folgenden Kapitel werde ich die Formulierungen Fairbairns vorstellen, die für die britischen Objektbeziehungstheoretiker repräsentativ sind. Zwar haben auch andere – etwa Guntrip, Winnicott und Balint – auf diesem Gebiet wichtige Beiträge geleistet, doch sind Fairbairns Arbeiten die systematischsten und umfassendsten.

Anmerkungen

[1] In der Tat sind es optimale Frustrationsdosen, die, laut Kohut, in der Therapie zum Aufbau psychischer Strukturen führen.

[2] Im Gegensatz dazu hat Mahler (1968) eine gewisse Vorstellung von den Vorgängen, die beim Unvermögen, ein intaktes Selbstgefühl zu entwikkeln, vermittelnd eingreifen, beispielsweise in der symbiotischen Psychose.

[3] Obgleich Kohut die traditionelle psychoanalytische Theorie kritisiert, weil sie die positiven Aspekte des Narzißmus nicht zur Kenntnis nimmt, scheint der Ausgangspunkt seines Interesses für den „gesunden Narzißmus" Freuds (1914) Vorstellung zu sein, daß eine exzessive Besetzung des Objekts die Gefahr der Entleerung des Ichs birgt, sowie dessen Feststellung: „Ein starker Egoismus schützt vor Erkrankung ..." (und Freud fügt hinzu: „... aber endlich muß man beginnen zu lieben, um nicht krank zu werden ...").

[4] Es besteht eine deutliche Beziehung zwischen der Betonung von Selbsterhaltung und Selbsterhöhung als Grundmotiven und den nicht-psychoanalytischen Selbst-Psychologien von Fromm (1947), Rogers (1959, 1961) und Maslow (1954, 1968), um nur diese Beispiele zu nennen. Ferner besteht eine Beziehung zu Freuds früher Vorstellung von Tendenzen der Selbsterhaltung und seinem Begriff der „Ich-Interessen". Hartmann (1964) hat diesen Begriff ebenfalls erörtert, doch hat er weder in der traditionellen Theorie noch in der späteren Ich-Psychologie jemals eine hervorragende Rolle gespielt (vgl. Eagle, 1981).

[5] Man kann der neueren Beweisführung, beispielsweise von Milton Klein (1981) und Stern (1980), zustimmen, daß ein gewisses Maß an Differenzierung bereits bei der Geburt vorhanden ist, und ferner daran festhalten, daß der Differenzierungsgrad bei normaler psychischer Entwicklung ansteigt.

[6] „Gesunder Narzißmus" wird zum Äquivalent für Stimulierung, außer daß in Kohuts Schema nicht Triebziele sublimiert werden, sondern archaische Grandiosität und Exhibitionismus. Die narzißtische Perspektive hat danach mit der Perspektive, die die Triebtheorie bietet, einen Reduktionismus gemeinsam, durch den die mannigfaltigen Formen des Verhaltens und

der damit einhergehenden Motive auf diese oder jene spezifische Reihe von Motiven verringert wird.

Wenn die Selbst-Psychologie die traditionelle psychoanalytische Theorie ersetzt, dann sehe ich den Tag kommen, an dem sich eine neue Version der Ich-Psychologie herausbildet, die im wesentlichen für Aktivitäten eintritt, die ohne narzißtische Motive auskommen.

[7] Einen ähnlichen Standpunkt vertreten Arlow und Brenner (1964), die Freuds Verständnis der Schizophrenie als einer im wesentlichen narzißtischen Störung angreifen und feststellen, daß viele schizophrene Patienten häufig stark an andere Menschen gebunden sind.

[8] Mit „im wesentlichen nicht übereinstimmen“ meine ich, daß die Inkongruenz nicht einfach eine Folge der defensiven Verzerrungen oder Weglassungen des Patienten oder der unterschiedlichen Perspektive (z. B. die Einbeziehung unbewußter Wünsche) ist, von der der Therapeut ausgeht.

[9] Gedo ist sich natürlich bewußt, daß Kohut nicht von symbiotischen Wünschen als solchen spricht, sondern stattdessen Bezeichnungen benutzt, die sich auf den Therapeuten als „Selbst-Objekt“ und Phantasien über eine „narzißtische Vereinigung“ beziehen. Ich halte aber seine Annahme für zutreffend, daß Kohuts Ausführungen über „Selbst-Objekt“, „narzißtische Vereinigung“ und „Spiegelübertragungen“ dem entsprechen oder sehr nahekommen, was andere als symbiotische Wünsche und Phantasien bezeichnen.

[10] Rangell (1980) mokierte sich über die Beliebtheit von Diagnosen wie „narzißtische Persönlichkeitsstörung“, indem er feststellte, daß die von Kohut und seinen Anhängern beschriebenen Symptome und Probleme seit langem von Patienten vorgetragen werden, die viele andere Analytiker als Neurotiker diagnostizieren. Jedenfalls hat es den Anschein, daß der typische Patient von heute etwas andere Probleme präsentiert als Patienten einer früheren Periode.

7. Kapitel
Der Ersatz der Trieblehre durch die Objektbeziehungstheorie: Die Arbeit von Fairbairn

Wie im 6. Kapitel dargestellt, ist Fairbairns Arbeit dadurch gekennzeichnet, daß er die Freudsche Trieblehre unumwunden ablehnt und an ihre Stelle eine radikale Objektbeziehungstheorie setzt. Sein Ansatz gegenüber menschlichem Verhalten wird am treffendsten in der folgenden Zusammenfassung von Ernest Jones (im Vorwort zu Fairbairns Buch *Psychoanalytic Studies of the Personality*) dargestellt:

„Wenn es möglich wäre, Dr. Fairbairns neue Ideen in einen einzigen Satz zu verdichten, so könnte dieser etwa folgendermaßen lauten: Statt wie Freud mit der Stimulierung des Nervensystems zu beginnen, zur Erregung verschiedener erogener Zonen und innerer Spannung infolge der Gonadentätigkeit fortzuschreiten, beginnt Dr. Fairbairn im Zentrum der Persönlichkeit, dem Ich, und beschreibt seine Strebungen und Schwierigkeiten beim Bemühen, ein Objekt zu erreichen, bei dem es Unterstützung finden mag" (S. v).

Eine noch prägnantere Darstellung der grundlegenden Unterschiede zwischen Fairbairns Anschauung und der Freudschen Theorie gibt Fairbairn selbst, wenn er sagt, daß „das Grundprinzip, von dem meine speziellen Auffassungen insgesamt abgeleitet sind, als allgemeine These formuliert werden kann, daß die Libido nicht primär nach Lust strebt, sondern das Objekt sucht" (Fairbarn, 1952, S. 137) [übers. v. H. W.]. An anderer Stelle bemerkt er: „Unter dem Gesichtspunkt, den ich nunmehr vertrete, kann man sagen, daß die Psychologie sich zu einer Untersuchung der Beziehungen des Individuums zu seinen Objekten wandle, während man von der Psychopathologie sagen kann, daß sie sich zu einem spezifischeren Studium der Beziehungen des Ichs zu seinen verinnerlichten Objekten wandle" (1952, S. 60). Zwar hat Guntrip (1968) die Objektbeziehungstheorie als britische Parallele zur Sullivans interpersonaler Theorie bezeichnet, doch ungeachtet dieser Behauptung ist es der Kleinsche Begriff der verinnerlichten Objekte, durch den sich beide Ansätze mehr als durch alles andere unterscheiden; ich werde auf diesen Begriff später ausführlicher eingehen.

Aus der Perspektive der zentralen Idee, daß das Ich das Objekt suche, deutet Fairbairn viele traditionelle Freudsche Formulierungen neu. So werden zum Beispiel nicht Es-Impulse verdrängt, sondern abgespaltene Ich-Strukturen und verinnerlichte Objekte, die unerträglich böse erscheinen. Psychosexuelle Phasen sind Techniken, die das Ich benutzt, um Beziehungen zu Objekten zu regeln. Es geht dem Individuum nicht in erster Linie um Spannungsminderung. Diese ist vielmehr ein verderbliches Prinzip, das wirksam wird, wenn Objektbeziehungen versagen. „Es ist kein Mittel, um libidinöse Ziele zu erreichen (die natürlich objektgerichtet sind), sondern ein Mittel, das Nichterreichen dieser Ziele zu lindern" (Fairbairn, 1952, S. 140). (Man beachte hier die Ähnlichkeit der Auffassungen Fairbairns und Kohuts.) Aggression ist kein angeborener Trieb, sondern eine Reaktion auf Deprivation und Frustration. Die Persönlichkeit ist nicht in strukturlose Energie (Es) und energielose Struktur (Ich) geteilt. Das Ich ist vielmehr eine Struktur mit eigenen dynamischen Zielen. Intrapsychischer Konflikt wird demnach nicht im Sinne eines Es-Ich-Modells verstanden, sondern eher im Sinne von Ich-Spaltungen.

Es wäre nützlicher, Fairbairns Anschauungen umfassender und *sui generis* darzustellen, statt anhand spezifischer Vergleiche mit der Theorie Freuds. In gewissem Sinne sind Fairbairns Formulierungen ebenso sehr eine Ich-Psychologie wie das, was als psychoanalytische Ich-Psychologie angesehen zu werden pflegt (z. B. die Arbeit Hartmanns, Rapaports und anderer). Das heißt, Persönlichkeitsentwicklung, Psychopathologie und Verhalten im allgemeinen werden unter dem Gesichtspunkt des Ichs, insbesondere der Beziehung des Ichs zu äußeren und verinnerlichten Objekten, betrachtet. Natürlich unterscheidet sich Fairbairns Ich-Psychologie von der Hartmanns nicht nur dadurch, daß ersterer das Hauptgewicht auf die Objektbeziehungen legt, sondern durch seine Ablehnung des Es-Ich-Paradigmas. In Fairbairns Theorie gibt es kein Es, von dem das Ich primär oder sekundär unabhängig ist. Es gibt nur Ich-Strukturen mit eigenen dynamischen Zielen und Impulsen. Die Autonomie des Ichs ist nicht bedingt, sondern radikal. In seinem System werden Ich-Entwicklung und Persönlichkeitsentwicklung im allgemeinen nicht unter dem Aspekt von Triebschicksalen oder Ich-Apparaten gesehen, sondern als Fortschreiten des Individuums von einem frühen

Zustand infantiler Abhängigkeit, die auf primärer Identifizierung mit dem Objekt beruht, zu einem Zustand reifer Abhängigkeit, deren Grundlage die Differenzierung des Selbst vom Objekt ist. (Man beachte die Ähnlichkeit dieser Auffassung mit Mahlers Vorstellung der psychischen Entwicklung im Sinne von Loslösung und Individuation und mit anderen allgemeinen Vorstellungen – etwa denen Kohuts – von Entwicklung, die in erster Linie als Differenzierung des Selbst vom Objekt verstanden wird.)

Die drei Stufen der Ich-Entwicklung sind: 1. infantile Abhängigkeit, 2. ein Übergangsstadium und 3. reife Abhängigkeit. Laut Fairbairn liegt allen pathologischen Erscheinungen ein Entwicklungsversagen (infolge von Traumen oder Deprivationen) zugrunde, das den Fortschritt vom frühen Stadium infantiler Abhängigkeit und Abwehrreaktionen auf solches Versagen verhindert. Allen pathologischen Erscheinungen liegen folgende Konflikte zugrunde: entweder der schizoide Konflikt „zu lieben oder nicht zu lieben" und das damit einhergehende Dilemma, wie man lieben kann, ohne das benötigte Objekt durch verschlingende Liebe zu zerstören, oder der depressive Konflikt „zu lieben oder zu hassen" und das damit einhergehende Dilemma, daß man das benötigte Objekt mit seinem Haß zerstört.

Die Ich-Spaltung, ein universales Phänomen bei allen pathologischen Entwicklungen, erfolgt im frühesten Stadium der infantilen Abhängigkeit. Der Begriff der Ich-Spaltung spielt in Fairbairns theoretischem Denken eine zentrale Rolle. Nach seiner Auffassung ist sie die Quintessenz der schizoiden Position und findet sich in verschiedenen Graden bei eindeutiger Schizophrenie und bei der Neurose. Was ist Ich-Spaltung? Was versteht Fairbairn darunter? Ich glaube, daß seine Beschreibung der Ich-Spaltung eine düstere, verwickelte Metapsychologie erkennen läßt, die schwer zu verstehen ist und deren empirische Bezüge, um es milde auszudrücken, alles andere als klar sind. Soweit ich sie überhaupt begreife, besagt sie folgendes:

Anfangs spaltet das Kind die Gestalt der Mutter in gute und böse Objekte, um die von ihm erlebte Ambivalenz des Objekts zu mildern. Dann verinnerlicht es das böse Objekt, um es „aus der äußeren Realität, wo es sich seiner Kontrolle entzieht, in die Sphäre der inneren Realität überzuführen", wo es besser kontrolliert werden kann. Die ambivalenten Eigenschaften des bösen Objekts bilden die Grundlage der Spaltung des verinnerlichten Objekts in ein

„erregendes Objekt" und ein „abstoßendes Objekt". Diese beiden verinnerlichten Objekte werden dann durch das (zentrale) Ich verdrängt. Weil Teile des Ichs an die verdrängten Objekte gebunden bleiben, bedeutet Verdrängung der Objekte, daß Teile des Ichs selbst abgespalten und verdrängt werden. Diese vom zentralen Ich abgespaltenen Teile bezeichnet Fairbairn als das „libidinöse Ich" (die an das erregende Objekt gebundene Ich-Struktur) und als „antilibidinöses Ich" oder „inneren Saboteur" (die an das abstoßende Objekt gebundene Ich-Struktur).

Diesen Formulierungen Fairbairns kann man mit vielen Fragen – aus einer inneren wie einer äußeren Perspektive – begegnen. Eine Frage, die völlig im Rahmen dieses Systems bleibt, lautet beispielsweise, ob nur böse Objekte verinnerlicht werden. Zwar erwähnt Fairbairn mitunter die Verinnerlichung guter Objekte, doch die Nachdrücklichkeit der meisten seiner Erklärungen und die Logik seiner Theoriebildung legen nahe, daß sich frühe Verinnerlichung nur auf schlechte Objekte beziehen soll. Verinnerlichung erfolgt also bei Fairbairn, im Gegensatz zu Melanie Klein, unter der Einwirkung von Deprivation und Frustration und ist durch die Notwendigkeit motiviert, daß man sich mit der Schlechtigkeit des Objekts auseinandersetzen muß, sogar indem man die Schlechtigkeit in sich hineinnimmt. In der Tat besteht die erste Abwehr des Kindes gegen negative Erfahrungen, sagt uns Fairbairn, in der Verinnerlichung des Objekts, das mit den negativen Erfahrungen verknüpft ist. Obwohl er diese Verbindung nicht ausdrücklich herstellt, hat es doch den Anschein, als würde die frühe „primäre Identifizierung" des Kindes mit dem, der es versorgt, es auch zur Verinnerlichung des Objekts prädisponieren.

Guntrip (1969) hat versucht, diesen Punkt der Verinnerlichung nur schlechter Objekte *vs.* Verinnerlichung guter und schlechter Objekte zu klären, indem er zwischen zwei Formen von Verinnerlichung unterschied. Gute Erfahrungen, so argumentiert er, werden als Erinnerungen verinnerlicht und dienen sozusagen als Seelennahrung für die Bildung psychischer Strukturen. Man kann die Unterschiede zwischen der Verinnerlichung guter gegenüber schlechten Objekten weiter erhellen, indem man den Vergleich von Essen und Verdauen heranzieht (Piaget [1976] entlehnt, der den Vergleich in einem anderen Zusammenhang benutzt). Nahrungsmittel, die gegessen und verdaut werden, werden in Grundsubstanzen umgewandelt und vom Organismus assimiliert; sie dienen der Entwicklung und Stärkung des Körpers und der körperlichen Vorgänge. Im Gegensatz dazu können unverdauliche Substanzen, die man in sich aufnimmt, nicht verdaut und umgewandelt werden; sie werden nicht assimiliert und können nicht zur Kräftigung und zum Aufbau beitragen. Sie bleiben Fremdkörper und bewahren ihre Identität als fremde Substanzen. Ein ähnlicher Gegensatz besteht, laut Guntrip, zwischen der Verinnerlichung guter und schlechter Erfahrungen. Erstere werden als Erinnerungen verinnerlicht, die der Entwicklung kognitiver und affektiver psychischer Strukturen und der Identität als Nahrung dienen. Bei schlechten Erfahrungen wird das schlechte Objekt unverdaut und nicht assimiliert als solches verinnerlicht und bleibt daher innerhalb der psychischen Struktur des Individuums ein Fremdkörper.[1]

Von außen betrachtet – das heißt, aus dem Blickwinkel eines Kritikers, der außerhalb von Fairbairns System steht –, kann man mancherlei Kritik und Fragen vorbringen. Diese gelten meines Erachtens hauptsächlich der Unbestimmtheit und Dunkelheit gewisser Grundbegriffe. Was ist beispielsweise mit Begriffen wie Verinnerlichung und verinnerlichte Objekte gemeint? Welche allgemeinen psychischen Vorgänge, über die uns Wesentliches bekannt ist, sind mit der Verinnerlichung von Objekten verbunden? Was heißt es, daß Teile des Ichs an verinnerlichte Objekte gebunden bleiben? Und was bedeutet es, über die Verdrängung verinnerlichter Objekte und Ich-Strukturen zu reden? Das sind nur einige der Grundfragen, die gestellt werden müssen.

Betrachten wir zunächst den Begriff des verinnerlichten Objekts. Die psychoanalytische Literatur über Verinnerlichungsprozesse – zu denen Einverleibung, Introjektion und Identifizierung gehören – ist umfangreich und größtenteils verwirrend und unklar. Fairbairns Begriff des verinnerlichten Objekts scheint dieser Tradition verpflichtet. Dennoch kann man einen bescheidenen Klärungsversuch machen. Es könnte sich als nützlich erweisen, mit der Feststellung zu beginnen, daß das, was Fairbairn als verinnerlichtes Objekt bezeichnet, dem am nächsten kommt, was andere Autoren als *Introjekt* bezeichnen, und daß das, was Fairbairn Verinnerlichung (des Objekts) nennt, von anderen als *Introjektion* verstanden wird. Nachdem wir „verinnerlichtes Objekt“ mit „Introjekt“ übersetzt haben, müssen wir letzteres etwas näher in Augenschein nehmen. Die meisten psychoanalytischen Definitionen der Introjektion besagen, daß wir gewisse Repräsentanzen des anderen (einschließlich seiner Eigenschaften, Bewertungen, Verbote und Funktionen) in uns aufnehmen und zu einem Teil unserer selbst machen. Dieser Vorgang nun ist allen Verinnerlichungsprozessen – Einverleibung und Identifizierung einbegriffen – eigen. Was unterscheidet die Introjektion von anderen Verinnerlichungsprozessen? Mir scheint, daß Fairbairn mit dem verinnerlichten Objekt und andere mit dem Begriff der Introjektion die Vorstellung vermitteln wollen, daß *das Hineingenommene nicht völlig in der Selbst-Organisation aufgeht*. Das Resultat ist, daß Introjekte oder verinnerlichte Objekte, wie Schafer (1968) ausführt, häufig als Erscheinungen „gefühlt" werden, die uns angreifen (oder befriedigen) und im Verhältnis zu denen wir uns als passiv empfinden.[2] So berichten beispielsweise manche Patienten von einer übelwollenden, zerstörerischen Macht, die eine bestimmte Fehlanpassung des Verhaltens bewirkt. Im Gegensatz dazu ist die Identifizierung – ein Vorgang, bei dem das Hineingenommene stärker assimiliert und integriert wird – durch ein charakteristisches „Gefühl" der Entschlossenheit, des Willens und der Aktivität gekennzeichnet.[3]

Weil das verinnerlichte Objekt oder Introjekt nicht gänzlich mit der Selbst-Organisation integriert wird, verhält man sich zu ihm wie zu einem Objekt – das heißt, es hat Objektbeziehungscharakter, nur daß die frühere Beziehung zu einem äußeren Objekt nun durch die Beziehung zu einem inneren Objekt ersetzt wird. Als klassisches Beispiel einer Introjektion ist Freuds Darstellung der Bildung des Überichs anzusehen (auf die, wie Fairbairn uns mitteilt, der Begriff des verinnerlichten Objekts zurückgeführt werden kann). Strafen, Verbote, Beurteilungen, Regeln usw., die einstmals von einem äußeren Objekt ausgingen, werden verinnerlicht und zu einem Teil unserer selbst. Doch oft werden sie nicht völlig in die Selbst-Organisation integriert, was in der häufigen Tendenz zum Ausdruck kommt, diese Verbote usw. als einen Homunkulus zu beschreiben, der von außen beobachtet, was man tut und denkt, und sich in so gebräuchlichen Redewendungen zeigt wie: „Mein Gewissen sagt mir ..." Was wir beobachten – zumindest nach den hier angewandten Definitionen –, ist ein Überich, das eher einem Introjekt gleicht, als daß es das Produkt gelungener Identifizierungen wäre.[4] Letztere würden als relativ gut assimilierte moralische Werte und Maßstäbe empfunden werden, die einen integralen Bestandteil der eigenen Identität bilden (vgl. Meissner, 1981, der dieses und verwandte Themen eingehender behandelt).

Die Verbindung zwischen verinnerlichtem Objekt und dem Freudschen Überich legt nahe, daß Fairbairn mit ersterem ursprünglich von außen kommende Werturteile meint, die verinnerlicht und damit Teil unserer Selbsteinschätzung werden (nicht unähnlich Sullivans [1947] „Widerspiegelung von Bewertungen" [„reflected appraisals"]). Der Vergleich mit dem Begriff des Überichs könnte hilfreich sein, er läßt aber viele andere Fragen unbeantwortet. So kann man beispielsweise vielleicht verstehen, was es heißt, das „abstoßende Objekt" zu verinnerlichen (seine ablehnende Haltung *mir gegenüber* und seine Werte werden verinnerlicht, so daß ich nunmehr gewisse Aspekte meiner selbst ablehne). Schwerer zu verstehen ist, was es bedeutet, das „erregende Objekt" zu verinnerlichen, und zwar in Anbetracht der Tatsache, daß „erregendes Objekt" sich von vornherein nicht auf Einstellungen des Objekts zu mir bezieht, sondern auf *meine Reaktionen auf das Objekt*. Kurz gesagt, „abstoßendes Objekt" und „erregendes Objekt" scheinen nicht den gleichen begrifflichen Status zu besitzen, soweit es sich um die Empfänglichkeit für Verinnerlichung handelt.[5]

Eine sorgfältige Prüfung von Fairbairns Schriften zeigt, daß man Verinnerlichung auf zwei grundlegende Arten verstehen kann: erstens als „natürliche" Neigung des oral abhängigen Kindes, sich das Objekt einzuverleiben, mit dem es identifiziert ist. Fairbairn drückt dies folgendermaßen aus: „... infantile Abhängigkeit ist nicht nur durch Identifizierung gekennzeichnet, sondern auch durch eine orale Einverleibungshaltung. Kraft dieses Umstandes wird das Objekt, mit dem das Individuum identifiziert ist, zum Äquivalent eines einverleibten Objekts ..." (Fairbairn, 1952, S. 42) [übers. v. H. W.]. Zweitens kann Verinnerlichung als die erste Abwehr des Kindes verstanden werden. Wie erwähnt, sagt uns Fairbairn, daß das Kind die (schlechten) Objekte verinnerlicht, um die Umwelt kontrollierbarer und wohlwollender zu machen. Weil es „die Last der Schlechtigkeit auf sich nimmt, die seinen Objekten innezuwohnen scheint", und sie dadurch von ihrer Schlechtigkeit befreit, wird das Kind durch jenes Gefühl der Sicherheit belohnt, das eine Umwelt mit guten Objekten im typischen Fall vermittelt" (1952, S. 65).

Fairbairn erklärt hier offenbar, daß das Kind das „Schlechte" als ihm eigen akzeptiert, daß heißt, die auf Deprivation und Frustration gerichteten Eigenschaften des Objekts, und zwar wegen seiner „natürlichen" altersspezifischen Neigung zur Identifizierung (die vermutlich nicht auf die „schlechten" Eigenschaften beschränkt wäre) sowie wegen seines Abwehrbedürfnisses, um die Welt wohlwollender und erträglicher zu machen. Daraus ergibt sich eine Vielzahl von Schwierigkeiten und Fragen, von denen hier nur einige vorgetragen werden können – zum Beispiel eine Variante der Frage, die oft im Hinblick auf Melanie Kleins Arbeit gestellt wird: Ist das Kind wirklich so schrecklich komplexer, absichtlicher Manöver fähig, das heißt, die Schlechtigkeit des Objekts auf sich zu nehmen, um die Umwelt weniger schlimm zu machen?

Diese Vorstellung bringt noch eine andere Schwierigkeit mit sich. Da die genannten „schlechten" Eigenschaften des Objekts sein abweisendes und versagendes Verhalten sind, würde das Aufsichnehmen seiner „Schlechtigkeit" bedeuten, daß das Kind ebenfalls ablehnend und versagend wird und sich so fühlt. Obgleich dies vermutlich auch geschieht (wie im Fall des primitiven, strengen Überichs, das Fairbairn als den „inneren Saboteur" bezeichnet), ist die „Schlechtigkeit" des Kindes häufig die Folge der Ablehnung durch die Mutter und keine unmittelbare Identifizierung. Das heißt, die „Schlechtigkeit" des Kindes beruht nicht darauf, daß es sich abgelehnt und beraubt fühlt, sondern auf dem Gefühl, daß es Ablehnung und Deprivation *verdient*. In einigen Fallberichten Fairbairns, die als konkrete Veranschaulichung der Verinnerlichung von Objekten dienen sollen, verhält sich das Kind nicht ablehnend, sondern wie das *Objekt* von Ablehnung und Deprivation, das kaum etwas anderes verdient. Sein Selbst-Bild enthüllt eher, um Sullivans (1947) Bezeichnung zu benutzen, die „Widerspiegelung von Bewertungen" des Objekts als die Identifizierung mit ihm. Es ist eher die Frage, ob das Selbst-Bild darauf beruht, daß man sich den Einschätzungen signifikanter anderer *fügt*. Dieser Vorgang unterscheidet sich von der unmittelbaren Verinnerlichung der ablehnenden Haltung der Eltern insofern, als man Aspekte des eigenen Selbst ablehnt und sich *dann* unwürdig fühlt. Ersteres spiegelt Einstellungen und Einschätzungen signifikanter anderer wider, während der zweite Fall deutlich auf einen intrapsychischen Konflikt hinweist (traditionell ausgedrückt: einen typischen Es-Überich-Konflikt). Fairbairn macht nicht ganz klar, welche Art von Verinnerlichung er im Sinn hat.

Ein weiterer Aspekt der Schwierigkeiten, die den Begriff des verinnerlichten Objekts begleiten, ist folgender: Die Vorstellung des verinnerlichten Objekts als eines Fremdkörpers, der ausgestoßen werden muß, impliziert, daß es Kernaspekte des Selbst gibt, die wirklich uns selbst ausmachen. Das heißt, wenn ein Fremdkörper ausgestoßen werden muß, dann aus einem Milieu, das ihm fremd ist. Doch wie sind diese Kernaspekte beschaffen, die uns selbst ausmachen, und wie das Milieu, das dem verinnerlichten Objekt fremd ist? Da Fairbairn psychische Struktur (er nennt es die „grundlegende psychische Situation") *fast gänzlich* im Sinne verinnerlichter Objekte und der mit ihnen verbundenen Ich-Fundamente definiert, ergeben sich zwei weitere Fragen: 1. Was ist in der Persönlichkeitsstruktur noch enthalten (außer dem zentralen Ich, welches der bewußte, umweltorientierte Aspekt der Persönlichkeit ist), und 2. was bleibt, wenn verinnerlichte Objekte ausgestoßen werden? Fairbairns einzige Antwort auf diese Fragen scheint in der Vorstellung zu liegen, daß das Kind vor der Verinnerlichung von Objekten und darauf folgenden „Ich-Spaltungen" mit einem „ursprünglichen, einheitlichen Ich" ausgestattet ist, das wohl in diesem Kontext seine Vorstellung vom wahren Kern der Persönlichkeit wiedergeben soll. (Ich werde darüber später mehr sagen.)

Um es konkreter auszudrücken: Wenn wir etwa ein geringes Selbstwertgefühl im Sinne eines verinnerlichten Objekts deuten, so verweist dies auf ein exorzistisches, expulsives therapeutisches Modell, bei dem nach der Ausstoßung das Gefühl zurückbleibt, wertvoll zu sein, welches vom „ursprünglichen einheitlichen Ich" ausgeht. Es vermittelt auch die Vorstellung eines reinen präsozialen und prä-interpersonalen Selbst, das nach der Ausstoßung des Fremdkörpers zutage tritt. Man muß fragen, ob es einen theoretischen oder klinischen Sinn hat, ein solches „unberührtes" präsoziales Selbst zu postulieren.

Eine Theorie, die verschiedene normale Prozesse der Persönlichkeitsentwicklung aufdeckt, kann berechtigterweise (wenn auch nur metaphorisch) über die Ausstoßung von Introjekten reden, insofern andere Aspekte der Persönlichkeit (spezifischer: des Selbst und des Ichs) verbleiben, die *nicht* auf die Verinnerlichung von Objekten zurückzuführen sind. Doch wie oben erwähnt, beschreibt Fairbairn die Entwicklung der Persönlichkeit vorwiegend unter dem Aspekt der Verinnerlichung von Objekten und ihrer Folgen, und er sagt wenig, wenn überhaupt etwas, über andere Vorgänge, die dazu beitragen. Das Schweigen über solche Vorgänge macht es ihm schwer, die Frage zu beantworten, was denn von der Persönlichkeit übrig bleibt, wenn verinnerlichte Objekte ausgestoßen werden, und zwingt ihn, auf die unbestimmte, unrealistische Vorstellung von einem ursprünglichen präsozialen Ich oder Selbst zurückzugreifen, dessen „unberührte Einheitlichkeit" durch frühe abwehrende Verinnerlichung zerstört wurde.

Diese Position impliziert auch ein therapeutisches Modell, dessen Hauptaufgabe und Ziel es ist, das verinnerlichte Objekt auszutreiben und danach zu entdecken, was vom „ursprünglichen unberührten einheitlichen Ich" übriggeblieben ist – gegenüber einem Modell, bei dem die Therapie im Neu-Erlernen und langsamen Wachstum besteht. Das erste Modell führt zu Gerede über „Wiedergeburt" und ähnlichen Übertreibungen, während das zweite realistischer von einem ruhigeren, mühsamen Prozeß des Neu-Erlernens, des Ausprobierens neuer Einstellungen und Verhaltensweisen (Durcharbeitung) und neuen Identifizierungen ausgeht.

Indem Fairbairn einen Begriff wie das „unberührte, einheitliche Ich" postuliert, gibt er zu verstehen, daß wir als ein Ganzes geboren und nur durch Ablehnung, Deprivation und Frustration (sowie unsere Abwehrreaktionen darauf) auseinandergerissen werden. Er scheint hier aber nicht zwischen „Ganzheit", die auf mangelnde Differenzierung zurückzuführen ist (in diesem Sinne ist ein Wassertropfen „ganz"), und der Ganzheit, die das Ergebnis von Differenzierung und Integration verschiedener Aspekte einer Struktur ist, zu unterscheiden. Es mag sein, daß die meisten von uns mit einem Ganzheitspotential geboren werden. Doch wirkliche Ganzheit ist eine lebenslange Integrationsleistung. Allzu oft äußert sich Fairbairn in einer Weise (und auch Guntrip tut es, wenn er Fairbairn erklärt), als könnten wir nach der Austreibung der verinnerlichten Objekte irgendwie zu einem Zustand der Unberührtheit und Ganzheit zurückkehren, wie er vor der Spaltung bestand. Das ist eine gefährliche Illusion, die zu stark von Begriffen wie dem „unberührten einheitlichen Ich" geprägt ist.[6]

Man kann den zentralen Begriff der verinnerlichten Objekte weiterhin theoretisch überprüfen, aber ich glaube, daß uns Fairbairns Berichte aus der Praxis und seine Verhaltensbeschreibungen eher weiterbringen werden als seine metapsychologischen Formulierungen. Wenn er sich einer verständlichen, klinisch-deskriptiven Ausdrucksweise bedient, ergibt sich hinsichtlich der verinnerlichten Objekte folgendes: Wenn sich das Kind wahrhaft geliebt fühlt, vermag es sich psychisch vom Objekt zu trennen, da es sich auf seine realen Objekte verlassen kann. Fehlt ihm diese Sicherheit, wird es für das Kind schwierig, auf die infantile Abhängigkeit zu verzichten und sie zu überwinden, „denn dieser Verzicht wäre in seinen Augen gleichbedeutend mit der Aufgabe jeder Hoffnung, jemals zur Befriedigung seiner unbefriedigten emotionalen Bedürfnisse zu gelangen" (Fairbairn, 1952, S. 39) [übers. v. H. W.]. Dieser Zustand infantiler Abhängigkeit kommt auch in mangelnder Differenzierung vom Objekt (Fairbairns „primäre Identifizierung") sowie in der ständigen Beschäftigung mit ihm zum Ausdruck, durch die die Hoffnung aufrechterhalten wird, daß sich das Objekt ändern möge. Da für Fairbairn Verinnerlichung des Objekts und mangelnde Differenzeriung von ihm (als Abbild infantiler Abhängigkeit) im wesentlichen gleichbedeutend sind, „pflegt sich die Aufgabe der Differenzierung vom Objekt in das Problem der Ausstoßung eines einverleibten Objekts zu verwandeln ..." (1952, S. 42).

Wenn Fairbairn über spezifische klinische Symptome spricht, so tut er dies direkter und vorwiegend im Sinne von Differenzierung und Loslösung vom Objekt. Bei der Erörterung von Phobien schreibt er zum Beispiel, „daß wir die Erklärung für den phobischen Zustand im Konflikt zwischen dem zunehmenden Drang nach Loslösung vom Objekt und der regressiven Verlockung, sich mit ihm zu identifizieren, suchen müssen" (1952, S. 43). Und wenn er die Schwierigkeiten schizoider und depressiver Soldaten diskutiert, bemerkt er, daß „der Verzicht auf infantile Abhängigkeit den Verzicht auf Beziehungen voraussetzt, die auf primärer Identifizierung beruhen, zugunsten von Beziehungen zu differenzierten Objekten" (1952, S. 42). Die Betrachtung von Entwicklung und Pathologie mit solchen Termini deutet, wie wir sehen werden, in bemerkenswerter Weise auf eine Annäherung an neuere Vorstellungen hin, deren zentrale Dimension die psychische Entwicklung ist – um mit Mahler (1968) zu sprechen, das Fortschreiten zu Loslösung und Individuation oder, allgemeiner ausgedrückt, die Differenzierung des Selbst vom anderen.

Mir scheint, daß viel von Fairbairns verwickelter Metapsychologie der verinnerlichten Objekte und der damit verbundenen abgespaltenen Ich-Strukturen im Sinne von Selbstbewertungen und kognitiv-affektiven Reaktionen formuliert werden kann, die von Erfahrungen mit dem Objekt herrühren und deren Integration innerhalb der Persönlichkeit nicht gelungen ist. So kann beispielsweise eine Reihe von Zielen (mit dem Terminus „libidinöses Ich" bezeichnet) – etwa versorgt zu werden und mit dem Objekt zu verschmelzen – mit jener Reihe von Zielen in Konflikt geraten, die dem

Wunsch nach Differenzeirung vom Objekt entstammen und auch Verachtung und Haß auslösen können, wie sie in der Bezeichnung „anti-libidinöses Ich" zum Ausdruck kommen. Formuliert man die Dinge in dieser Weise neu, so werden sie nicht nur vereinfacht, vielmehr kann Fairbairn auch weiterhin darauf insistieren, daß intrapsychischer Konflikt nicht im Sinne von Ich-Struktur *vs.* Triebziele zu verstehen sei, sondern im Sinne verschiedener Strukturen, von denen jede ihre eigenen Ziele verfolgt. Oder um es noch einfacher auszudrücken, beim intrapsychischen Konflikt handelt es sich um das Problem verschiedener *Zielsysteme* (vgl. G. S. Klein, 1976).

Bevor wir von Fairbairn Abschied nehmen, sei noch auf einen Widerspruch zu Freud hingewiesen, der es wert ist, erörtert zu werden. Man wird sich erinnern, daß Fairbairn in der Verinnerlichung die grundlegende Abwehr, die erste Abwehr des Kindes sieht. Dies ist in der Tat der Ausgangspunkt seiner ganzen ausgefeilten Metapsychologie der verinnerlichten Objekte, Objektspaltungen und Ich-Spaltungen. In direktem Gegensatz dazu beruht für Freud die grundlegende Abwehr darauf, äußerlich zu machen, was innerlich ist.[7] Dieser Gegensatz offenbart einige fundamentale Unterschiede zwischen den Gesichtspunkten Freuds und Fairbairns. Für Freud handelt es sich um einen verbotenen inneren Wunsch oder *Impuls*, der eine Bedrohung darstellt und Abwehr fordert. Daher die Notwendigkeit, zu verleugnen und zu verneinen, daß es sich um unseren eigenen Wunsch handelt. Im Gegensatz dazu stellen für Fairbairn negative *Erfahrungen* der Ablehnung und Deprivation, die von einem *äußeren Objekt* (das heißt, einer „schlechten Umwelt") ausgehen, die fundamentale Bedrohung dar, die Abwehr erfordert. Daher die Notwendigkeit, die Umwelt zu verinnerlichen, um ihre Schlechtigkeit zu verneinen und zu kontrollieren.

Während laut Freud das Wesen des Triebwunsches darin zu sehen ist, daß er selbst unter idealen Bedingungen in Opposition zur Kultur steht, vertritt Fairbairn implizit die utopische Vorstellung, daß in einer „absolut guten" Umwelt Abwehr überflüssig wäre.[8] Man kann den Unterschied auch beschreiben, indem man sagt, daß nach Freud eins unserer Grundprobleme sich aus den unvereinbaren, im Widerstreit stehenden Zielen und den Abwehrmitteln, die für die Bewältigung dieser Unvereinbarkeiten zur Verfügung stehen, ergibt. G. S. Klein (1976) weist beispielsweise darauf hin, daß die Verdrängung und andere Formen der Verleugnung einer Reihe von Zielen die Persönlichkeit zu *fraktionieren* pflegen (man beachte die Ähnlichkeit mit präpsychoanalytischen Dissoziationskonzepten). Nach Fairbairn rühren unsere Grundprobleme jedoch von negativen Erfahrungen in einer „schlechten" Umwelt und der auf solche negativen Erfahrungen folgenden defensiven Verinnerlichung her. Es ist daher kein Wunder, wenn Fairbairns psychotherapeutische Konzeption sich auf die Austreibung verinnerlichter schlechter Objekte und die Herstellung einer „guten" Objektsituation stützt, während nach der Freudschen Behandlungskonzeption das Schwergewicht unvermindert auf Einsicht und Verständnis ruht.

Man wird feststellen, daß diese widerstreitenden Ansichten bereits viel von der gegenwärtigen Diskussion über das Wesen von Krankheit und den richtigen therapeutischen Ansatz zu ihrer Behandlung vorwegnehmen. Fairbairn ist sich beispielsweise mit Kohut darin einig, daß Pathologie – insbesondere des Selbst – auf eine „schlechte" Umwelt zurückzuführen ist (wegen des Mangels an Spiegelung und empathischer Bemutterung als speziellen Aspekten von „Schlechtigkeit", wie Kohut betont). Die Psychotherapie muß daher in den Augen beider in erster Linie die Herstellung einer „guten Objektsituation" einschließen. Ich muß jedoch die bereits früher in bezug auf Kohuts Arbeit gemachte Anmerkung wiederholen. Man kann sagen, daß die Behandlung „gute Objektsituationen" (die erforderlich sind, um das verinnerlichte schlechte Objekt „aufzulösen") herstelle, eine „haltende Umwelt" schaffe und ähnliches. Doch diese Darstellungen sind von begrenztem Wert, wenn sie nicht gleichzeitig detaillierte Beschreibungen der Interaktionen zwischen Patient und Therapeut sowie der laufenden therapeutischen Prozesse enthalten, die diese Vorstellungen veranschaulichen.

Beim Versuch, die Bedeutung von Fairbairns Arbeit umfassend zu würdigen, kommt es, wie mir scheint, nicht so sehr auf die spezifischen, komplexen metapsychologischen Formulierungen über verinnerlichte Objekte und abgespaltene Ich-Strukturen an, sondern auf die starke Betonung der Wichtigkeit früher Objektbeziehungen, den Begriff der psychologischen Entwicklung im Sinne der Differenzierung des Selbst vom Objekt und das Fortschreiten von infantiler zu reifer Abhängigkeit. Mit diesen positiven Akzenten geht Fairbairns Ablehnung der Freudschen Trieblehre und implizit und explizit der Anspruch einher, daß der Hang zur Objektsuche ebenso primär und biologisch ist wie die sexuellen und aggressiven Impulse der Trieblehre. In all diesen Punkten hat Fairbairn durch seine Arbeit dazu beigetragen, die heutige psychoanalytische Theorie und Praxis in Bewegung zu bringen.

Man muß auch nochmals darauf hinweisen, daß seine auf klinischen Grundlagen beruhende Intuition bezüglich unseres angeborenen Hangs zur Objektsuche und der Eigenständigkeit von Objektbeziehungsbedürfnissen durch empirische Forschungsergebnisse bestätigt wurde, die wir seither zur Verfügung haben.

Anmerkungen

[1] Die obige Darstellung entspricht zwar klinischen Erfahrungen, wonach ein Individuum Aspekte seiner selbst als fremdartig, zuweilen als Dämonen erlebt, die ausgetrieben werden müssen, doch steht dies nicht im Widerspruch zu anderen klinischen Phänomenen, zum Beispiel Ich-synton niedrigem Selbstwertgefühl, Schuldgefühlen oder Feindseligkeit.

[2] Während Schafer davon spricht, daß man sich von Introjekten angegriffen oder befriedrigt fühlt, verweisen Fairbairns Formulierungen lediglich auf ersteres. Das heißt, daß nach seiner Auffassung nur „schlechte" Objekte verinnerlicht werden, und zwar als Folge von Deprivation und um die offenkundige Schlechtigkeit des Objekts unter Kontrolle zu halten. (Vgl. Guntrip [1969], der dieses Thema eingehender erörtert.)

[3] Wie Meissner (1981) ausführt, kann Introjektion unter gewissen Umständen in Identifizierung umgewandelt werden.

[4] Ich behandelte einmal eine Patientin, deren hervorstechendes Symptom eine Dyspareunie war. Sie berichtete, daß ihr vor jedem Geschlechtsverkehr unweigerlich der Gedanke kam: „Wenn sie mich jetzt sehen könnten." Das „sie", daraus machte sie keinen Hehl, bezog sich auf ihre Eltern, die glaubten, daß sie Jungfrau und ein „braves Mädchen" sei. Hier scheint es sich um ein eindeutiges Beispiel einer verinnerlichten Objektbeziehung und nicht um eine erfolgreiche Identifizierung zu handeln.

[5] Mit Verinnerlichung des „erregenden Objekts" könnte Fairbairn möglicherweise meinen, daß das Kind sich weiterhin nach der Erfüllung der vom Objekt erregten Bedürfnisse sehnt und danach verlangt. Wenn dem aber so ist, dann hätte die Verinnerlichung der „abstoßenden" und „erregenden" Objekte eine unterschiedliche Bedeutung. Bei ersterer handelt es sich um die Verinnerlichung einer Einstellung, die uns ursprünglich äußerlich war, während letztere sich auf die fortgesetzten Erwartungen bezieht, die wir an die Repräsentanzen eines äußeren Objekts knüpfen.

[6] Man beachte die Ähnlichkeit des Fairbairnschen „unberührten einheitlichen Ichs" mit Kohuts Begriff eines frühen Zustands „absoluter Vollkommenheit" des Kindes. Beide Begriffe sind nicht nur hoffnungslos vage, sie scheinen auch, um mit Peterfreund (1978) zu sprechen, auf ein „adultomorphes", romantisierendes Verständnis der Kindheit hinzuweisen. (Vgl.

Peterfreunds scharfsinnige Kommentare zu psychoanalytischen Auffassungen von der Kindheit.)

7 Zwar ist die übermäßige Identifizierung („primäre Identifizierung") für Fairbairn die Krankheit, die es auszumerzen gilt, doch würde er kaum Identifizierung und Verinnerlichung als therapeutische Mechanismen bezeichnen. Kohut hingegen, der mangelnde Selbst-Kohärenz als das primäre Problem ansieht, betrachtet Identifikationsprozesse, die die Kohärenz stärken, als konstruktiv.

Wie Schafer (1968) ausführt, werden Termini wie „Verinnerlichung", „Identifizierung", „Einverleibung" und „Introjektion" in der psychoanalytischen Literatur verwirrend und zweideutig benutzt. Ich will dieses Thema hier nicht erörtern, sondern lediglich darauf hinweisen, daß manche Differenzen zwischen Theoretikern (z. B. zwischen Fairbairn und Kohut) zumindest teilweise auf Differenzen in der Terminologie und Definition zurückzuführen sein mögen. Was Fairbairn beispielsweise „primäre Identifizierung" nennt, wird heute von vielen Theoretikern unter dem Aspekt mangelnder Differenzierung zwischen Selbst und Nicht-Selbst diskutiert, wobei der Begriff der Identifizierung überhaupt nicht auftaucht. Es stellt sich die Frage, ob „primäre Identifizierung" zu jenen Zuwächsen an Selbst-Struktur führen kann, von denen Kohut spricht, und wenn nicht, wie unterscheidet sie sich von jener Art von Identifizierung, die zu solchen Zuwächsen führt?

Als weitere wichtige Frage ergibt sich aus Fairbairns Arbeit, inwiefern der an der Verinnerlichung von Objekten beteiligte Prozeß sich von dem vermutlich normalen Identifizierungsvorgang unterscheidet, der die Identitätsbildung ermöglicht und zu Zuwächsen an Selbst-Struktur beiträgt. Man stellt diese Frage angesichts der Art, wie Fairbairn die Verinnerlichung beschreibt, mit besonderem Interesse. So scheint beispielsweise das Hereinnehmen der „Schlechtigkeit" des Objekts durch das Kind mit der allgemeinen Definition der Identifizierung übereinzustimmen wonach man Eigenschaften des Objekts in sich aufnimmt. Auf welche spezifische Weise, wenn überhaupt, unterscheidet sich diese Verinnerlichung von der Identifizierung? Diese Frage führt zu der Überlegung, wie sich die Verinnerlichung „schlechter" Objekte von der Verinnerlichung von Objektkonstanz, Interessen und Werten unterscheidet, die sämtlich innere Ressourcen schaffen helfen, statt sie zu verringern. Das ist auch eine Variante der umfassenderen Frage nach den Unterschieden zwischen Verinnerlichungen, die die Persönlichkeit beeinträchtigen und zerrütten (d. h. als „innere Saboteure" funktionieren), und jenen, die wesentlich und positiv zur Bildung von Selbst-Struktur und innerer Stärke beitragen. Ich kann darauf hier nicht näher eingehen, kann aber beiläufig anmerken, daß ich nicht glaube, es handle sich lediglich darum, daß „gute" statt „schlechter" Objekte verinnerlicht werden.

8 Es hat den Anschein, als wäre eine absolut gute Umwelt diejenige, die den grundlegenden Objektbeziehungsbedürfnissen des Kindes in vollem Umfang entspricht. Es lohnt sich, beiläufig festzustellen, daß Fairbairn (wie aus seiner Verwendung des Wortes „Libido" zu schließen ist) von einem rudimentären Trieb ausgeht, der sich auf Objektsuche und ein Bedürfnis

nach Objektbeziehungen konzentriert. Ich erwähne dies, weil Bowlby (1969) die Objektbeziehungstheorie deshalb kritisiert hat, weil sie keinen Raum für Triebe läßt. Zwar gibt es bei Fairbairn offensichtlich keinen expliziten Triebbegriff, doch scheint mir, daß er implizit und rudimentär vorhanden ist und Bowlbys Anlehnungsbegriff ähnelt.

Es sollte auch festgehalten werden, daß ein grundlegender Unterschied zwischen Freuds Triebbegriff und dem, was ich Fairbairns impliziten und rudimentären Triebbegriff nenne, darin besteht, daß ersterer grundsätzlich von Aufbau und Abfuhr endogener Erregung ausgeht, wobei äußere Reize hauptsächlich eine Art „Freisetzungs"funktion haben. Im Gegensatz dazu besagt Fairbairns Konzept, daß der Organismus Reize aktiv aufsucht und im allgemeinen exemplifiziert, was Modell (1975) zu vermitteln suchte, indem er bemerkte, daß die Befriedigung von Objektbeziehungstrieben auf dem „Zusammenpassen mit spezifischen Reaktionen anderer" beruht.

Schließlich sollte festgehalten werden, daß diese verschiedenen Triebkonzeptionen bis zu einem gewissen Grade mit Unterschieden in der verhaltenswissenschaftlichen Theorie übereinstimmen – etwa dem zwischen Lorenz' (1965, 1966) Triebbegriff und dem Hindes (1959). Auf einem Symposion über Psychoanalyse und Verhaltenswissenschaft stellte Kaufmann (1960) in bezug auf diesen Unterschied fest, „daß sich Beweise häufen, die starke Zweifel an der Gültigkeit der Reservoirkonzeption des Verhaltens angezeigt erscheinen lassen, wonach die Abfuhr von Energie in eine Handlung das betreffende Verhalten beendet. Es ist überdeutlich geworden, daß ein Verhalten meist nicht wegen einer Handlung beendet wird, sondern weil bestimmte Reizsituationen bestehen" (S. 321) [übers. v. H. W.].

8. Kapitel
Eine Neuformulierung der psychoanalytischen Theorie: Die Arbeit von G. S. Klein

In diesem Kapitel will ich die Arbeit von G. S. Klein vorstellen, die in gewisser Hinsicht große Ähnlichkeiten mit der Fairbairns aufweist. Das ist besonders interessant, weil Klein versucht hat, in den Grenzen der traditionellen Freudschen Theorie zu bleiben, statt signifikante Aspekte von ihr abzulehnen. Er wollte die psychoanalytische Theorie „aufpolieren" und rationalisieren, nicht aber eine neue Theorie formulieren. Unglücklicher- und tragischerweise hat ihn sein früher Tod daran gehindert, weitere wichtige und originelle Beiträge zu leisten.

Ohne es ausdrücklich auszusprechen, hat Klein (1976) die psychoanalytische Theorie im wesentlichen als eine Theorie des Selbst neu formuliert. In diesem Sinne ist seine Arbeit Teil jener allgemeinen Bewegung innerhalb der Psychoanalyse, die das Schwergewicht in zunehmendem Maße auf die Bewahrung der Selbst-Integrität als zentrales Motiv gelegt hat. Die Ausarbeitung der Vorstellung von Zielen und ihrer Beziehung zu einem Selbst-Begriff bildet einen wichtigen Teil seines Buches *Psychoanalytic Theory.* Nach seiner Auffassung sind Entwicklung und Verhalten des Menschen unter psychoanalytischen Gesichtspunkten am sinnvollsten als Versuche zu betrachten, „sich ständig um die Versöhnung unvereinbarer Ziele und Tendenzen zu bemühen". Die Vorstellung von Unvereinbarkeiten und ihrer Aussöhnung ist in der psychoanalytischen Theorie sicherlich nicht neu. Klein vertritt aber insofern einen anderen Standpunkt, als er behauptet, die Versöhnung dieser Unvereinbarkeiten sei durch das Bedürfnis nach einem kohärenten, integrierten Selbst bedingt. Er sieht in diesem Bedürfnis ein beherrschendes, allumfassendes Verhaltensmotiv. Die Verbindungen zwischen dieser Vorstellung und den neueren Formulierungen Kohuts (1971, 1977) und früheren Formulierungen von Objektbeziehungstheoretikern wie Fairbairn (1952) und Guntrip (1968) sollten evident sein.

Indem er eine Selbst-Psychologie als Ausgangspunkt wählt, deutet Klein viele geheiligte traditionelle psychoanalytische Begriffe auf frische und herausfordernde Weise neu. So definiert er beispielsweise Verdrängung als „ein Bedeutungsschema, das von der Vorstellung, die der Mensch von sich selbst hat, abgelöst ist" (G. S. Klein, 1976, S. 241) [übers. v. H. W.]. Er äußert die für viele Analytiker wahrscheinlich schockierende Ansicht, daß der Begriff der Verdrängung nicht in der Vorstellung vom Unbewußten oder unbewußten Inhalten oder Aktivitäten zu finden ist, sondern in dem Umstand, daß „‚gelebte' Bedeutungen ... vom Verstehen abgetrennt, das heißt, *vom Selbst abgelöst sind* (Hervorhebung von Klein)" (S. 251). Konflikte werden nicht als Phänomene, die sich zwischen Kräften ereignen, gesehen, sondern stets in Beziehung zur Vorstellung vom Selbst. Angst definiert Klein nicht quantitativ im Sinne übermäßiger Stimulierung, sie habe vielmehr stets mit Identität und Selbstsein zu tun. Ich bzw. Es werden als Erfahrungen und Aktionen definiert, die dem Selbst angehören und ihm verwandt sind, und solche, die kein Selbst als Mittelpunkt haben (Definitionen, von denen einige, wie bereits erwähnt, behaupten würden, sie stünden Freuds ursprünglicher Verwendung von „Ich" und „Es" näher als dem heutzutage üblichen Verständnis – vgl. z. B. Brandt [1966]).

All diesen neuen Deutungen liegt das Bild eines Menschen zugrunde, der ein kohärentes, einheitliches Selbst so gut er kann und mit allen verfügbaren Mitteln zu bewahren versucht. Wenn Klein die beiden wichtigsten Mittel – „Fraktionierung und Identifizierung" – erörtert, mit deren Hilfe der Mensch Einheit und Kontinuität des Selbstseins zu gewährleisten sucht, ist er am anregendsten. Bei der Fraktionierung, für die die Verdrängung das Musterbeispiel ist, wird nach der Bewahrung von Einheit getrachtet, indem ein Meinungsschema von der Selbst-Struktur abgespalten wird. Bei der Identifizierung, deren Musterbeispiel die Umkehrung vom Passivum ins Aktivum ist (ein Konzept, das Klein Loevinger [1966] zuschreibt), wird die Einheit zu wahren versucht, indem man das Selbst-Schema ändert. Bei der Verdrängung ist die Erfahrung vom Selbst losgelöst, beeinflußt aber weiterhin das Verhalten. Bei der Umkehrung vom Passivum ins Aktivum versucht man – um die Herrschaft übernehmen zu können –, in aktiver Weise neu zu gestalten, was passiv erlebt und erduldet wurde.

Klein zögert zwar nicht, die Freudsche Metapsychologie abzulehnen, doch ist seine Einstellung zu der primären Rolle, die in der Freudschen Theorie den Trieben zugeschrieben wird, komplexer und, wie ich meine, zweideutiger. Er sagt wenig über die Aggression, sondern konzentriert seine gesamte Aufmerksamkeit auf den Sexualtrieb. Er vertritt hier ausdrücklich den Standpunkt, daß man auf das Triebabfuhrmodell wie auf die Libidotheorie verzichten könne, ohne Freuds Erkenntnis der zentralen Bedeutung der Sexualität zu untergraben. Spezifischer ausgedrückt, Klein argumentiert, daß man die Freudsche Libidotheorie ablehnen, an der psychosexuellen Theorie aber festhalten könne. Er versichert uns praktisch, daß durch seine Neuformulierungen der Freudschen Theorie die Sexualität nicht zu kurz kommt. Ja, er warnt vor der Gefahr der „Wiederverdrängung schwer errungener Erkenntnisse über die Bedeutung der Sexualität“ (G. S. Klein, 1976, S. 7) [übers. v. H. W.]. Hier zeigt sich Klein einer Tradition in der Geschichte der Psychoanalyse verbunden, wonach die Einstellung zur Freudschen Trieblehre als Hauptkriterium dafür galt, ob die Ansichten, die man vertrat, als Abfall vom Glauben anzusehen waren oder nicht (vgl. auch Holt, 1976).

Tatsache ist jedoch, daß sich Klein trotz seiner Versicherungen radikal von Freuds Vorstellungen entfernt, wenn er sich spezifisch mit der Rolle der Sexualität befaßt. Man beachte den Abschnitt, in dem er das bevorrechtigte, drängende sexuelle Verlangen im Sinne eines „umfassenderen Bedürfnisses, bei dem es um die Vorstellung und den Status des Selbst geht“, deutet. Im selben Absatz fährt er folgendermaßen fort: „Was in solchen Fällen verletzt und beunruhigt, ist nicht die Spannung nicht-abgeführter Sexualenergie, sondern das Unvermögen, den Selbstwert zur Geltung zu bringen, zu dessen Sinnbild die sexuelle Leistungsfähigkeit geworden ist“ (S. 97). Das entspricht nicht der Freudschen Vorstellung von Sexualität. Ganz im Gegensatz zu Freuds Ansicht stehen in den obigen Formulierungen nicht sexuelle Abfuhr oder Befriedigung oder auch Lust im Vordergrund, sondern das vorrangige Verlangen nach Einheit und Kohärenz des Selbst.

Kurz gesagt, trotz Kleins Betonung der zentralen Bedeutung der Sexualität, spielt sie diese zentrale Rolle nicht in der von Freud gemeinten Weise. Zu sagen, daß die Sexualität für das Verhalten von Bedeutung sei, ist kaum an sich entschieden freudianisch und sollte nicht darüber hinwegtäuschen, daß Klein sich von Freuds Auffassung abkehrt. Entschieden freudianisch ist eine Vorstellung, nach der das gesamte Verhalten, einschließlich des offenkundig nicht triebbedingten Verhaltens, direkt oder indirekt als im Dienste der Triebbefriedigung stehend angesehen wird. Klein kehrt diese Position um, indem er argumentiert, daß sexuelle Befriedigung primär im Dienste der Bewahrung des Selbst stehe. Seine Formulierungen enthalten daher nicht nur eine Ablehnung der Libido- oder Triebabfuhrkomponenten der Freudschen Sexualtheorie, sondern auch der grundlegenden These Freuds, daß die Sexualität das Verhalten in besonderer, entscheidender und allgegenwärtiger Weise motiviere. Ersteres gibt Klein klar zu verstehen, während man das zweite, wenngleich er es nicht ausspricht, seinen Beispielen und seiner „übergeordneten“ Selbst-Psychologie entnehmen kann. Er glaubte, er könne die Libidotheorie von der allgemeinen Freudschen Position in bezug auf die zentrale Bedeutung der Sexualität für das Verhalten trennen, doch in Wahrheit sind sie zu eng miteinander verknüpft, als daß das so einfach zu bewerkstelligen wäre. Was einem erlaubt, manifest nicht-sexuelles Verhalten als sexuell motiviert, als Beweis indirekter sexueller Befriedigung und als Verschiebung sexueller Ziele (wie bei der Sublimierung) anzusehen – kurz gesagt, was uns erlaubt, die Sexualität als entscheidende Motivation in vielen Verhaltensbereichen zu betrachten –, das sind eben jene Annahmen, von denen die Trieb- und Libidotheorie ausgeht. Ohne diese Annahmen ist die Sexualität nur eines unter vielen anderen Motiven.

Meine Beobachtung, daß Klein die wesentlichen Bestandteile der Freudschen Triebtheorie ablehnt, soll keine Kritik an ihm darstellen, denn ich halte seine Position für richtig. Doch Doppeldeutigkeit und Ambivalenz der Ablehnung verdienen festgehalten zu werden. Seine Ambivalenz in diesem Bereich erklärt gewisse Widersprüche in seiner Behandlung der Freudschen Sexualtheorie wie auch die Tatsache, daß er es versäumt, in vollem Umfang Schlußfolgerungen aus einer Psychologie zu ziehen, für die die Bewahrung und Einheit des Selbst übergeordnete Ziele sind, die das Verhalten des Individuums bestimmen.

Es kann als ein Beispiel für diese Widersprüchlichkeit gelten, wenn er anerkennend bemerkt: „Freud konnte so verschiedene Phänomene wie die Perversionen und starke (nichtsexuelle) Interessen miteinander verknüpfen“ (S. 25). Ist dies aber nun ein Vorzug oder ein Mangel der Theorie? Klein bemerkt, daß ein wichtiges Entwicklungs- und akutes psychologisches Problem, mit dem das Individuum konfrontiert ist, die Integrität des Selbst angesichts unvereinbarer Ziele, die mit der Selbst-Struktur unvereinbar sind, die Hauptursache von Angst und der Bedrohung des Selbst darstellen, und daß fehlangepaßte „fraktionierende" Versuche, mit solchen Bedrohungen fertigzuwerden, vielfach zu psychischen Erkrankungen führen. Der springende Punkt ist hier, daß nach Kleins Formulierung jede Reihe von Zielen, die mit der Selbst-Struktur unvereinbar sind, Angst und Bedrohung auslöst. Es bedarf daher keines besonderen Status für psychosexuelle Ziele. Kurzum, es ist schwierig, Kleins Vorstellungen von Angst, Abwehr, Konflikt und Krankheitsvoraussetzungen im Sinne einer Unvereinbarkeit mit der Selbst-Struktur mit seinem Anspruch in Einklang zu bringen, daß er Freuds Ideen hinsichtlich der zentralen Rolle der Sexualität akzeptiere.

Es ist interessant, festzustellen, daß Kleins Selbst-Psychologie in wichtigen Punkten Freuds frühen Formulierungen über die Hysterie ähnelt, nach denen das Leiden hauptsächlich durch psychische Entwicklungen verursacht wird, die sich von dem gelöst haben, was man heute als Selbst-Struktur bezeichnen würde. Freud (1893–1895) schreibt: „Es zeigt sich als unerläßliche Bedingung für die Erwerbung der Hysterie, daß zwischen dem Ich und einer an dasselbe herantretenden Vorstellung das Verhältnis der Unverträglichkeit entsteht" (S. 181). Er behauptet nicht, daß es sich um eine sexuelle Vorstellung handeln müsse. In solchen Formulierungen treten offensichtliche Verbindungen zur nichtpsychoanalytischen europäischen Psychiatrie von Janet und Binet (worauf Freud hinweist), zur amerikanischen Psychiatrie von Morton Prince (1929 a, b) und Sullivans Selbst-Psychologie (1953, 1956) zutage. (Ich kann mir nicht versagen, beiläufig zu bemerken, daß Sullivan in neueren Arbeiten über Objektbeziehungen und Selbst keinerlei Erwähnung findet.)

Die zentrale Stellung, die in Kleins Denken die Vorstellung von mit der Selbst-Struktur unvereinbaren Zielen einnimmt, wird auch an seiner Behandlung des Begriffs der Verdrängung deutlich, was wiederum wichtige Implikationen für die neuere Betonung der Spaltung als Abwehr hat. Klein definiert die Verdrängung (und andere Abwehrmechanismen) weniger im traditionellen Sinn, wonach bestimmte Ideen und Impulse dem Bewußtsein ferngehalten werden, als vielmehr im Sinne einer „abgespaltenen kognitiv-affektiven Struktur, die einen selektiven Einfluß auf das Verhalten ausübt" (S. 198). An anderer Stelle bemerkt er, daß bei der Verdrängung „Selbst-Kontinuität und Integrität durch die Abtrennung vom Selbst aufgelöst werden" (S. 293 f.). Die Vorstellung abgespaltener kognitiv-affektiver Strukturen (als motivierende Ziel-Systeme verstanden) erinnert, wie erwähnt, an Freuds *Studien über Hysterie* (1893–1895). Sie erinnert aber auch an seine letzten Schriften, in denen er sich mit der Beziehung zwischen Verdrängung und Ich-Spaltung (1940 a, b) beschäftigt, als ob er einige seiner früheren Ideen überdenke.

Die Vorstellung, daß die Spaltung eine Form von Abwehr sei, steht auch in neueren Beschreibungen von Borderline-Zuständen (vgl. Kernberg, 1975, 1976; Masterson, 1976) stark im Vordergrund. In der Tat wird in diesen Erörterungen die Spaltung – im Gegensatz zur entwicklungsmäßig angeblich reiferen Verdrängung – häufig als differenzierendes Merkmal solcher Zustände bezeichnet. Kleins (und Freuds) Beschreibung der Verdrängung führt nun zu der Frage: Wenn die Verdrängung *per definitionem* abgespaltene kognitiv-affektive Strukturen betrifft, wie kann sie dann von der pathologischeren Spaltung unterschieden werden, die man bei Borderline-Zuständen beobachtet? Ich glaube, daß in Kleins Arbeit einige Antworten auf diese Frage zu finden sind und mitgeteilt werden sollten. Die Charakterisierung der Verdrängung im Sinne abgespaltener kognitiv-affektiver Strukturen, der Ablösung von der Selbst-Struktur, mangelndem Verständnis und der Unfähigkeit, Verbindungen herzustellen (statt einfach von fehlendem Bewußtsein zu sprechen), trägt zur Klärung der Beziehung zwischen Verdrängung und Spaltung bei. Verdrängung impliziert, daß eine dominierende, relativ stabile Selbst-Struktur vorhanden ist, von der kognitiv-affektive Strukturen abgespalten werden *können*. Diese „Wahl“ steht demjenigen offen, der über ein relativ kohärentes Selbst verfügt. Beim klinischen Phänomen der Spaltung existiert hingegen nur in geringem Umfang eine dominierende, kohärente Selbst-Struktur, von der Erkenntnisse und Affekte abgespalten werden. Vielmehr wechseln sozusagen verschiedene Selbst-Strukturen miteinander ab, von denen keine eine entschiedene, stabile Determinante der Identität ist. Diese „Wahl“ steht demjenigen offen, der noch keine gefestigte Selbst-Struktur erlangt hat. Der Mensch, welcher sich der Spaltung bedient, ist demnach bei einer Gelegenheit von allumfassender Liebe und Idealisierung und bei anderer Gelegenheit von allumfassendem Haß und Verunglimpfungen erfüllt. Die klinischen Beschreibungen würden denen multipler Persönlichkeiten oder poriomanischer Zustände ähneln, gäbe es nicht den Umstand, daß sich die Person im ersten Zustand (allumfassende Liebe) an viele Erkenntnisse und Affekte im zweiten Zustand (allumfassender Haß) *erinnert*. Es ist wirklich eine Frage der Integration. Während jene, die sich der Verdrängung bedienen, im Rahmen der vom kohärenten Selbst definierten Ziele eine Integration erreicht haben (jedoch das vom Selbst Abgespaltene nicht integrieren konnten), beschränkt sich der Umfang der Integration bei denen, die sich der Spaltung bedienen, auf „im Selbst" vorhandene wertende, affektive „Inseln" (gut *vs.* schlecht, Liebe *vs.* Haß) innerhalb einer relativ diffusen, ungefestigten Selbst-Struktur.

Die ersteren können sich auf einen verhältnismäßig stabilen, zuverlässigen Koordinator und Integrator stützen, dem es gelungen ist, wichtige Komponenten der Persönlichkeit zu koordinieren und integrieren, wenn auch manche Komponenten unintegriert bleiben. Im zweiten Fall operieren halb-autonome Persönlichkeitskomponenten oder Strukturen abwechselnd oder parallel, die von keinem Koordinator integriert wurden. Natürlich bemerkt man, daß es sich hier quasi um Übersetzungen in eine Computersprache handelt, während man in einem anderen Zusammenhang von kohärentem *vs.* nicht-kohärentem Selbst sprechen würde. Zu weiteren Klärungen, die Klein beigesteuert hat, gehört eine Definition der Verdrängung, die die Bedeutung von Objektbeziehungen stärker berücksichtigt. Sie steht auch eher im Einklang mit einer Vorstellung vom Ich, die es nicht einfach als „reine" Struktur zur Kontrolle und Kanalisierung von Es-Zielen betrachtet, sondern als eine Struktur mit eigenen Zielen.

Kleins Arbeit hat ihren Platz neben den Beiträgen anderer, von denen hier die Rede ist und die in diese neue Richtung vorgestoßen sind. Sie ist ein weiterer Beweis, daß wir zur Zeit Zeugen einer größeren Verschiebung des grundlegenden „Paradigmas" der psychoanalytischen Theorie sind, um mit Kuhn (1962) zu sprechen. Diese Verschiebung ist dadurch gekennzeichnet, daß Entwicklung und Schicksale von Objektbeziehungen und einem individuierten kohärenten Selbst – eben jene von Klein besonders hervorgehobenen Bereiche – im Mittelpunkt des Interesses stehen.

Zum Abschluß möchte ich über Kleins Arbeit folgendes sagen. Indem er die „ständige Bewältigung unvereinbarer Ziele und Tendenzen" als zentrale psychische Herausforderung des Individuums postulierte, indem er das Maß dieser Bewältigung mit dem Maß der Selbst-Integrität verband und darauf beharrte, daß grundlegende Ziele stets im Zusammenhang mit Objektbeziehungen verfolgt werden, hat er gezeigt, daß es – im Gegensatz zu Kohuts Aufteilungsschema und modernen radikalen Unterscheidungen – möglich ist, eine Selbst-Psychologie und eine Psychologie der Objektbeziehungen mit einer Psychologie des intrapsychischen Konflikts zu integrieren.

Gedos epigenetisch-hierarchisches Modell

Gedo (1959, 1980) ist ein weiterer zeitgenössischer psychoanalytischer Theoretiker, der, ähnlich wie Klein, für das Selbst relevante Ziele als übergeordnet ansieht. Sein erklärter Vorsatz ist es, die traditionelle Triebtheorie durch sein epigenetisch-hierarchisches Modell zu ersetzen. Genauer gesagt, Gedo setzt an die Stelle von Freuds sexuellen und aggressiven Zielen persönliche Autonomie und Selbst-Definition als übergeordnete Ziele, wie sie in einer Vielzahl von Strebungen und Ambitionen zum Ausdruck kommen. Selbst-Organisation wird als „die kohärente Hierarchie" dieser Ziele und Strebungen definiert, und der Hauptanreiz für die Beseitigung von Angst ist die Bedrohung der Selbst-Organisation (statt der Triebimpulse). Gedo präsentiert ein hierarchisches Modell, nach dem die psychische Entwicklung in zwei miteinander verwandten Dimensionen verläuft: Die erste bezeichnet er als „Phasen" – das sind Fortschritte von der Differenzierung der Körpergrenzen zur Konsolidierung der Selbst-Organisation und weiter zur Bildung des Überichs und der Verdrängungsschranke. In der anderen Dimension, die er „Modalitäten" nennt, wird die Entwicklung unter dem Aspekt verschiedener herrschender Prinzipien und typischer Problemsituationen gesehen. Am frühesten Punkt der Entwicklung (der den Phasen der Differenzierung der Körpergrenzen und der Konsolidierung der Selbst-Organisation entspricht) ist das herrschende Prinzip die Vermeidung von Unlust, und die typische Problemsituation, vor der das Individuum steht, ist die Gefahr der Überreizung. Im nächsten Entwicklungsstadium regiert das Lustprinzip, und das typische Problem ist das Fortbestehen von Täuschungen. Das Realitätsprinzip spielt in der nächsten Entwicklungsphase die beherrschende Rolle, und das damit verbundene Problem ist der intrapsychische Konflikt. Auf der letzten Stufe schließlich wird Kreativität zum herrschenden Prinzip, und das Problem, mit dem das Individuum konfrontiert ist, ist die Frustration.

Im Gegensatz zu Kohuts Behauptung, daß die traditionelle psychoanalytische Theorie sich zur Behandlung neurotischer „strukturеller Konflikte“ eigne, während die Selbst-Psychologie zur Erklärung von Selbst-Defekten benötigt würde, ist Gedo explizit daran interessiert, eine einheitliche psychoanalytische Theorie vorzustellen, die auf alle Formen von Psychopathologie angewendet werden kann. Um seinen Glauben an die Notwendigkeit einer solchen Theorie zu unterstreichen, beharrt er darauf, daß man sich in der Psychotherapie mit allen Entwicklungsphasen beschäftigen müsse, insbesondere in Anbetracht der Tatsache, daß Reaktionen auf spätere Entwicklungsprobleme von früheren Störungen und Erfolgen stark beeinflußt werden.

Gedos „Phasen“ und „Modalitäten“ wohnt eine gewisse Unbestimmtheit und Willkürlichkeit inne, und sie werfen einige Fragen auf. Zum Beispiel, warum folgt das Lustprinzip entwicklungsmäßig auf das Prinzip der Selbst-Definition? Oder ein weiteres Beispiel: Zwar kann man die Vermeidung von Unlust, das Lustprinzip und sogar die Selbst-Definition als motivierende Ziele und Prinzipien betrachten, doch inwiefern ist das „Kreativitätsprinzip“ seinem Wesen nach primär motivierend? Ist Kreativität ein motivierendes Verhaltensprinzip oder vielmehr das Ergebnis einer bestimmten Reihe von Interessen (z. B. an einem bestimmten Phänomen oder Problem) und Begabungen? Schließlich werden Selbst-Definition und Selbst-Organisation von Gedo zum einen als übergeordnete, vorrangige Themen und Motive dargestellt und zum anderen als spezifische Phasen und Modalitäten, die für eine bestimmte Entwicklungsstufe charakteristisch sind. Dies sind nur einige Fragen im Zusammenhang mit Gedos Schema. Bemerkenswert an seinem Modell ist jedoch, daß mit ihm der Versuch gemacht wird, eine systematische, umfassende Revision der psychoanalytischen Theorie aus der Sicht einer Selbst-Psychologie bereitzustellen.

9. Kapitel
Eine Neuformulierung der psychoanalytischen Behandlungstheorie: Die Arbeit von Weiss, Sampson und ihren Kollegen

Die letzte Entwicklung auf dem Gebiet der Psychoanalyse, die ich kurz darstellen will, ist die Arbeit von Weiss, Sampson und ihren Kollegen am Mt. Zion Hospital in San Francisco. Die Arbeit dieser Gruppe kommt dem am nächsten, was ich später als Entwicklung einer autonomen Behandlungstheorie bezeichne. Sie liefert auch eins der wenigen Beispiele eines gut geplanten, exakt durchgeführten Forschungsvorhabens im Bereich psychoanalytischer Psychotherapie. Obgleich die Formulierungen der Mt. Zion-Gruppe in erster Linie die Therapie betreffen, sind sie auch von allgemeinem theoretischen Interesse.

Weiss (1971, 1982) stellt Freuds früher Theorie der Behandlung und des psychischen Funktionierens seinen eigenen Standpunkt entgegen, der sich, wie er erklärt, vom späten Freud herleitet. Nach Weiss lautet die frühe psychoanalytische Behandlungstheorie folgendermaßen: Unter dem Druck der Regression und der psychoanalytischen Situation werden unbewußte infantile Wünsche geweckt und die mit ihnen verbundenen Konflikte und Abwehren mobilisiert und unmittelbar in der Übertragung zum Ausdruck gebracht. Die Frustration dieser Wünsche durch die Neutralität des Analytikers ermöglicht das Auftauchen unbewußter Inhalte in der freien Assoziation. Dem Auftauchen dieser unbewußten Inhalte im Bewußtsein wirkt ein allgegenwärtiger Widerstand entgegen, der auch die Übertragung selbst, spezifische Abwehren gegen angsterzeugende unbewußte Wünsche und den Widerwillen einschließt, auf die unbewußte Teilbefriedigung zu verzichten, die Symptome und Neurose bieten, und der Phantasie die Erfüllung infantiler Wünsche zu verwehren.

Was die allgemeine Freudsche Theorie des psychischen Funktionierens angeht, sind unbewußte Inhalte hauptsächlich Impulse und Abwehren. Die Impulse suchen ihre infantilen Befriedigungen, und die Abwehren – oder, genauer gesagt, die Kräfte der Verdrängung –, halten die Impulse unbewußt. Außerdem addieren sich die Impulse. Sie befinden sich demnach alle auf derselben Ebene der psychischen Hierarchie. Sie interagieren dynamisch miteinander und mit den Abwehren, und durch ihre dynamischen Interaktionen bestimmen sie das Verhalten.

„Die Verdrängung wird nach dieser Theorie in erster Linie aufrechterhalten, um die infantilen Befriedigungen zu gewährleisten, die den Impulsen unbewußt zuteil werden. Würde ein Mensch sich dieser Befriedigungen bewußt, müßte er auf sie verzichten" (Weiss, 1982, S. 1f.) [übers. v. H. W.].

Zwar wird an der psychoanalytischen Grundannahme, daß gewisse unbewußte Inhalte abgewehrt werden, von der Mt. Zion-Gruppe festgehalten (wie von den meisten, wenn nicht allen Kritikern der traditionellen psychoanalytischen Theorie), hingegen wird die Vorstellung von dem, was abgewehrt wird, und davon, wie solche Inhalte im Bewußtsein auftauchen, modifiziert. Während nach der frühen Theorie hauptsächlich Triebimpulse, die nach Befriedigung streben, abgewehrt werden, legt die Mt. Zion-Gruppe den Nachdruck auf abgewehrte Motive, die „unbewußten Teilen des Ichs" und dem Überich entstammen, wie beispielsweise der Wunsch, es den Eltern recht zu machen, oder der Wunsch, ein Objekt wiederherzustellen, oder der Wunsch, für ein dem Objekt in der Phantasie angetanes Verbrechen zu büßen. Abgewehrt werden auch „schreckliche unbewußte Vorstellungen, die aus den Träumen der Kindheit hervorgehen, etwa der unbewußte Glaube an Kastration als Strafe", sowie die damit verbundenen Ängste und Schuldgefühle.

Wie tauchen solche Inhalte nun im Bewußtsein auf? Nach der traditionellen Theorie streben unbewußte Triebimpulse ständig nach Befriedigung, und sie drängen ständig nach bewußtem Ausdruck. Dagegen wirken Abwehren und Widerstände. Nach diesem Schema reguliert das Lustprinzip *automatisch* das Auftauchen oder Nicht-Auftauchen von Material im Bewußtsein. Wie erwähnt, pflegen in der analytischen Situation unter anderem die regressiven Komponenten und die Übertragung unbewußte Impulse zu mobilisieren und zu stärken, so daß sie sich leichter ins Bewußtsein „ergießen". Die Mt. Zion-Gruppe glaubt indessen, daß das Auftauchen abgewehrter Inhalte im Bewußtsein dadurch reguliert wird, daß der Patient unbewußt Gefahr und Sicherheit abschätzt.

Statt anzunehmen, daß der Patient in erster Linie von dem

Verlangen motiviert sei, unbewußte infantile Wünsche zu befriedigen, geht die Mt. Zion-Gruppe von der radikal verschiedenen Vorstellung aus, daß die Patienten in die Therapie mit dem bewußten und unbewußten Verlangen kommen, frühe Konflikte, Traumen und Ängste zu *meistern*, und mit unbewußten *Plänen*, wie dies erreicht werden könne. Zu diesem Zweck versucht der Patient, *sichere Voraussetzungen* zu finden oder herzustellen, um seinen Plan verwirklichen zu können. Unter sicheren Voraussetzungen kann man den Kampf um die Erreichung der persönlichen Ziele wiederaufnehmen, die unter der Einwirkung von Trauma, Konflikt und Angst in einem früheren Lebensabschnitt beiseite gestellt wurden. Dementsprechend veranstalten Patienten – weitgehend unbewußt – *Tests*, die der Therapeut entweder besteht oder nicht. Fällt er durch, folgen darauf eher gesteigerte Angst, es werden Abwehren mobilisiert, und abgewehrte unbewußte Inhalte tauchen in geringerer Zahl auf. Besteht er hingegen die Prüfung, verringert sich die Angst, Gefühle vertiefen sich, und es besteht eine größere Wahrscheinlichkeit, daß abgewehrte Inhalte verstärkt auftauchen.

Wie Weiss (1982) bemerkt, muß der Patient nach der traditionellen Theorie durch die Therapie veranlaßt werden, „zu tun, was er nicht tun will – das heißt, auf seine infantilen Befriedigungen verzichten“. Nach dem Modell der Mt. Zion-Gruppe hingegen „kann der Therapeut dem Patienten helfen, indem er ihn befähigt, das zu tun, was er unbewußt tun will – das heißt, seinen pathogenen Glauben ändern und die ihm entstammenden Angst- und Schuldgefühle überwinden“ (S. 14) [übers. v. H. W.]. Der Therapeut befähigt den Patienten hauptsächlich dadurch dazu, zu tun, was er unbewußt tun will, indem er, wie erwähnt, Tests besteht und sichere Voraussetzungen schaffen hilft.

Der Begriff der sicheren Voraussetzungen ist von trügerischer Einfachheit; er sollte weiter ausgeführt und durch konkrete klinische Beispiele untermauert werden. Die prototypische Illustration liefert eine Erfahrung aus dem Alltagsleben, die Weiss (1952) als das „Weinen am glücklichen Ende“ bezeichnet. Warum, so fragt er, empfindet ein Mensch Traurigkeit und weint in eben dem Augenblick, wo das glückliche Ende ihn glücklich machen sollte? Man kann dies nicht – im Einklang mit der früheren Theorie – als Folge der Intensivierung von Traurigkeit und ihres Einbruchs ins Bewußtsein erklären. Denn in den traurigsten Augenblicken wurde nicht geweint. Auch würde eine Intensivierung von Emotionen von

Spannung und Angst begleitet sein, doch in Wahrheit ist der weinende Mensch nicht angespannter oder ängstlicher, und er erlebt die Traurigkeit und das Weinen nicht als Ich-fremd. Weiss' Antwort lautet, daß das glückliche Ende die nötige Sicherheit bietet, um sich der Traurigkeit uneingeschränkt hingeben zu können.

Man betrachte die folgenden klinischen Beispiele, die einer Behandlung entstammen, bei der gewisse unbewußte Inhalte abgewehrt werden, bis es sicher ist, sie ins Bewußtsein einzulassen: Vor einer Unterbrechung der Behandlung durch Ferien verleugnet der Patient, daß er den Therapeuten vermissen wird, und er vermißt ihn während der Ferien auch tatsächlich nicht. Wenn aber die Behandlung wiederaufgenommen wird, fühlt der Patient, daß er den Therapeuten vermißt hat und traurig war, weil er ihn nicht aufsuchen konnte. Das entspricht genau dem „Weinen am glücklichen Ende". Beim nächsten Beispiel geht es um einen Test, den der Therapeut entweder bestehen kann oder nicht: Er reagiert auf das Geschenk eines Patienten, indem er es taktvoll zurückweist und ihn an ihre Abmachungen erinnert. In der nächsten Stunde beginnt der Patient über homosexuelle Ängste und Phantasien zu berichten. Die Deutung dieser Folge von Ereignissen besagt, daß der Patient den Analytiker *prüft*, indem er ihm ein Geschenk anbietet, und er ist beruhigt, als der Analytiker es zurückweist. Dies ist unbewußt gleichbedeutend mit der Mitteilung, daß er nicht verführt werden wird. Der Analytiker hat die Prüfung bestanden, und der Patient hat dann das Gefühl, daß er das abgewehrte homosexuelle Material unbesorgt zur Sprache bringen kann. Diese Beispiele sollten zeigen, daß die sicheren Voraussetzungen stark durch die Art der spezifischen Ängste und Konflikte des Patienten beeinflußt werden.

Die Prüfungen, denen Therapeuten unterzogen werden, drehen sich oft um eben jene Themen, die traumatisch und angstbeladen waren – nicht wegen eines triebhaften Wiederholungszwangs, sondern um sie meistern zu lernen. So mag ein Patient, der unbewußt glaubt, er habe seinen Vater verletzt, indem er in der Kindheit mit ihm konkurrierte, nun mit dem Analytiker konkurrieren, nicht um ihn zu verletzen, sondern „um sich zu versichern, daß er ihn, indem er das tut, *nicht* verletzt. Der Patient hofft, durch diese Prüfung von der bedrückenden Vorstellung befreit zu werden, daß er Autoritäten, mit denen er konkurriert, zwangsläufig Schaden zufüge" (Weiss, 1982, S. 13).

Unabhängig vom therapeutischen Kontext bieten Weiss und

Sampson ein symptomatologisches Konzept an, das sich vom traditionellen unterscheidet. Statt Symptome als verschleierten Ausdruck unbewußter Impulse, die nach Befriedigung streben, zu verstehen, erblicken sie in ihnen „die Versuche eines Menschen, einer Gefahrensituation zu entrinnen; sie können aber auch die Angst ausdrücken, die er angesichts der Gefahr empfindet" (Weiss, 1982, S. 4). Weiss liefert uns folgende konkrete Beispiele:

„Die Patientin hatte sich in ihrer Kindheit für viel attraktiver gehalten als ihre mürrische Mutter; sie hatte mit ihr um die Liebe des Vaters konkurriert und nach ihrem Empfinden die Mutter besiegt. Doch ihr Sieg verursachte ihr Schuldgefühle. Tatsächlich glaubte sie, die Mutter zu vernichten, weil sie soviel Spaß mit dem Vater hatte. Sie machte sich schreckliche Sorgen um die Mutter, bis sie eine Möglichkeit entdeckte, sie wiederaufzurichten, und zwar indem sie Wutausbrüche bekam. Sie glaubte, ob zu Recht oder nicht, daß sie der Mutter durch ihre Wutausbrüche ermöglichte, sich moralisch überlegen zu fühlen und sie im Kampf um den Vater zu schlagen. Die Mutter, normalerweise etwas depressiv, wurde lebhaft und ungehalten, wenn die Patientin einen Wutausbruch hatte, und sie veranlaßte darüberhinaus den Vater, sie zu bestrafen. In den Augen der Patientin fühlte sich die Mutter wiederhergestellt, indem sie demonstrierte, daß ihre Ansprüche an den Vater Vorrang vor denen der Patientin hatten" (Weiss, 1982, S. 8).

„Ein Patient erlitt in seinem fünften Lebensjahr ein Trauma, als sein Vater durch einen Autounfall gelähmt wurde. Da es ihm zu jener Zeit gelungen war, unabhängiger und glücklicher zu werden, glaubte er, dadurch den Unfall verursacht zu haben. Unbewußt entstand in ihm die pathogene Überzeugung, daß er, falls er wieder unabhängig und glücklich werden sollte, eine neue Katastrophe herbeiführen, sie aber durch Leiden und Abhängigkeit abwenden könnte.

Als junger Mann bereitete es ihm viel Kummer, sein Elternhaus zu verlassen. Er besuchte ein College, das etwa fünfzig Meilen entfernt war, und obwohl er ein freundlicher, geselliger Mensch war, vermochte er das gesellschaftliche Leben am College nicht zu genießen. Tatsächlich verbrachte er fast jedes Wochenende daheim bei seiner Familie.

In der Analyse war seine unbewußte Überzeugung, daß er ein Trauma verursachen würde, wenn er unabhängig und glücklich wäre, ein Hauptthema. Er wurde ängstlich, wenn alles gut ging, und oft fürchtete er nach einem guten Tag, daß etwas Schreckliches passieren würde.

In der scheinbaren Abhängigkeit dieses Patienten von seinen Eltern drückte sich nicht der Wunsch aus, abhängig zu sein, der automatisch aus dem Drang nach Befriedigung hervorgegangen und seiner Kontrolle entzogen war.

Die Abhängigkeit war vielmehr auf die Überzeugung des Patienten zurückzuführen, die auf Erfahrung beruhte, daß er seinen Eltern Schaden zufügen würde, wenn er stark wäre. Der Patient ließ sich von dieser Überzeugung leiten – nicht automatisch, sondern indem er unbewußt von seinen höheren geistigen Funktionen Gebrauch machte" (Weiss, 1982, S. 10).

Ich sagte bereits, daß die Arbeit von Weiss, Sampson und ihren Kollegen in der psychoanalytischen Gemeinschaft insofern recht ungewöhnlich ist, als sie strenge, gut geplante Überprüfungen von Formulierungen einschließt. In einer Untersuchung (Horowitz u. a., 1975) wurde anhand von Informationen, die Aufzeichnungen über die ersten zehn Stunden entnommen waren, gezeigt, daß bei den Beurteilern weitgehend Übereinstimmung darüber bestand, welche später auftauchenden Themen abgewehrt worden waren. Die Wahrscheinlichkeit, daß ein abgewehrtes Thema auftauchte, war überdies größer, wenn der Analytiker nach einem Test des Patienten (z. B. Meinungsverschiedenheiten mit dem Therapeuten, Wut über ihn, Forderungen an ihn) als neutral beurteilt wurde. Schließlich wurden die Neutralität des Analytikers und das Auftauchen abgewehrter Themen mit dem verringerten Unbehagen des Patienten in Verbindung gebracht. Gassner (1980) fügte diesen Ergebnissen den wichtigen Befund hinzu, daß abgewehrte Inhalte *ohne* Deutungen des Analytikers auftauchen.

In einer anderen Untersuchung fand Caston (1980) ein hohes Maß an Zuverlässigkeit bei „blinden" Urteilen darüber, inwieweit die Interventionen des Therapeuten mit dem unbewußten Plan der Patientin vereinbar waren, den eine andere unabhängige Gruppe von Beurteilern formuliert hatte (der Plan sollte zeigen, daß sie, bevor sie Nähe und Intimität bewältigen konnte, zunächst sicher sein mußte, widersprechen zu können, um dann diese Tendenz zu meistern). Am wichtigsten war es, daß Beurteilungen über die Vereinbarkeit der Interventionen mit dem Plan in signifikanter Weise mit dem Maß an Kühnheit und Einsichtigkeit in den Reaktionen der Patientin korreliert waren, die unmittelbar auf die Intervention folgten (Beurteilungen der Vereinbarkeit mit dem Plan waren indessen *nicht* signifikant mit einem Kontrollsegment ihrer Reaktionen korreliert).

Weitere Forschungsergebnisse wurden von der Mt. Zion-Gruppe mitgeteilt, doch die obigen Beispiele werden genügen, um dem Leser eine Vorstellung von ihrem Therapieansatz zu geben. Das allgemeine Bild des therapeutischen Prozesses (und des weiteren vom psychischen Funktionieren insgesamt) ist das eines Patienten, der nicht in die Therapie kommt, um unbewußte Triebregungen zu befriedigen, sondern um gewisse Konflikte, Wünsche, irrationale Überzeugungen und Ängste zu meistern, die ihren Ursprung in Kindheitstraumen und -erlebnissen haben. Mit dieser Meisterung als grundlegendem Ziel vor Augen präsentiert er den Therapeuten *Tests*. Das Bestehen der Tests schafft sichere *Voraussetzungen*, die dem Patienten dann erlauben, die Verdrängung aufzuheben und *abgewehrte Inhalte zutage zu fördern.* Wie Weiss (1979) es ausdrückt, „nimmt der Patient in seiner Analyse den Kampf um Erreichung der Ziele wieder auf, die er in der Kindheit beiseite geschoben hatte, und in seinem Streben, sie unbewußt zu erreichen, prüft er den Analytiker, um sich zu vergewissern, daß dieser ihn nicht traumatisieren wird wie einst seine Eltern" (S. 5) [übers. v. H. W.]. Der allgemeine therapeutische Prozeß wird hier verstanden als „Beseitigung der Gefährlichkeit (sic) dessen, was das Ich irrigerweise für gefährlich gehalten hat. Im wesentlichen folgt eine heilsame Änderung in einem vorher nicht gemeisterten Bereich auf eine Reihe von Neueinschätzungen durch das Ich, daß nun Sicherheit walte, und umgekehrt kommt es entweder zu keiner therapeutischen Veränderung oder zu einer pathologischen regressiven Veränderung, wenn eine fortgesetzte oder erhöhte erhebliche Gefahr vermutet wird" (Caston, 1980, S. 31) [übers. v. H. W.].

Kritische Würdigung der Arbeit in Mt. Zion

So wie im Falle aller anderen neueren Entwicklungen und Modifizierungen der psychoanalytischen Theorie, die ich behandelt habe, lehnt auch die Mt. Zion-Gruppe implizit und explizit die Freudsche Trieblehre ab. Vor uns ersteht nicht das Bild eines Menschen, dem es in erster Linie direkt und indirekt um Triebbefriedigung geht, sondern der die Konflikte, Ängste und destruktiven Überzeugungen meistern möchte, die ihm Leiden verursachen und seine Befriedigung, Produktivität und Bewußtheit einschränken. Diese Betonung der Meisterung verbindet die Arbeit der Mt. Zion-Gruppe mit den Vorstellungen von Hendrick (1943) und White (1960, 1963). Ja, man kann in den Formulierungen dieser Gruppe eine Weiterentwicklung und Anwendung der Vorstellungen Hendricks und Whites auf die therapeutische Situation sehen. Man kann ferner Verbindungen zwischen den Formulierungen von Mt. Zion und Fairbairns Betonung von Ich-Zielen einerseits und Rogers' (1959, 1961) Begriffen andererseits feststellen. Weiss und Sampson hingegen ignorieren alle diese Verbindungen. Stattdessen versuchen sie zu zeigen, daß sich ihre Formulierungen fast völlig auf Freuds späte Schriften stützen – ein Versuch, der eher politisch als wissenschaftlich wirkt.

Die Vorstellung unbewußter Pläne, der Einschätzung von sicheren Voraussetzungen und Entscheidungen darüber, ob abgewehrtes Material zutage gefördert werden soll oder nicht – all das wäre vor einigen Jahren manchen skeptischen Kritikern als unhaltbar erschienen. Doch unter dem Einfluß der Entwicklungen und Forschungen der sogenannten kognitiven Wissenschaft und kognitiven Theorie scheint es alltäglich und durchaus möglich, sich komplexe und absichtsvolle unbewußte kognitive Operationen vorzustellen. Dennoch legt die Mt. Zion-Gruppe das Hauptgewicht weiterhin auf *Bewußtheit* und Einsicht. Bei vielen ihrer Forschungsvorhaben ist das Bewußtmachen unbewußter, abgewehrter Inhalte die entscheidende Variable, was zweifellos auf der Annahme beruht, daß nur das Auftauchen unbewußter Inhalte im Bewußtsein therapeutisch sein kann. Es ist jedoch möglich, daß eine therapeutische Veränderung *ohne* das Auftauchen abgewehrter Inhalte im Bewußtsein eintreten kann, wenn der Therapeut den Test besteht und unbewußt von der Tragfähigkeit sicherer Voraussetzungen ausgegangen wird. Ich biete dafür folgendes Beispiel.

Ich behandelte eine Patientin, deren hervorstechendes Symptom – eine schwere Dyspareunie – auf dramatische Weise verschwand, nachdem sie mit mir ein Muster „inszeniert" hatte, wie ich es nennen würde, das sie bezeichenderweise sowohl Männern als auch ihren Eltern gegenüber angewandt hatte. Dieses Muster sah so aus, daß auf Trotz Unterwerfung und körperlicher oder seelischer Schmerz folgte. Als sie etwa drei bis vier Jahre alt war, wurde sie von ihrer Mutter so schwer mißhandelt, daß es sogar die Gerichte beschäftigte – nach Aussage der Mutter, weil sie ihr „getrotzt" hatte. Als Jugendliche und Erwachsene glaubte sie auf Grund der Einstellung ihres Vaters, daß er sie deshalb akzeptiere und liebe, weil er sie für jungfräulich hielt. Und jedesmal vor dem Geschlechtsverkehr hatte sie den zwanghaften, trotzigen Gedanken: „Wenn sie mich jetzt sehen könnten" – und mit „sie" meinte sie eindeutig ihre Eltern. Darauf folgten unweigerlich große Schmerzen beim Geschlechtsverkehr, die sie schweigend ertrug. Sie äußerte den Gedanken, daß ihr Partner sie zweifellos verlassen würde, wenn sie ihm von ihren Schmerzen erzählte.

Bei einer Gelegenheit wurde die Patientin wütend auf mich, nachdem ich die Möglichkeit angedeutet hatte, daß sie die Couch benutzen könne (bis dahin hatte sie mir gegenübergesessen). Mein Vorschlag wurde auf einer gewissen Ebene offensichtlich als Verführung und als Forderung empfunden, daß sie nachgebe. Sie gab aber nicht nach. Stattdessen wies sie die Idee wütend und mit verbalen Angriffen gegen mich zurück. Das geschah am Ende der Stunde (und gleichzeitig am Ende der Woche); ich schwieg und bot keine Deutung an. In der nächsten Stunde sagte die Patientin, sie glaube, „zu heftig reagiert" zu haben. Dennoch empfand sie ein Unbehagen, und der Gedanke, die Couch zu benutzen, erschreckte sie etwas. Sie sei „noch nicht so weit", wie sie es ausdrückte. Ich akzeptierte ihre Erklärungen – wiederum ohne zu deuten –, und wir setzten die Behandlung fort.

Schon in der nächsten Stunde erschien die Patientin in gehobener Stimmung und verkündete, daß sie in der vergangenen Nacht zum ersten Mal in ihrem Leben Geschlechtsverkehr ohne Schmerzen gehabt habe. Sie empfand einerseits ein Hochgefühl, fürchtete aber andererseits, es sei „zu gut, um wahr zu sein", und es würde „nicht anhalten". Sie teilte mir auch mit, daß sie mit ihrem Freund an diesem Wochenende verreisen würde, und sie betrachtete dies als Probe auf die Haltbarkeit ihrer neuen Symptomfreiheit. Von dieser Wochenendreise kam sie wieder in Hochstimmung zurück und berichtete, daß das Symptom ausgeblieben sei und sie den Geschlechtsverkehr sogar genossen habe. Seither sind mehr als drei Jahre vergangen, ohne daß das Symptom wiedergekehrt ist, während andere positive Veränderungen weiterbestehen.

Es ist meine Überzeugung, daß der Konflikt behoben werden konnte, weil die Patientin an einem kritischen Punkt das grundlegende dynamische Problem – Unterordnung oder Trotz, auf die diesmal nicht Schmerz oder Ablehnung folgte – „inszenierte": Es sollte noch einmal darauf hingewiesen werden, daß die „Inszenierung" und das Verschwinden des Symptoms erfolgten, ohne daß ich eine Deutung anbot, und daß die Patientin ihre Erkenntnis bezüglich der dynamischen Bedeutung der „Inszenierung" in Worte faßte. Es ließ sich auch nicht feststellen, ob unbewußtes, abgewehrtes Material ins Bewußtsein getreten war (ein Punkt, auf den ich später zurückkommen werde).

Im Sinne des von der Mt. Zion-Gruppe geschaffenen Modells handelte es sich bei dem Test, der „inszeniert" und bestanden wurde, darum, ob ich Trotz und Wut der Patientin aushalten und die Behandlung fortsetzen würde. Diesem dramatischen Test waren subtilere vorausgegangen, die zeigen sollten, wie ich auf ihre Feindseligkeit und ihren Trotz reagieren würde. Ihre reflexhafte Ablehnung aller Übertragungsdeutungen kann in diesem Licht gesehen werden und ähnelt den Beispielen von Weiss und Sampson, bei denen auf Tests mit bescheideneren Risiken solche mit höherem Einsatz folgen. Im vorliegenden Fall gingen dem Ausbruch von Trotz und Wut seitens der Patientin geringere Dosen von Trotz und Feindseligkeit voraus, die keine besonderen Folgen hatten – die therapeutische Arbeit ging einfach weiter – und so dazu beitrugen, „sichere Voraussetzungen" zu schaffen. Mein Vorschlag, die Patientin möge die Couch benutzen, bot Gelegenheit zu einer entscheidenden „Inszenierung", und nachdem der Test bestanden war (durch mein Schweigen und die einfache Fortsetzung der Behandlung), verschwand das Symptom.[1]

Der obige Fall verweist ebenso wie die Formulierungen der Mt. Zion-Gruppe auf ein Übertragungsmodell, das sich vom traditionellen sehr unterscheidet. Nach traditioneller Auffassung sind Übertragungsreaktionen in erster Linie ein „automatisches" Ergebnis des stets gegenwärtigen Dranges nach Abfuhr infantiler Triebregungen, der speziellen Mobilisierung solcher Dränge durch die regressiven Merkmale der therapeutischen Situation und die Allgegenwart und Stärke des Widerstandes, da der Patient die konflikthaften Dränge lieber befriedigt als sich ihrer erinnert. Nach dieser Auffassung ist die Übertragung in erster Linie ein pathologisches Phänomen, weshalb sie uns „als der stärkste Widerstand gegen die Behandlung entgegentritt" (Freud, 1912, S. 366) – tatsächlich wird an ihr die vollentwickelte Neurose deutlich –, und nur die *deutende Analyse* der Übertragung ermöglicht Einsichten und therapeutischen Fortschritt. Wenn also Material, das für frühe Konflikte und Traumen von entscheidender Bedeutung ist, „inszeniert" statt erinnert wird, so wäre dies ein Widerstand, der den therapeutischen Fortschritt beeinträchtigen würde, wenn man ihn nicht deutet.

Was ich mit dem Begriff der „Inszenierung" meine und was auch aus der Arbeit von Weiss und Sampson hervorgeht, ist, daß man Übertragungsreaktionen nicht zwingend als Triebbekundungen, Widerstände oder als Zwang zu wiederholen, statt zu erinnern (Freud, 1920), ansehen muß, sondern sie eher als unbewußte Versuche verstehen kann, sich in der relativen Sicherheit der therapeutischen Situation mit Material auseinanderzusetzen, das sich auf frühe Konflikte und Traumen bezieht, um dieses Material zu meistern.

Der obige Fall zeigt auch, daß das Bestehen von Prüfungen und die Herstellung von Sicherheit gewährenden Bedingungen zu einer Symptommilderung (und anderen Veränderungen) führen kann, ohne daß abgewehrte Inhalte ins Bewußtsein treten und Einsichten in Worte gefaßt werden.[2] Darin scheint nach meiner Auffassung die wesentliche Modifizierung des Übertragungsbegriffs durch Alexander und French (1946) zu bestehen, insbesondere in ihrem Begriff der „korrigierenden emotionalen Erfahrung". Nach dieser Auffassung „lernt der Patient in der Übertragungsneurose, mit kleinen Mengen derselben emotionalen Spannungen fertig zu werden, die er in der Vergangenheit nicht bewältigen konnte ..." (S. 17) [übers. v. H. W.]. Obwohl die Arbeit von Alexander und French seither unter Psychoanalytikern in Verruf geraten ist, unterscheidet sich ihre Vorstellung von der Übertragung und der therapeutischen Beziehung nicht wesentlich von einer Anzahl heutiger Konzeptionen, zum Beispiel von Kohuts Meinung, daß „die wesentlichen strukturellen Veränderungen, die durch die Durcharbeitung herbeigeführt werden ..., durch die Tatsache bewirkt werden, daß die alten Erahrungen wiederholt von der jetzt reiferen Psyche durchlebt werden" (Kohut, 1979, S. 41), und Volkans (1976) Überzeugung, daß der Patient zwischen archaischen Introjekten und neuen Objekten unterscheiden lerne (ein Gedanke, der schon 1934 von Strachey vertreten wurde).[3]

Eine Implikation des Mt. Zion-Konzepts ist die, daß es nicht so sehr auf die Widerstände des Patienten, wie sie traditionell definiert werden (was beispielsweise den Widerstand gegen den Verzicht auf die Befriedigung infantiler Wünsche einschließt), zurückzuführen ist, wenn unbewußtes Material nicht auftaucht oder in der Therapie ganz allgemein keine Fortschritte zu verzeichnen sind, sondern auf das unbewußte Urteil des Patienten, daß keine Sicherheit bietenden

Bedingungen obwalten. Eine weitere Implikation ist die, daß therapeutische Fehlschläge in den meisten Fällen darauf beruhen, daß der Therapeut die Prüfungen, die ihm der Patient auferlegt, nicht besteht – oft vielleicht wegen seiner eigenen Gegenübertragungsreaktionen und -probleme. Was das therapeutische *Ergebnis* angeht, so kann man nur über Implikationen der Theorie von Mt. Zion sprechen, nicht aber über empirische Daten, da die gesamte empirische Arbeit dieser Gruppe eher dem therapeutischen *Prozeß* als dem Ergebnis galt. Darin liegt eine entschiedene Einschränkung. Denn obschon es von Interesse ist, zu wissen, unter welchen Bedingungen neue Themen und abgewehrte Inhalte in einer psychoanalytisch orientierten Therapie auftauchen, ist es doch oft noch interessanter und wichtiger zu bestimmen, ob dieses Auftauchen in rechtmäßigem Zusammenhang mit dem therapeutischen *Ergebnis* steht. Die Mt. Zion-Gruppe mag stillschweigend annehmen, daß ein solcher rechtmäßiger Zusammenhang besteht oder bestehen muß (in Anbetracht der geheiligten Rolle von Erkenntnis und Bewußtheit in der psychoanalytischen Therapie), doch das bleibt noch zu beweisen. Und wenn sich herausstellen sollte, daß kein solcher Zusammenhang besteht, müßte man anerkennen, daß die Ergebnisse hinsichtlich des Auftauchens abgewehrter Inhalte an Bedeutung verlieren würden.

Die Arbeit der Mt. Zion-Gruppe wird ferner dadurch eingeschränkt, daß sie (notwendigerweise?) auf eine sehr geringe Zahl von Personen begrenzt ist. Dies wirft die übliche Frage nach der Verallgemeinerbarkeit von Ergebnissen auf, darüberhinaus aber noch spezifischer die Frage, auf welchen Typ von Patienten und in welchem Umfang ihre Formulierungen zutreffen. Wie ich bereits früher ausgeführt habe, ist es möglich, daß gewisse Aspekte dieser Formulierungen, insbesondere die Bedeutung des Auftauchens abgewehrter Inhalte, nicht in gleicher Weise für verschiedene Arten von Patienten gelten. Was andere Faktoren angeht, etwa das Bestehen von Prüfungen oder die Herstellung von Sicherheit bietenden Bedingungen, scheint es vernünftig anzunehmen und sogar wahrscheinlich, daß sie auf einen großen Kreis von Patienten (und schließlich in großem Umfang auf therapeutische Methoden) zutreffen. Doch wie vernünftig es auch scheinen mag, es muß ebenfalls noch bewiesen werden.

Bevor wir nun von der Mt. Zion-Gruppe und ihrer Arbeit Abschied nehmen, noch einige abschließende Bemerkungen. Erstens möchte ich auf die Konvergenz zwischen bestimmten Ideen dieser Gruppe und G. S. Kleins Betonung der „Umkehr vom Passivum ins Aktivum“ (ein von Loevinger 1966 benutzter Terminus) als einen grundlegenden Faktor im therapeutischen Prozeß hinweisen. Die aktive Rolle des Patienten, wenn er Prüfungen auferlegt und bestimmt, ob Sicherheit bietende Bedingungen vorhanden sind oder nicht, wenn er entscheidet, ob er traumatisches Material präsentieren soll oder nicht – all das können Beispiele für Bemühungen sein, passiv erduldete traumatische Erlebnisse in aktive Bemeisterungsverusche umzuwandeln.[4]

Die zweite Anmerkung, die ich machen möchte, betrifft die oft beobachtete Unterscheidung zwischen der deutenden, einsichtsfördernden Funktion des Therapeuten und den Faktoren der Beziehung, etwa dem empathischen Spiegeln und der Bereitstellung einer „haltenden Umwelt“. Mir scheint, daß die hier erörterten Begriffe und Befunde gegen radikale Unterscheidungen dieser Art sprechen. Die Arbeit in Mt. Zion lehrt uns, daß das Bestehen von Prüfungen und die Herstellung Sicherheit bietender Bedingungen (was am wirkungsvollsten durch eine unaufdringliche, wohlwollende Neutralität zu erreichen ist) sowohl Einsicht und Bewußtsein fördern (d. h. das Auftauchen abgewehrter Inhalte) als auch unmittelbare Beziehungsfaktoren schaffen, die Angst reduzieren und damit Symptome mildern können. Ebenso läßt sich die Herstellung Sicherheit bietende Bedingungen vom Patienten implizit in dem Sinne deuten, daß er sich nicht in der ursprünglichen traumatischen Situation befindet und der Therapeut sich in wichtigen Punkten von traumatischen Figuren der Vergangenheit unterscheidet.

Abschließend möchte ich noch einige Worte zum Begriff „Sicherheit bietende Bedingungen“ sagen. Hier handelt es sich um eine trügerisch einfache, subtile Idee. Sie bezieht sich nicht nur auf äußere Bedingungen, sondern kann auch die unbewußte Einschätzung enthalten, man besitze genügend Ich-Stärke, um zu versuchen, eine Situation zu meistern, der man sich zu einem früheren Zeitpunkt nicht auszusetzen wagte, weil sie zu bedrohlich oder angsterregend war. (Der Entschluß, sich in Behandlung zu begeben, kann eine solche Einschätzung widerspiegeln.) Außerdem kann man, wie ich glaube, einigermaßen sicher sein, daß es nicht sehr nützlich wäre, wollte man den Begriff im Sinne globaler Rezepte wie Wärme, Liebe und „bedingungslos positiver Zuwendung“ deuten, unter anderem deshalb, weil sie nicht genügend auf individuelle Bedürfnisse abgestimmt sind. Die schwierige klinische Aufgabe besteht darin, sensibel auf das zu reagieren, was für einen bestimmten Patienten Sicherheit bietende Bedingungen sind, und zwar unter dem Aspekt seiner besonderen frühen Konflikte, Ängste und Traumen.

Anmerkungen

1 Mir ist bewußt, daß es weitere relevante Konflikte und dynamische Probleme gibt, zum Beispiel das ödipale Thema. Die Bestrafung durch die Mutter oder die Schmerzen der Patientin beim Geschlechtsverkehr konnten unbewußt als Strafen für sexuelle Wünsche gegenüber dem Vater aufgefaßt werden.

2 Die Patientin brachte allerdings einige Einsichten ansatzweise zur Sprache. Beispielsweise läßt ihr immer wiederkehrender Gedanke: „Aber er sagte überhaupt nichts", der auf ihre Ausbrüche von Ärger folgte, vermuten, daß die Bedeutung, die das Ereignis für ihre Person hatte, mit ihrer Reaktion eng zusammenhing. Dies zeigt eine gewisse Verschiebung zu einer mehr nach innen gerichteten Einstellung an. Und die Deutung ihres Symptoms, die Trotz und nachfolgenden Schmerz miteinander verknüpfte, erschien ihr sinnvoll. Doch wie ich bemerkte, wurden dieser Sinn und das Verstehen nicht auf die Übertragungssituation und das angewandt, was ich als „Inszenierung" bezeichnet habe. Und schließlich verschwand das Symptom nach eben diesem entscheidenden Ereignis.

3 Zwischen der Vorstellung der „korrigierenden emotionalen Erfahrung" und heutigen Ansichten gibt es auch wichtige Unterschiede. So würde beispielsweise, soweit ich weiß, kein moderner Therapeut die Methode von Alexander und French akzeptieren, in eine Rolle zu schlüpfen, die den speziellen Konflikten und Ängsten des Patienten angepaßt ist. Im allgemeinen neigten Alexander und French dazu, viele komplexe Vorgänge auf den schlichten Faktor „korrigierende emotionale Erfahrung" zu reduzieren und andere Faktoren zu ignorieren, die mit der aktiven Rolle des Patienten bei der Formulierung unbewußter Pläne zusammenhängen und damit, daß er den Therapeuten Prüfungen unterwirft und entscheidet, ob sie bestanden werden oder nicht, daß er beurteilt, ob Bedingungen bestehen, die Sicherheit bieten, und daß er entscheidet, ob abgewehrte Inhalte ans Tageslicht gebracht werden.

4 Sowohl Klein als auch die Mt. Zion-Gruppe gehen bei dieser Vorstellung von Freuds (1920) Beobachtung eines Kindes aus, das mit dem „Fortsein" der Mutter fertigzuwerden versucht, indem es ein Spiel spielt, bei dem es wiederholt Gegenstände verschwinden läßt und sie dann findet. Freud deutet dieses Spiel als Versuch des Kindes, die passive traumatische Situation in eine aktive umzuwandeln, um sie bewältigen zu können.

Teil II
Ausgewählte Themen der psychoanalytischen Theorie

Nachdem ich verschiedene individuelle Beiträge zum derzeitigen Aufruhr im Bereich der psychoanalytischen Theorie vorgestellt und zusammengefaßt habe, werde ich in den folgenden Abschnitten umfassendere Themen und Probleme, die sich aus diesen Beiträgen ergeben haben, unter dem Gesichtspunkt ihrer Implikationen für die psychoanalytische Theorie prüfen und erörtern. Ich werde mit einer Erörterung des Angstbegriffs beginnen, der für diese Theorie von zentraler Bedeutung ist.

10. Kapitel
Der psychoanalytische Angstbegriff

Wie wir gesehen haben, wird von modernen psychoanalytischen Theoretikern häufig das Thema der ursprünglichen Quelle der Angst sowie des Charakters erlebter Bedrohungen des Ichs und des Selbst behandelt. Ich möchte an dieser Stelle gern die frühere Diskussion über die Angst überprüfen und erweitern. Nach der traditionellen psychoanalytischen Theorie wird Angst stets und notwendigerweise von Triebwünschen erzeugt. Man ist zu der grundlegenden Frage berechtigt, weshalb sexuelle und aggressive Regungen so bedrohlich sein sollen. Diese Frage mag jedem naiv erscheinen, der auch nur oberflächlich mit der psychoanalytischen Theorie vertraut ist. Gewiß, man ist informiert über Kastrationsangst, Angst vor Objektverlust, vor dem Verlust der Liebe des Objekts, über Schuldgefühle und Überich-Angst. Doch wie bereits erwähnt, ergibt eine Untersuchung all dieser angstauslösenden Gefahren, daß sie auf einem von zwei Modellen beruhen. Beim ersten, im wesentlichen ein Verbrechen-Strafe-Modell, stellen verbotene (sexuelle und aggressive) Wünsche das Verbrechen dar, und es werden verschiedene Formen der Bestrafung – einst in die Außenwelt verlagert und nun verinnerlicht – als dem Verbrechen angemessen erwartet.

Beim zweiten, umfassenderen Modell sind sexuelle und aggressive Wünsche schon von Natur aus und *ihrem Wesen nach* dem Selbst *feindlich* und bedrohen dadurch sein Überleben. Freud (1926) schreibt: „Die eigentliche Determinante für die automatische Angst ist das Eintreten einer traumatischen Situation mit dem Kernerlebnis der Hilflosigkeit, die das Ich angesichts einer Erregungsanhäufung äußeren oder inneren Ursprungs, die es nicht verarbeiten kann, empfindet" (Studienausgabe, Bd. 6, S. 231). Später stellt er fest: „Die Situation, die er [der Säugling] als ‚Gefahr' wertet, gegen die er versichert sein will, ist also die der Unbefriedigung, *des Anwachsens der Bedürfnisspannung*, gegen die er ohnmächtig ist ... die Situation der Unbefriedigung, in der Reizgrößen eine unlustvolle Höhe erreichen, ohne Bewältigung durch psychische Verwendung und Abfuhr zu finden, muß für den Säugling die Analogie mit dem Geburtserlebnis (sein) ... das beiden Gemeinsame ist die ökonomische Störung durch das Anwachsen der Erledigung heischenden Reizgrößen, dieses Moment also der eigentliche Kern der ‚Gefahr'. In beiden Fällen tritt die Angstreaktion auf" (S. 168) (Hervorhebung von Freud).

Selbst die Bestrafungen des ersten Modells beziehen ihr traumatisches Potential aus der Tatsache, daß der Organismus, würden sie durchgeführt, angesichts der überwältigenden Erregung, die durch die Nichtbefriedigung von Triebwünschen erzeugt wird, hilflos wäre. Freud (1926) schreibt: „Mit der Erfahrung [des Kindes], daß ein äußeres, durch Wahrnehmung erfaßbares Objekt der an die Geburt mahnenden gefährlichen Situation ein Ende machen kann [mit der gefährlichen Situation meint Freud hier die Gefahr, von exzessiver Erregung überwältigt zu werden], verschiebt sich nun der Inhalt der Gefahr von der ökonomischen Situation auf seine Bedingung, den Objektverlust" (S. 168). Mit anderen Worten, die wirkliche Gefahr, die durch den Objektverlust repräsentiert wird, ist die „ökonomische Situation" der exzessiven Erregung.

In anderen Schriften macht Freud klar, daß dies auch auf die Gefahren des Verlusts der Liebe des Objekts, der Kastrations- und Überich-Angst zutrifft. Im Hinblick auf die Kastrationsangst bemerkt er (1926) beispielsweise: „Die Beraubung dieses Gliedes ist soviel wie eine neuerliche Trennung von der Mutter, bedeutet wiederum, einer unlustvollen Bedürfnisspannung (wie bei der Geburt) hilflos ausgeliefert zu sein" (S. 169). Daß diese inhärente Bedrohung nicht mit dem traditionellen Angstmodell „Verbrechen und Bestrafung" zusammenhängt, wird von Anna Freud (1926) anerkannt, wenn sie die gesonderte Angstkategorie „Bedrohung durch die Stärke der Instinkte" erörtert (vgl. auch Waelder, 1960). Und sie stützt ihre Überlegungen offensichtlich auf Freuds (1940 a) Feststellung, daß „übergroße Triebstärken das Ich ... schädigen (können)" (S. 130). Wir müssen demnach fragen, weshalb Triebstärke *per se* (unabhängig davon, ob die Triebe auf Bestrafung oder Ablehnung stoßen) angeblich von Natur aus und ihrem Wesen nach das Wohlbefinden des Selbst trübt. Unabhängig von der Kultur und ihren Verboten wird ein „primärer Antagonismus" zwischen Es und Ich postuliert. Folgt man dieser Ansicht, scheint es ein in unserem biologischen Erbe begründetes Unglück zu sein, daß wir mit Trieben ausgestattet sind und mit einem Ich, dem

Triebe von Natur aus feindlich gegenüberstehen – so als wären wir alle mit einer Art Autoallergie geboren.[1]

Warum also sollten Triebe *per se* dem Ich von Natur aus feindlich gegenüberstehen? Gibt es zwingende klinische Beweise, daß das Erleben der Desintegrationsangst notwendigerweise durch heftige sexuelle und aggressive Regungen und Gefühle verursacht werden oder von ihnen begleitet sein muß? Trifft es wirklich zu, daß „mit Wut und Liebe verbundene Affekte mit solcher Intensität erlebt werden, daß sie ein Gefühl der Vernichtung auslösen ..." (Modell, 1975, S. 61) [übers. v. H. W.]? Die Annahme, daß die Intensität von Trieben das Ich bedroht, scheint nicht von klinischen Beweisen auszugehen, sondern von der zentralen Freudschen Vorstellung, daß exzessive Erregung *die* prototypische Gefahrensituation für das Ich darstelle, und daß die primäre Ursache dieser Erregung in der Spannung zu suchen sei, die durch nichterfüllte Triebansprüche entsteht. Die Idee, daß exzessive Erregung eine Gefahr darstelle und das zentrale Nervensystem sich davon zu befreien suche, ergab sich nicht induktiv aus der Anhäufung klinischer Beweise, sie war vielmehr bereits in Freuds „Entwurf" (1887–1902) enthalten und blieb danach ein zentrales Thema in seinem Denken. Die Vorstellung, daß nicht-abgeführte Triebspannungen zu exzessiver Erregung führen und damit Angst auslösen, kann als ein Überbleibsel der frühen, vermutlich aufgegebenen Theorie Freuds (1895) von der Angst als akkumulierter und umgewandelter Libido angesehen werden; sie geht aber auch von dem grundlegenden, niemals aufgegebenen Modell der Spannungsminderung aus, wonach jede Erregung bis zu einem gewissen Grade schädlich ist und das Verhalten in erster Linie durch ihre Abfuhr motiviert wird. Der Triebspannung gebührt der Hauptanteil an der Erzeugung schädlicher Erregung, weil sie auf einer inneren (endosomatischen) Ursache beruht und man ihr daher – im Gegensatz zu manchen äußeren Reizen – nicht entfliehen kann. Kurz gesagt, die Vorstellung, daß Triebregungen, insbesondere solche von großer Intensität, *von Natur aus* eine Gefahr für das Ich darstellen, ist von einem *a priori*-Modell menschlichen Verhaltens, das nach Spannungsminderung strebt, abgeleitet sowie von der Annahme, daß sich das Nervensystem seinem Wesen nach und im Idealfall im Ruhezustand befinde und durch Erregung in wechselnden Graden gestört wird. Es handelt sich um ein spezifisches Beispiel für das, was Cofer und Appley (1963, 1972) als „homöostatisches Trieb"-Modell des Verhaltens bezeichnen.

Es ist zwar zweifellos richtig, daß exzessive Erregung den Organismus schädigen kann, doch es ist unwahrscheinlich, daß Spannung, die sexuellen und aggressiven Regungen entspringt, als primäre Ursache exzessiver Erregung anzusehen ist. Offensichtlich besteht insofern eine inhärente Beziehung zwischen exzessiver Erregung und Angst, als letztere durch hochgradige physiologische Erregung gekennzeichnet ist. In der Tat kann Angst zum Teil unter dem Aspekt eines exzessiven Erregungsgrades definiert werden. Es gibt aber keinen Beweis dafür, daß Triebregungen eine Hauptursache exzessiver Erregung sind.

Welches entscheidende Merkmal weckt demnach die Angst im Menschen? Meines Erachtens lautet die Antwort: *alles*, was als Bedrohung der Integrität und Unversehrtheit des Individuums empfunden wird. Wenn also Triebregungen mit solchen Bedrohungen verbunden sind (zum Beispiel mit Objektverlust, der als lebensbedrohend empfunden werden kann), dann werden sie Angst auslösen, aber nicht deshalb – das sollte festgehalten werden –, weil sie dem Wohlbefinden des Ichs von Natur aus feindlich gegenüberstehen.

Eine Neigung zu hochgradiger physiologischer Erregung prädisponiert vielleicht an sich zur Angst. Wie bereits erwähnt, gibt es Hinweise, daß Menschen, die unter chronischer heftiger Angst leiden, allgemein zu hochgradiger Erregung neigen, und da sie sich nur sehr langsam an ankommende Reize gewöhnen, reagieren sie auch auf spezifische Stimulierung mit exzessiver Erregung (Lader und Wing, 1966). Bei solchen Menschen kann *alles*, was den Erregungspegel erhöht – äußere Reize, intensive Gefühle, angsterwekkende Situationen –, heftige Angst auslösen. In Übereinstimmung mit Fenichels (1945) Beschreibung von Menschen, die zu Angst neigen, kann man sagen, daß die Signalfunktion der Angst bei ihnen versagt. Geringe Angstmengen, die bei anderen Abwehrreaktionen dieser oder jener Art auslösen würden, führen zur „traumatischen Situation" eines Angstanfalls, wenn sie zu dem bereits vorhandenen übermäßig hohen Erregungspegel hinzutreten, der für angstanfällige Menschen charakteristisch ist.

Die chronische Angst mancher Patienten ist wahrscheinlich nicht so sehr Triebimpulsen zuzuschreiben, die durchzubrechen drohen, sondern „strukturellen" Faktoren, die auf einer Ebene logischen Denkens als Neigung zu einem übermäßig hohen Erregungspegel beschrieben werden können und auf einer anderen Ebene im Sinne einer Ich-Schwäche und eines nicht intakten Selbstgefühls. Ein Mensch ohne intaktes Selbstgefühl wird wahrscheinlich eher die mit starker Erregung verbundene ständige Wachsamkeit erkennen lassen und eine Vielzahl von Situationen als bedrohlich empfinden. Folglich wird ein solcher Mensch früher oder später vor einer Situation stehen, die heftige Angst auslöst. Ein leicht gewecktes Gefühl der Gefahr für das Selbst führt zu einem Teufelskreis, in dem man durch die Empfindung mangelnder Unversehrtheit veranlaßt wird, auf vielfältige Situationen mit heftiger Angst zu reagieren, die ihrerseits die Befürchtung einer „Beschädigung des Ichs" intensiviert.

Insofern Triebwünsche mit heftiger Angst verknüpft sind, handelt es sich wahrscheinlich nicht um die traditionellen Es-Triebe, sondern – wenn man Modells Unterscheidung zwischen zwei Triebkategorien akzeptiert – um die vermutlich „ruhigeren" Triebe, die mit Objektbeziehungen einhergehen. Die Dränge und Wünsche, die das Gefühl eines intakten Selbst wahrscheinlich am stärksten bedrohen, sind, wie Fairbairn (1952) behauptet, jene, die mit dem Konflikt zwischen „der regressiven Lockung der Identifizierung und dem progressiven Drang zur Loslösung" zusammenhängen. Das heißt, symbiotische Wünsche und Strebungen in Richtung auf Loslösung und Individuation haben vermutlich an heftiger Angst einen entscheidenden Anteil. Sowohl Meissner (1981) als auch Sandler und Sandler (1978) weisen darauf hin, daß man den Wunsch nach einer bestimmten Art von Objektbeziehung ebenso abwehren kann wie einen sexuellen oder aggressiven Wunsch.

Regressive Sehnsüchte und Wünsche nach Verschmelzung mit Selbst-Objekten können gerade deshalb heftige Angst wecken, *weil solche Wünsche und Sehnsüchte Bedrohungen der Integrität des Selbst darstellen.* Auch hier wird ein Teufelskreis geschaffen: Ein schwankendes Selbstgefühl weckt regressive Sehnsüchte und Wünsche nach Verschmelzung mit dem stützenden Selbst-Objekt, die ihrerseits die allenfalls empfundene Unversehrtheit des Selbst bedroht. Kehren wir noch einmal zum Beispiel der Agoraphobie zurück. Der unter schwerer Agoraphobie Leidende ist nicht nur dadurch gekennzeichnet, daß er sich fürchtet, aus der relativen Sicherheit seiner Behausung herauszutreten, sondern auch durch die Furcht vor seinen regressiven Verschmelzungswünschen, die sein schwankendes Selbstgefühl bedrohen und die chronische Angst steigern, die auch dann vorhanden ist, wenn er sich nicht in der phobischen Gefahrensituation befindet. Mit anderen Worten, für den unter Agoraphobie Leidenden und andere in ähnlichen Konfliktsituationen kommt die Bedrohung des Selbst daher, daß sich das Individuum auf Unabhängigkeit zubewegt und vom stützenden Selbst-Objekt wegbewegt – was klarer erkennbar ist –, aber auch von den Wünschen und Sehnsüchten, die dem Selbst-Objekt gelten. Sowohl die Erfahrung, ohne Unterstützung auf sich selbst gestellt zu sein, als auch die durch diese Erfahrung geweckten regressiven Wünsche tragen demnach zur häufig chronischen Angst des agoraphobischen Patienten bei.

Obschon Loslösungs- und Individuationsstrebungen sowie regressive Wünsche zu heftiger Angst beitragen können, kann man nicht ohne weiteres behaupten, daß sie den Organismus in exzessive Erregung versetzen. Wie Modell (1975) bemerkt, lassen sich die mit Objektbeziehungen verbundenen „ruhigeren" Triebe nicht in derselben Weise charakterisieren wie die Freudschen Es-Triebe. Das heißt, sie können nicht einfach in ein Triebminderungsmodell eingepaßt werden, bei dem endogene Triebquellen ständig gebieterische Forderungen an den Organismus richten.

Sobald man das Triebminderungsmodell fallen läßt, ist schwer einzusehen, weshalb die bloße Intensität sexueller und aggressiver Regungen das Ich gefährden sollte. Patienten berichten nicht generell von solchen Erfahrungen, und es ist zweifelhaft, ob solche Schlüsse anhand dessen, was sie berichten, gezogen würden – wenn wir nicht von der Trieblehre beeinflußt wären. Freuds Triebminderungsmodell, das in der Trieblehre wurzelt, beruhte auf einer Mutmaßung und war ein Paradigma, *bevor* empirische klinische Beweise vorlagen, und die Interpretation dieser Beweise wurde dadurch ebenso stark beeinflußt wie die Art der gezogenen Schlußfolgerungen und der Formulierungen. Es ist klar, daß sich theoretische Vorstellungen und vorgefaßte Meinungen auf die Deutung von Fakten, einschließlich klinischer Daten, auswirken, und es ist unvermeidlich. Ich bin nicht der Auffassung, daß dieses theoretische „Vorurteil" völlig eliminiert werden könnte. Im vorliegenden Fall bin ich der Meinung, daß die Freudsche Trieblehre unter anderem dem Phänomen der Angst nicht gerecht wird, und daß sie durch eine exaktere und nützlichere Theorie ersetzt werden sollte.

Anmerkung

[1] Die Vorstellung einer natürlichen Antipathie zwischen Trieben und Ich, die in einigen Schriften Freuds und ganz sicher in Anna Freuds Arbeiten zum Ausdruck kommt, scheint der in *Das Unbehagen in der Kultur* geäußerten Ansicht zu widersprechen, daß die Gesellschaft eine notwendige Komponente des neurotischen Konflikts sei.

11. Kapitel
Die Triebe, das Es-Ich-Modell und die Organisation des Selbst

Die Bezeichnungen Es und Ich haben in der Freudschen Theorie eine doppelte Bedeutung. Nach der dominierenden Auffassung, in der sich ein Triebbeherrschungsmodell widerspiegelt, wird das Es unter dem Aspekt von Triebregungen definiert und das Ich unter dem Aspekt von kontrollierenden und vermittelnden Funktionen. Die zweite Bedeutung wird klar, wenn man die deutschen Worte „Ich" und „Es" im Auge behält, die, anders als in der latinisierten Version von Id und Ego, in englischer Übersetzung zu „the it" und „the I" werden. In dieser Bedeutung bezeichnet „the it" das, was an der Persönlichkeit *unpersönlich* ist oder verleugnet wird, während sich „the I" auf das bezieht, was persönlich ist, was uns eignet und was wir als Teil von uns selbst erleben (vgl. Brandt, 1966, und Bettelheim, 1982, die sich eingehender mit der Unzulänglichkeit der englischen Übersetzungen der Werke Freuds befassen). Wenn man beide Bedeutungen miteinander verschmilzt, gelangt man zu einer Begriffsbildung, wonach das Triebhafte notwendigerweise und von Natur aus unpersönlich ist und etwas von einer „Es"-Eigenschaft an sich hat (um mit Hartmann [1958] zu sprechen: Das Es ist von Realität und Erfahrung abgeschnitten), während das Ich persönliche Erfahrung vermittelt. Wie Bettelheim (1982) in einem kürzlich erschienenen Artikel ausführt, vermitteln die deutschen Worte „Ich" und „Es" die Vorstellung, daß der rationale, kontrollierende Teil der Persönlichkeit derjenige ist, mit dem man sich identifiziert, während das Triebhafte aus dunklen, unterschwelligen Kräften besteht, die als unpersönliche Geschehnisse, von denen man überwältigt werden kann, erlebt werden. Wie wir sehen werden, sind dies auch weiterhin die dominierenden Bilder, die dem Es-Ich-Modell zugrunde liegen.

Ich möchte hier drei Grundfragen erörtern, die das oben beschriebene Es-Ich-Modell betreffen. Die erste Frage gilt der Angemessenheit eines Modells, das von einer Dichotomie zwischen Triebzielen und -energien einerseits und kontrollierenden, vermittelnden Strukturen andererseits ausgeht. Die zweite Frage lautet, ob der Triebbegriff der Freudschen Theorie zutreffend ist. Und die dritte, damit verbundene Frage gilt der Verschmelzung der beiden Bedeutungen des Es als Triebwunsch und als unpersönliches „Es". Die Grundfrage lautet hier, weshalb das Triebhafte notwendigerweise und von Natur aus unpersönlich ist und „Es"-Status hat.

Modells Beschreibung von Objektbeziehungstrieben, die mit dem Ich verbunden sind, verweist nachdrücklich auf ein Thema, das von Fairbairn (1952) und in neuerer Zeit von Apfelbaum (1966), Fingarette (1969) und Klein (1976) in jeweils verschiedenen Zusammenhängen aufgegriffen wurde. Wie wir gesehen haben, erklärt Modell mit Recht, daß sogenannte Objektbeziehungstriebe das Modell in Frage stellen, das in *Das Ich und das Es* präsentiert wird, doch er bagatellisiert das Maß dieser Herausforderung. Beim Ich-Es-Modell und, wie Apfelbaum bemerkt, bei dem Modell, das Hartmann (1958) und Rapaport (1950, 1951, 1958) aus der Sicht der psychoanalytischen Ich-Psychologie formulieren, gibt es Triebziele, die vom Es ausgehen, und kontrollierende, vermittelnde Strukturen und Funktionen, die mit dem Ich verbunden sind. Nach dieser Auffassung erfordert der dunkle, „brodelnde Kessel" des Es, dem Erfahrung und äußere Realität fremd sind (vgl. Hartmann, 1958), die Entwicklung eines Anpassungsorgans: des Ichs, das diese blinden Kräfte kontrolliert und zwischen ihnen und der äußeren Realität (sowie zwischen dem Es und der Struktur verinnerlichter Verbote und Regeln, dem Überich) vermittelt. Die Beziehung zwischen Es-Trieben und Ich, wie sie in diesem Schema dargestellt ist, kehrt deutlich in Anna Freuds (1966) bereits erwähnter Behauptung wieder, daß es einen „primären Antagonismus" und eine „angeborene Feindseligkeit" zwischen Es und Ich gebe, sowie in der Erklärung von Gill und Brenman (1959), über die „Folgerichtigkeit, Zuverlässigkeit und relativ geringe Intensität" des alltäglichen Verhaltens „als eine Leistung autonomer Ich-Strukturen, die triebhaften Eigensinn und Hemmungslosigkeit in Schach halten" (S. 182) [übers. v. H. W.].

Nach diesem Schema werden die Antriebskräfte nur von den Trieben geliefert, während das Ich lediglich als eine Struktur mit bestimmten Funktionen verstanden wird. Das heißt, Triebe liefern Energie und grundlegende (Abfuhr-)Ziele, während das Ich für der Anpassung dienende Kanalisierung und Kontrolle sorgt. Das ist bei späteren Entwicklungen, die zur psychoanalytischen Ich-Psychologie führten, ebenso der Fall wie bei dem in *Das Ich und das Es* vorgestellten traditionellen Modell. Wie Klein (1976) bemerkt, hat die psychoanalytische Vorstellung von den Trieben „als ‚blinde Kräfte', die kontrolliert werden müssen, den Ich-Begriff in die Falle gelockt; das Ich wird vornehmlich als Kontrollinstanz und als im Dienste des ‚Realitätsprinzips' stehend dargestellt" (S. 175) [übers. v. H. W.]. Nach Apfelbaums (1966) Beschreibung macht Hartmann „das Ich zu einem *Organ* mit einer *Funktion* statt zur Repräsentanz eines *Triebes* mit einem *Ziel*" (Hervorhebungen von Apfelbaum) (S. 457).

Daß psychoanalytische Ich-Psychologen darauf beharren, den Herrschaftsbereich der Motivation ausschließlich im Es zu sehen, geht auch aus Rapaports Behauptung hervor, daß eindeutig zweckmäßige, forschende, neugierige und nach Ungewöhnlichem strebende Verhaltensweisen als verursacht, nicht aber als motiviert zu betrachten seien. Rapaport ist der Vorstellung vom Es als Motivationsinstanz und vom Ich als kontrollierende Struktur so stark verpflichtet, daß jedes Verhalten, welches nicht die Merkmale von Es-Trieben zeigt – zu denen er Unaufschiebbarkeit, Periodizität, Selektivität und Verschiebbarkeit rechnet –, nicht als motiviert anzusehen ist. Diese Einschränkung zwingt ihn zu der eigentümlichen Position, ein weites Feld von zielgerichtetem und geplanten, zweckentsprechend gewählten Verhalten als unmotiviert einzuschätzen. Diese künstliche und ungeschickte Kategorisierung von Verhalten bezeugt das Beharren auf der Vorstellung, daß nur Triebe ein Verhalten, das von Zielen und Motiven bestimmt ist, hervorbringen, während das Ich Strukturen und Funktionen bereitstellt, die diese Ziele kontrollieren, modifizieren und verwirklichen.

Insoweit Hartmann (1964) gelegentlich auf Ich-Ziele und Freuds frühen Begriff der „Ich-Interessen" verweist, scheint er die Möglichkeit, ja, die Allgegenwart nicht-libidinöser Motive und Ziele einzuräumen. Jedoch eingedenk der Freudschen Verwendung der Bezeichnung verwendet er „Ich-Interessen" weiterhin im wesentlichen im Sinne der Ausdehnung von Tendenzen zur Selbsterhaltung und stellt fest, daß sie „in Es-Neigungen" (S. 137) [übers. v. H. W.] oder „in narzißtischen, exhibitionistischen, aggressiven, usw. Triebtendenzen" (S. 176) wurzeln. Daraus ergibt sich, wie Klein (1976) feststellt, daß die Ich-Psychologie weder ein dynamisches Prinzip noch eine ausgesprochene Theorie nicht-libidinöser Motivation liefert, sondern eine strukturelle Psychologie bleibt, die einer bereits vorhandenen Triebabfuhrtheorie der Motivation aufgepfropft wurde.

Sich das Ich lediglich als eine Struktur mit bestimmten Funktionen vorzustellen, würde in der Tat eine grundlegende Abkehr von dem in *Das Ich und das Es* enthaltenen Persönlichkeitsmodell einleiten, und dazu scheint Hartmann nicht bereit. Doch angesichts des Geredes von Ich-Zielen, Drängen nach Meisterung, usw. bemerkt Apfelbaum: „Wie weit kann die Vorstellung von Apparaten, die ein solches Verhalten verursachen, reichen, bevor die Organmetapher zusammenbricht und diese Apparate wieder den Charakter von Trieben annehmen?“ (1966, S. 457) [übers. v. H. W.]. Und Apfelbaums Frage behielte auch ihre Berechtigung, wenn man auf den Triebbegriff vollständig verzichten würde. Denn er fragt im Grunde nach dem Motivationsstatus von Ich-Zielen in einer Theorie, die den Trieben die primäre, vielleicht ausschließliche Motivationskraft einräumt. Es ist demnach klar, daß sowohl die traditionelle Theorie als auch die Ich-Psychologie in ihren grundlegenden Definitionen das Es als motivierend und das Ich als strukturell behandeln.

Wie bereits erwähnt, bemüht sich Modell mutig, Ich-Ziele in eine psychoanalytische Psychologie einzubeziehen. Doch wenn er über Objektbeziehungstriebe, die mit dem Ich verbunden sind, spricht, so bedeutet dies, ungeachtet seiner Absichten, nicht, „diese neue Dimension von Objektbeziehungen ... mit Freuds Modell in *Das Ich und das Es*“ zu integrieren, sondern letzteres in einer Weise umzuformen, daß es nicht länger „das zentrale Paradigma der Psychoanalyse darstellt“. Die umgeformte Theorie zeigt mehr Ähnlichkeit mit Freuds (1911, S. 310f.; 1916/17, S. 429f.) früheren Formulierungen, die libidinöse und Ich-Triebe postulieren, als mit einer Theorie, nach der zwischen Trieb und Ich scharf unterschieden wird. Und trotz seiner Kritik an Fairbairn liegen die von Modell vorgeschlagenen Umformungen in der gleichen Richtung wie Fairbairns Ablehnung der Es-Ich-Dichotomie und seines Vorschlags einer Ich-Struktur mit eigenen dynamischen Zielen.

Eine weitere Schwierigkeit mit dem Es-Ich-Modell liegt darin, daß der Freudsche Triebbegriff empirisch ungenau ist. Modell hat demnach recht, wenn er feststellt, daß sich die Triebe, die Objektbeziehungen zugrunde liegen, hinsichtlich ihres interaktionalen Charakters, ihrer Beziehungen zu äußeren Objekten und des Umstands, daß ihnen mit einer einfachen Erklärung im Sinne von organischen

Ursachen und Spannungsminderung nicht beizukommen ist, offenbar sehr von den Es-Trieben unterscheiden, wie sie in der Freudschen Theorie beschrieben werden. Modell übersieht indessen, daß die angeblichen Eigenschaften von Es-Trieben, die sie von Objektbeziehungstrieben unterscheiden sollen, für die ersteren ebensowenig charakteristisch sein mögen wie für die letzteren. Oder, umgekehrt ausgedrückt: Die Eigenschaften, die angeblich für Objektbeziehungstriebe bezeichnend sind, sind es in Wahrheit auch für die sogenannten Es-Triebe. Beispielsweise sind Sexualität und Aggression beim Menschen ebenso interaktional, ebenso mit äußeren Objekten verbunden und ebenso schwer schlichtweg im Sinne von Spannungsanhäufung und -abfuhr zu erklären wie die sogenannten Objektbeziehungstriebe. Wie Klein (1976) bemerkt, werden „Ziele in Objektbeziehungen ausgelebt". Was das Sexualverhalten angeht, beachte man folgende Äußerung von Beach (zit. von Holt, 1976): „In weit höherem Maße als Hunger oder Durst hängt die Erregung sexueller Neigungen von äußeren Reizen ab." Er wählt den Hirsch als Beispiel und stellt fest: „Es ist höchst unwahrscheinlich, daß er sich beim Fehlen erotischer Reize in einem Dauerzustand nichtabgeführter sexueller Spannung befindet. Dies würde ebenso auf den Menschen männlichen Geschlechts zutreffen, gäbe es nicht die mächtigen Wirkungen symbolischer Reize, die er mit sich herumzutragen pflegt, wohin er immer geht" (S. 5) [übers. v. H. W.]. Auch Fletcher (1966) weist darauf hin, daß Trieb„kräfte" nicht konstant sind, sondern durch äußere Reize geweckt werden.

Wie Holt (1976) feststellt, entspricht der Freudsche Triebbegriff, der von einer unerbittlichen Anhäufung somatischer Reize und einem stets gegenwärtigen Abfuhrbedürfnis ausgeht, einfach nicht den Tatsachen menschlicher und tierischer Motivation – auch in bezug auf sexuelles und aggressives Verhalten. Und er entspricht gewiß nicht der Tatsache, daß Motive mit Selbstwertgefühl, Neugier, Forschungsdrang und einer großen Zahl anderer Verhaltensweisen zusammenhängen. Kaufman (1960), ein mit ethologischen Befunden bestens vertrauter Analytiker, schreibt: „Es häufen sich die Beweise, die den Reservoir-Begriff des Verhaltens stark in Zweifel ziehen, wonach durch die Abfuhr von Energie in eine Handlung das Verhalten zum Stillstand gebracht wird. Es ist überdeutlich geworden, daß das Verhalten nicht durch eine Handlung zum Stillstand gebracht wird, sondern weil eine gewisse Reizsituation vorhanden ist" (S. 321) [übers. v. H. W.] Später stellt er fest, daß „wir nicht länger postulieren müssen, daß sich das ganze Panorama der Sexualität ... von einem angeborenen biologischen Drang oder einer Kraft herleitet, die unerbittlich nach Abfuhr strebt" (S. 384). Vielmehr sollte man, so erklärt er, Manifestationen von Sexualität im Sinne angeborener sensomotorischer Muster sehen, die im Lauf von Reifung und Entwicklung und durch Lernen zu einer Struktur werden, die wir den Geschlechtstrieb nennen. In ähnlicher Weise und anhand verfügbarer Fakten folgert Holt, daß Freuds Triebbegriff nicht haltbar sei, und schlägt vor, ihn durch Freuds früheren Wunschbegriff zu ersetzen.

Ich wende mich nun dem dritten, bereits früher vorgebrachten Problem zu, nämlich der Vorstellung, daß das Triebhafte notwendigerweise unpersönlich sei. Ich möchte zunächst sagen, daß Freud hinsichtlich seiner Definitionen von Es und Trieb selbst etwas verwirrt und inkonsequent war. Manchmal unterscheidet er zwischen Es und Trieb im Sinne einer Gegenüberstellung von Psychisch und Biologisch. So sagt er an einer Stelle (1940a): „Die Kräfte, die wir hinter den Bedürfnisspannungen des Es annehmen, heißen wir *Triebe*". In der Editorischen Vorbemerkung (Freud, Studienausgabe, Band 3, S. 76) heißt es, daß Freud den Trieb manchmal als „psychischen Repräsentanten der aus dem Körperinnern stammenden ... Reize" bezeichne und dann wieder einen scharfen Trennungsstrich zwischen dem Trieb und seinem psychischen Repräsentanten ziehe. Dann wieder sprach er vom Trieb als „Grenzbegriff zwischen Seelischem und Somatischem" (1915), und schließlich (1940 a) schreibt er, daß die Triebe ihren Ursprung in der somatischen Organisation haben und ihren ersten psychischen Ausdruck im Es in Formen finden, die uns unbekannt seien.

Weshalb sind uns diese Formen unbekannt? Freud (1915 b) sagt: „Ein Trieb kann nie Objekt des Bewußtseins werden, nur die Vorstellung, die ihn repräsentiert" (S. 275). Aber hier bezieht er sich offensichtlich auf den biologischen, den organischen Ursprung, und natürlich kann dieser niemals zum Objekt des Bewußtseins werden, ebenso wie man sagen würde, daß die neuronale Entladung niemals zum Objekt des Bewußtseins werden kann – nur der Wahrnehmungsgegenstand, der das neuronale Muster repräsentiert, kann es. Wenn man sagt, nur eine Vorstellung, die den Trieb repräsentiert, könne zum Objekt des Bewußtseins werden, so heißt dies nichts anderes, als daß nur der Wahrnehmungsgegenstand oder Gedanke, der die neuronale Entladung repräsentiert, Objekt des Bewußtseins werden kann. Es heißt auch nichts anderes, als daß zwar Hormonausschüttungen keine Objekte des Bewußtseins sind, sexuelle Wünsche und Phantasien aber sehr wohl. Und schließlich kann man sagen, daß zwar die *Prozesse*, die den Ichfunktionen zugrunde liegen, etwa Gedächtnis und Denken, keine Objekte des Bewußtseins sind, hingegen bestimmte Erinnerungen oder Gedanken es durchaus sein können. Kurz gesagt, etwas Ähnliches trifft im allgemeinen auf die Beziehung zwischen dem Biologischen und dem Psychologischen zu.

Indem Freud zwischen dem Trieb und der Vorstellung, die ihn repräsentiert, unterscheidet, scheint er einfach die verschiedenen phänomenologischen Ebenen gegeneinander abzugrenzen: die biologische und die psychologische. In einem gewissen Sinn sind alle Erfahrungen „Derivate“ physiologischer Vorgänge, die als solche nicht repräsentiert werden. Auf welche Weise etwas wie eine Hormonausschüttung oder eine vom Hypothalamus ausgehende Stimulierung gewissermaßen Zugang zu unserem Verhalten finden, ist eine äußerst schwierige Frage, und letztlich bildet sie den Kern der Vorstellung Freuds, daß die Psychoanalyse eine biologische Grundlage habe. Aber dann ist es auch nur eine Variante derselben grundlegenden Frage, in welcher Beziehung die Gehirntätigkeit zu dem von uns Wahrgenommenen oder zu den Gedanken, die wir denken, steht. Freud glaubte, daß wegen unserer genetisch-biologischen Struktur bestimmte Arten von Wünschen universell auftauchen. Ob er in bezug auf den spezifischen Inhalt solcher Wünsche recht hatte oder nicht, recht hatte er meines Erachtens in bezug auf die allgemeine Annahme, daß unsere biologische Struktur darüber entscheidet, welche Arten von Wünschen, Zielen und Sehnsüchten wir wahrscheinlich hegen werden.[1]

Doch daß unsere biologische Struktur den Charakter unserer Wünsche und Sehnsüchte bestimmt, erfordert nicht, daß man eine Struktur, die biologische Triebe repräsentiert, als eine separate Komponente der Persönlichkeit beiseiterückt. Kurz gesagt, die Biologie „findet Eingang“ in unsere psychische Welt, indem sie durch das repräsentiert wird, was wir denken, wahrnehmen, fühlen und wünschen. Man wird jedoch feststellen, daß dies – soweit es die psychologische Ebene betrifft – darauf hinausläuft, daß es nur die Ich-Faktoren der Kognition, der Gefühle und Sehnsüchte gibt. Ein Triebwunsch ist nicht weniger ein Ich-Faktor als jeder andere Wunsch. Das Adjektiv „triebhaft“ bezeichnet lediglich den Inhalt des Wunsches. Wenn triebhaft in irgendeinem anderen Sinne gemeint ist, wird es zur Biologie, und man ist dann wieder dazu übergegangen, die Begriffsebenen zu vermischen, statt sich auf begrifflich gleichwertige Persönlichkeitskomponenten zu beziehen. Zwar ist es sinnvoll, daß man zu verstehen versucht, wie diese biologischen Faktoren unsere Wünsche, Sehnsüchte, usw. beeinflussen, doch es hat keinen Sinn, diese Faktoren als eine Persönlichkeitskomponente anzusehen, der der gleiche Rang gebührt wie individuellen Plänen und Intentionen.

In diesem Sinne war Fairbairns (1952) intuitive Erkenntnis im wesentlichen richtig, als er den Es-Begriff eliminierte und eine „reine" Ich-Psychologie schuf, die verschiedene Ich-Ziele in den Mittelpunkt stellt, die einander widerstreiten und miteinander agieren. Dieser Schritt wird auch in G. S. Kleins (1976) Neuformulierung der psychoanalytischen Theorie getan. Und schließlich meine ich, daß er auch in Freuds frühen Schriften wie in seinen späteren Erörterungen (1940) der Ich-Spaltung in der Abwehr und im Fetischismus implizit enthalten ist. Mit anderen Worten, soweit es sich um die elementare psychologische Ebene handelt, gibt es nur die „Ich"-Faktoren der Kognition, der Wünsche, Gefühle, Ziele, usw. Es ist wichtig zu betonen, daß damit die Bedeutung biologischer Faktoren für das Verständnis der menschlichen Persönlichkeit nicht geleugnet wird. Im Gegenteil, die Berücksichtigung biologischer Faktoren (der menschlichen Natur, sozusagen) ist notwendig, um die Wünsche, Gefühle, usw., die wir wahrscheinlich hegen, das, was wir brauchen, und das, was wir sind, zu verstehen. Doch um es nochmals zu wiederholen, diese biologischen Faktoren können nicht auf derselben Ebene wie die Wünsche und Gefühle, die sie beeinflussen und erzeugen, gesehen werden (so wie eine Gehirntätigkeit nicht auf derselben Ebene gesehen werden kann wie der Wahrnehmungsgegenstand oder die Gedanken, zu denen sie anregt). Ebensowenig Sinn hätte es, sich Hirnaktivitäten, die Wahrnehmung und Denken bestimmen, als Persönlichkeitskomponenten vorzustellen. Wünsche, Sehnsüchte, Wahrnehmungen und Gedanken sind sämtlich „Abkömmlinge" zugrunde liegender biologischer Vorgänge. Es hieße, begriffliche und phänomenologische Ebenen durcheinanderzubringen, würde man sich das Es bzw. das Reservoir biologischer Triebe als psychische Komponente der Persönlichkeit vorstellen. Und wenn man sagt, daß nur Es-Abkömmlinge psychisch erlebt oder repräsentiert werden können, so trifft man eine Feststellung, die logischerweise für alle psychischen

Repräsentanzen in bezug auf zugrunde liegende biologische Vorgänge gilt.

In einem allgemeinen Sinn ist es kein Geheimnis, auf welche Weise Hormonausschüttungen oder eine vom Hypothalamus ausgehende Stimulierung (ich benutze diese als grobe Beispiele biologisch-triebhafter Faktoren) in unser Verhalten „Eingang finden" (obgleich die damit verbundenen spezifischen Prozesse offensichtlich außerordentlich geheimnisvoll sind). Das geschieht, indem das, was wir denken und wahrnehmen, was wir tun möchten, beeinflußt und widergespiegelt wird, insbesondere dann, wenn bestimmte Handlungen in einer instrumentalen Beziehung zu den Gefühlen und Wahrnehmungen stehen, die die Hormonausschüttung oder die vom Hypothalamus ausgehende Stimulierung begleiten. Das heißt, wie Delgado (1969) ausführt, daß man, will man das Verhalten eines Tieres mittels einer Stimulierung des Gehirns lenken, dies nicht tut, indem man das motorische Verhalten des Organismus (wie es im Bild des Roboters aufscheint) direkt manipuliert, sondern indem man Gefühlserlebnisse auslöst, die der Organismus wiederholen oder vermeiden möchte.

Wir kehren zur ursprünglichen Frage zurück. Wenn Vorstellungen, die mit Trieben zusammenhängen, und Es-Abkömmlinge im allgemeinen psychisch repräsentiert werden können, weshalb sind uns dann die Formen, in denen Triebe ihren psychischen Ausdruck finden, unbekannt?

Weshalb nehmen wir insbesondere von den Trieben an, daß uns ihre Ausdrucksformen unbekannt seien? Warum kommen dann die biologischen Prozesse, die den Ich-Funktionen zugrunde liegen, ebenfalls in uns unbekannten Formen zum Ausdruck?

Es liegt auf der Hand, daß dies Varianten der ursprünglichen Frage sind, weshalb das Triebhafte und das Unpersönliche gleichgesetzt werden.

Könnte man nicht sagen, daß die Triebe in Form von Wünschen, Begehren, Phantasieren, Fühlen, Drängen usw. ihren Ausdruck finden? Man kann sogar behaupten, daß diese Wünsche und Sehnsüchte in erster Linie sexuelle und aggressive Inhalte aufweisen. Ist es nicht so, daß man sexuelle und aggressive Gefühle, Wünsche und Sehnsüchte bewußt und uneingeschränkt „besitzen" kann? In welchem Sinne gehören solche Triebregungen dann einem unpersönlichen „Es" an, und inwiefern äußern sie sich in uns unbekannten Formen? Mir scheint, daß Freuds Behandlung des Es-Begriffs von der Annahme durchdrungen ist, daß das Es, da enger mit der geheimnisvollen organischen Triebquelle verbunden, von Natur aus biologisch, dem Wissen nicht zugänglich und unpersönlich sei. Doch wie ich zu zeigen versucht habe, bringt man mit dieser Annahme die Begriffsebenen durcheinander.

Was bleibt, ist die These, daß Es-Abkömmlinge durch Verdrängungsprozesse unpersönlich gemacht werden. Außerdem sind sie, laut Freud, von Natur aus für Verdrängung empfänglich, weil sie den Forderungen der Zivilisation und, wie bereits erwähnt, der Integration des Ichs feindlich gegenüberstehen. Letztere Konzeption beruht ihrerseits wiederum auf Triebbegriffen von übermäßiger Erregung und einem allgemeinen Triebabfuhr-Modell. Doch wie wir gesehen haben, entspricht dieser Triebbegriff nicht den Tatsachen. Geht man von der Logik der Evolution aus, fragt man sich zudem, weshalb Organismen mit Trieben, die ihrem Wesen nach nicht nur in Opposition zu unserer sozialen Umwelt, sondern auch zu einer anderen Komponente der Persönlichkeit stehen, ausgewählt wurden, um zu überleben. Welchen Anpassungswert würde diese Art der Entwicklung haben?

Schließlich haben wir es hier mit einem versteckten Zirkelschluß zu tun. Denn wir haben die Verdrängung erst in Betracht gezogen, nachdem wir herausgefunden hatten, daß die Vorstellung, Triebabkömmlinge seien von Natur aus unpersönlich und persönlichkeitsfremd, weitgehend auf einer Vermischung von Begriffsebenen beruhte. Doch dann erfahren wir, daß die besondere Empfänglichkeit von Triebwünschen für das Schicksal der Verdrängung auf der Annahme beruht, daß das Ich „ein triebfremdes Gebiet" ist (A. Freud, 1936, S. 249), daß „im Menschen eine Neigung zur Abweisung bestimmter Triebe" (S. 337) vorhanden ist, d. h. „die unterschiedslose, primäre und primitive Feindschaft zwischen Ich und Trieb" (S. 338). Mit anderen Worten, Triebabkömmlinge werden durch Verdrängung (oder irgendeinen anderen Abwehrmechanismus) nicht einfach unpersönlich und fremd *gemacht*, sondern sie erliegen der Verdrängung, weil sie von Natur aus fremd und unpersönlich sind.

Wie die obige Diskussion zeigt, scheint es klar, daß das Es-Ich-Modell mit dem Es als triebhaftem „brodelnden Kessel" und dem Ich als kontrollierender Struktur weder richtig noch nützlich ist. Nützlich erscheint an der Ich-Es-Unterscheidung, daß verleugnete Aspekte der Persönlichkeit den anerkannten gegenübergestellt werden, namentlich wenn das Konzept des Verleugneten nicht mit dem Konzept des Triebhaften verschmolzen wird.

Die Teilung der Persönlichkeit in eine Struktur mit motivierenden Zielen (welche, direkt oder indirekt, von Trieben geliefert werden) und eine Struktur, deren Funktion es ist, diese Ziele zu kanalisieren, zu vermitteln und zu verwirklichen, wird von der Vorstellung abgelöst, daß Menschen eine Vielzahl von Zielen zu erreichen trachten – einige im Konflikt mit anderen, andere auf harmonische Weise, manche auf infantile, andere auf reifere Art. Und alle werden eigene Ziele in wechselndem Maße entweder bewußt erkennen und anerkennen oder jedes Bewußtsein völlig vermissen lassen – bis hin zur Verleugnung. Dieses Bild scheint in Holts (1976) früher erwähnter Arbeit auf, bei Klein (1976), in Fingarettes (1966) Darstellung psychoanalytischer Begriffe, in Schafers (1976) neueren Arbeiten, und es ist implizit in den Formulierungen von Fairbairn (1952) und Apfelbaum (1966) enthalten.[2]

Die Entwicklung der Individualität befähigt uns, unsere Gedanken, Erinnerungen, Erfahrungen, Gefühle, Wünsche – um mit Fingarette (1966) zu sprechen, unser „Engagement in der Welt" – *als unsere eigenen* zu akzeptieren. Sie erlaubt uns auch, jene „Engagements" nicht zu akzeptieren, sie zu verleugnen, die der Aufrechterhaltung der Individualität und des Selbstwertgefühls feindlich gegenüberstehen. (Zu solchen „Engagements" gehören sexuelle und aggressive Gedanken und Wünsche.) Wie Fingarette (1966) und Schafer (1976) feststellen, ist diese Verleugnung die Quintessenz des psychoanalytischen Abwehrbegriffs. Das heißt, ein Teil des Selbst hegt Wünsche und verfolgt Ziele, die von einem anderen Teil des Selbst verleugnet werden. Damit scheint der Konflikt sinnvoller beschrieben zu werden, als wenn man über Triebregungen redet, die nach Abfuhr drängen, und über Ich-Strukturen, die sie verdrängen und kontrollieren.

Eine so verstandene Psychologie würde den Es-Begriff, wenn sie überhaupt an ihm festhielte, nicht als Reservoir von Triebregungen begreifen, sondern als Ausdruck der fundamentalen Abwehr gegen die Anerkennung gewisser Wünsche und Ziele, die mit unseren beherrschenden Zielen und Werten konfligieren, indem wir sie als „Nicht-Ich" (Sullivan, 1953) erleben. Das heißt, Freuds grundlegende Erkenntnis, die ihn zwischen einem „Es" und einem „Ich" unterscheiden ließ, wird beibehalten und sogar erweitert, indem man betont, daß sich verschiedene Grade von Verleugnung und

Eigenverantwortlichkeit gegenüberstehen, nicht aber Impuls und Beherrschung. Während insbesondere sexuelle und aggressive Regungen der Verleugnung anheimfallen können, ist nicht der vermeintliche Triebgehalt der kritische Punkt, wenn ein Wunsch oder Ziel als ein „Es" erlebt wird, sondern sein Ich-fremder „Nicht-Ich"-Status.[3] Er wird nicht als Teil der eigenen Individualität erlebt, wird nicht der Reflexion unterworfen und ist damit gegen den korrigierenden Einfluß von Erfahrung, Urteil und Kritik immun. Wie Apfelbaum (1966) bemerkt, wird ein Ziel nicht unbedingt nur deshalb verdrängt, weil es infantil und antisozial ist, sondern auch weil das Verdrängte und damit vor Erfahrung Abgeschirmte infantil und antisozial *bleibt*. Wenn dies zutrifft, ist psychisches Wachstum oder ein positiver Wandel in der Therapie nicht nur eine Frage zunehmender struktureller Beherrschung und des Verzichts auf zeitlos-infantile Regungen, sondern es handelt sich auch um Reifung und Änderung der Ziele selbst. (Ich werde auf dieses Thema in einem anderen Abschnitt zurückkommen.)

Diese Vorstellung von der Persönlichkeit unter dem Aspekt verschiedener Ziele und verschiedener kognitiv-affektiver Systeme entspricht interessanterweise Freuds frühesten wie seinen spätesten Formulierungen. In einer seiner frühesten Fallgeschichten (1893–1895) befaßt er sich mit der Unverträglichkeit „zwischen dem Ich und einer an dasselbe herantretenden Vorstellung" und bemerkt, er hoffe, „an anderer Stelle zeigen zu können, wie verschiedene neurotische Störungen aus den verschiedenen Verfahren hervorgehen, welche das ‚Ich' einschlägt, um sich von jener Unverträglichkeit zu befreien" (S. 181). Etwas später schreibt er: „Der eigentlich traumatische Moment ist demnach jener, in dem der Widerspruch sich dem Ich aufdrängt und dieses die Verweisung der widersprechenden Vorstellung beschließt. Durch solche Verweisung wird letztere nicht zunichte gemacht, sondern bloß ins Unbewußte gedrängt; findet dieser Vorgang zum ersten Male statt, so ist hiermit ein Kern- und Kristallisationsmittelpunkt für die Bildung einer vom Ich getrennten psychischen Gruppe gegeben, um den sich in weiterer Folge alles sammelt, was die Annahme der widerstreitenden Vorstellung zur Voraussetzung hätte. Die Spaltung des Bewußtseins in diesen Fällen akquirierter Hysterie ist somit eine gewollte, absichtliche, oft wenigstens durch einen Willkürakt eingeleitete" (S. 182). Holt (1976) weist darauf hin, daß es Freud in den ersten fünfzehn Jahren seiner Autorenschaft recht gut gelang, sich Konflikt und Symptomatologie eher unter dem Aspekt verschiedener Wünsche und Ziele, statt unter dem von Trieben und Strukturen vorzustellen.

In seiner letzten Schrift kehrt Freud (1940 b) zu seinen frühesten Formulierungen und insbesondere zur „Spaltung“ (des Ichs) zurück. Während er feststellt, daß beim Fetischismus die Verleugnung wie die Anerkennung der Tatsache, daß Frauen keinen Penis haben, nebeneinander existieren, schreibt er: „Die beiden Einstellungen bestehen das ganze Leben hindurch nebeneinander, ohne sich gegenseitig zu beeinflussen“ (S. 134). Hier kann man rechtmäßig von einer „Ichspaltung“ sprechen. Freuds weitere Anmerkung, dies sei „ein allgemeiner Charakter der Neurosen, nur daß dann die eine dem Ich angehört, die gegensätzliche als verdrängt dem Es“ (S. 135), erscheint als deutlicher Hinweis auf den Versuch, diese Vorstellung der Koexistenz von Verleugnung und Anerkennung in das Es-Ich-Modell hineinzupressen. Denn selbst im Rahmen der eigenen Konzeptionen Freuds ergibt es keinen Sinn, vom Es zu sagen, daß es perzeptuelle Fakten verleugne oder anerkenne oder daß es diese oder jene Einstellung habe (insbesondere wenn das Es angeblich von der äußeren Umwelt abgeschnitten ist).

Freuds Begriff der „Ich-Spaltung“ steht im Einklang mit Fairbairns (1952) Formulierungen, wonach Ich-Spaltungen den Kern der Psychopathologie bilden, mit Fingarettes Vorstellungen von Ich und Gegen-Ich, mit Federns (1952) „Ich-Zuständen“, mit Sullivans (1956) Beschäftigung mit Erfahrungen, die vom Selbst-System dissoziiert sind, und mit G. S. Kleins (1976) Betonung der Unvereinbarkeiten von Zielen und dem Versuch ihrer Verwirklichung.[4] Was all diesen verwandten Ideen gemeinsam ist, ist die Betonung der *Integration* kognitiv-affektiver Komplexe in eine übergeordnete Struktur als Kern psychischer Gesundheit und der *fehlenden Integration* der Komplexe als Kern psychischer Krankheit. Jede Pathologie ist in wechselndem Maße mit dem Unvermögen verbunden, konfligierende Gruppen von Zielen, Erkenntnissen, Gefühlen, usw. miteinander zu integrieren. Ferner wird Selbst-Kohärenz, wie ich bei der Erörterung der Arbeit von G. S. Klein ausführte, unter dem Aspekt des Umfangs und der Angemessenheit der Integration dieser kognitiv-affektiven Komplexe definiert.

Daß man sich auf die Wünsche und Ziele konzentriert, die Menschen tatsächlich hegen und verfolgen, bedeutet, daß das Verhalten wahrscheinlich eher anhand empirischer Betrachtungen beschrieben wird statt anhand *a priori* theoretischer Vorurteile, wie sie die Psychoanalyse und andere Ansätze zur Deutung menschlichen Verhaltens zu sehr gekennzeichnet haben. Auf einer strikt empirischen Basis kann man ebensowenig behaupten, daß die Wünsche und Ziele der Menschen sämtlich Varianten sexueller und aggressiver Motive seien, wie man sagen kann, sie seien von Natur aus gleichförmig und würden sich überwiegend selbst verwirklichen (Maslow, 1952, 1968; Rogers, 1959, 1961). Beide Beschreibungen beruhen weitgehend auf theoretischen Spekulationen und vorgefaßten Meinungen über die menschliche Natur und nicht auf empirischen Befunden.

Wenn man solche universellen, allumfassenden Tendenzen postuliert, wie die mit den Freudschen sexuellen und aggressiven Trieben verbundenen, bringt man es leider fertig, jedes Verhalten – auch wenn es mit diesen Zielen offensichtlich nichts zu tun hat – als direkten oder indirekten Abkömmling dieser postulierten Ziele (einschließlich der Abwehren gegen sie und ihrer Sublimierungen) anzusehen. Da außerdem nach der Freudschen Theorie jedes Verhalten *per definitionem* zum Teil und auf irgendeine Weise ein Triebabkömmling ist (Waelder, 1960), und da es wenige, wenn überhaupt, empirische Kriterien gibt, um zu bestimmen, wann Verhalten ein Abkömmling eines sexuellen oder aggressiven Triebes ist, bestätigt sich die theoretische Position selbst und braucht eine Widerlegung durch Beweise des Gegenteils nicht zu fürchten.[5] Dies trifft auf Rogers' und Maslows Behauptung bezüglich grundlegender Selbstverwirklichungstendenzen ebenso zu wie auf die Freudsche Triebtheorie. Was erstere angeht, kann man jedes Verhalten als selbst-verwirklichend oder als Reaktion auf die Verhinderung dieses allumfassenden Vorhabens bezeichnen. Ich glaube auch, daß es ähnliche Probleme geben wird, wenn man Selbst-Kohärenz oder Selbst-Integrität als übergeordnete Tendenz oder Motiv betrachten will, und ich werde dieses Thema in einem späteren Abschnitt ausführlicher erörtern.[6]

Ein Mensch hat zahlreiche verschiedene und oft konfligierende Ziele, Wünsche, Erkenntnisse, Gefühle, Werte usw., die er mit wechselndem Erfolg miteinander integrieren kann. Insoweit Triebe für das Verhalten eine Rolle spielen, tun sie es nicht als eigenständige Impulse, die sich gegen andere Strukturen der Persönlichkeit richten, noch sind sie vollentwickelte, irgendwie verkörperte Ziele, die nach Abfuhr drängen. Sie sind vielmehr Teil eines Komplexes von

Zielen, Verhaltensweisen, Gefühlen und Erkenntnissen. Wie Holt (1976) bemerkt, handelt es sich bei Zielen und Wünschen eher um kognitiv-affektive als um Triebbegriffe. So stellt man sich beispielsweise das nach Bindung strebende Triebsystem am besten nicht im Sinne angegliederter Impulse vor, die nach Abfuhr streben, sondern als eine Reihe von Verhaltensmustern, Fähigkeiten und Zielen, die der gesamten Spezies eigen und, um einen Ausdruck der Verhaltensforscher zu benutzen, „umweltstabil" zu sein scheinen. Welche Wirkung der Bindungstrieb auch auf das Verhalten haben möge, er ist in den Fluß individueller Pläne, Ziele und der Mittel, zu anderen in Beziehung zu treten, integriert. Es gibt keine Bindungstriebe als solche, die als separate Persönlichkeitsstruktur in einem Zustand beschlossener Opposition gegenüber anderen Strukturen der Persönlichkeit existieren.

Oder nehmen wir als anderes Beispiel die Sexualtriebe. Es gibt keine sexuellen Impulse als solche, die nach Abfuhr drängen (wie würde ein Impuls das bewerkstelligen?). Sexuelle Impulse und Sehnsüchte spiegeln sich vielmehr wider in allen Zielen, Gefühlen, Erkenntnissen und Verhaltensweisen des Individuums, und sie werden von einer Vielzahl von Faktoren beeinflußt, etwa durch Lernen, hormonelle Veränderungen und – das sollte festgehalten werden – durch äußere Reize. Indem man den Freudschen Es-Begriff eliminiert, eliminiert oder negiert man nicht die Bedeutung von biologischen und Triebfaktoren; man weist ihnen vielmehr den gebührenden Platz im Rahmen integrierten Verhaltens an.

Anmerkungen

[1] Jene, die der Psychoanalyse jeden Anschein von Metapsychologie absprechen, finden in Wahrheit, daß es ihr nicht zustehe, den Charakter des Bindegliedes zwischen unserer biologischen Struktur und unseren wahrscheinlich vorhandenen Wünschen, Motiven und Zielen ferner in Betracht zu ziehen. Ich werde in einem späteren Abschnitt die Position jener erörtern, die die Psychoanalyse auf eine sogenannte klinische Theorie beschränken möchten.

[2] Diese Vorstellung mag in Fairbairns Arbeit zum Teil etwas unscharf in Erscheinung treten, weil er Redewendungen wie „*Libido* ist Objektsuche" und „Das *Ich* hat seine eigenen Ziele" gebraucht. Man muß sich aber daran erinnern, daß solche Redewendungen im Kontext vorhandener psychoanalytischer Formulierungen und als Reaktion darauf entstanden. So stellte Fairbairn die Behauptung in Frage, daß die Libido Lust suche –

wobei er im selben Kontext und im selben logischen Umfeld verblieb –, indem er argumentierte, Libido suche das Objekt. Ähnliches trifft auf Apfelbaums Behauptung zu, daß das Ich seine eigenen Ziele habe. Sie ist eine Reaktion auf die Vorstellung, daß das Ich lediglich eine Struktur und eine Funktion sei. Mit anderen Worten, sowohl Fairbairn als auch Apfelbaum benutzten Metaphern, die sich aus einem bestimmten Zusammenhang ergeben. Allerdings sind nicht alle Metaphern, wie diese Beispiele zeigen, gleichermaßen gültig oder nützlich. Wenn man also die Metapher „Libido ist Objektsuche" auf ein Phänomen wie ein angeborenes Interesse am Objekt beziehen kann, wird deutlich, daß sie zutreffender ist, mehr in Einklang mit den Tatsachen steht und deshalb auch nützlicher ist als die von der Triebabfuhr ausgehende Metapher „Libido sucht Lust", die sie bestreiten wollte. Ähnliches gilt für Apfelbaums Formulierung, daß das Ich seine eigenen Ziele habe. Man kann diesen Satz so übersetzen, daß er sich auf Phänomene wie innere Motivation (Hunt, 1965), den Drang nach Kompetenz und Meisterung (White, 1960, 1963; Hendrick, 1943) und den Beweis einer allgegenwärtigen, eigenständigen Neugier, auf Motive, die mit Forschung und Neuerung zusammenhängen, bezieht.

[3] Mir scheint, daß die Bezeichnung „Dissoziation", die von präpsychoanalytischen Autoren, unter anderem von Prince (1929 a, b) und Sullivan (1947) benutzt wird, die Vorstellung der Verleugnung und der Isolierung vom Bild, das wir von uns selbst haben, klarer ausdrückt als der Terminus „Verdrängung", insbesondere in der Bedeutung, die er in der traditionellen psychoanalytischen Theorie angenommen hat. Es ist bemerkenswert, daß Klein (1976), der Es und Ich begrifflich im wesentlichen als verleugnet *vs.* nicht-verleugnet faßt, auch Verdrängung als „Bedeutungsschema, das von der Vorstellung der Person von sich selbst *dissoziiert* ist" (S. 241; Hervorhebung von mir) [übers. v. H. W.] und im Sinne „gelebter Bedeutungen ..., vom Verstehen losgelöst, d. h. *vom Selbst dissoziiert* (Kleins Hervorhebung)" (S. 251) [übers. v. H. W.] neu definiert.

[4] Dieser Begriff steht also in gewisser Hinsicht den dominierenden Begriffsbildungen von Forschern wie Janet (1907, 1924), Charcot, Prince (1929 a, b) und Freud und Breuer (1893–1895) nahe, die sämtlich dissoziierte, semiautonome Bündelungen von Zielen, Erinnerungen und Gefühlen als entscheidende pathogene Instanzen in der Psychopathologie feststellten. Ferner ist Freuds Vorstellung von der „Spaltung des Ichs" und dem von ihm postulierten Gegensatz zwischen Spaltungen innerhalb einer einzelnen Struktur (beim Fetischismus) und Spaltungen zwischen verschiedenen Strukturen (bei der Neurose) offensichtlich eine wichtige Quelle ähnlicher, späterer Ideen: Fairbairns Begriff der „Ich-Spaltungen", Kernbergs (1976) Vorstellung von primitiver Spaltung und Kohuts Gegenüberstellung von Defekten *innerhalb* der Selbst-Struktur und Konflikten zwischen intakten Strukturen.

Man beachte Kernbergs Beschreibung der primitiven Spaltung als primäre Abwehr bei Borderline-Zuständen. Insofern sie ein nicht-integriertes Abwechseln zwischen Liebe und Haß (und damit einhergehender Idealisierung und Herabsetzung) betrifft, handelt es sich weniger um die Beschreibung eines Es-Ich-Konflikts als – nach Freudscher Terminologie –

um einen Konflikt im Es –, das heißt, um einen Konflikt zwischen widerstreitenden Es-Tendenzen. Doch selbst dies ist etwas irreführend. Denn klinische Berichte über Spaltungen bei Borderline-Zuständen machen deutlich, daß der entscheidende Punkt die fehlende Ich-Integration ist. Das heißt, der Borderline-Patient kann zum Beispiel Gefühle von Liebe und Haß gegenüber demselben Objekt nicht integrieren (genauer gesagt, er kann liebende nicht mit hassenden Selbstrepräsentanzen und ganz gute nicht mit ganz schlechten Objektrepräsentanzen integrieren).

Wie bereits erwähnt, gibt es bei der Verdrängung eine dominierende kognitiv-affektive Gruppe von anerkannten Zielen, Gefühlen und Erkenntnissen (d. h. eine stabile Selbst-Struktur), von der bestimmte unannehmbare Regungen und Ideen abgespalten werden *können,* wohingegen es bei der primitiven Spaltung keine zeitweilig stabile, dominierende kognitiv-affektive Gruppe von Zielen, Gefühlen und Erkenntnissen (d. h. keine stabile Selbst-Struktur) gibt, von der gewisse isolierte Impulse und Vorstellungen dissoziiert werden können. Vielmehr tritt bei letzterer abwechselnd diese oder jene übermächtige kognitiv-affektive Konfiguration in den Vordergrund.

[5] Was diesen Punkt anlangt, glaube ich, daß Popper mit seiner Kritik der psychoanalytischen Theorie im Recht ist. (Leider richtet sich seine Kritik gegen die gesamte psychoanalytische Theorie, als wäre sie eine monolithische Einheit. Eine ausgezeichnete Kritik der einigermaßen undifferenzierten Beanstandungen der psychoanalytischen Theorie durch Popper findet sich bei Grünbaum, 1979, 1982). Dies ist vor allem angesichts der besonderen Schwierigkeiten der Fall, die Interpretationen der latenten Bedeutung von Verhalten in bezug auf Verläßlichkeit und Gültigkeit mit sich bringen, im Gegensatz zu den eher unkomplizierten Darstellungen, die sich auf vorangegangene Zustände und grundlegende Mechanismen konzentrieren (vgl. Eagle, 1980, wo dieses Thema eingehender erörtert wird).

[6] Eine interessante Bewertung von Theorien, die Verhalten auf eine geringe Zahl engbegrenzter Motive reduzieren wollen, findet sich bei Peters (1958).

12. Kapitel
Entwicklungsschaden versus dynamischer Konflikt

Ein Merkmal neuerer Entwicklungen der psychoanalytischen Theorie, exemplifiziert in der Arbeit Kohuts, aber auch in anderen psychoanalytischen Schriften anzutreffen, ist die ausgeprägte Neigung, zumindest gewisse pathologische Kategorien eher unter dem Gesichtspunkt von Entwicklungsschäden oder -stillstand zu betrachten denn als dynamischen Konflikt. Darin liegt vermutlich das wichtigste Kennzeichen, das die schwereren Erkrankungen wie Borderline-Zustände und narzißtische Persönlichkeitsstörungen von den „strukturellen Konflikten" bei Neurosen unterscheidet. Die Vorstellung eines Entwicklungsstillstands wird oft wörtlich in dem Sinne benutzt, daß Verhaltensweisen, die in einer früheren Entwicklungsphase vermutlich normal waren, angeblich bei Erwachsenen anzutreffen sind, die unter diesen schwereren Störungen leiden. So deutet beispielsweise laut Kernberg (1976) die fortgesetzte Verwendung der primitiven Spaltung als primäre Abwehr durch den Borderline-Patienten auf eine Unfähigkeit des Ichs (oder des Selbst) hin, Gut und Schlecht, Liebe und Haß miteinander zu integrieren, weil es ihm nicht gelungen ist, über das Entwicklungsstadium hinauszuwachsen, in dem der krasse Wechsel zwischen Affekt und Urteilsvermögen angeblich die Regel ist. Kernberg sagt uns, daß die vom Borderline-Patienten benutzte primitive Spaltung ein normales Mittel der Abwehr ist, um sich mit potentiellen Konflikten in einem frühen Entwicklungsstadium auseinanderzusetzen, bevor eine stabile Ich-Struktur vorhanden war.

Aus Kohuts Schriften geht klar hervor, bis zu welchem Grade seine Selbst-Psychologie eher eine Psychologie des Entwicklungsversagens und des strukturellen Defekts ist als eine Psychologie des dynamischen Konflikts. Kohut belehrt uns, daß bei der narzißtischen Persönlichkeitsstörung und bei anderen, die vorwiegend unter Selbst-Defekten leiden, nicht der intrapsychische Konflikt im Vordergrund steht, sondern mangelnde Selbst-Kohärenz als Folge traumatisch ausgelöster Entwicklungsschäden. Es ist, als postulierte

Kohut eine Art „konfliktfreier" Pathologie des Selbst als Parallele zur „konfliktfreien" Ich-Autonomie. Er und andere (z. B. Stolorow und Lachmann, 1980) behaupten, daß es bei der Neurose hauptsächlich um dynamische Konflikte gehe, während narzißtische Persönlichkeitsstörungen und ähnliche Leiden vornehmlich auf strukturellen Defekten beruhen, die sich ganz unabhängig von dynamischen Konflikten entwickeln und entsprechend behandelt werden können.

Der Gegensatz zwischen Entwicklungsstillständen und -defekten einerseits und intrapsychischen Konflikten andererseits wird vielleicht am umfassendsten in dem Buch von Stolorow und Lachmann (1980) dargestellt. Wie sie bemerken, „ist der ausschlaggebende Unterschied der zwischen einer Psychopathologie, die das Produkt von Abwehren gegen intrapsychische Konflikte ist, und einer Psychopathologie, die als Überbleibsel eines Entwicklungsstillstands auf einer Vorstufe der Abwehr anzusehen ist ..." (S. 5) [übers. v. H. W.]. So sind beispielsweise bei einem Patienten, der unter einem Entwicklungsstillstand leidet, Idealisierung und Grandiosität vorwiegend „mit der Unfähigkeit verknüpft, die wirklichen Qualitäten des Selbst oder die von Objekten zu registrieren und anzuerkennen ..." (S. 64), während bei einem anderen Patienten die Grandiosität „Abwehrcharakter hatte. Sie diente dazu, seine Verletzbarkeit und seine realen Grenzen zu verleugnen" (S. 84).[1] Oder um ein anderes Beispiel zu wählen: In einem Fall wird die Spaltung als Abwehr gegen intrapsychische Konflikte betrachtet, während sie beim Patienten, von dem man annimmt, er leide unter einem Entwicklungsstillstand, als Ausdruck der Integrationsunfähigkeit angesehen wird. Die Autoren meinen, daß es bei Entwicklungsstillstand nicht nur Vorstufen der Abwehr, sondern auch Vorstufen der Übertragung und des therapeutischen Bündnisses gibt. So wird beispielsweise der Therapeut bei klassischen Übertragungen „als getrenntes ... ganzes Objekt – als Zielscheibe verschobener Affekte und konfliktvoller Wünsche" erlebt, während er bei Vorstufen der Übertragung „vorwiegend als archaisches, prästrukturelles Selbst-Objekt erlebt wird" (S. 173f.).

Ich glaube nicht, daß die obige Auffassung einer Dichotomie zwischen Entwicklungs- und strukturellen Defekten einerseits und dynamischen Konflikten andererseits in vollem Umfang haltbar ist. Meine Gründe für diese Position sind folgende: Ganz allgemein sind strukturelle Defekte und dynamische Konflikte verschiedene

Aspekte mit verschiedenen Perspektiven einer fortlaufenden Reihe komplexer Phänomene. Dies kommt in Freuds Formulierungen stets deutlich zum Ausdruck, wo dynamische Betrachtungen (z. B. über Wünsche, Konflikte und Abwehr) niemals durch eine strukturelle Perspektive ersetzt werden. Beide sind vielmehr verschiedene Seiten eines einzigen komplexen Phänomens. Wenn Freud (1940) von der „Ichspaltung“ beim Fetischismus spricht und sie dem Es-Ich-Konflikt in der Neurose gegenüberstellt (was Kohut als „strukturellen Konflikt“ zwischen intakten Strukturen bezeichnet), meint er demnach nicht einen Gegensatz zwischen einem strukturellen Defekt und einem dynamischen Konflikt. Denn nach seiner Auffassung ist die „Ichspaltung“ beim Fetischismus ebenso dynamisch determiniert wie der Es-Ich-Konflikt in der Neurose. Und für Freud ist die Neurose nicht einfach ein dynamischer Konflikt zwischen völlig intakten Strukturen (so daß man unter praktischen Gesichtspunkten strukturelle Überlegungen nicht anzustellen brauchte), sondern sie ist von einem bestimmten Standpunkt aus auch ein *Entwicklungsversagen*. Das Vorhandensein einer Neurose zeugt von einer irgendwo ererbten konstitutionellen Komponente, einer frühen, unbewältigten infantilen Neurose, dem Fortbestehen infantiler Wünsche, von psychosexuellen Fixierungen und einem Unvermögen des Ichs, Konflikte angepaßter zu lösen.

Zwar mögen manche Menschen gestörter sein als andere und ein höheres Maß an Entwicklungsstörungen größeren Umfangs aufweisen, doch folgt daraus nicht, daß intrapsychische Konflikte für sie unerheblich seien. Menschen mit sogenannten Selbst-Defekten und Entwicklungsstillstand haben auch konfliktbeladene Wünsche und Ziele, die wegen der Angst, die sie mit sich bringen würden, defensiv von der übrigen Persönlichkeit dissoziiert werden. Die Wünsche und Ziele können sich um Phantasien und Themen wie Verschmelzen, Verschlingen und Verschlungenwerden, um symbiotische Vereinigung *vs.* Loslösung, usw. drehen, statt vorwiegend um ödipale Themen, doch sind es nichtsdestoweniger konfliktbeladene Wünsche. Der springende Punkt ist, daß Entwicklungsversagen und strukturelle Defekte dynamische Aspekte haben. Wenn man sagt, daß jemand in seiner Entwicklung geschädigt sei oder unter einem Ich- oder Selbst-Defekt leide, dann bedeutet das in der Tat zum Teil, daß bestimmte charakteristische Wünsche (z. B. Phantasien von symbiotischer Verschmelzung) besonders stark und besonders hervorstechend sind.

Ein wesentlicher Bestandteil früher Traumen, die vermutlich zu frühen Entwicklungsschäden und strukturellen Defekten führten, sind *konfliktbeladene Wünsche, Sehnsüchte und andere affektive Reaktionen*. In der Praxis beobachtet man häufig, daß eben der Mensch die schwersten Konflikte in bezug auf das Geliebtwerden hat, dem keine Liebe und Empathie zuteil wurde. So reagieren beispielsweise gefühlsmäßig sehr benachteiligte Kinder, wenn sie schließlich einmal verwöhnt werden (z. B. von einem wohlmeinenden Kindertherapeuten oder „großen Bruder"), oft mit destruktiven Gefühlen und Verhaltensweisen dieser oder jener Art. (In einem Fall, mit dem ich vertraut bin, verbot die Mutter Besuche in einem Restaurant mit dem Kindertherapeuten, weil sie mit dem unvermeidlich destruktiven Verhalten des Kindes hinterher fertigwerden mußte.) Es ist nicht ungewöhnlich, Kinder, die der Deprivation ausgesetzt waren, mit Depression, Tränen und Wut reagieren zu sehen, wenn sie verwöhnt werden. Ebenso kann man bei erwachsenen Patienten, deren Kindheit von Schlägen und Deprivation begleitet war, die starke Neigung beobachten – entweder innerhalb oder außerhalb der Therapie –, Bedingungen wiederherzustellen, die von psychischem Elend und Versagen gekennzeichnet sind, nachdem eine hilfreiche, einfühlsame Beziehung geschaffen worden war. In einer neueren Arbeit beschreibt Bowlby (1981) eine Patientin, die offenbar erst dann zufrieden war, wenn sie ihn durch ihre Sticheleien nervös gemacht hatte. Dieser Drang zu sticheln wurde stärker, nachdem Bowlby etwas getan hatte, was sie als freundlich empfand. Die Erklärung für ihr Verhalten lautete: „Ich kann Freundlichkeit nicht ertragen." Hier handelt es sich um jemand, dem Freundlichkeit vorenthalten wurde und der nun auf freundliche Behandlung mit Feindseligkeit reagiert, weil, wie Bowlby bemerkt, „es nach ihrer Erfahrung nur zu Zurückweisung und weiterem Leiden führen konnte, wenn man jemand gern hat" (S. 19) [übers. v. H. W.]. Er fährt dann fort: „Sobald ich einmal gereizt reagiert hatte, wurden alle herzlichen Gefühle, die vielleicht durch meine Freundlichkeit geweckt worden waren, erstickt. Nun fühlte sie sich wieder sicher, aber natürlich furchtbar isoliert" (S. 19). Ich will mit all diesen Beispielen, um es noch einmal zu wiederholen, darauf hinweisen, daß frühe Traumen, frühe Entwicklungsschäden und frühe strukturelle Defekte stets von heftigen, konfliktbeladenen Wünschen und Gefühlen begleitet sind. Tatsache ist, daß wir mit Heftigkeit (z. B. Wut) auf traumatische Erlebnisse und Deprivation reagieren, und daß wir dort am stärksten von widerstreitenden Gefühlen bewegt werden, wo wir psychische Entbehrungen zu erdulden hatten. Wie ich oben festgestellt habe, hat eben der Mensch die größten Schwierigkeiten, Liebe zu schenken und zu empfangen, dem Liebe vorenthalten wurde. Es ist, als gehörte es zu den Kosten und Folgen des Traumas, eine „Allergie" gegenüber eben jener „Substanz" zu entwickeln, die man braucht und die einem vorenthalten wurde. Führt man die Analogie weiter, bedeutet eine solche allergische Reaktion, daß die therapeutische Aufgabe weitaus komplexer ist, als eine Kompensation für einen früheren Mangel zu bieten.

Eine hilfsweise Annahme, die ein wesentlicher Bestandteil der Dichotomie zwischen Entwicklungsschaden und intrapsychischem Konflikt ist, besagt, daß die erste Gruppe von Menschen in erster Linie nach Selbst-Kohärenz strebt, während es der zweiten hauptsächlich um Triebbefriedigung (und die Konflikte, in die sie verwikkelt sind) geht. Ich gehe statt dessen davon aus, daß Gedo (1979, 1980) und Klein (1976) mit ihrer These recht haben, daß Integrität und Kontinuität der Selbst-Organisation ein übergeordnetes Ziel aller Menschen – ganz unabhängig von der diagnostischen Kategorie – sind. Wenn es sich um stärker gestörte Personen handelt, die zu dem neigen, was Kohut Desintegrationsangst nennt, wird dieses Ziel oft auf der Ebene völliger Intaktheit des Selbst verfolgt. Bei anderen wird dieses übergeordnete Ziel oft in der Form angestrebt, daß man versucht, die Unvereinbarkeiten und Konflikte zwischen verschiedenen untergeordneten Zielen (Klein, 1976) aufzulösen und zu integrieren.

Während die Befriedigung elementarer Triebe und Bedürfnisse (die sich nicht auf Sexualität und Aggression beschränken) sich im allgemeinen selbsttätig verstärkt, während sich Deprivation selbsttätig verringert, können ihre psychologische Bedeutung und Folgen nicht von übergeordneten Gesichtspunkten der Selbst-Organisation getrennt werden. Wenn Wünsche und Sehnsüchte, die mit elementaren Trieben und Bedürfnissen verknüpft sind, als „Ich-fremd" empfunden und in den Bereich des Dissoziierten verwiesen werden, führt dieser innere Konflikt dazu, daß zum einen spezifische Wünsche und Sehnsüchte unbefriedigt bleiben und zum anderen das übergeordnete Ziel der Integrität und Einheit der Selbst-Organisation verfehlt wird. Die Frustration eines spezifischen Wunsches oder Bedürfnisses in einem konfliktfreien Kontext wird hingegen andere psychologische Folgen haben. Viele Menschen können die

Frustration bestimmter Grundbedürfnisse durchaus ohne auffallende psychische Folgen ertragen, wenn sie mit ihren „Selbst-Werten" vereinbar ist. Und wie Klein (1976) feststellt, sind sinnliches Verlangen, Befriedigung und Deprivation aufs engste mit „Selbst-Werten" verknüpft.

Es besteht keine logische oder klinische Inkongruenz zwischen dem strukturellen Gesichtspunkt (der durch Vorstellungen von Entwicklungsstillstand und Selbst-Defekten exemplifiziert wird) und dem dynamischen. Die Integration beider Gesichtspunkte wird möglich, wenn man anerkennt, daß die Aufhebung von Unvereinbarkeiten unabhängig von der jeweiligen Entwicklungsstufe und strukturellen Begrenzungen eine universelle Aufgabe ist, und daß die Integrität der Persönlichkeit geschwächt wird, wenn diese Unvereinbarkeiten nicht aufgelöst oder ihre Auflösung mit dissoziativen Mitteln versucht wird. Anders ausgedrückt, Selbst-Psychologie und eine Psychologie des dynamischen Konflikts sind insofern kongruent, als der Grad der Selbst-Integrität mit der Auflösung und Integration unvereinbarer Ziele und Motive eng verknüpft ist. Daraus folgt, daß Inhalt und Charakter der Konflikte variieren mögen, die Konfliktlösung aber wahrscheinlich auf allen pathologischen Ebenen heilsam sein wird (womit nicht gesagt sein soll, daß andere Faktoren, etwa die Identifizierung mit dem Therapeuten, nicht ebenfalls heilsam sein können oder daß andere Faktoren für bestimmte pathologische Kategorien nicht besonders relevant sein mögen).

Schon in den präpsychoanalytischen Arbeiten von Janet und Charcot wurde anerkannt, daß sowohl schwere Unvereinbarkeiten als auch die Zuflucht zur Dissoziation, um ihre Auflösung zu bewirken, die Persönlichkeit schwächen. Diese grundlegende Auffassung klingt in den gegenwärtigen Diskussionen über den Gebrauch der „Spaltung" bei Borderline-Zuständen wider. Kernberg (1975, 1976), der sich in seinen Schriften mit diesem Bereich äußerst eingehend befaßt hat, weist ausdrücklich darauf hin, daß der Gebrauch der Spaltung die Ich-Stärke zu untergraben pflegt.

Wie oben erwähnt, gehen die meisten modernen Autoren davon aus, daß der wesentliche ätiologische Faktor bei Entwicklungsdefekten und -stillständen irgendein frühes Trauma ist. So haben wir bereits festgestellt, daß, laut Kohut, ein früher Mangel an empathischem Spiegeln und Gelegenheiten zur Idealisierung in erster Linie für fehlende Selbst-Kohärenz verantwortlich ist. Auch Stolorow und Lachmann bringen, wie wir gesehen haben, Entwicklungsstillstand und -versagen mit Traumen und mangelhafter Versorgung in der frühen Kindheit in Verbindung, wozu auch mangelnde einfühlsame Aufgeschlossenheit, extrem inkonsequentes Verhalten sowie der Umstand gehören, daß „das Kind häufig affektiv unerträglichen sexuellen und aggressiven Szenen ausgesetzt wird" (Stolorow & Lachman, 1980, S. 5) [übers. v. H. W.].

Ich habe bereits bemerkt (und werde später in diesem Kapitel näher darauf eingehen), daß es für diese ätiologischen Behauptungen wenig oder keine Beweise gibt. Ich möchte hier besonders darauf hinweisen, inwiefern die Hervorhebung des Traumas und des darauf folgenden Defekts eine Rückkehr zu der relativ statischen, ausschließlich strukturellen Auffassung der präpsychoanalytischen europäischen Psychiatrie und eine Abkehr von den psychoanalytischen Erkenntnissen über intrapsychische Konflikte darstellt.

Man wird sich erinnern, daß das präpsychoanalytische Schwergewicht auf konstitutionellen Faktoren lag, um sowohl das Ausmaß der Unvereinbarkeiten als auch die Unfähigkeit, sie auf nichtpathologische Weise aufzulösen, zu erklären. Freuds Beitrag (und in gewissem Sinn der Beginn der Psychoanalyse) bestand nun darin, daß er den kausalen Verlauf umkehrte. Das heißt, nicht eine schwache Konstitution und eine relativ geringe Integrationsfähigkeit verursachten Konflikte und Dissoziation (und schwächten die Persönlichkeit dadurch noch mehr – wenngleich Freud einen gewissen Spielraum für solche Annahmen ließ), sondern Unvereinbarkeiten und die Verwendung der Verdrängung zu ihrer Auflösung schwächten die Persönlichkeit und machten anfällig für Symptome. Demgegenüber handelt es sich bei der derzeitigen Betonung von Entwicklungsstillständen und Selbst-Defekten – in etwas veränderter Terminologie – um dieselbe Art von Erklärungen, wie sie die präpsychoanalytischen Begriffe von Charcot und Janet bieten. So fragt sich beispielsweise Kernberg, ob die durch eine Borderline-Persönlichkeitsstruktur Gekennzeichneten durch einen konstitutionell bedingten, überstarken Aggressionstrieb beeinträchtigt werden. Wenn aber konstitutionelle Faktoren nicht beschworen werden, braucht man nur die „moderneren" Stillstände und Defekte, von denen man annimmt, daß sie durch frühe Traumen verursacht werden, an die Stelle konstitutioneller Schwäche und hypnoider Zustände zu setzen. Mit anderen Worten, in bezug auf die Ätiologie der Pathologie werden nicht intrapsychische Konflikte, persönliche

Absichten und phantasierte Deutungen vorgeblicher Ereignisse bemüht, sondern die unmittelbaren *Auswirkungen vermuteter tatsächlicher Ereignisse* (häufig irgendein Versagen der Mutter, z. B. Mangel an empathischer Spiegelung) auf die psychische Entwicklung, die mit persönlichen Phantasien und Absichten relativ wenig zu tun haben. Diese Art ätiologischer Erklärung ähnelt in der Form Freuds früher Verführungstheorie sowie präpsychoanalytischen Darstellungen. Es läuft unumwunden darauf hinaus, daß B durch A verursacht wird, etwa so wie man sagen würde, daß der Mangel an Vitamin D (A) Rachitis (B) verursache.

Kurz gesagt, ob ein schweres Leiden auf Vererbung oder auf ein frühes Trauma zurückzuführen ist, die Erklärung, die uns in der neueren Literatur vielfach angeboten wird, besagt, daß man es mit einem unzulänglichen, defekten Organismus zu tun habe. Ich habe an anderer Stelle (Eagle, 1982 a) auf die Neigung mancher moderner psychoanalytischer Autoren hingewiesen, ihre Patienten als so infantil und defekt hinzustellen, daß man sich fragt, wie sie überhaupt funktionieren können. Als Beispiel nannte ich Giovacchini (1981), der einen Patienten folgendermaßen beschrieb: „Die Modalitäten des Sehens und Hörens waren auf einer frühen post-symbiotischen Ebene fixiert und hatten sich nicht aufeinander eingestellt, wie es im Lauf der psychischen Entwicklung und Integration zu geschehen pflegt“ (S. 422) [übers. v. H. W.]. Ich bemerkte dazu: „Die Synthese ... der Modalitäten des Sehens und Hörens ist eine sehr frühe, primitive Leistung. Wenn Herr R. diese grundlegende Entwicklungsaufgabe nicht bewältigt hat, wie kann er dann funktionieren? Wie gestört er auch sein mag, wir wissen aufgrund der Schilderung von Giovacchini, daß er einen Beruf ausübt, verheiratet ist, die Honorare für seine Therapie entrichtet und, ganz allgemein gesagt, viele Funktionen wahrnimmt, die von Erwachsenen erwartet werden. Wie ist es möglich, daß jemand, der die Modalitäten des Sehens und Hörens nicht miteinander in Einklang bringen kann, all diese Dinge tut?“ (Eagle, 1982a, S. 40f.) [übers. v. H. W.].

Wie Levine (1979) ausführt, sind Begriffsbildungen wie Entwicklungsstillstand und Selbst-Defekt geeignet, die Phantasien des Patienten zu bestätigen, daß er tatsächlich defekt sei. Ich würde hinzufügen, daß Formulierungen dieser Art auch dazu dienen, die analytische Überprüfung solcher Phantasien, einschließlich ihrer Abwehrfunktion und ihres Konfliktanteils, zu verhindern. Dies ist ein besonders wichtiger Punkt, da sogenannte Defekte und Stillstände nicht unbedingt offenkundig sind, sondern daß es der theoretischen Deutung und Beurteilung bedarf, ob bestimmte Verhaltensweisen oft indirekt und subtil unterschwellige Entwicklungsdefekte und -stillstände anzeigen. Daraus folgt, daß man, wenn man eine bestimmte theoretische Richtung bevorzugt, in einem bestimmten Verhaltenskomplex Anzeichen von Selbst-Defekten und Entwicklungsstillständen erkennen wird, während jemand, der andere theoretische Vorstellungen hegt, diesen Verhaltensweisen eine andere diagnostische Bedeutung zuschreiben wird. Ich erinnere den Leser an Gedos (1980) bereits erwähnte Beobachtung, daß die Fallberichte von Goldberg (1978) eine Überfülle an Beispielen von Selbst-Defekten enthalten und ödipale Konflikte kaum erwähnt werden, während Firestein (1978), der es bei seinen Fällen mit anscheinend ähnlichen Phänomenen zu tun hat, kein Wort über Selbst-Defekte verliert, hingegen viel über ödipale Probleme zu sagen hat. Rangell (1980) wiederum hat festgestellt, daß die Patienten, die von Kohut und seinen Anhängern als an narzißtischen Persönlichkeitsstörungen und Selbst-Defekten leidend beschrieben werden, seit langem von vielen Analytikern beobachtet und als Neurotiker betrachtet wurden, für die keine besondere diagnostische Kategorie erforderlich ist.

Implikationen der Behandlung unter dem Aspekt der Dichotomie zwischen Defekt und Konflikt

Die Dichotomie zwischen Entwicklungsschaden und intrapsychischem Konflikt bringt es mit sich, daß auch in der Therapie die Gewichte entsprechend unterschiedlich verteilt sind. Wenn man Leiden im Sinne unbewußter intrapsychischer Konflikte, Angst und Abwehr begreift, dann besteht die Therapie darin, daß man dem Patienten hilft, Konflikte besser zu bewältigen, indem er zunehmend bewußter und einsichtiger wird und indem der Geltungsbereich des Ichs und die von ihm ausgeübte Kontrolle vergrößert werden. Man verfolgt das Ziel, infantile Wünsche und die Konflikte, Ängste und Abwehren, die mit ihnen verbunden sind, im Lichte der gegenwärtigen Realität zu überprüfen, um sich bewußt für Verzicht oder Befriedigung entscheiden zu können. Versteht man Leiden hingegen als Entwicklungsschaden, dann ist das therapeutische Ziel eine Art Reparatur dieses Defekts – üblicherweise mit Hilfe der therapeutischen Beziehung.

Man begegnet dieser zweiten Auffassung von psychoanalytischer Therapie immer häufiger, wenn es um Diskussionen der Arbeit mit stärker gestörten Patienten geht. Sie geht nicht mehr davon aus, daß es das grundlegende Ziel der Psychoanalyse sei, entweder Unbewußtes bewußt zu machen oder den Bereich des Ichs zu erweitern („Wo Es war, soll Ich werden"). Man stellt sich die Therapie nicht mehr als einen Prozeß vor, in dem man sich allmählich zu den Wünschen bekennt, die man verleugnet hat und in dem man „Ichfremde" Sehnsüchte und Ziele als Teile des Selbst beansprucht, die man zuvor nicht anerkannt hat (Schafer, 1976). Statt dessen soll die therapeutische Beziehung selbst – ob sie nun als „haltende Umwelt" bezeichnet wird oder spiegelnde und idealisierende Übertragungen erlauben soll – irgendwie den Defekt beseitigen helfen, die Bildung neuer Strukturen und die Wiederaufnahme der durch frühe Traumen unterbrochenen Entwicklung ermöglichen. Wie Stolorow und Lachmann (1980) es ausdrücken: „Kohuts Behandlungsansatz zielt darauf ab, den blockierten narzißtischen Konfigurationen zu ermöglichen, sich so zu entfalten, wie sie es getan hätten, wäre der Prozeß nicht vorzeitig traumatisch unterbrochen worden" (S. 86) [übers. v. H. W.]. Hinsichtlich ihres eigenen therapeutischen Ansatzes bei Entwicklungsstillständen stellen Stolorow und Lachmann konsequent dem Ziel der Analyse intrapsychischer Konflikte und Abwehren bei der Neurose das Ziel gegenüber, bei Fällen von Entwicklungsstillstand „die Strukturierung der Selbstrepräsentanzen" (S. 143) zu fördern. Was die spezifischen Mittel betrifft, mit denen letzteres in dem angesprochenen Maße erreicht werden soll, verweisen die Autoren auf das empathische Verständnis des Therapeuten und auf „empathische Klärungen" des Bedürfnisses des Patienten, seinen archaischen Zustand aufrechtzuerhalten – einschließlich der Benutzung des Therapeuten als Selbst-Objekt –, um Selbst-Kohärenz und Stabilität zu bewahren. Wie die Autoren behaupten, „fördert die empathische Klärung des spezifischen Bedürfnisses des Patienten nach archaischen Selbst-Objekten Differenzierung und Strukturierung" (S. 170). Ganz allgemein stellen sie den intrapsychischen Konflikt, bei dem frühe Erfahrungen, die abgewehrt und in der Übertragung analysiert werden, dem Entwicklungsstillstand gegenüber, bei dem es darauf ankommt zu verstehen, welche Erfahrungen der Patient gebraucht hätte, die ihm nicht zuteil wurden. Nach Fairbairns (1952) Vorstellung schließlich ermöglicht es die Therapie dem Patienten, die Besetzung des schlechten Objekts mit Hilfe der guten Objektbeziehung, die durch die therapeutische Beziehung repräsentiert wird, aufzuheben. Ob die Therapie nun all diese wünschenswerten Ergebnisse zeitigt oder nicht, entscheidend ist, daß diese Konzeption eine grundlegende Änderung der psychoanalytischen Behandlungstheorie beinhaltet. Ferner beruht diese Änderung auf der irrigen Vorstellung, daß intrapsychische Konflikte bei Entwicklungsstillständen und strukturellen Defekten (angenommen, diese Phänomene lassen sich identifizieren) ohne Belang seien.

Viele neuere therapeutische Konzepte gehen davon aus, daß eine Behandlung frühe Traumen und die von ihnen verursachten Schäden ausgleichen könne. Ich habe dies an anderer Stelle als Behandlungsmodell der „Schadenskompensation“ bezeichnet. Es ist jedoch wahrscheinlich, daß die heilsamen therapeutischen Wirkungen nicht in erster Linie auf der Beseitigung von Entwicklungsdefiziten und strukturellen Defekten beruhen, sondern darauf, daß sie die Auswirkungen der *unrealistischen* Ängste und ungelösten Konflikte abmildern, die normalerweise alle Fehlschläge und Mängel, die nun einmal unser Los sind, begleiten. Außerdem – und das halte ich für einen entscheidenden Punkt – schwächen ungelöste Konflikte und die damit einhergehende Angst die Persönlichkeit, während sie durch die Lösung von Konflikten und verringerte Angst gestärkt wird, und zwar unabhängig vom konstitutionell oder lebensgeschichtlich bedingten Maß an Ich-Stärke oder Selbst-Kohärenz. Wenn etwa jemand an einer Denkstörung leidet, werden die relevantesten und einer Veränderung durch Therapie am zugänglichsten Faktoren wahrscheinlich mit der Rolle zusammenhängen, die Angst und Konflikt bei der Auslösung oder Intensivierung der Denkstörung und der Abwehrfunktion dieses Symptoms spielen.

Ich teile Gedos (1980) Skepsis gegenüber dem Gerede über eine Wiederaufnahme von Entwicklungswachstum und der Behauptung, daß eine Psychotherapie auf irgendeine Weise Entwicklungsschäden und strukturelle Defekte unmittelbar beseitigen könne – sei es durch „umwandelnde Verinnerlichungen“ oder irgendeinen anderen hypothetischen Vorgang. Gedo weist vielmehr darauf hin, daß die Auswirkungen solcher Schäden und Defekte eher durch „neue Funktionen, die im Rahmen einer befriedigenden und angemessenen menschlichen Beziehung angeeignet werden“ (S. 378) [übers. v. H. W.], gemildert werden könnten. Bei manchen Patienten besteht diese Aneignung neuer Funktionen in einer wirksameren Spannungsregulierung, im vorsichtigen Vermeiden allzu geringer Stimulierung oder zerstörerischer Übererregung sowie darin, daß unerkannte, biologisch begründete (z. B. symbiotische) Bedürfnisse auf die Ebene bewußter Wahrnehmung gehoben werden und versucht wird, sie in einer Weise zu befriedigen, die mit der Selbst-Organisation in Einklang steht. Bei vielen Patienten wird Angst soweit reduziert, daß sie sich neue Funktionen anzueignen vermögen, weil sie den Therapeuten als stützenden symbiotischen Partner erleben. Ich vermute aber stark, daß bei allen Patienten die Erkenntnis und Lösung von Konflikten das wichtigste Hilfsmittel ist, um das Gefühl der Intaktheit und Selbst-Kohärenz zu fördern. Kein physiologischer oder psychologischer Vorgang läuft bei einem Erwachsenen so ab, wie er bei einem Kind von einem, zwei oder drei Jahren abgelaufen wäre. Was können solche Reden also bedeuten, worauf können sie sich beziehen? Schließlich erinnert uns Loewald (1979): „Die Analyse Erwachsener, gleichgültig wie sehr sie in wichtigen Funktionsbereichen zu Regressionen neigen oder wie unreif sie sind, ist ein Unternehmen, bei dem der Analysand nicht nur seinen Jahren nach ein Erwachsener ist, sondern – wenn es Sinn haben soll – auch über ein Reifepotential verfügen muß, das in bestimmten signifikanten Lebensbereichen in Erscheinung tritt" (1986, S. 373).

Daß wir als Erwachsene nicht einfach an ein Entwicklungswachstum anknüpfen, das in einer früheren Phase zum Stillstand gekommen war, bedeutet nicht, daß im Erwachsenenalter kein Wachstum möglich sei. Als Erwachsene können wir eine Vertiefung und Zunahme von Selbstverständnis und Selbsterkenntnis erfahren; wir können unsere Einstellungen oder unsere irrationalen und schlimmen unbewußten Auffassungen ändern; wir können mehr Selbstvertrauen erwerben und weniger von Angst geplagt werden; wir können versöhnlicher werden, uns selbst stärker akzeptieren und weniger verdammen usw. Ferner können viele dieser Resultate auf einen erneuerten Kampf mit Entwicklungsproblemen, die ungelöst geblieben waren, zurückzuführen sein. Doch all diese Veränderungen sind altersentsprechend und treten im Leben von Erwachsenen ein. Sie stellen keine Wiederaufnahme eines entwicklungsmäßigen Wachstumsprozesses dar, der für einen Zwei- oder Dreijährigen charakteristisch ist.

Was die „‚Umwandlung' archaischer Konfigurationen ... in reifere Formen der Regulierung des Selbstwertgefühls" (Stolorow und Lachmann, 1980, S. 86) [übers. v. H. W.] angeht, wird uns nicht präzise (oder wenigstens unpräzise) mitgeteilt, wie solche Umwandlungen in der Therapie vor sich gehen. Es wird uns lediglich in allgemeiner Form erklärt, daß das empathische Spiegeln und Verstehen des Analytikers, seine Zustimmung zur Entfaltung der archaischen Konfigurationen und seine Verfügbarkeit als Selbst-Objekt zusammenwirken, um Selbst-Defekte zu heilen, die Strukturierung und Wiederaufnahme von Entwicklungswachstum zu fördern, Loslösung und Individuation zu ermöglichen und archaische Selbst- und Objekt-Konfigurationen in reifere umzuwandeln. Angesichts dieser außergewöhnlich anspruchsvollen Behauptungen wäre es wichtig, über solche vagen Verallgemeinerungen hinauszugehen und etwas über die spezifischen psychologischen Vorgänge mitzuteilen, die all diese Veränderungen herbeiführen.

Indem sie die Behandlung der Neurose der Behandlung eines Entwicklungsstillstands gegenüberstellen, bemerken Stolorow und Lachmann, daß bei ersterer die Rekonstruktion der Vergangenheit den Therapeuten auf Befriedigungen aufmerksam machen wird, die der Patient in der Übertragung *wiederholen möchte*, während bei letzterer der Therapeut auf Traumen hingewiesen wird, die der Patient *nicht zu wiederholen wünscht*. Ich spreche hier nur kurz den Punkt an, den ich im 9. Kapitel bei der Erörterung der Arbeit der Mt. Zion-Gruppe ausführlicher dargestellt habe. Entscheidend ist, daß die Form der Behandlung, die Stolorow und Lachmann für Entwicklungsstillstände reservieren, nach Auffassung der Mt. Zion-Gruppe auf *jede* psychoanalytische Psychotherapie anwendbar ist. Die Mt. Zion-Gruppe ist der Auffassung, daß mit der Annahme, Patienten wollten in der Übertragung die Befriedigung infantiler Wünsche wiederholen oder erreichen, einfach nicht exakt beschrieben ist, was bei der Behandlung *jedes* Patienten vor sich geht. Sie gehen statt dessen von der Vorstellung aus – und bieten dafür eindrucksvolle Beweise an –, daß *alle* Patienten nach „Bedingungen, die Sicherheit gewähren", streben, und dazu gehört als entscheidender Punkt die Gewißheit, daß durch den Therapeuten (oder vielleicht genauer: die Interaktion zwischen Patient und Therapeut) frühere Traumata nicht wiederbelebt werden.

Ätiologische Aussagen und falsche Vermutungen über die Entwicklung

Ich möchte einige weitere Schwierigkeiten aufzeigen, die die gegenwärtige Diskussion um Entwicklungsstillstände und -defekte kennzeichnen. Die Betonung der Wichtigkeit früher Entwicklungsstufen hat zu ungezügelten Spekulationen über vermutliche Ereignisse und Prozesse in der Säuglingszeit und der Kindheit geführt. Solche Spekulationen sind oft ätiologischer Art, oder sie können sich einfach auf das beziehen, was vermeintlich während der frühen Entwicklung vor sich geht. Ihnen allen ist bemerkenswerterweise gemeinsam, daß sie ausschließlich auf klinischer Arbeit mit Erwachsenen beruhen und keine Hinweise auf empirische Untersuchungen mit Säuglingen und Kindern geben, von langfristigen Längsschnittstudien ganz zu schweigen.

Man betrachte beispielsweise die erstaunliche Tatsache, daß sämtliche Beweise, die Kohut und seine Anhänger anführen, um ihre ätiologischen Vorstellungen in bezug auf Defekte im Selbst zu untermauern, den Produktionen Erwachsener in der Behandlung entstammen. Oder man betrachte einige Beispiele Stolorows und Lachmanns (1980). Erstens: „Ein ... Merkmal des Erlebens des sehr kleinen Kindes ist seine Unfähigkeit, Repräsentanzen verschiedener affektiver Färbung zu integrieren oder zusammenzufügen" (S. 4) [übers. v. H. W.]. Doch über die Art des Beweises, der zu dieser Schlußfolgerung führt, wird nicht ein Wort verloren. Es wird uns nicht mitgeteilt, auf welche Weise Stolorow und Lachmann zu ihrer Erkenntnis bezüglich des Erlebens des Säuglings gelangten. Es lohnt sich, beiläufig darauf hinzuweisen, daß verläßliche Beweise für die kognitiven Fähigkeiten des Kindes, soweit sie vorliegen, erkennen lassen, daß seine Integrations- und Synthetisierungsfähigkeiten weitaus größer sind, als alle neueren Spekulationen über frühe Spaltung und verwandte Charakteristika (vgl. z. B. Stern, 1980) nahelegen.

Was das zweite Beispiel angeht, so stellen Stolorow und Lachmann fest, daß traumatische Versäumnisse in der frühen Versorgung mit fehlender empathischer Empfänglichkeit, extrem inkonsequentem Verhalten und der Tatsache zusammenhängen, daß „das Kind häufig affektiv unerträglichen sexuellen und aggressiven Szenen ausgesetzt war" und folgern daraus: „Wenn Traumata dieser Art die Strukturierung der Vorstellungswelt beeinträchtigen, bleibt das Individuum an regressive Wiederbelebungen archaischer oder mehr oder weniger undifferenzierter und unintegrierter Selbst-Objekt-Konfigurationen fixiert oder ist durch sie besonders verwundbar" (S. 5). Soweit man diesem Jargon zu folgen vermag, wird hier ohne die Spur eines Beweises eine Behauptung über die Auswirkungen früher Erfahrungen auf die nachfolgende Entwicklung aufgestellt.

In all diesen Fällen muß man die Frage stellen, welche Art von Beweis es für diese angenommenen tatsächlichen Ereignisse gibt, von ihren angeblichen Auswirkungen auf die spätere Entwicklung ganz zu schweigen. Man findet in der derzeitigen Literatur Beschreibungen aller Art über frühe Entbehrungen, Pathologie der Eltern, usw., die sämtlich, wie erwähnt, auf Produktionen und Berichten von Erwachsenen beruhen. Indessen warnt Rubinfine (1981): „Unter *keinen* Umständen sind wir berechtigt, unsere kreativen fiktiven ‚Konstruktionen' über die Ursprünge psychischen Leidens im ersten Lebensjahr im Sinne von Fakten zu benutzen, um Theorien über die frühe psychische Entwicklung aufzustellen" (S. 394) [übers. v. H. W.]. Was die Erinnerungen erwachsener Patienten an angebliche frühe Ereignisse betrifft, möge der Leser an Freuds (1899) Warnung denken, die er äußerte, nachdem er festgestellt hatte, daß gewisse Erinnerungen verfälscht worden sein konnten: „Vielleicht ist es überhaupt zweifelhaft, ob wir bewußte Erinnerungen aus der Kindheit haben, oder nicht vielmehr bloß an die Kindheit. Unsere Kindheitserinnerungen zeigen uns die ersten Lebensjahre, nicht wie sie waren, sondern wie sie späteren Erwekkungszeiten erschienen sind. Zu diesen Zeiten der Erweckung sind die Kindheitserinnerungen nicht, wie man zu sagen gewohnt ist, aufgetaucht, sondern sie sind damals gebildet worden" (S. 553f.).

Das erstgenannte Beispiel von Stolorow und Lachmann veranschaulicht eine weitere Schwierigkeit, auf die man in der modernen Literatur häufig stößt: die Neigung, das Leiden des Erwachsenen unter dem Aspekt vermeintlich normaler Entwicklungsstadien des Säuglings und des Kindes begrifflich zu erfassen. So sollen beim obigen Beispiel die Schwierigkeiten eines Erwachsenen mit positiven und negativen gefühlsmäßigen Bewertungen einen Stillstand auf einer ähnlich normalen kindlichen Entwicklungsstufe repräsentieren. Man stellt fest, daß Kernbergs (1975) Erörterung der Spaltung vollkommen von dieser Denkweise bestimmt ist. Die Spaltung ist, wie Kernberg uns mitteilt, angesichts der begrenzten Integrationsfähigkeit des Kindes seine normale Art, sich mit positiven und negativen Gefühlen auseinanderzusetzen. Es ist die fortbestehende defensive Benutzung dieser Spaltung, führt Kernberg weiter aus, die dann den erwachsenen Borderline-Patienten kennzeichnet. Peterfreund (1978) hingegen bezeichnet diese Trugschlüsse treffend als „Adultomorphisierung“ der Kindheit und spricht von der „Neigung, frühe Stadien der normalen Entwicklung aus der Sicht ... späterer pathologischer Zustände darzustellen“ (S. 427) [übers. v. H. W.]; doch beim Leiden des Erwachsenen handelt es sich nicht einfach um das Fortbestehen normaler Kindheitsvorgänge. Oder umgekehrt ausgedrückt: Kindliches Verhalten ist nicht pathologischem Erwachsenenverhalten gleichzusetzen noch ist es ihm im wesentlichen ähnlich. Das normale Kind ist keine zurückgebliebene oder fehlerhafte Version des vollendeten Erwachsenen, sondern ein Organismus, der – zieht man seine Fähigkeiten und seine Organisationsebene in Betracht – äußerst anpassungsfähig reagiert. Hier liegt vielleicht das grundlegende und schwierigste Problem, wenn man das Leiden des Erwachsenen unter dem Aspekt einer zum Stillstand gekommenen Entwicklung erfassen will. Diese Vorstellung verführt zum Festhalten an der irrigen Idee, daß gewisse Leiden des Erwachsenen im wesentlichen ein „Einfrieren“ eines bestimmten normalen Entwicklungsstadiums oder eine Regression auf dieses Stadium bedeuten. Sie stützt sich auf vage Analogien zwischen angeblich infantilen Stufen und pathologischen Zuständen des Erwachsenen, ohne über beide etwas Erhellendes auszusagen.

Man betrachte als typischen Fall den häufigen Vergleich zwischen narzißtischem Verhalten und Gefühlen des Erwachsenen (z. B. Egozentrik; das Gefühl, daß alles auf ihn zukommt; die unrealistische, grandiose Einschätzung seiner Fähigkeiten und Leistungen) und dem vermeintlichen Narzißmus des Kindes. Wie Peterfreund ausführt, ist das *scheinbar* narzißtische Verhalten des Kindes angesichts seiner Welt und seiner Fähigkeiten *normal* und weist kaum eine Ähnlichkeit mit dem narzißtischen Verhalten Erwachsener auf, das durch eigene Motive und Vorgänge gekennzeichnet ist. Beide miteinander zu verknüpfen, stellt ein oberflächliches analogisches Verfahren und „eine verwirrende Adultomorphisierung der Kindheit“ (Peterfreund, 1978, S. 436) dar. Weitere Beispiele einer Adultomorphisierung wie einer „Pathomorphisierung“ (Milton Klein, 1981) der Kindheit, die Peterfreund anführt, sind Mahlers (1968) Bezeichnung der frühen Kindheit als „normaler Autismus“ und

Melanie Kleins (1932, 1948) Postulierung der „paranoid-schizoiden“ und der „depressiven“ Position in der Kindheit.

Auf ein ähnlich oberflächlich vergleichendes und verwirrtes Denken stößt man oft bei Diskussionen über die Regression. Peterfreund warnt: „Wenn komplexe biologische Systeme zusammenbrechen, gehen sie nicht unbedingt denselben Weg zurück, auf dem sie sich entwickelt haben, und man muß sich davor hüten, die Ergebnisse eines Zusammenbruchs als Stufen einer normalen Entwicklung zu betrachten“ (Peterfreund, 1978, S. 439) [übers. v. H. W.]. Während man von einem Menschen, der eine Schädigung der Hirngefäße erlitten hat und deshalb nicht sprechen kann, sagen kann, daß er unter Aphasie leidet, würde man doch nicht sagen wollen, er sei „im selben Zustand wie ein zwei Monate alter Säugling, der nicht sprechen kann“. Ebensowenig würde man sagen, „daß sich ein zwei Monate alter Säugling auf einer ‚normalen aphasischen‘ Entwicklungsstufe befinde“. Desgleichen würde man von dem Menschen, der den Gehirnschlag erlitten hat, nicht erklären, er sei „auf einen früheren Zustand ‚normaler Aphasie regrediert‘“ (S. 439).

Bei neueren Diskussionen über Entwicklungsstillstand wird offensichtlich davon ausgegangen, daß in dieser Weise geschädigte Individuen entweder in Funktionszuständen oder -stadien verbleiben oder unter entsprechenden beschleunigenden Bedingungen auf solche Zustände oder Stadien regredieren, die in früheren Entwicklungsphasen normal waren. Dies ist äußerst unwahrscheinlich. Statt ein bestimmtes früheres Niveau oder einen Entwicklungsstand widerzuspiegeln, ist die Pathologie durch eine bestimmte dysfunktionale *Richtung* der Entwicklung gekennzeichnet, die in wechselndem Maße eine gewisse (meist oberflächliche) Ähnlichkeit mit jenen früheren Phasen aufweisen mag, aber sicherlich mit diesen Zuständen nicht gleichzusetzen ist und radikal verschiedene Prozesse und Fähigkeiten umschließt. Die Begriffe Entwicklungsstillstand und Entwicklungsdefekt als solche müssen, sollen sie theoretisch kohärent und sinnvoll sein, *sui generis* geklärt und erhellt werden (z. B. die Richtung, die die Entwicklung in spezifischen Bereichen genommen hat; der spezifische Charakter von „Defekten“ der Ichfunktionen), statt es bei oberflächlichen, irreführenden Vergleichen mit früheren Entwicklungsstufen bewenden zu lassen. Ich bin jedoch davon überzeugt, daß man selbst dann, wenn das geschieht, erkennen wird, daß dynamische Konflikte und strukturelle Defekte nicht nur vereinbar sind, sondern daß sie einfach verschiedene Perspektiven desselben allgemeinen Phänomens darstellen.

Ich komme schließlich zu einem letzten Punkt dieser Diskussion, in der gegenwärtige Formulierungen über Entwicklungsstillstände das wesentliche Merkmal der Entwicklung nicht richtig wiedergeben. In vielen klinischen und theoretischen Beschreibungen wird impliziert, daß Probleme und Themen, die mit späteren Entwicklungsstadien verknüpft sind, nicht auftauchen, bevor frühere Stadien erfolgreich gemeistert wurden. Dies geschieht am häufigsten unter ödipalen oder präödipalen Aspekten. So schreibt beispielsweise Kohut (1977), daß ödipale Probleme und „strukturelle Konflikte" nicht an die Oberfläche kommen, bevor frühere präödipale Probleme, die mit der Selbst-Kohärenz zusammenhängen, gelöst worden sind.

Ich halte dies für eine falsche Vorstellung vom Fortschreiten der Entwicklung, und ich glaube ferner, daß sie durch klinische Beweise widerlegt wird. Was den zweiten Punkt angeht, so beobachtet man häufig, daß bei Patienten mit vorwiegend präödipaler Konstellation – ob es sich dabei um Selbst-Defekte, um Schizoide oder gar um Schizophrene handelt – typische ödipale Konflikte und Ängste (z. B. Kastrationsangst, Schuldgefühle und Angst wegen inzestuöser Wünsche, usw.) auftreten. Bei solchen Patienten sind Auslöser oft ödipale Konflikte, die mit ungelösten präödipalen Problemen durchtränkt sind – dennoch behalten sie ihren typisch ödipalen Charakter. (Es sollte darauf hingewiesen werden, daß auch bei typisch neurotischen Patienten präödipale Probleme in späteren ödipalen und postödipalen Phasen – etwa der Adoleszenz – wiederbelebt und erneut intensiviert werden, wenngleich sie weniger stark ausgeprägt sind und weniger pathologisch bewältigt werden.)

Der entscheidende Punkt ist, daß selbst bei Entwicklungsdefekten und Stillständen die psychische Entwicklung nicht an allen Fronten aufhört, wie Kohuts Beschreibungen und Formulierungen implizieren. Dies ist ein falsches Modell, denn die Entwicklung schreitet nicht in dieser Weise fort. Vielmehr ist es eher typisch für Menschen mit Entwicklungsdefekten in bestimmten Bereichen, daß sie weniger gut gerüstet sind, Herausforderungen zu begegnen, die für spätere Entwicklungsstadien charakteristisch sind, und daß spätere Entwicklungsprobleme stärker mit früheren, ungelösten Problemen vermischt sind. Ein weiterer entscheidender Punkt ist der, daß nicht die ganze Entwicklung in sämtlichen Bereichen ruht, bis der Defekt behoben und der Stillstand beendet ist. So treten beispielsweise bei schwer gestörten Adoleszenten (gleichgültig ob es sich um Borderline-Fälle, schizoide oder narzißtische Störungen handelt) Probleme und Themen auf und in den Vordergrund, die mit sexueller Befriedigung, wiedererwachenden ödipalen Konflikten, Intimität, hetero- und homosexuellen Ängsten, Unabhängigkeit, Berufswahl, usw. zusammenhängen. Und schließlich betreffen rasches körperliches Wachstum, endokrinologische und andere physiologische Veränderungen, neue Ansprüche und Forderungen der Gesellschaft sowie andere radikale Veränderungen Adoleszenten mit Selbst-Defekten ebenso wie normale Adoleszenten.

Ich habe kürzlich einen sehr gestörten jungen Mann behandelt, der mit kaum verhüllter Kastrationsangst reagierte, sobald er ein Verhalten an den Tag legte, das als erwachsen und den Vater verdrängend betrachtet werden konnte (wenn er z. B. auf Wunsch der Mutter eine häusliche Tätigkeit verrichtete, die normalerweise dem Vater zufiel, nun aber vom Patienten erledigt werden konnte), und er hatte das Gefühl, in eine Falle zu geraten, wenn das Verhalten seiner Freundin als Forderung gedeutet werden konnte, sich längerfristig an sie zu binden. Doch trotz seiner schweren Störung und seiner zum Stillstand gekommenen Entwicklung ähnelten die obigen Reaktionen durchaus Verhaltensmustern, wie man sie häufig bei neurotischen Patienten sieht. Hier liegen die grundlegenden Unterschiede *nicht*. Wodurch sich mein Patient unterscheidet, ist die Art, wie er auf die Ambivalenz gegenüber seiner Freundin und die Konflikte, die mit der Beziehung zu ihr verbunden waren, reagierte. Dazu gehörten Dissoziation und Gefühle der Depersonalisierung (d. h. chronische „Schusseligkeit“ und die Unfähigkeit, sich an etwas zu erinnern und darüber zu berichten), zwanghafte homosexuelle Ideen und Ängste und ein wiederkehrender Traum, in dem er „in dichten Nebel gehüllt ist und in ein schwarzes Nichts versinkt“. Dieser Traum zeigt besonders deutlich, daß ödipale Konflikte mit primitiven, präödipalen Ängsten und Phantasien durchsetzt sind.

Ich erinnere mich auch an einen von mir behandelten hospitalisierten, akut schizophrenen Patienten, der während einer Gruppentherapie plötzlich verkündete, er würde sich freiwillig einer Kastration unterziehen, wenn dies zur Heilung seiner Krankheit erforderlich wäre. Er machte dann klar, daß er glaubte, seine inzestuösen Wünsche seien Quelle und Ursache seiner „Verrücktheit“, daß er diese ohnehin als Kastration empfände, und daß es ihm vielleicht besser gehen und er gesund werden würde, wenn er die Sache beim Schopfe packte und sich kastrieren ließe. Ein gut Teil dieses Materials ist offensichtlich ödipaler Art; in dieser Hinsicht ist der Patient nicht einzigartig. Verblüffend ist natürlich das bewußte, ungezügelte Auftauchen inzestuöser Wünsche und die direkte, unverhüllte Verknüpfung dieser Wünsche mit tatsächlichen (nicht verschobenen oder symbolischen) Kastrationshoffnungen.

Kehren wir zum Ausgangspunkt zurück. Ob klinische Berichte richtig sind oder eine Pathologie im Sinne eines „strukturellen Defekts" vorliegt oder nicht – eine solche Auffassung ist jedenfalls mit dynamischen Überlegungen nicht unvereinbar. Das Schwergewicht, das neuerdings auf Entwicklungsstillstände, Selbst-Defekte, Borderline-Zustände, usw. gelegt wird, hat gewisse Überlegungen und Dimensionen der Persönlichkeit und der Psychopathologie in den Vordergrund gerückt, die von der traditionellen Theorie ignoriert zu werden pflegten. Wir sind uns daher jetzt der überragenden Bedeutung von Loslösung und Individuation und „narzißtischer" Dimensionen, einschließlich der Differenzierung zwischen Selbst und anderem, des Grades der Selbst-Integrität und Selbst-Kohärenz, der Fähigkeit, zum anderen als getrenntem anderen in Beziehung zu treten und der Regulierung des Selbstwertgefühls, weit stärker bewußt. Und das ist meines Erachtens ein wirklicher Gewinn. Doch diese Dimensionen sind wahrscheinlich in wechselndem Maße und auf verschiedene Weise für alle Menschen von Bedeutung. Vermutlich gibt es in verschiedenen Lebensabschnitten verschiedene Formen der Herausforderung durch Loslösung und Individuation. Kurz gesagt, es ist nicht so, daß eine Gruppe von Menschen psychologisch von Zielen, Impulsen und inneren Konflikten beherrscht wird, eine andere Gruppe hingegen psychologisch vom Selbst und dem Streben nach Selbst-Kohärenz.[2] Wie ich bereits ausgeführt habe, kann dieses Problem nicht von Problemen der Befriedigung elementarer Triebe und Bedürfnisse getrennt werden; die Integrität der Selbst-Organisation ist ein übergeordnetes Ziel aller Menschen, und sie wird auf verschiedenen Ebenen angestrebt.

Welche Defekte, ob konstitutionell bedingt oder durch frühe Traumen verursacht, ein Mensch aufweisen mag, die Persönlichkeit wird ferner durch übergroße, durchdringende Konflikte und andere Unvereinbarkeiten geschwächt, die, weil ungelöst, das Gefühl der Selbst-Kohärenz und Selbst-Integrität bedrohen. Diese Vorstellung war für die Psychoanalyse von zentraler Bedeutung, und zwar von Freuds frühesten Schriften an bis zu G. S. Kleins (1976) „Erforschung des Wesentlichen" in neuerer Zeit. Ferner bilden – modernen apokalyptischen Behauptungen zum Trotz – ungelöste Konflikte und Unvereinbarkeiten und die mit ihnen einhergehenden Abwehren und Ängste das gegebene Material für therapeutische Interventionen. Das heißt, die Auflösung und Integration ungelöster Schismen innerhalb der Persönlichkeit ist das wichtigste therapeutische Mittel, um das Selbst zu stärken und sogenannte Selbst-Defekte zu bessern.

Es bedarf keiner Dichotomie – und sicherlich keiner radikalen – zwischen psychologischen Entwicklungsstillständen und dynamischen oder strukturellen Konflikten. Statt dessen steht jedes Entwicklungsstadium vor der Herausforderung durch die Notwendigkeit, verschiedene Arten von Unvereinbarkeiten aufzulösen und zu integrieren, einschließlich der Unvereinbarkeiten von Anpassungsweisen, die verschiedenen Stadien angemessen sind. Wie gut man diese Aufgaben in Angriff nimmt und wie erfolgreich man die verschiedenen Bedürfnisse und Ziele integriert, das reflektiert und bestimmt in der Folge Qualität und Integrität der Selbst-Organisation. Natürlich spiegelt die gelungene Auflösung von Unvereinbarkeiten die eigene Integrationsfähigkeit wider, die ihrerseits zweifellos, wie bereits erwähnt, von konstitutionellen Prädispositionen und frühen Erfahrungen beeinflußt wird. Hingegen ist es unwahrscheinlich, daß eine bestimmte Gruppe früher Erfahrungen – ob es sich dabei um mangelnde empathische Erlebnisse oder fehlende Möglichkeiten zur Idealisierung handelt – einen entscheidenden Einfluß auf etwas so Komplexes wie die Integrationsfähigkeit ausüben könnte.

In jedem Fall sind Konflikt, Selbst-Organisation und Ichfunktionen, einschließlich der Integrationsfähigkeit, unentwirrbar miteinander verknüpft.

Anmerkungen

[1] Dies erscheint mir nicht als ein gutes Beispiel für das, was in der traditionellen Theorie als intrapsychischer Konflikt gelten würde. Wo ist die Triebregung, die mit Ich oder Überich in Konflikt liegt? Insoweit die Grandiosität des Patienten dazu dient, „seine Verletzbarkeit und seine realen Grenzen

zu verleugnen", scheint sie in der Tat eher eine Kompensation für die Verletzbarkeit des Selbst darzustellen als eine Abwehr gegen intrapsychische Konflikte.

[2] Mitchell (1979) behauptet, daß diese Teilung der Anwendungsbereiche zumindest partiell den Versuch darstellt, der Anklage der Ketzerei in der Gemeinschaft der Psychoanalytiker dadurch zu entgehen, daß eine „Strategie der Bewahrung des von der Trieblehre bestimmten metapsychologischen Rahmens durch die Errichtung einer diagnostischen Domäne für orthodoxe Begriffe" (S. 182) [übers. v. H. W.] verfolgt wird. Diese „psychoanalytische Form ökumenischen Denkens" wird proklamiert mittels der „Strategien einer Komplementarität, wie bei Kohut; als Versuch, Begriffe hierarchisch zu integrieren, wie bei Kernberg, und durch die Benennung (von seiten beider) einer neuen Form von Psychopathologie, auf die sich die formal ketzerischen theoretischen Linien nun beziehen" (S. 188) [übers. v. H. W.].

Teil III
Der begriffliche Status der psychoanalytischen Theorie

Bisher habe ich hauptsächlich die verschiedenen Formulierungen und Theorien *inhaltlich* erörtert und bewertet. Ich wende mich nun der *Form* dieser Theorien, ihrem begrifflichen, methodologischen und epistemologischen Status zu. In erster Linie werde ich mich mit den folgenden Themen befassen: der Debatte um klinische Theorie und Metapsychologie, der Darstellung der Psychoanalyse als hermeneutische Disziplin, dem Status von Daten, die der klinischen Situation entstammen und dem Doppelstatus der Psychoanalyse als Therapie und Theorie des menschlichen Verhaltens und der Persönlichkeitsentwicklung.

13. Kapitel
Klinische Theorie und Metapsychologie

In neueren Publikationen sowohl innerhalb als auch außerhalb der psychoanalytischen Gemeinschaft wird zunehmend radikaler zwischen der klinischen Theorie und der Metapsychologie unterschieden, womit das Urteil einhergeht, daß erstere das Herzstück der psychoanalytischen Theorie sei, letztere hingegen schlimmstenfalls als Pseudowissenschaft, bestenfalls als Erklärungsweise abzulehnen sei, die dem Gegenstand der Psychoanalyse nicht gerecht wird (vgl. z. B. Klein, 1976; Rycroft, 1966; Gill, 1976). Die ausführlichste und am weitesten entwickelte Darstellung dieses Standpunktes findet sich in Schafers (1976, 1978) Schriften.

Die Befürworter eines Ansatzes, der allein von der klinischen Theorie ausgeht, lehnen *jedes* Modell ab, das von einer kausalen, naturwissenschaftlichen Erklärungsweise Gebrauch macht, das allgemeingültige Feststellungen zu treffen versucht und die Mechanismen zu erhellen trachtet, welche beobachteten Verhaltensphänomenen zugrunde liegen.[1] Was bleibt, ist demnach der implizite und explizite Anspruch, daß die klinischen Formulierungen der Psychoanalyse in einzigartiger Weise und ohne auf fremde Hilfe angewiesen zu sein, die Phänomene zu erklären vermögen, mit denen die psychoanalytische Theorie befaßt ist. Zum Bündel von Einstellungen, die nur die klinische Theorie als Annäherungsweise gelten lassen, gehören die Behauptungen, daß die klinische psychoanalytische Situation die ideale Quelle *sui generis* sei, um Beobachtungen und Daten für klinische Formulierungen zu erlangen, und daß die Psychoanalyse eine hermeneutische Disziplin sei – das heißt, klinische Formulierungen (und therapeutische Deutungen) sollen sich eher der Entzifferung verborgener Bedeutungen widmen als der Aufstellung empirischer Gesetze. Schließlich behaupten einige, wenn auch nicht alle Befürworter dieses Ansatzes, daß die Methode, mittels derer menschliches Verhalten verstanden werden soll, sich qualitativ insofern von derjenigen unterscheide, die angewendet wird, um unbelebte Phänomene zu verstehen, als erstere sich auf empathische Identifizierung stützt (Home, 1966).

Bevor wir auf die obige Position näher eingehen, wird es nützlich sein, ausführlicher darzustellen, was mit klinischen Formulierungen im gegenwärtigen Kontext spezifisch gemeint ist. Eine Überprüfung der Schriften derer, die allein von der klinischen Theorie ausgehen, zeigt, daß sie mit klinischen Formulierungen oder klinischer Theorie im wesentlichen meinen, daß das Verhalten oder die Symptome eines Menschen erklärt werden, indem man sich auf seine bewußten oder unbewußten Ziele und Wünsche bezieht. Jedes Verhalten, gleichgültig wie bizarr oder trivial, ist im Sinne der Wünsche und Ziele eines Handelnden, dessen, was er zu tun versucht, zu verstehen. (Ich habe dies in einer früheren Arbeit [Eagle, 1980] als „Motivationserklärung" bezeichnet.) Diese Position wird am umfassendsten und nachdrücklichsten in Schafers (1976) Konzept der „Handlungssprache" vertreten. (Das Vertrauen darauf, Erklärungen zu finden, indem man sich auf die Wünsche und Ziele des Handelnden bezieht, stützt sich stark auf die philosophische Unterscheidung zwischen Gründen und Ursachen und auf die Philosophie der Aktion.)

Mir erscheinen viele der von dieser Gruppe vorgebrachten Kritiken sowie viele der von ihr vertretenen Positionen berechtigt. (Ich werde zu zeigen versuchen, daß die von ihnen angebotenen *Lösungen* problematisch sind.) So haben sie beispielsweise auf die Vergegenständlichung und Personifizierung hingewiesen, die in vielen metapsychologischen Formulierungen enthalten sind. Das heißt, sie haben durchaus zu Recht darauf aufmerksam gemacht, daß die Übersetzung klinischer Beobachtungen in eine metapsychologische Sprache kaum zu einer tieferreichenden Erklärungsebene führt. Um auf ein Beispiel von Sand (1981) zurückzugreifen: Wenn die Feststellung „Er verliebte sich in sie" übersetzt wird in „Er besetzte ihre Repräsentanz mit Libido", so erhöht dies den Erklärungswert in keiner Weise. Es schafft lediglich die Illusion, daß man objektiver oder wissenschaftlicher sei oder daß man irgendwie eine tieferreichende Erklärungsebene liefere. Und man braucht nur psychoanalytische Bücher und Zeitschriften durchzublättern, um zu erfahren, wie weitverbreitet diese Illusion ist. Schließlich glaube ich, daß die Kritiker der Metapsychologie zum Teil recht haben, wenn sie behaupten, daß manche klinischen Formulierungen weitgehend auf empirischen Beweisen beruhen und sich nicht logisch von der Metapsychologie ableiten lassen.[2] Ich glaube auch, daß Sand (1981) recht hat, wenn er Freuds Metapsychologie als ein Modell (oder eine Analogie bzw. eine Metapher) erkennt, das eher eine heuristische

Funktion haben sollte, statt eine Theorie darzustellen, die klinische Phänomene erklären, durch Beobachtung verifiziert werden kann und dann Voraussagen zu treffen vermag, welche durch empirische Beweise bestätigt oder widerlegt werden können.

Ich glaube, daß diejenigen, die die klinische Theorie als einzige Annäherungsweise befürworten, einen sehr wertvollen Zweck erfüllten, indem sie darauf hinwiesen, daß es eine Illusion sei zu glauben, metapsychologische Übersetzungen könnten zu sinnvollen Erklärungen führen. Sie hatten auch recht, als sie feststellten, daß die Kluft zwischen klinischer Beobachtung und dem *gegenwärtigen* metapsychologischen Modell niemals überbrückt worden ist und vermutlich niemals überbrückt werden wird. Doch diese berechtigte Kritik hat, wie Bowlby (1981) bemerkte, die Hoffnung vernichtet, die Psychoanalyse jemals zu den traditionellen Wissenschaften in Beziehung setzen zu können, und sie hat zu Positionen geführt, die ich für völlig falsch und einschränkend halte.

Welche Unzulänglichkeiten Freuds Trieblehre, seinem hydraulischen Modell oder irgendeinem anderen Aspekt seiner Metapsychologie auch anhaften mögen, er hatte meines Erachtens recht, als er nach einer tieferreichenden Ebene der Erklärung im Substrat und in den Vorgängen suchte, die dem Verhalten, das wir an den Tag legen, und den Zielen, die wir verfolgen, zugrunde liegen. Nach Freuds Auffassung bildeten die Triebe stets das Substrat psychischer Phänomene, die der Beobachtung leichter zugänglich waren. Aber die größere Herausforderung, der sich Freud stellte – und dies bildete stets das zentrale Spannungsmoment in der psychoanalytischen Theorie –, war die Notwendigkeit, die empirische Beziehung zwischen etwas wie – sagen wir einmal – einer Hormonausschüttung oder einer vom Hypothalamus ausgehenden Stimulierung oder, ganz allgemein, zwischen der neurophysiologischen und biochemischen Ebene einerseits und einem Wunsch, Plan, Gefühl oder Ziel andererseits zu verstehen und diese verschiedenen geistigen Räume miteinander zu integrieren. Diese Suche nach einer tieferen Ebene der Erklärung halte ich für das eigentlich Signifikante der Freudschen Metapsychologie und nicht so sehr deren spezifischen Inhalt. Beschränkt man die Psychoanalyse auf die sogenannte klinische Theorie und weist man *jede* Form einer tiefergehenden theoretischen Erklärung zurück, so bedeutet dies, daß man diese zentrale Herausforderung für irrelevant erachtet, und daß man, wie ich an anderer Stelle (Eagle, 1981) ausgeführt habe, eine unzulängliche, verstümmelte Erklärung akzeptiert und die Psychoanalyse von einer bereichernden Fülle von Tatsachen und Perspektiven isoliert. Es ist eine Sache, darauf zu bestehen, daß es legitim oder gar von zentraler Bedeutung sei, anhand von Motiven und Zielen, einschließlich unbewußter Motive und Ziele, zu Erklärungen zu gelangen. Es ist eine andere Sache, solche Erklärungen als endgültig zu deklarieren und eine Disziplin auf solche erklärenden Darstellungen zu beschränken. Zwar können Motive, Gründe und Ziele, wie ich bereits erwähnte, aus einer bestimmten Perspektive Verhaltensweisen erklären, doch unter einer anderen, umfassenderen Perspektive stellen sie eben jene Fakten dar, die selbst einer tiefergehenden Erklärung bedürfen. Der Philosoph Max Black (1967) bemerkte: „Sobald die Gründe für ein Handeln dargelegt worden sind, wird der forschende Geist weiterdrängen wollen und nach dem Ursprung und der Ätiologie solcher Gründe fragen" (S. 656) [übers. v. H. W.].

Allein die Vorstellung einer rein klinischen Theorie, die von keinerlei Metapsychologie befleckt ist, ist illusorisch. So schließt beispielsweise schon die Vorstellung unbewußter Wünsche und Ziele, die für die klinische Theorie der Psychoanalyse von zentraler Bedeutung ist, unvermeidlich metapsychologische Annahmen und Überlegungen ein. Rubinstein (1976) hat gezeigt, daß das Konzept eines unbewußten Wunsches, wenngleich vom Standpunkt des gesunden Menschenverstandes aus als bewußter Wunsch behandelt, nach kritischer Analyse nur einen „Als-ob-Wunsch" repräsentiert und ein Begriff ist, der „*nur* in der Welt der Naturwissenschaften existiert, nämlich in Form von ... Vorgängen eines bestimmten Typs im Gehirn des Organismus ..." (S. 255) [übers. v. H. W.]. Er behauptet auch, daß die Vorstellung von Abkömmlingen eines unbewußten Wunsches, die für die klinische Bestätigung von wesentlicher Bedeutung ist, auf Freuds energetischen Hypothesen beruhe (Rubinstein, 1980). Ich habe ebenfalls zu zeigen versucht, daß die Vorstellung von universalen unbewußten Wünschen und Motiven Annahmen über Triebe, die der ganzen Spezies eigen sind, einschließt und „eher eine Feststellung über unsere biopsychologische Natur ist als eine Beschreibung von Motiven und Gründen für unsere Handlungen" (Eagle, 1980, S. 369) [übers. v. H. W.].

Auch Kohut hat behauptet, daß seine Selbst-Psychologie sich auf Begriffe beschränkt, die erlebnisnah sind und auf empathischer Introspektion beruhen, vermutlich im Gegensatz zu Freuds mechanistischen, erlebnisfernen metapsychologischen Formulierungen –

sicherlich eine Unterscheidung, deren Parallele die Dichotomie zwischen klinischer Theorie und Metapsychologie ist. Eine Untersuchung, inwieweit Kohuts Programm, metapsychologische Annahmen zu vermeiden und sich auf erlebnisnahe, empathisch gewonnene Begriffe zu beschränken, von Erfolg gekrönt ist, wäre sicherlich recht aufschlußreich. Abgesehen von den Problemen, die von der Tatsache herrühren, daß die empathischen Vorgänge bei Kohut und seinen Anhängern offenbar zu anderen diagnostischen und dynamischen Schlüssen führen als etwa bei den Analytikern vom *New York Psychoanalytic Institute* (Gedo, 1980) (ein Punkt, auf den ich später zurückkommen werde), stößt man auf weitere Schwierigkeiten mit diesem Programm, das empathisch gewonnene Formulierungen betont.

Kohuts Behauptung zum Trotz, daß er völlig oder hauptsächlich auf empathische Introspektion vertraue, ergibt eine Prüfung seiner Schriften, daß es in ihnen von unverhohlen kausalen Formulierungen und metapsychologischen Begriffen und Spekulationen wimmelt (beispielsweise finden wir den Begriff der „narzißtischen Libido"; die vermeintlichen Entwicklungsstadien des „Autoerotismus" und „primären Narzißmus"; die Vorstellung, daß mangelnde frühe Spiegelung kausal zu Selbst-Defekten beiträgt, und den ganz zentralen Begriff der „Selbst-Kohärenz"). Ich weise darauf hin, um zu zeigen, wie schwierig es ist, sich auf strikt klinische, phänomenologische, erlebnisnahe und empathisch gewonnene Erklärungen zu beschränken – selbst für jemand, dessen erklärtes Ziel es ist, in diesen Grenzen zu verbleiben. Außerdem führen der Versuch, erlebnisnahe Begriffe zu verwenden, wenn sie nicht angebracht sind, und die Illusion, daß man solche Begriffe verwende, während man es in Wahrheit nicht tut, nur dazu, daß man „hybride Konzepte" (Slap und Levine, 1978) produziert und verbreitet.

Kohuts zentrale Formulierungen und Begriffe sind nicht erlebnisnäher oder stärker empathisch abgeleitet als andere psychoanalytische Begriffe. So ist es beispielsweise kaum möglich, daß seine genetischen und ätiologischen Annahmen hinsichtlich der Bedeutung adäquaten „Spiegelns" und der Möglichkeiten zur Idealisierung der Eltern in erster Linie auf Empathie beruhen, sondern eher auf folgendem Rückschluß: Weil der erwachsene Patient in seiner Analyse jetzt spiegelnde und idealisierende Übertragungen errichtet, und weil er das Spiegeln durch den Analytiker offenbar braucht und von der Möglichkeit, ihn zu idealisieren, profitiert, kann man schließen, daß ihm entsprechende Möglichkeiten in seiner Säuglingszeit und Kindheit nicht in angemessener Weise zuteil wurden. Dies ist lediglich eine Schlußfolgerung, die das Wesen der Übertragung zu vermeintlichen frühen Erlebnissen in Beziehung setzt und nicht das geringste mit Empathie zu tun hat.

Nehmen wir ein weiteres Beispiel. Kohuts ätiologische Feststellungen und spekulative Diagnosen in bezug auf die Eltern des Patienten konnten gewiß nicht auf Empathie beruhen; sie sind vielmehr eine naheliegende Schlußfolgerung über die kausale Beziehung zwischen dem vermeintlichen Verhalten und der Pathologie der Eltern und den derzeitigen Schwierigkeiten des Patienten. Diese ätiologisch-kausale Feststellung mag richtig sein oder nicht (dies ist offensichtlich eine empirische Frage), aber sie steht in keinerlei Beziehung zu Empathie. Wenn man diese Formulierungen in das Gewand der Empathie kleidet, so begründet man damit meines Erachtens einen subtilen Anspruch auf Immunität vor Strafverfolgung. Das heißt, wenn man ausdrücklich behauptet, daß A zu B in kausaler Beziehung stehe, wird sofort offenkundig, daß man, soll diese Behauptung ernsthafte Beachtung finden, bedeutsame empirische Beweise vorlegen muß, vorzugsweise solche, die auf in die Zukunft weisenden Längsschnittuntersuchungen beruhen. Behauptet man hingegen, daß man seine Formulierung auf empathisch erworbene „klinische Beweise“ stützt, neigen die anderen dazu, weniger kritisch und anspruchsvoll zu sein.

Was die Dinge in diesem Bereich besonders verwirrend macht, ist die Tatsache, daß die Psychoanalyse sowohl eine Form von Therapie als auch eine Theorie über menschliches Verhalten ist, und daß in psychoanalytischen Publikationen häufig therapeutische und theoretische Ziele und Zusammenhänge vermischt werden. Formulierungen und Erklärungsweisen, die im klinischen Kontext als angemessen betrachtet werden, werden auch für die gesamte psychoanalytische Theorie zum Gesetz erhoben. So beruht beispielsweise die Position, die nur die klinische Theorie gelten läßt, zum Teil auf der Überzeugung, daß sie dem klinischen Kontext in einzigartiger Weise gerecht wird und für ihn ausreicht (während die Metapsychologie als dem klinischen Kontext unangemessen betrachtet wird). Wir haben zwar gesehen, daß diese Überzeugung eine Illusion ist, aber dennoch hat sie die logische Grundlage für den Alleinvertretungsanspruch der klinischen Theorie geliefert.

Als weiteres Beispiel betrachte man den Bonus, welcher der oben erörterten „empathischen Introspektion" zugebilligt wird. Gewiß, jeder psychotherapeutische Ansatz (im Gegensatz zu somatischen Behandlungen oder vielleicht der Verhaltenstherapie) mißt der Empathie des Therapeuten gegenüber dem Patienten während der Therapie einen hohen Wert bei. Man kann auch ohne weiteres verstehen, wie wichtig es ist, bei der klinischen Arbeit mit Patienten erlebnisnahe Redewendungen zu benutzen und eine metapsychologische Sprache zu vermeiden. Doch es ist eine andere Sache, wenn man diese Überlegungen auf eine höhere Ebene stellt und sie auf methodologische und epistemologische Prinzipien anwendet, die als Leitlinien und Grenzen bei der Theoriebildung dienen sollen. In der Tat muß jedoch die Behauptung, wie plausibel sie auch sein mag, daß Empathie und die Verwendung erlebnisnaher Formulierungen therapeutisch wirksamer seien als nicht-empathische Reaktionen und erlebnisferne Formulierungen, selbst an empirischen Daten überprüft werden, die ihrerseits nicht nur empathisch gewonnen wurden. Und eine Theorie, weshalb ersteres therapeutisch wirksamer sei (angenommen, dem wäre so), darf sich nicht selbst auf empathisch gewonnene und erlebnisnahe Termini und Begriffsbildungen beschränken.

Tatsache ist, daß jene, die auf irgendeine Weise theoretisch zu begründen versuchen, was sie beobachten, bald über empathisch gewonnene Konzepte ihrer Erklärungsbemühungen hinausgehen, wie sehr sie sich auch der Empathie verschreiben und behaupten, ihr ihr Wissen zu verdanken.

Vielleicht gibt es im therapeutischen Kontext eine ausgesprochen klinische Erklärungsweise, die jene therapeutischen Ziele fördert (z. B. Einsicht, Eingeständnis bestimmter Ziele und Wünsche), welche für die Psychoanalyse besonders charakteristisch sind. Doch Erklärungen, die den Patienten im klinischen Kontext gegeben werden, haben bestenfalls einen sehr komplexen Einfluß auf die Art und Weise, wie theoretische Erklärungen klinischer Phänomene formuliert werden oder werden sollten. Während sich deutende Erklärungen in der klinischen Situation der persönlichen Sprache von Zielen, Wünschen und Gefühlen bedienen mögen, besteht kein Grund zu der Annahme, daß eine theoretische Erklärung dieser Wünsche, Ziele, usw. dieselbe Sprache und dieselben Begriffe verwenden müsse.

Nehmen wir einmal an, jemand sei in der Lage, sich vollständig in das Erleben eines anderen (oder gar das, was ein anderer erlebt *hat*) einzufühlen. Sobald man jedoch über diesen Punkt hinausgeht und zu verstehen oder zu erklären versucht, weshalb er das erlebt, hat man die Möglichkeiten empathischer Erklärungen bereits erschöpft. Würde man seine Erklärung auf das (empathische) Erkennen dessen beschränken wollen, was der andere erlebt? Der Einwand ähnelt dem, den ich in bezug auf die Grenzen einer motivationalen Erklärung erhoben habe – das heißt, man möchte „Ursprung und Ätiologie" des Erlebens ebenso erfahren wie die Motive.

Der Impuls, eine Darstellungsform zu entwickeln, die beobachtete Phänomene auf einer eher theoretischen und abstrakten Ebene erklären könnte, ist derselbe, der hinter allen wissenschaftlich theoretischen Bemühungen steht, nämlich, die Ordnung und Realität aufzuspüren, die den Erscheinungen zugrunde liegen. Das Problem mit der Freudschen Metapsychologie ist nicht der Impuls, sondern die empirische und theoretische Unergiebigkeit des Resultats: Hypothesen, die nicht zu widerlegen sind, pseudoquantitative und pseudo-physikalistische Begriffe (vgl. Holt, 1976), Formulierungen, die so ungenaue Bezüge und Bedeutungen enthalten, daß sie alles und deshalb gar nichts erklären können, usw. Dies sind die wahren Probleme und nicht die Suche nach einer abstrakteren, stärker theoretisch ausgerichteten und umfassenderen Erklärungsebene. Klinische Theorie *vs.* Metapsychologie ist in Wahrheit ein Scheinproblem. In Frage stehen nicht zwei psychoanalytische Theorien: klinische Theorie und Metapsychologie. Es geht vielmehr um das Problem eines Kontinuums von Abstraktionsebenen, umfassende Darstellung und um Tiefe und Überzeugungskraft der Erklärung.[3] (Vgl. auch Holt, 1972, der das gespannte Verhältnis beschreibt, das durch Freuds mechanistisches und humanistisches Menschenbild in der psychoanalytischen Theorie besteht.)

Anmerkungen

[1] Es gibt mehrere Variationen dieser Position. Klein (1976) lehnt beispielsweise kausale Erklärungen ab, weil sie einem *psychoanalytischen* Ansatz gegenüber menschlichem Verhalten nicht angemessen seien, wärend Schafer (1976, 1978) argumentiert, daß die kausale Erklärungsweise schlichtweg *allem* menschlichen Handeln nicht gerecht werde.

[2] Ich sage „zum Teil" recht haben, weil, wie ich an anderer Stelle (Eagle, 1980) ausgeführt habe, gezeigt werden kann, daß einige allgemein akzeptierte klinische Annahmen – beispielsweise die Allgegenwärtigkeit sexuel-

ler und aggressiver Wünsche – nicht auf Induktion beruhten, sondern von umfassenderen metapsychologischen Annahmen abgeleitet wurden (vgl. Holt, 1976).

[3] Ich halte es daher nicht für nützlich, Versuche, bestimmte Aspekte der Metapsychologie in wissenschaftlich annehmbarere Termini zu fassen (wie es beispielsweise Peterfreund [1978] versucht hat), als nicht eindeutig psychoanalytisch abzulehnen (Klein, 1976). Denn es wäre in der Tat eine wichtige und bedeutungsvolle Errungenschaft, ob eindeutig psychoanalytisch oder nicht, wenn etwas von dem, was Freud mit seiner Metapsychologie (die im wesentlichen ein Modell der Psyche war) zu erreichen versuchte, in wissenschaftlich sinnvoller Weise erreicht werden könnte.

14. Kapitel
Der Erkenntniswert klinischer Daten

Von Anfang an bildeten die Verschmelzung von therapeutischen und theoretischen Zielen und die Spannung zwischen ihnen ein Hauptmerkmal der Psychoanalyse. Obgleich die Psychoanalyse eine Behandlungsmethode ist, war Freud davon überzeugt, daß ihr Platz in der Geschichte wegen ihres Beitrags zum Verständnis der Struktur der Psyche gesichert sei. Und jahrelang hat man uns erzählt und haben wir uns selbst gesagt, daß die klinische psychoanalytische Situation eine einzigartige Quelle sei, aus der wir Daten schöpfen können, die die psychoanalytische Theorie der menschlichen Persönlichkeit bereichern werden – ein glückliches Zusammentreffen therapeutischer und theoretisch-explanatorischer Ziele.

Doch was ist der Erkenntniswert klinischer Daten, die der psychoanalytischen Situation entstammen? Und welcher Gebrauch wird von ihnen gemacht? Wie wir gesehen haben, zögert Kohut nicht, ätiologische Formulierungen auf klinische Daten zu gründen, obwohl ganz offensichtlich die Berichte erwachsener Patienten über frühe Erfahrungen nichts anderes sind als *gegenwärtige* Rekonstruktionen und Impressionen dessen, was in der Vergangenheit geschah – mit all den Möglichkeiten der Auswahl, der Konstruktion und Verzerrung, denen solche Erinnerungsberichte unterworfen sind.

Ebensowenig wie Darstellungen früher Erinnerungen als angemessene Grundlage ätiologischer Behauptungen und Formulierungen anzusehen sind, ist es das therapeutische Ergebnis. Betrachten wir ein konkretes Beispiel aus Kohuts Schriften. Daß der Therapeut die Gelegenheit zu empathischem Spiegeln bietet und dadurch eine Besserung eintritt (und nehmen wir im Interesse der Sache an, daß das bewiesen wurde), berechtigt nicht zu der ätiologischen Schlußfolgerung, daß mangelhaftes Spiegeln durch die Eltern mit den gegenwärtigen Schwierigkeiten des Patienten in ursächlichem Zusammenhang stehe. Es gibt alle erdenklichen anderen Gründe dafür, daß das empathische Spiegeln des Therapeuten zu einer Besserung geführt hat. Ziehen wir einen Vergleich heran: Wenn man zeigen könnte, daß das Versprechen des Therapeuten, der Zustand des

Patienten werde sich bessern, eine wichtige therapeutische Funktion hat, würde man daraus den Schluß ziehen wollen, daß das Fehlen solcher Versprechungen in früherer Zeit für die gegenwärtigen Probleme des Patienten von ätiologischer Bedeutung sei? Im allgemeinen sind klinisch ermittelte Daten, soweit es die Untergruppe ätiologischer Formulierungen betrifft, von beklagenswerter Unzulänglichkeit. Sie sind einfach kein Ersatz für Längsschnittuntersuchungen der Entwicklung und Weiterentwicklung.

Tatsache ist, daß es bemerkenswert wenig zuverlässige Beweise bezüglich der allgemeinen Auswirkungen früher Erfahrungen auf die spätere Entwicklung oder auch hinsichtlich der Frage gibt, ob frühe Erlebnisse für die Persönlichkeitsbildung eine besondere, irreversible Rolle spielen, ganz zu schweigen von den Wirkungen spezifischer Faktoren, etwa einem Mangel an empathischem Spiegeln (vgl. z. B. Clarke & Clarke, 1976). Es ist zumindest möglich, daß der Glaube an die besondere Rolle früher Erfahrungen teilweise auf einem Irrtum beruht. Weil dieser Glaube so stark und festverwurzelt ist und mindestens bis auf Plato zurückgeht, ist es wahrscheinlich, daß klinische Daten diesen Glauben eher *reflektieren*, als daß sie ihn stützen. Prüft man systematisch die Ergebnisse einigermaßen gut durchdachter Untersuchungen, findet man wenig eindeutige Beweise für diesen Glauben. Tatsächlich stößt man auf Befunde, die bezeugen, daß die Wirkungen früher Erfahrungen im Laufe der Zeit schwinden; daß gewisse psychologische Merkmale über längere Zeitspannen einen Mangel an Stabilität erkennen lassen; daß mehr als die Hälfte der Kinder, die mit zehn Jahren eine psychische Störung aufwiesen, in der Adoleszenz nicht neurotisch gestört waren (Rutter, 1976). Ganz allgemein stellt man fest, daß es sich um ein komplexes Gebiet handelt, wo man, um eine gewisse Ordnung hineinzubringen, klären muß, welcher Art die frühen Erfahrungen waren, die untersucht wurden, welchen Bereich des Verhaltens oder der Persönlichkeit man studiert (z. B. Charaktereigenschaften *vs.* Merkmale motivationalen Inhalts [Kohlberg, LaCrosse & Ricks, 1972]), und ob man tatsächlich die Auswirkungen verlängerter oder früher Erfahrungen untersucht.

Zudem zieht man wahrscheinlich selbst bei gut kontrollierten Untersuchungen über die Bedeutung früher Variablen für die Voraussage späteren Verhaltens verschiedene Schlußfolgerungen, je nachdem, ob man eine Nachuntersuchung durchführt oder das, was Kohlberg et al. Untersuchung der Vergangenheit (follow-back investigation) nennen. Bei einer solchen Untersuchung stellte Robins (1966) zum Beispiel fest, daß 75% der untersuchten erwachsenen Alkoholiker als Jugendliche Schulschwänzer gewesen waren (im Vergleich zu 26% in der Kontrollgruppe). Als er hingegen Nachuntersuchungsdaten heranzog, stellte er fest, daß 11% der Kinder, die als Jugendliche die Schule geschwänzt hatten, als Erwachsene als Alkoholiker diagnostiziert wurden (im Vergleich zu 8% in der Kontrollgruppe). Dieser Vergleich enthält offensichtlich Implikationen für die ätiologischen Grenzen klinischer Daten, die einer informellen „follow-back"-Untersuchung entstammen. Worauf ich aber ganz allgemein hinweisen möchte, ist die Tatsache, daß das Verstehen und Bestimmen der Auswirkungen früher Erfahrungen auf die spätere Persönlichkeitsentwicklung eine unglaublich komplexe Angelegenheit ist und unter anderem das Heraustüfteln verschiedener Variablen und verläßlicher, systematischer Daten erfordert. Klinische Daten, die der psychoanalytischen und anderen therapeutischen Situationen entstammen, entsprechen diesen Forderungen nicht annähernd. Deshalb mögen gewisse Formulierungen, etwa die Beziehung zwischen frühem empathischen Spiegeln und der Errichtung eines kohärenten Selbst betreffend, zwar die Einbildungskraft der Gemeinschaft der Psychoanalytiker beflügeln, doch handelt es sich allenfalls um Hypothesen und Spekulationen, für die es zur Zeit keinerlei überzeugende Beweise gibt.[1]

In Anbetracht der Komplexität der Auswirkungen früher Erfahrung und der Beziehung zwischen frühen Erfahrungen und der Persönlichkeitsentwicklung des Erwachsenen und der diesbezüglich herrschenden Ungewißheit ist es schmerzlich, wenn man auf diesem Gebiet selbstsicheren Behauptungen begegnet, ohne daß irgendwelche Beweise vorgelegt werden. So belehren zum Beispiel Stolorow und Lachmann (1980) den Leser, daß „das Fehlen empathischer Empfänglichkeit für die Entwicklungserfordernisse des Kindes, extrem inkonsequentes Verhalten gegenüber dem Kind und daß es häufig affektiv unerträglichen sexuellen und aggressiven Szenen ausgesetzt wird ... die Strukturierung der Vorstellungswelt beeinträchtigt, das Individuum auf regressive Wiederbelebungen archaischer, mehr oder weniger undifferenzierter und unintegrierter Selbst-Objekt-Konfigurationen fixiert bleibt oder für sie anfällig wird" (S. 5) [übers. v. H. W.]. Verblüffend an dieser Passage ist nicht nur die Verwendung der Fachsprache und vager, nicht definierter Termini, sondern die *ohne jeden Beweis* vorgebrachte Behauptung, daß diese und jene Traumen bestimmte Auswirkungen auf die Entwicklung hätten. Ich kann mir die Bemerkung nicht versagen, daß die Verwendung der Fachsprache und vager Termini nicht nur zufälligerweise etwas unglücklich, sondern *notwendig* ist, weil sie Behauptungen ohne Beweiskraft zuläßt – somit bleibt unklar, ob es Beweise oder Gegenbeweise für den behaupteten angeblichen Zusammenhang gibt. Das heißt, solange man nicht weiß, was mit Bezeichnungen wie „Strukturierung der Vorstellungswelt" und „regressiven Wiederbelebungen archaischer undifferenzierter und unintegrierter Selbst-Objekt-Konfigurationen" gemeint ist, kann man nicht sagen, welche Phänomene und Beobachtungen als Beweis oder Gegenbeweis für die Behauptungen anzusehen wären.

Vielfach bedrückend ist in der neueren Literatur auch, daß sogenannte charakteristische Merkmale des Kindes behauptet und beschrieben werden, ohne irgendeinen Hinweis auf das Untersuchungsmaterial oder andere Beweise zu geben. (Die Folgen dieser Tendenz haben wir bereits bei der Erörterung der Arbeit von Mahler gesehen.) Stolorow und Lachmann behaupten zum Beispiel, es sei „charakteristisch für das Erleben des sehr jungen Säuglings, daß er unfähig ist, Vorstellungen von widersprüchlichem affektiven Kolorit zu integrieren oder zur Synthese zu bringen" (1980, S. 4) [übers. v. H. W.]. Es wird kein Beweis angeboten, der diese Ansicht stützt. Was vorgetragen wird, ist eine Bezugnahme auf Kernberg. Doch auch an der Quelle wird einem kein Beweis angeboten. Man stößt vielmehr auf die *Behauptung*, daß „Spaltungsprozesse wahrscheinlich etwa im dritten oder vierten Lebensmonat beginnen, zwischen dem sechsten und zwölften Monat ein Maximum erreichen und im zweiten Lebensjahr oder zu Anfang des dritten Jahres allmählich verschwinden" (Kernberg, 1976, S. 7) [übers. v. H. W.]. Wie Spence (1982) bemerkt hat, sind psychoanalytische Publikationen häufig durch fortgesetzte Verweise auf andere „Autoritäten" gekennzeichnet, die ähnliche Behauptungen aufgestellt haben wie man selbst – und ebenfalls unbewiesen. Nach einer gewissen Zeit wird die Behauptung dann als erwiesene Tatsache angesehen. Es ist, als würde etwas einfach deshalb als bewiesen betrachtet, weil es oft genug wiederholt und behauptet wird.

Lassen wir die Ätiologie einmal beiseite und fragen, was es mit allgemeinen theoretischen Formulierungen auf sich hat, die *gegenwärtige* Diagnosen und die *gegenwärtige* Dynamik betreffen. Auch hier kann man meines Erachtens zeigen, daß, ganz im Gegensatz zu den Behauptungen der meisten psychoanalytischen Autoren, Daten, die der klinischen psychoanalytischen Situation entstammen, allenfalls von problematischem Wert sind. Das heißt, sie mögen zwar einen heuristischen Wert haben und, wie Kubie (1975) bemerkte, einen reichen Born darstellen, aus dem Hypothesen geschöpft werden können, doch sind sie von geringer Beweiskraft, wenn es darum geht, diese Hypothesen zu überprüfen (vgl. Grünbaum, 1980, 1982). Ich beginne mit einer Beobachtung, die Gedo (1980) kürzlich gemacht hat. Während Anhänger Kohuts zahlreiche Beweise von Selbst-Defekten in den Produktionen von Patienten „fanden", entdeckten Analytiker vom *New York Psychoanalytic Institute*, die mit Fällen befaßt waren, welche sehr ähnliche Konstellationen aufzuweisen schienen, ebenso zahlreiche Beweise für das Vorhandensein ödipaler Konflikte und keine sichtbaren Anzeichen für Selbst-Defekte. Man kann weitere Beispiele ähnlicher Art in der psychoanalytischen Literatur finden. Da Angaben in der klinischen Situation in den meisten Fällen in bezug auf die unbewußten Motive, Konflikte und Selbst-Defekte, die sie angeblich enthüllen, undurchsichtig sind und deutender Klärung bedürfen, liegt es auf der Hand, daß es bei der Interpretation dieser Angaben entscheidend darauf ankommt, welcher theoretischen Richtung der Therapeut anhängt.

Daß die theoretische Richtung, von der der Therapeut überzeugt ist, Einfluß darauf hat, welcher Sinn und welche Bedeutung Beobachtungen zugeschrieben wird, trifft sicher nicht nur auf die psychoanalytische Situation zu. Was aber das Problem in der klinischen Situation verschärft, das ist der besondere epistemisch kontaminierte Zustand der Angaben. Das heißt, durch Suggestion und eine Vielzahl subtiler, selektiver Fingerzeige, die Verstärkungen auslösen, kann der Therapeut bewirken, *daß eben jene Daten geliefert werden, die man anführt, um diese oder jene theoretische Deutung zu stützen.* Wie anders läßt sich die Tatsache erklären, daß jeder Therapeut Daten zu produzieren scheint, die mit seiner theoretischen Neigung in Einklang stehen? Und wie anders läßt sich erklären, wie Marmor (1962) und andere festgestellt haben, daß Patienten offenbar zu der Art von „Einsicht" gelangen, die der theoretischen Orientierung ihrer Therapeuten entspricht? Marmor spricht von „radikal divergierenden Theorien" der Psychoanalyse und sagt: „Tatsache ist, daß Patienten, die von Analytikern aller dieser Richtungen behandelt werden … fest an die Erkenntnisse glauben, die ihnen vermittelt wurden ... Je nachdem, welchen Gesichtspunkt der Analytiker vertritt, scheinen die Patienten eben jene phänomenologischen Daten vorzubringen, die die Theorien und Deutungen ihrer Analytiker bestätigen! Jede Theorie pflegt sich selbst zu bestätigen. Freudianer fördern Material über den Ödipuskomplex und die Kastrationsangst zutage, Jungianer Material über Archetypen, Anhänger Ranks entdecken Trennungsangst, Anhänger Adlers maskuline Strebungen und Minderwertigkeitsgefühle, Anhänger Horneys spüren idealisierte Imagines auf, Jünger Sullivans gestörte zwischenmenschliche Beziehungen, usw." (S. 289) [übers. v. H. W.].

In einer neuen, unveröffentlichten Arbeit weisen Masling und Cohen auf folgendes hin: „Sobald die Therapie beginnt, werden einige inhaltliche Bereiche explizit und implizit verstärkt und einige nicht" (S. 6f.) [übers. v. H. W.]. Sie berichten über eine Reihe von Untersuchungen, die zeigen, daß die Produktionen des Patienten durch die subtilen und meistens unwissentlichen Verstärkungen des Therapeuten erheblich beeinflußt werden. Murray (1956) zeigte zum Beispiel anhand der Analyse eines Tonbandes mit Rogers als Therapeut, daß 68 Äußerungen von Patienten über Unabhängigkeit auf subtile Anerkennung trafen und nicht eine zurückgewiesen wurde. Im Gegensatz dazu wurden 16 Äußerungen von Klienten über Sexualität mißbilligt und nur zwei bejaht. Am Ende der Therapie war der Klient um seine Unabhängigkeit besorgt, während ihn die Sexualität nicht zu interessieren schien. Truax (1966) bestätigte Murrays Ergebnisse im wesentlichen.

Greenson (1967) berichtet über die Interaktion mit einem Patienten, die dieselbe Art der Verstärkung veranschaulicht: „Er sei ein Leben lang Republikaner gewesen (das hatte ich gewußt), und in den letzten Monaten habe er versucht, einen liberalen Standpunkt einzunehmen, weil er wisse, daß meine Neigungen dahin gingen. Ich fragte ihn, woher er wisse, daß ich ein Liberaler und Anti-Republikaner sei. Nun sagte er mir, immer, wenn er etwas Günstiges über einen Republikaner sage, fordere ich ihn auf, seine Assoziationen zu bringen. Andererseits, immer, wenn er etwas Feindseliges über einen Republikaner sage, schwiege ich, als sei ich damit einverstanden. Immer, wenn er ein freundliches Wort über Roosevelt sage, bliebe ich stumm. Immer, wenn er Roosevelt angreife, pflege ich zu fragen, an wen Roosevelt ihn erinnere, als sei ich darauf aus zu beweisen, daß Roosevelt zu hassen infantil sei. Ich war bestürzt, denn ich war mir dieser Verhaltensweise überhaupt nicht bewußt gewesen. Aber in dem Augenblick, in dem der Patient mich darauf hinwies, mußte ich zugeben, daß ich genau das getan hatte, wenn auch, ohne es zu merken" (1981, S. 283).

Solche scheinbar beweiskräftigen Daten werden dann als Bestätigungen derselben theoretischen Position betrachtet, die, wie genaueres Hinsehen zeigt, in erheblichem Maße zur Entstehung dieser Angaben beigetragen hat. Das heißt, eine Berücksichtigung der obigen Phänomene läßt erkennen, daß Verstärkung, Suggestion, Willfährigkeit, seien sie noch so subtil und komplex, entscheidende Faktoren bei der Hervorbringung dieser angeblich *bestätigenden Daten* sind. Als solche werden ferner auch mehrdeutige Produktionen betrachtet, wenn sie im Einklang mit der eigenen theoretischen Ausrichtung stehen. Daher kann jeder Therapeut, welcher theoretischen Überzeugung er auch sei, die Produktionen, wenn sie doppeldeutig genug sind, für Bestätigungen halten.

Man kann den obigen Schwierigkeiten entgegenhalten, daß alle Tatsachenbeobachtungen, um mit Popper (1972) zu sprechen, theoriedurchtränkt seien. Doch dies ist aus mehreren Gründen keine adäquate Antwort. In anderen Disziplinen sind die Daten nicht so undurchsichtig und daher die Grenzen der Deutung von Beobachtungen enger gezogen. Beobachter verschiedener theoretischer Richtungen können sich eher auf so grundlegende Fragen, wie ob es sich um „x" handelt oder nicht, einigen. Bei der Gedächtnisforschung wird es zum Beispiel eine allgemeine Übereinstimmung darüber geben, ob ein bestimmter Reiz erinnert wurde oder nicht, obgleich die Beobachter von Gedächtnisprozessen radikal verschiedene Vorstellungen haben mögen.

In der nicht-klinischen Situation wird das Problem des selektiven Vorurteils leichter erkannt, und – was am wichtigsten ist – die konsequente Durchführung von Sicherheitsmaßnahmen (z. B. Doppelblindversuche, Kontrollgruppen) ist ein einigermaßen effektives Mittel zur Handhabung solcher Probleme. Solche Sicherheitsmaßnahmen sind in der typischen klinischen Situation nicht vorhanden. Es ist ein charakteristisches Merkmal menschlicher Interaktion, daß man oft, bewußt oder unwissentlich, die Reaktionen anderer *auslösen* kann, die man auslösen möchte – das heißt, Reaktionen, die mit den eigenen Erwartungen und Wünschen in Einklang stehen. Es gibt Hinweise, daß vorgefaßte Meinungen auf seiten des Untersuchers selbst in der experimentellen Situation ein allgegenwärtiges Problem sind (z. B. Rosenthal, 1963) und auf verschiedene Weise behandelt werden müssen. Man stelle sich nun vor, wie wahrscheinlich es ist, daß die affektgeladene klinische Situation richtig beschrieben wird.

Zwar lassen sich theoretische Vorurteile vielleicht nicht vermeiden, doch wie von Eckhardt (1981) erklärte, als sie die Arbeiten von Scheffler (1967) und Giere (1979) überprüfte, „lassen sich objektive Daten zumindest insoweit erlangen, als Daten, die für eine gegebene Theorie T relevant sind, von jemand erhoben werden können, unabhängig davon, ob er an T glaubt oder sogar unabhängig davon, ob er T kennt“ (S. 572) [übers, von H. W.].[2] Sie verweist ferner auf Gieres Ansicht, daß ein guter wissenschaftlicher Test „eine Feststellung sein muß, deren Richtigkeit oder Falschheit zuverlässig bestimmt werden kann, wenn man Methoden benutzt, die nicht selbst von der Voraussetzung ausgehen, daß die fragliche Hypothese richtig sei“ (S. 95) [übers. v. H. W.]. Doch eben diese Bedingungen werden von den meisten klinischen Daten nicht erfüllt – gewiß nicht jene, die vom Therapeuten selber gesammelt, gedeutet und ausgewertet werden. Dies trifft trotz aller Behauptungen zu, daß Therapeuten Hypothesen während der Therapiestunde entwickeln und überprüfen. Wann hat ein Analytiker Freudscher Prägung die Hypothese geprüft, daß ein neurotischer Patient *keine* ödipalen Konflikte habe, und wann hat ein Analytiker der Kohutschen Richtung die Hypothese geprüft, daß ein narzißtischer Patient *keine* signifikanten Selbst-Defekte habe oder daß ihm als Kind adäquates empathisches Spiegeln zuteil wurde? Wann hat ein Jungianer die Hypothese geprüft, daß sein Patient *kein* kollektives Unbewußtes habe? Selbst wenn all diese Hypothesen geprüft werden könnten, bleibt die Tatsache bestehen, daß solche Tests in der klinischen Situation Methoden und Annahmen einschließen, die in der Tat – gahz im Gegensatz zu Gieres Beschreibung – von der Voraussetzung ausgehen, daß die fragliche Hypothese richtig sei. Ödipale Konflikte, Selbst-Defekte, kollektives Unbewußtes – diese Begriffe werden *sämtlich* von ihren jeweiligen Anhängern für richtig gehalten, und sie werden benutzt, um doppeldeutige, undurchsichtige Angaben zu deuten.

Angesichts dieser Überlegungen stelle ich Sands (1981) Behauptung in Frage, daß die klinischen Formulierungen der Psychoanalyse – wie ähnliche Formulierungen der Naturwissenschaften – induktiv aufgestellte empirische Verallgemeinerungen seien und daher mit

Metapsychologie oder irgendeiner „höheren Theorie" überhaupt nichts zu tun hätten, weil letztere „nicht die Kraft habe, allgemeine Erkenntnisse zu verändern, die auf der Beobachtung von Tatsachen beruhen" (S. 178) [übers. v. H. W.]. Da sich zumindest einige allgemeine Erkenntnisse der klinischen Theorie auf kontaminierte Daten stützen, ist keineswegs klar, daß sie „induktiv aufgestellt" sind oder „auf der Beobachtung von Tatsachen beruhen". In Wahrheit handelt es sich oft um Metapsychologie, die sich hinter klinischen Formulierungen versteckt.

Man betrachte einmal den zentralen klinischen Begriff des unbewußten Wunsches. Laut Holt (1976) ergibt sich die Verbindung zwischen unbewußtem Wunsch und Trieb nicht unmittelbar aus der klinischen Erfahrung, sondern beruht auf theoretischen Voraussetzungen über die Natur des Organismus. Da außerdem das manifeste Verhalten hinsichtlich der ihm zugrunde liegenden unbewußten Wünsche undurchsichtig ist (wäre es durchsichtig, wäre eine Deutung überflüssig), erfüllen die in jedem Fall postulierten unbewußten Wünsche wahrscheinlich, zumindest teilweise, eine Funktion bezüglich der theoretischen Vorstellungen über die menschliche Natur sowie hinsichtlich der Vorstellungen von Wünschen, die ein Mensch vermutlich hegt. Die Sensibilität freudianischer Analytiker gegenüber unbewußten sexuellen und aggressiven Wünschen ist demnach eng verknüpft mit einem Überbau theoretischer Begriffe und Ideen, die die Trieblehre, Verdrängung, psychosexuelle Entwicklung, Sublimierung und ein Erregungsabfuhrmodell des Nervensystems einschließen. Es geht nicht lediglich um die Beobachtung sexueller und aggressiver Verhaltens„tatsachen", sondern darum, *daß doppeldeutiges oder undurchsichtiges Verhalten als sexuell und aggressiv gedeutet wird*. In der Tat wird gelegentlich, wie im Falle der Sublimierung, offensichtlich *nicht-sexuelles* und *nicht-aggressives* Verhalten nichtsdestoweniger mit umgewandelten sexuellen und aggressiven Wünschen verknüpft.

In ähnlicher Weise beruht auch die Sensibilität gegenüber Selbst-Defekten und ihre „Beobachtung" von seiten Kohuts und seiner Anhänger nicht einfach auf beobachteten „Tatsachen", sondern auf Deutungen, die sich ihrerseits auf eine ganze Reihe theoretischer Annahmen über das Wesen der psychischen Entwicklung stützen (welche, nebenbei bemerkt, eine Ablehnung eben jener Annahmen einschließen, die es freudianischen Analytikern gestatten, allgegenwärtige sexuelle und aggressive Wünsche im Verhalten zu „sehen").

Das fortgesetzte Beharren auf dem Primat der klinischen psychoanalytischen Situation als wichtigster Quelle von Informationen und der Widerwille, sich aus dieser Situation herauszubegeben, haben sich vielleicht nicht nur auf die psychoanalytische Theoriebildung ungünstig ausgewirkt, sondern auch auf die Entwicklung der psychoanalytischen Therapie. Ich weiß, daß dies im Widerspruch zur vorherrschenden Meinung steht, möchte aber erklären, aus welchen Gründen ich diese Position einnehme. Traditionell wird behauptet, daß die psychoanalytische Situation ebensosehr wegen ihres theoretischen wie wegen ihres therapeutischen Wertes geschätzt wurde. Sie stellte angeblich eine einzigartige Informationsquelle dar, um die Struktur der menschlichen Psyche und das Funktionieren der Persönlichkeit zu verstehen.

Die Überzeugung, daß die psychoanalytische Situation eine einzigartige Informationsquelle (und für manche die einzige legitime Quelle) sei, um psychoanalytische Formulierungen zu beurteilen, kann zur Zwiespältigkeit in bezug auf die Berechtigung der psychoanalytischen Behandlung führen. Ist sie hauptsächlich wegen ihrer therapeutischen Wirksamkeit gerechtfertigt oder wegen der einzigartigen Daten, die sie angeblich erbringt?[3] Ist es möglich, daß das Interesse an letzteren durch einen Anspruch, erstere betreffend, rationalisiert wird? Wenn die Psychoanalyse *als Behandlungsmethode* anhand ihrer therapeutischen Wirksamkeit (statt anhand ihres theoretischen Wertes) gerechtfertigt werden soll, sollte sie dann nicht rigoros nach ihren Ergebnissen bewertet werden?

Manche psychoanalytische Autoren schreiben, als stünden in erster Linie die durch die psychoanalytische Situation geschaffenen Phänomene im Mittelpunkt ihres Interesses. Sie rechtfertigen diese Position häufig mit der Feststellung, daß die psychoanalytische Situation einzigartig und in wichtigen Punkten mit den meisten anderen menschlichen Interaktionen nicht zu vergleichen sei. Aus dem Auge verloren wird offenbar die Tatsache, daß die psychoanalytische Situation nur insofern von Interesse ist oder sein sollte, als sie die Psychopathologie, das Funktionieren der Persönlichkeit und die Behandlung erhellt. Wenn sie einzigartig sind, ist die verkündete Einzigartigkeit der psychoanalytischen Daten wahrscheinlich sowohl eine Einschränkung als auch eine Tugend. Denn die psychoanalytische Situation und die Informationen, die sie zutage fördert, sind nur in dem umfassenderen Kontext signifikant, auf den sie hindeuten.[4] Mir scheint, es ist an der Zeit, einige einfache, klare

Urteile nach dem Motto „Der Kaiser hat keine Kleider an" zu fällen. Die psychoanalytische Situation ist vor allem eine therapeutische Situation und nicht eine Quelle von Informationen für ätiologische Formulierungen oder gar für Theorien über die Persönlichkeitsentwicklung. Die relevantesten Fragen im Zusammenhang mit dieser Situation haben erstens mit Resultaten zu tun – welche Veränderungen und Wirkungen bringt diese Art der Intervention hervor? – und zweitens mit den Prozessen, die den verschiedenen Resultaten zugrunde liegen. Sie ist ebenso wie jede andere Form der Intervention systematischer Bewertung unterworfen und kann nicht *a priori* als wirksamer, nachhaltiger und tiefgreifender angesehen werden als andere Therapien.

Ungeachtet beharrlicher Behauptungen des Gegenteils gibt es keinen überzeugenden Beweis dafür, daß die klassische Psychoanalyse das „reine Gold" der Psychotherapie und die einzige Form therapeutischer Intervention ist, die es vermeidet, vorhandene Symptome durch andere zu ersetzen, und eine strukturelle Persönlichkeitsveränderung bewirkt. Statt dessen gibt es vorwiegend unbewiesene Behauptungen, die implizit auf der Logik beruhen, daß die Psychoanalyse natürlich die einzige Therapie ist, welche strukturelle Veränderungen bewirkt, weil die ihr zugrunde liegende Theorie (hinsichtlich Verdrängung, Einsicht, Bewußtmachung des Unbewußten usw.) besagt, daß sie dies tue. Man unterläßt gut kontrollierte Untersuchungen von Resultaten und bietet statt dessen fortgesetzt Behauptungen und Ansprüche an. Es scheint bemerkenswert, daß über Jahre hinweg Konferenzen abgehalten werden und Publikationen erscheinen, die sich mit den „Heilfaktoren der Psychoanalyse" befassen, und dabei herzlich wenig über systematisch untersuchte Ergebnisse gesagt wird, die über persönliche Erfahrungen und Eindrücke hinausgehen, wie sie in Fallgeschichten dargestellt werden.

Seit der Marienbader Konferenz im Jahre 1934 wird heftig über die relativ heilsame Rolle von Einsicht, Introjektion und anderen Faktoren debattiert, ohne offenbar zu erkennen, daß man Heilfaktoren erst untersuchen kann, nachdem man eindeutig bewiesen hat, daß eine Heilung (oder etwas Entsprechendes) stattgefunden hat. Es ist, als bliebe die Debatte bei der Frage stehen – und hier beobachtet man ein Beispiel der Vermengung von therapeutischen und Forschungsinteressen –, was die Heilfaktoren entsprechend dieser oder jener Theorie wären oder sein sollten, ohne sich empirisch darum zu kümmern, ob eine Heilung erfolgt oder nicht. Diese Sichtweise ist so scholastisch, daß man sie mittelalterlich nennen kann. Sie erinnert uns an die anschaulichen Geschichten (von Francis Bacon?) über Mönche, die sich rein theoretisch über die Anzahl der Zähne im Maul eines Pferdes streiten. Als ein Novize vorschlägt, dem Pferd ins Maul zu schauen, bezieht er für diese haarsträubende Respektlosigkeit eine gehörige Tracht Prügel.

Allgemein gesprochen ist es am wichtigsten, für die Psychoanalyse als Behandlungsmethode eine kohärente *Theorie der Therapie* zu entwickeln, die nicht nur auf der psychoanalytischen Theorie der Persönlichkeit oder der Psychopathologie beruht, sondern auch auf zuverlässigen empirischen Daten, die die Interaktionen und Interventionen beschreiben, welche für bestimmte Zwecke von Nutzen sind, sowie die Prozesse, die die allenfalls erzielten Resultate erklären. Unabhängig von der damit einhergehenden Persönlichkeitstheorie und der Vorstellung von der menschlichen Natur, muß der psychotherapeutische Ansatz mit seinen pragmatischen Leistungen stehen oder fallen.[5]

Die Psychoanalyse als Therapie läßt sich nicht aufgrund ihrer Verbindungen zur psychoanalytischen Persönlichkeitstheorie rechtfertigen (und dies gilt für jeden anderen therapeutischen Ansatz ebenso), noch kann sie durch die Einzigartigkeit der psychoanalytischen Situation und der durch sie zutage geförderten einzigartigen Informationen gerechtfertigt werden. Als Therapie ist sie – wie jede andere Therapie – nur durch Leistungen zu rechtfertigen sowie aufgrund ihres Beitrags zu einer Theorie, wie Menschen sich verändern. Und am wichtigsten ist, daß Informationen, die der therapeutischen Situation entstammen, einen ersten Beitrag leisten können – nicht zu einer ätiologischen Theorie der Psychopathologie oder zu einer Theorie der Persönlichkeitsentwicklung, sondern zu einer Theorie der Therapie, das heißt, zum Verständnis der Beziehung zwischen bestimmten Operationen und Interventionen und dem Eintreten oder Nichteintreten bestimmter spezifischer Veränderungen.[6] Ich halte es für eine Ironie, daß psychoanalytische Autoren klinische Daten für nahezu jeden Zweck zu verwenden versuchen, außer dem einen, für den sie am besten geeignet sind – der Bewertung und dem Verständnis der Veränderung durch Therapie.

Anmerkungen

1 Man vergleiche die selbstsicheren, definitiven ätiologischen Äußerungen in der gegenwärtigen psychoanalytischen Literatur mit den nüchternen Schlußfolgerungen von Kohlberg et al. (1972) nach einer sorgfältigen, durchdachten Überprüfung der Beweislage: „Symptome psychischer Störungen in der Kindheit eignen sich nicht für eine Zukunftsprognose. Ebensowenig kann eine neurotische Störung im Erwachsenenalter gegenwärtig aufgrund von Symptomen in der Kindheit vorhergesagt werden. Um es ganz offen zu sagen, die Forschung verfügt nicht über Beweise, die zeigen, daß die klinische Analyse der Gemütsverfassung des Kindes oder seiner dynamischen Eigenschaften zu einer effektiveren Prognose über psychische Krankheit oder Gesundheit des Erwachsenen führt, als sie der Mann auf der Straße aufstellen könnte, der glaubt, daß eine Psychose erblich und Kriminalität entsprechend dem gesunden Menschenverstand auf schlechte Elternhäuser und Nachbarschaften zurückzuführen sei" (S. 1271) [übers. v. H. W.].

2 Man beachte, daß dieses Vorgehen zumeist dann angewandt wird, wenn Angaben, die der klinischen Situation entstammen, von einem Untersucher überprüft werden, der außerhalb dieser Situation steht.

3 Anders ausgedrückt kann man auch fragen, ob die Psychoanalyse wegen ihrer therapeutischen Wirksamkeit gerechtfertigt ist oder wegen der Wahrheiten, die sie angeblich enthüllt. Wir werden später Freuds Annahme erörtern, daß nur Deutungen therapeutisch wirksam sind, die der Realität entsprechen, und daß er deshalb glaubte, beide Zwecke würden notwendigerweise konvergieren.

4 Die Situation hat eine gewisse Ähnlichkeit mit manchen Forschungsvorhaben im Labor, die offenbar um ihrer selbst willen durchgeführt werden und sich mit Phänomenen befassen, die weitgehend vom Labor selbst geschaffen wurden und eine relativ geringe Beziehung zu dem umfassenderen Kontext außerhalb des Labors aufweisen. Obwohl solche Vorhaben häufig als „Grundlagenforschung" bezeichnet werden, weil sie keinen augenfälligen praktischen Wert haben, ist dies irreführend. Sie werden weder angewandt noch sind sie grundlegend in dem Sinne, daß sie elementare Vorgänge in der Natur erhellen. Sie gehören vielmehr rechtmäßig einer dritten Forschungskategorie an, die vornehmlich durch das Forschungsvorhaben selbst geschaffen und von einer Vielzahl von Motiven und Absichten, zu denen auch Karrierestreben, Statusbedürfnisse, usw. gehören, gefördert wird. Mir scheint, daß in jeder Disziplin bzw. in jedem Tätigkeitsbereich das Risiko der Stagnation und Sterilität wächst, wenn sie sich allzu sehr einkapseln, zu sehr zu einem geschlossenen System werden, sich zu sehr auf sich selbst zurückwenden, zu sehr dem von Hesse (1949) beschriebenen „Glasperlenspiel" gleichen und daher von äußeren Einwirkungen, Interessen und Zwecken allzu isoliert bleiben.

5 Was ich hier als autonome Theorie der Therapie bezeichne, wird von einigen wenigen psychoanalytischen Forschern entwickelt. Beispiele hierfür sind die Untersuchungen von Luborsky (1953, 1967), Sampson und Weiss und ihren Kollegen (z. B. 1977), Gill und Hoffman (1982) und Dahl

(1974). All diesen Vorhaben ist eine gut kontrollierte, systematische Untersuchung des psychoanalytischen *Prozesses* gemeinsam. Keins von ihnen schließt eine Untersuchung therapeutischer *Resultate* ein (obgleich einige der Prozeßbefunde Implikationen für Resultate haben mögen).

[6] Selbst hier muß man einige Einschränkungen machen. Man kann weder erwarten noch sich darauf verlassen, daß der Therapeut die klinischen Daten mitteilt oder auswertet. Die wenigen gut kontrollierten, interessanten Untersuchungen, die Daten aus der klinischen psychoanalytischen Situation verwendet haben, stützen sich auf Tonbandaufzeichnungen. Ferner wurden Auswertung und Analyse der Daten von Sachverständigen vorgenommen, die sich außerhalb der klinischen Situation befanden und daher Problemen wie der Kontrolle und der Zuverlässigkeit angemessene Aufmerksamkeit schenken konnten (Luborsky, 1953, 1967; Horowitz u. a., 1975; Sampson & Weiss, 1977; Gill & Hoffman, 1982).

15. Kapitel
Psychoanalyse als Hermeneutik

Ich möchte mich kurz den gegenwärtig weitverbreiteten Vorstellungen von der Psychoanalyse als einer hermeneutischen Disziplin zuwenden, die nur mit der Interpretation und Entzifferung von Bedeutungen befaßt ist (vgl. z. B. Ricoeur, 1970; Radnitzky, 1973; Schafer, 1976; Steele, 1979). Ich habe bisher in Beschreibungen und Verteidigungen der hermeneutischen Position keine überzeugende Behandlung des alltäglichen, aber unausweichlichen Problems der Zuverlässigkeit und der damit verbundenen Wissenskriterien entdeckt. Das heißt, wenn meine Interpretation, die von mir entzifferte Bedeutung oder mein empathischer Zugriff sich radikal von ihnen unterscheiden oder ihnen gar widersprechen – auf wessen Empathie oder Deutung verläßt man sich nun, um zur Erkenntnis zu gelangen? Wenn, wie wir gesehen haben, ein Anhänger Kohuts behauptet, er sei auf empathischem Wege zu der Erkenntnis gelangt, daß die primären Ursachen der Schwierigkeiten seiner Patienten Selbst-Defekte seien, während ein Analytiker vom *New York Psychoanalytic Institute* erklärt, er habe – ebenfalls auf empathischem Wege – erkannt, daß die Schwierigkeiten auf ödipalen Konflikten beruhten – auf welcher Grundlage wird dann dieser Disput entschieden?

Das Versäumnis, diese einfache, aber grundlegende Frage anzugehen, belastet all jene Positionen, denen – ob man von Hermeneutik oder Verstehen spricht – gemeinsam ist, daß sie das Schwergewicht auf Deutung, Bedeutung und empathische oder intuitive Erkenntnismethoden legen. Mir scheint in der Tat, daß die neue Bereitwilligkeit auf seiten mancher psychoanalytischer Autoren (z. B. Schafer, 1976; Steele, 1979), hermeneutische, perspektivische und ähnliche Positionen zu vertreten, zum Teil darauf beruht, daß man die Hoffnung aufgegeben hat, diesem Problem mit psychoanalytischen Formulierungen beizukommen. Es ist, als besage die Beweisführung implizit, daß es, falls sich adäquate Kriterien zur Bewertung der Exaktheit klinischer Deutungen und Formulierungen nicht entwickeln lassen, das Nächstbeste sei, die Sache für irrelevant zu erklären, indem man eine hermeneutische oder perspektivische

Position einnimmt. Denn entsprechend diesem Gesichtspunkt (zumindest seiner extrem relativistischen Version) kann die Frage nach der Zuverlässigkeit übergangen werden, da es sich bei verschiedenen Interpretationen oder Formulierungen nur um Konstruktionen[1] handelt, die lediglich verschiedene und hilfreiche Perspektiven bieten sollen.

Nehmen wir an, daß im klinisch-therapeutischen Kontext die Frage nach der Zuverlässigkeit in der Tat übergangen werden kann, insofern weitreichende Deutungen oder, um mit Fingarette (1963) zu sprechen, „Bedeutungsschemata" durch „Einsichten" (Marmor, 1962) bestätigt werden, die wahrscheinlich ebenso effektiv sind. Es ist auch möglich, daß die Methode, irgendwelche Deutungen anzubieten, zum Teil oder in erster Linie, wie Bergin und Lambert (1978) meinen, lediglich ein kongeniales Mittel ist, die wirklich therapeutischen Faktoren (die nach ihrer Auffassung mit persönlichen und Beziehungsfaktoren zusammenhängen) zur Wirkung zu bringen.

Dies bietet denen einigen Trost, die die perspektivische oder hermeneutische Position vertreten, da sie die Behauptung zu stützen scheint, daß psychoanalytische Deutungen nur eine neue Perspektive oder ein „Bedeutungsschema" bieten und daß andere Perspektiven und Deutungen in bezug auf bestimmte (therapeutische) Ziele ebenso „gültig" sein können.

Schürft man jedoch tiefer und fragt, hinsichtlich *welcher* realen Gegebenheiten dem Patienten eine neue Perspektive eröffnet wird, ob man verschiedene Perspektiven in Betracht ziehen kann und wenn ja, auf welcher Grundlage dies möglich ist, dann treten die Schwierigkeiten der perspektivischen Position schärfer hervor.

Der Versuch, diese Fragen zu beantworten, bringt die Themen der Stichhaltigkeit und Wirksamkeit durch die Hintertür zurück. Das heißt, es wird einem oft gesagt, daß verschiedene Deutungen verschiedene Perspektiven in bezug auf eine *umfassendere* Wahrheit eröffnen (hier erscheint das Kriterium der Stichhaltigkeit) und daß verschiedene Perspektiven auch hinsichtlich dessen variieren, wie *hilfreich* sie sind (das Kriterium der Wirksamkeit kommt ins Spiel). Keiner dieser Ansprüche wird systematisch behandelt, sondern nur behauptet. Das heißt, ob verschiedene Deutungen *irgendeinen* Anspruch auf *irgendeine* – große oder kleine – Wahrheit erheben können, eben diese Frage muß geklärt werden. Das gilt offensichtlich genauso für die Frage, wie hilfreich die Deutung ist. Lediglich eine neue Perspektive zu eröffnen, ist keine Garantie, daß sie überhaupt hilfreich sein wird. Daß verschiedene Deutungen aus verschiedenen theoretischen Perspektiven bestätigende „Einsichten“ erbringen, beweist außerdem nicht unbedingt, daß sie alle Aspekte einer umfassenderen Wahrheit sind. Es ist ein ebenso gutes Argument für die Wichtigkeit und Wirksamkeit von Faktoren wie geduldiges Entgegenkommen und würde nahelegen, daß die klinische Situation und klinische Daten für die Bewertung der Gültigkeit von Deutungen ungeeignet sind.

Doch selbst wenn der perspektivischen Position im Kontext der Erörterung der *therapeutischen Wirksamkeit* von Deutungen eine gewisse begrenzte Gültigkeit zuzusprechen wäre, konzentrieren sich die hermeneutischen und perspektivischen Argumente vornehmlich auf den Anspruch, daß hermeneutische Disziplinen (wofür die Psychoanalyse angeblich ein Beispiel liefert) über spezifische Mittel verfügen, *zu Einsichten und Wahrheiten* über menschliches Verhalten und Erleben *zu gelangen*. Sie sollen eine Gliederung der *Geisteswissenschaften* (Dilthey, 1961) darstellen, die über dieselbe Kenntnis des Menschen verfügen wie die Naturwissenschaften über die Kenntnis der Natur. Die Tatsache, daß wechselnde Perspektiven oder verschiedene Deutungen – einschließlich solcher, die vielleicht nachweislich und offensichtlich falsch sind – therapeutisch wirksam sein können, dürfte kaum tröstlich oder gar relevant für diejenigen sein, die solche umfassenderen Ambitionen hegen.

Ferner erfordert eine Bestimmung der therapeutischen Wirksamkeit – wir verbleiben durchaus im therapeutischen Kontext – verschiedener Perspektiven und Deutungen (das heißt in der Tat die Bestimmung, ob sie *überhaupt* wirksam sind) eben jene kontrollierten Untersuchungen, die Hermeneutiker im allgemeinen scheuen.[2] Außerdem würden die Daten, die solche Untersuchungen erbringen, zu einer *Theorie* therapeutischer Wirksamkeit beitragen (der eigenständigen Theorie der Therapie, die ich bereits erwähnte), welche dann ebenso einer Bewertung (z. B. Ablehnung oder Bestätigung) unterliegen würde wie jede andere Theorie. Man würde sie denselben Prüfungen unterziehen wie jede andere Theorie, sei es in den Naturwissenschaften oder den Sozialwissenschaften – Prüfungen, die der Fähigkeit der Theorie gelten, Voraussagen zu treffen, mit anderen Theorien zu konkurrieren, grundlegende Prozesse zu erhellen und damit Phänomene in großem Umfang zu erklären. Insoweit man nun eine solche Bewertung vornimmt und eine Theorie entwickelt hat, die exakt genug ist, um eine solche Bewertung zuzulassen, hat man *die hermeneutische Position hinter sich gelassen und als irrelevant erkannt*. Oder um es etwas anders auszudrücken: Verschiedene Perspektiven und Deutungen können zwar gleich wirksam sein, doch gehen theoretische Erklärungen, weshalb sie gleich wirksam sind (oder weshalb sie nicht gleich wirksam sind, wenn das der Fall ist, oder weshalb sie in bezug auf die Wirksamkeit irrelevant sind, wenn dies der Fall ist) und eine Bewertung dieser theoretischen Erklärungen bereits über die Probleme hinaus, die durch die hermeneutische Argumentation aufgeworfen werden.[3] Weder unter theoretischen noch unter therapeutischen (oder therapietheoretischen) Gesichtspunkten, weder im Sinne von Glaubwürdigkeit oder Wirksamkeit (oder einer Theorie der Wirksamkeit) ist es von Nutzen, die Psychoanalyse als hermeneutische Disziplin zu verstehen.

Wenn wir für einen Augenblick zum klinischen Kontext zurückkehren, so verweist das Argument, daß praktisch jedes plausible „Bedeutungsschema" bzw. jede „Geschichte" wirksam sei, auf ein Paradoxon oder zumindest eine Ironie, der man entgegentreten sollte. Denn was man auch in theoretischen Aufsätzen über „Geschichten" und „Konstruktionen" sagen mag, Tatsache ist, daß sich die meisten Therapeuten aufrichtig bemühen, ihre Patienten zu verstehen, das heißt, zu erfassen, was wirklich vorgeht und vorliegt. Außerdem vermute ich, daß die meisten Therapeuten, welcher philosophischen Richtung sie auch angehören mögen, *glauben*, daß sie ihre Patienten mit ihren Deutungen und Formulierungen richtig darstellen, statt bloß plausible „Geschichten" zu erzählen. Ich hege auch den starken Verdacht, daß die therapeutische Wirksamkeit derer, die eine perspektivische Position einnehmen (und somit bekennen, diesen Glauben nicht zu haben) beeinträchtigt würde, wenn sie sie in den Kontext hineintragen würden, in dem sie als Therapeuten fungieren.

Es sollte festgehalten werden, daß es sich bei der Vorstellung, zahlreiche plausible „Bedeutungsschemata" oder „Geschichten" seien gleichermaßen wirksam, um eine Hypothese handelt, die noch überprüft werden muß. Wenngleich alle Patienten von „Einsichten" berichten mögen, die die spezielle theoretische Orientierung ihrer Therapeuten bestätigen, folgt daraus nicht unbedingt, daß sämtliche Deutungen gleichermaßen wirksam sind. Es folgt auch nicht daraus, daß eine weitschweifige „Erzählung", die alle Teile des Lebens des Patienten zusammenfügt (Sherwoods [1969] Kriterium des Umfassenden), eine Voraussetzung therapeutischer Wirksamkeit ist. Ich vermute erstens, daß richtigere Deutungen eher wirksam sind – das heißt, daß es sich um Deutungen handelt, die, wie Freud forderte, der Wirklichkeit entsprechen, und zweitens, daß die Bedeutung weitschweifiger „Erzählungen" überbewertet wurde. Ich möchte jedoch klar sagen, daß die Richtigkeit von Deutungen nicht so sehr durch die Reaktion des Patienten definiert ist (z. B. Bestätigung oder Ablehnung, die Art der nachfolgenden Assoziationen, usw.), sondern durch Kriterien wie die, ob die Deutung mit dem in Einklang steht, was man über das Syndrom, unter dem der Patient leidet, weiß, sowie mit bestimmten zentralen Problemen vieler Patienten und mit der *Conditio humana*. Deshalb glaube ich, wie bereits erwähnt, daß Deutungen einer Agoraphobie im Sinne von Loslösung und Individuation wahrscheinlich richtiger und wirksamer sind als Deutungen, die von Prostitutionsphantasien ausgehen.

Das individuelle oder persönliche „Aroma" der Deutung ergibt sich meines Erachtens nicht aus der Klugheit, der Einzigartigkeit oder dem umfassenden Charakter der „Erzählung" oder „Konstruktion" (das heißt daraus, ob es durch die „Erzählung" gelingt, Ereignisse oder dynamische Hypothesen weitgehend miteinander zu verknüpfen), sondern aus der Einstellung und dem Stil des Therapeuten – das heißt aus Faktoren wie seiner Fähigkeit zuzuhören, seiner Fähigkeit, seine Deutungen so zu formulieren, daß sie den konkreten Erfahrungen und Gefühlen des Patienten entsprechen, daß er echte Anteilnahme und Sorge auszudrücken und gleichzeitig eine fachliche Neutralität zu wahren vermag, die verhindert, daß er in einem Konflikt Partei ergreift. Es ist eine Tatsache, daß, wie Levenson (1982) bemerkt, jede Kommunikation eine pragmatische und eine semantische Seite hat. Insbesondere in der Therapie werden unsere Kommunikationen ebensosehr durch unsere Person und die dieser Person eigene Art und ihren Stil bestimmt wie durch das, was wir sagen. Es wäre nützlich, wie mir scheint, Winnicotts Begriff der „hinreichend guten mütterlichen Betreuung" zu übertragen und die Vorstellung einer „hinreichend guten Deutung" zu akzeptieren.

Eine „hinreichend gute Deutung" steht in Einklang mit dem, was allgemein und verläßlich über ein Syndrom bekannt ist, widerspricht nicht dem, was man über die menschliche Natur weiß; sie nimmt Gestalt an in den Bezugnahmen auf die spezifischen und konkreten Erfahrungen und Sorgen des Patienten, und sie wird in einer Weise vorgetragen, die zumindest ein gewisses Maß an echter Anteilnahme, Interesse und Besorgnis vermittelt. Zwar bieten viele – vielleicht die meisten – Deutungen verständliche „Bedeutungsschemata“, „Geschichten“, „Konstruktionen“ und interessante „Perspektiven“ an, doch sind sie nicht „hinreichend gut“, wenn sie den obigen Kriterien nicht gerecht werden. Ich glaube zum Beispiel, daß eine therapeutische Deutung unter dem Aspekt von „Archetypen“ oder dem „kollektiven Unbewußten“, usw. zwar ein „Bedeutungsschema“ liefert, daß sie aber nicht „hinreichend gut“ ist, weil sie *ihrem Wesen nach* unpersönlich ist und *zwangsläufig* mehr mit einer umfassenden intellektuellen Konstruktion zu tun hat als mit den Erfahrungen, Sorgen und Kämpfen einer bestimmten Person. Und in diesem Sinne hat sie mehr mit dem Therapeuten zu tun als mit irgendeinem bestimmten einzelnen Patienten. Sie ist auch völlig von dem isoliert, was man über ein bestimmtes Syndrom oder die menschliche Natur zuverlässig weiß.

Wenn ich vorschlage, den Begriff der „hinreichend guten“ Deutung zu akzeptieren, so möchte ich damit auf die entscheidende Tatsache hinweisen, daß es möglich ist, verläßliche Informationen heranzuziehen, die nicht mit der klinischen Situation zusammenhängen, um zu klinischen Deutungen zu gelangen, die „hinreichend“ glaubwürdig sind. Ob solche Deutungen wirksamer sind – das heißt, ob Freuds Überzeugung bestätigt werden kann, daß Wahrheit und Wirksamkeit in integraler Verbindung stehen –, das muß, ich wiederhole es, noch empirisch überprüft werden.

Psychoanalyse und Geschichte

Eine Variante der hermeneutischen Argumentation besagt, daß die Psychoanalyse eine historische Disziplin im Sinne von Collingwoods (1946) Verständnis des Charakters solcher Disziplinen sei. In einer neueren faszinierenden Arbeit hat Blight (1981) anerkannt – oder vielleicht sollte ich sagen: zugegeben –, daß die Psychoanalyse insofern als historische Disziplin zu betrachten ist, als es eine Analogie zwischen den Versuchen des Analytikers, die Lebenserfahrungen des Patienten zu rekonstruieren, und den Versuchen des Historikers, die Motive und Erfahrungen historischer Gestalten aufzuspüren, gibt. Er wendet sich dann gegen die traditionelle Vorstellung einer „Hauptwasserscheide“ zwischen historischen

Disziplinen und den Naturwissenschaften (zwischen Geisteswissenschaften und Naturwissenschaften), und er vertraut darauf, daß die psychoanalytischen Theoretiker davon Abstand nehmen werden, sich der Hermeneutik zuzuwenden, wenn sie erkennen, daß alle kritischen Forschungsvorhaben Gemeinsamkeiten aufweisen. Ich sympathisiere gewiß mit Blights Zielen, doch er hat zuviel zugestanden. Einmal beruht seine Bereitschaft, die Psychoanalyse als historische Disziplin zu klassifizieren, auf der impliziten Gleichsetzung von Psychoanalyse mit psychoanalytischer *Therapie*. Es ist keineswegs klar, daß die psychoanalytische *Theorie* eine historische Disziplin ist, wie Collingwood sie versteht. Ihr Ehrgeiz ist es *nicht*, lediglich *individuelle* Schicksale zu erhellen, ohne die Frage nach der Verallgemeinerbarkeit zu berücksichtigen. Im Gegenteil, die Struktur der psychoanalytischen Theorie kann als ein Bestand an Thesen beschrieben werden, der, allgemein betrachtet, anderen theoretischen Formulierungen der Sozial- und Naturwissenschaften nicht unähnlich ist.

Selbst wenn man seine Überlegungen auf die psychoanalytische Therapie beschränkt, bemerkt man sowohl bedeutende Unterschiede als auch Ähnlichkeiten zwischen der Psychoanalyse und historischen Disziplinen. Es ist wahr, daß die Geschichtsforschung ebenso wie die psychoanalytische Therapie versucht, Ereignisse zu rekonstruieren, Erfahrungen und Motive von Individuen zu verstehen, eine „Erzählung" zu konstruieren und Bedeutungen zu entziffern. Doch die psychoanalytische Therapie ist eine praktische Methode der Behandlung und der Intervention und steht dadurch, wie wir gesehen haben, unmittelbar vor den Problemen der Wirksamkeit und der Verantwortlichkeit. Zu welchem Verständnis man auch in diesem Zusammenhang gelangt – es dient stets der therapeutischen Wirksamkeit und der Entwicklung einer angemessenen Theorie therapeutischer Wirksamkeit (oder sollte ihnen dienen). Ferner werden im klinischen Kontext die Probleme der Verantwortlichkeit und Wirksamkeit durch *die Reaktion des Subjekts unserer Deutungen auf diese Deutungen* definiert. Diese Überlegung macht unmittelbar deutlich, daß es sich im Gegensatz zur Geschichtsforschung bei Deutungen im klinischen Bereich vor allem um *Interventionen*[4] handelt.

Die Diskussion begann ursprünglich mit einer Unterscheidung zwischen dem klinisch-therapeutischen Kontext einerseits und Theorien über Pathologie (einschließlich der Ätiologie) und Persönlichkeitsentwicklung andererseits. Ich habe zu zeigen versucht, daß die Vermischung beider Bereiche zu einer gewissen Verwirrung geführt hat. Aus der Erörterung des klinisch-therapeutischen Bereichs ist eine weitere Unterscheidung hervorgegangen, deren Vernachlässigung ebenfalls ein gewisses Maß an Verwirrung gestiftet hat. Es handelt sich um die Unterscheidung zwischen den Deutungen, die in der klinischen Situation gegeben werden (oder den „Erzählungen", die diese Deutungen leiten sollen) einerseits und andererseits um die Beurteilung der Wirksamkeit dieser Deutungen sowie der theoretischen Darstellung des allenfalls erreichten Wirkungsgrades. Zwar können Deutungen in mancher Hinsicht historischen Berichten oder hermeneutischen Aktivitäten gleichen, doch ist dies keineswegs der Fall, wenn es um ihre Wirksamkeit sowie um die theoretische Darstellung des allenfalls erreichten Wirkungsgrades geht. Sie entsprechen dann vielmehr anderen theoretischen Darstellungen in den Sozial- und Naturwissenschaften. Ein weiterer Versuch, die Psychoanalyse als eine im wesentlichen historische Disziplin zu charakterisieren, findet sich in Sherwoods Buch *The Logic of Psychoanalytic Explanation* (1969). Sherwood meint, daß man sich die psychoanalytische Erklärung am besten als eine „Erzählung" (der Geschichte des Patienten und seiner Triebkräfte) vorstellt. Aufgeschlossen für das Problem der Zuverlässigkeit von Erkenntnissen, schlägt er Angemessenheit, umfassende Behandlung und Genauigkeit als Kriterien vor, nach denen psychoanalytische „Erzählungen" beurteilt werden sollten. In einem äußerst aufschlußreichen Kommentar bemerkt er, daß Angemessenheit, umfassende Behandlung und Genauigkeit der „Erzählung" keine irgendwie geartete systematische Beziehung zur allgemeinen psychoanalytischen Theorie aufzuweisen brauchen. Ich habe die Folgerichtigkeit des Sherwoodschen Schemas an anderer Stelle (Eagle, 1973) zu erörtern versucht. Hier möchte ich den Leser auf die Verwirrung zwischen therapeutischen und theoretischen Perspektiven hinweisen, die in seinen Formulierungen zutage tritt. Einerseits entspricht die von ihm vorgeschlagene deskriptive Formel – die psychoanalytische „Erzählung" – offensichtlich dem klinisch-therapeutischen Kontext und geht in der Tat aus ihm hervor. Andererseits haben die Kriterien, die er für die Bewertung dieser „Erzählungen" vorschlägt, wenig mit dem klinischen Bereich zu tun und eignen sich eher zur Beurteilung theoretischer Darstellungen. Außerdem – und das ist am verblüffendsten – wird das dem klinischen Kontext am besten entsprechende Kriterium – die therapeutische Wirksamkeit – nicht einmal zu den Bewertungskriterien gerechnet.

Weshalb sollte man eine adäquate, umfassende und exakte „Erzählung“ über einen Menschen konstruieren wollen, wenn man nicht glaubt, daß diese in der therapeutischen Situation eine entscheidende Rolle spielen wird? (Sherwood hat uns bereits erklärt, daß die individuelle „Erzählung“ nicht unbedingt in Beziehung zur allgemeinen psychoanalytischen Theorie stehen muß.) Sherwood scheint, analog zu Freud, implizit davon auszugehen, daß eine glaubwürdige „Erzählung“ zwangsläufig auch therapeutisch wirksam sein wird, und ihn interessiert daher, ob sie richtig ist. Doch Wirksamkeit kann natürlich nicht vorausgesetzt werden. Um darüber zu befinden, ob Wirksamkeit und Glaubwürdigkeit eng zusammenhängen, müßte man sie allerdings unabhängig voneinander definieren.

Die Psychoanalyse ist eine eigentümliche therapeutische Disziplin, weil in ihrer Geschichte die *Wahrheit* einer Intervention als relevant oder sogar als primär angesehen wurde (man beachte zum Beispiel die therapeutischen Ziele der Psychoanalyse, Einsicht zu gewinnen und das Unbewußte bewußt zu machen). Von Anfang an ist die Psychoanalyse durch das Problem der Gültigkeit von Deutungen verwirrt worden. Freuds Reaktion auf diese Frage wird von Grünbaum (1980) als das „Übereinstimmungsargument“ bezeichnet. Das heißt, Freud (1916–1917, S. 470) war davon überzeugt, daß nur Deutungen, die „mit der Wirklichkeit in ihm (dem Patienten) übereinstimmen“, therapeutisch wirksam sind. Der Therapieerfolg belegte demnach die Gültigkeit von Deutungen (und die Persönlichkeitstheorie, von der die Deutungen abgeleitet werden). Grünbaum hat nun sehr klar bewiesen, daß diese Beweisführung nicht standhält. Doch geht man weiterhin stillschweigend von dieser Annahme aus. Ich habe oben zu zeigen versucht, daß für Sherwood die Richtigkeit der „Erzählung“ im klinischen Kontext von Interesse ist, weil er annimmt, daß sie in diesem Zusammenhang *relevant* sei.[5]

Der Glaube, daß die Wahrheit unter günstigen Voraussetzungen nicht nur zur Klarheit führt, sondern auch befreit, ist ein Wert, der die Psychoanalyse stets durchdrungen hat. Und es ist ein Wert, an dem viele von uns hängen. Nach meiner Auffassung ist es letztlich dieser Wert, den die hermeneutische Position zurückweist und negiert. Doch dieser Wert bleibt nicht dadurch erhalten, daß man

Glaubwürdigkeit und Wirksamkeit miteinander verwechselt oder vermengt. Im nächsten Kapitel werde ich dieses Thema eingehender behandeln.

Anmerkungen

[1] Wenn man die Position vertritt, daß historische Berichte nicht beschreiben, was ist oder war, sondern lediglich Konstruktionen sind, wie bewertet man dann die neueren obszönen historischen Konstruktionen, wonach frühere Berichte über den Holocaust hauptsächlich auf zionistischer Propaganda beruhen?

[2] Es gibt bemerkenswerte Ausnahmen, was diese Feststellung betrifft. So hat beispielsweise Gill, der der hermeneutischen Position positiv gegenübersteht, auch Untersuchungen des psychoanalytischen Prozesses nach strengen Maßstäben durchgeführt und zur Weiterarbeit dieser Art gedrängt. Es sollte jedoch darauf hingewiesen werden, daß seine Forschung hauptsächlich dem Prozeß und nicht der Frage nach den Resultaten, d. h. der therapeutischen Wirksamkeit, gilt (Gill & Hoffman, 1982).

[3] Ob man die Psychoanalyse als Wissenschaft oder als hermeneutische Disziplin betrachtet, ist unabhängig von der Frage nach systematischen, kontrollierten Untersuchungen therapeutischer Resultate (sowie der Prozesse, die zu bestimmten Resultaten führen). Solche Untersuchungen schließen grundlegende experimentelle Vorgehensweisen ein, wie sie für die Natur- und Sozialwissenschaften charakteristisch sind. Selbst wenn man die Psychoanalyse als hermeneutische Disziplin ansieht, kann und sollte ihre Wirksamkeit als Behandlungsmethode nach strengen, d. h. wissenschaftlichen Maßstäben bewertet werden. Hermeneutische Argumente und Erkenntnisse haben, so wie sie nun einmal beschaffen sind, zu einer solchen Bewertung nicht beizutragen.

[4] Ich empfinde es als Ironie, daß sich die psychoanalytische Therapie, je mehr sie der Geschichte gleicht – das heißt, je ausschließlicher sie sich der Rekonstruktion vergangener Ereignisse und ihrem Verständnis um ihrer selbst willen widmet –, scheinbar zu wenig um die Wirksamkeit ihrer Intervention (sozusagen ihre Technologie) kümmert. Ich werde zu zeigen versuchen, daß es sogar im Bereich der psychoanalytischen Therapie Verwirrung in bezug auf therapeutische und theoretische Ziele und Absichten gibt und gegeben hat.

[5] Wenn man für eine bestimmte Art von Pathologie eine zutreffende, genaue Formulierung gefunden hat, so folgt daraus nicht, daß diese Formulierung, wenn man mit ihr interveniert und sie dem Patienten irgendwie vermittelt, therapeutisch wirksam sein wird. Eine richtige Formulierung, die ein Verständnis der Ätiologie und grundlegender, in die Pathologie verwobener Prozesse einschließt, macht es einfach wahrscheinlicher, daß irgendeine wirksame Intervention (die nichts mit der Psychotherapie zu tun haben muß) gefunden wird.

16. Kapitel
Psychoanalyse als Therapie und Theorie: Glaubwürdigkeit und Wirksamkeit

Ich glaube, daß die Psychoanalyse von Anfang an ihre therapeutischen und „Forschungs"ziele (das heißt, die theoretisch-erklärenden) miteinander verwechselt hat. Freud glaubte, wie erwähnt, daß die Psychoanalyse einen Platz in der Geschichte eher wegen der Wahrheiten verdiene, die sie zutage gefördert hat, als wegen ihrer therapeutischen Wirksamkeit. Das ist vielleicht eine berechtigte Hoffnung, doch entsteht ein ernstes Problem, wenn man in Betracht zieht, daß diese Wahrheiten eher Patienten angeboten werden, die sich in Behandlung befinden, aber nicht als Versuchspersonen Forschungszwecken dienen. Das tiefe moralische Dilemma ist überwunden, wenn man von der tröstlichen Annahme ausgeht, daß die therapeutischen und die „Forschungs"ziele gleichzeitig verfolgt werden können, weil Leiden und Krankheit gemildert werden, wenn man zur Erkenntnis gewisser Wahrheiten über sich selbst gelangt. Geht man von dieser Annahme aus, ist es glücklicherweise so, daß die richtigen Formulierungen, die Einsichten des Patienten und die Förderung des psychoanalytischen Wissens sämtlich in dieselbe Richtung streben und zu gleicher Zeit in der normalen klinischen psychoanalytischen Situation behandelt werden können.

Dieses harmonische Bild einer erfreulichen Konvergenz der Intentionen wird durch einige Überlegungen und Fragen, die Analytiker zu umgehen pflegten, empfindlich beeinträchtigt. Wie sieht es zum Beispiel aus, wenn Einsicht und Selbsterkenntnis keineswegs so heilsam sind? Und was geschieht, wenn sich herausstellt, daß das, was man für Selbsterkenntnis gehalten hat, zumindest teilweise eine Willfährigkeit gegenüber den Erwartungen und der theoretischen Ausrichtung des Therapeuten darstellt? Um diese (und ähnliche) Fragen zu beantworten, muß man über sichere Maßstäbe hinsichtlich der Wirksamkeit und Glaubwürdigkeit von Deutungen verfügen. Bemerkenswerterweise hat sich die Psychoanalyse selbst nicht systematisch mit beiden Themen auseinandergesetzt. Sie hat Glaubwürdigkeit auf Grund der vermeintlichen Wirksamkeit angenommen (Freuds „Übereinstimmungsargument"), und sie hat Wirksamkeit auf Grund der vermeintlichen Glaubwürdigkeit angenommen (Einsicht und Bewußtmachen des Unbewußten sind heilsam – die Wahrheit, die uns frei macht). Doch weder Wirksamkeit noch Glaubwürdigkeit sind unabhängig voneinander und systematisch aufgezeigt worden.

Bis zu einem gewissen Grade hat sich die Psychoanalyse der Verantwortung im strengen Sinne entziehen können, weil das Streben nach Einsicht, Bewußtsein und Selbsterkenntnis weithin als wertvoll anerkannt wird. Selbst wenn es keinen spezifischen therapeutischen Gewinn bringt (etwa die Beseitigung von Symptomen), ist es nichtsdestoweniger ein legitimes, ja, vornehmes Bemühen. Dies mag in der Tat so sein. Wir gehen damit jedoch so lange von einer falschen Voraussetzung aus, wie wir nicht wissen, inwieweit es sich bei dem, was Einsicht und Selbsterkenntnis genannt wird, wirklich um diese Phänomene handelt, oder ob sie nicht eher Produkte von Entgegenkommen und Suggestion sind. (Ich erinnere den Leser nochmals an Marmors Beobachtung (1982) in bezug auf die Freudschen „Einsichten" freudianischer Patienten und die Jungschen „Einsichten" jungianischer Patienten.)

Man kann auf die Schwierigkeiten, die dem Thema Glaubwürdigkeit innewohnen, reagieren, indem man es einfach beiseite schiebt und es rein pragmatisch mit der Wirksamkeit rechtfertigt. Man fragt zum Beispiel auch nicht, ob ein Medikament oder die systematische Befreiung von neurotischen Spannungen oder eine vertrauensvolle therapeutische Beziehung glaubwürdig sind. Man fragt nur, in welchem Umfang und auf welche Weise sie wirksam sind und ob die theoretischen Darstellungen des Grades und der Art der Wirksamkeit, die sie aufweisen mögen, richtig sind. Diesem Bild entsprechen in einem gewissen Maße neuere Erörterungen der psychoanalytischen Therapie. Das heißt, es wird sehr viel weniger Nachdruck auf einsichtfördernde glaubwürdige Deutungen gelegt und sehr viel mehr auf andere Faktoren, etwa spiegelnde Empathie, und auf die therapeutische Beziehung im allgemeinen. Die Frage nach der Glaubwürdigkeit ist demnach nur für Deutungen relevant, nicht aber für jene anderen Faktoren. Insoweit man diese in den Vordergrund stellt, spielt demnach das Thema der Glaubwürdigkeit keine Rolle.[1]

Hier kommt es jedoch darauf an festzustellen, daß die Psychoanalyse, falls sie ihre Daseinsberechtigung ausschließlich auf pragmatische Gründe der Wirksamkeit stützt, einen Platz neben anderen therapeutischen Interventionen einnimmt, bei denen die Glaubwürdigkeit der Deutung ebenfalls keine Rolle spielt. Nimmt man diesen Platz ein, dann treten Aspekte wie Verantwortlichkeit und Kosten-Nutzen-Überlegungen in den Vordergrund. Denn man kann seine Interventionen nun nicht länger so leicht damit rechtfertigen, daß sie Selbsterkenntnis vermitteln, oder unter Berufung auf den schlichten Glauben, daß die Wahrheit uns befreien wird. Man kann sie nur noch dadurch rechtfertigen, daß sie wirksam sind.

Aber trifft es denn zu, daß die Psychoanalyse die Frage nach der Glaubwürdigkeit ihrer Formulierungen und Deutungen gänzlich beiseite lassen muß? Insoweit sie sowohl eine Theorie menschlichen Verhaltens als auch eine Therapie ist, würde man erwarten, daß ihr, wie jeder anderen Theorie, Glaubwürdigkeit und Gültigkeit ihrer Formulierungen am Herzen liegen, unabhängig davon, wie sie sich auf die therapeutische Situation auswirken. Wie kann man dieses Problem bewältigen? Nach meinem Eindruck hat sich aus der vorangegangenen Diskussion (sowie aus anderen Quellen, etwa Grünbaums Darstellung [1980] der epistemisch kontaminierten klinischen Daten) ergeben, daß die psychoanalytische Situation, entgegen dem langgehegten Glauben der psychoanalytischen Gemeinschaft, nicht die geeignete Arena ist, um die Gültigkeit theoretischer psychoanalytischer Formulierungen zu überprüfen. Zwar ist die klinische Situation, ebenso wie viele andere menschliche Begegnungen, ein geeigneter Schauplatz für einfühlsames Verständnis eines individuellen Patienten und sogar für die (partielle) Identifizierung mit ihm. Sie ist sicherlich auch ein geeigneter Schauplatz, um zu versuchen, diesem Menschen zu helfen, und sie kann zur wichtigen heuristischen Quelle von Hypothesen werden, doch weist diese Situation kaum Züge auf, die verläßliche Kriterien zur systematischen Bestimmung der Gültigkeit von Deutungen bieten können. Wie wir gesehen haben, sind Empathie und „kognitive Identifizierung" nicht als solche Kriterien anzusehen.

Meines Erachtens können wir der Schlußfolgerung nicht ausweichen, daß sich die Gültigkeit psychoanalytischer Formulierungen am besten außerhalb des Behandlungszimmers bestimmen läßt. Nur außerhalb der klinischen Situation kann man die angemessenen Kontrollen und die angemessene Strenge walten lassen, die verläßliche Schlüsse und eine vernünftige Verallgemeinerbarkeit zulassen. Tatsache ist, daß die psychoanalytische Theorie – wie jede andere Theorie – aus einer Gesamtheit von Thesen (so formlos oder ungenau sie sein mögen) besteht, die auf menschliches Verhalten *allgemein* anwendbar sind. Der einzelne Patient bietet Gelegenheit zur individuellen Anwendung dieser allgemeinen Sammlung von Thesen. Wenn man also, ganz im Gegensatz zur üblicherweise vertretenen Auffassung der psychoanalytischen Gemeinschaft, an Gültigkeit oder Glaubwürdigkeit statt an Wirksamkeit oder so etwas wie dem gefühlsmäßigen Verstehen oder Verstandenwerden des Therapeuten oder Patienten interessiert ist, dann wird die spezielle Deutung oder Formulierung im Einzelfall aller Wahrscheinlichkeit nach insoweit Bestätigung finden, als sie der allgemeinen Hypothese entspricht, anhand derer die spezielle Deutung überprüft wurde.

Ein kritisches Urteil ist von wesentlicher Bedeutung, wenn man entscheiden soll, *welche* allgemeinen Hypothesen den individuellen Phänomenen, um die es geht, am besten entsprechen. Sowohl in diesem Bereich als auch bei der Ausarbeitung fallspezifischer Qualifikationen treten die intuitiven, ja, sogar die künstlerischen Komponenten des klinischen Urteils am deutlichsten hervor. Ich will die Bedeutung dieser Faktoren für klinische Formulierungen und die Behandlung individueller Fälle nicht herabmindern. Wir sollten jedoch ihretwegen nicht die Rolle der allgemeinen Thesen aus den Augen verlieren, die die Grundlage dieser individuellen klinischen Formulierungen bilden.

Am fundiertesten sind jene psychoanalytischen Aussagen, die sich auf Erkenntnisse außerhalb der klinischen Situation stützen können; umgekehrt ist es ebenfalls auf außer-klinische Beweise zurückzuführen, wenn Formulierungen als nicht genügend fundiert erkannt oder gar widerlegt wurden. Betrachten wir einige Beispiele der zweiten Kategorie: Wir haben bereits gesehen, daß theoretische Annahmen, das Kind durchlaufe eine Periode des „normalen Autismus" (Mahler, 1968), es befinde sich zunächst in einem Zustand von primärem Narzißmus oder sei völlig außerstande, zwischen Selbst und anderem zu unterscheiden (vgl. Klein, 1980 und Stern, 1980), durch Forschungsergebnisse der Kinderpsychologie ernstlich in Frage gestellt werden. Wir haben außerdem gesehen, daß allgemeine „Sekundärtriebtheorien" der Mutter-Kind-Bindung (für die Freuds „anaklitische" Theorie ein Beispiel liefert) im wesentlichen durch die klassischen Experimente Harlows (1958) und andere Beweise widerlegt sind. Weitere Beispiele psychoanalytischer Hypothesen, die durch Erkenntnisse außerhalb der psychoanalytischen Situation widerlegt wurden, sind die Hypothesen von der Symptomsubstitution sowie die Behauptung, daß sämtliche Träume Wunscherfüllungen seien. Es ist nunmehr weitgehend erwiesen, daß eine Besserung des Leidenszustandes oder die Beseitigung eines Symptoms (z. B. durch Methoden der Verhaltenstherapie), ohne daß der zugrunde liegende Konflikt behoben ist, nicht unbedingt ein neues Symptom an seine Stelle treten läßt. Was die Wunscherfüllungshypothese angeht, so zeigen ausgedehnte neuere Forschungen über den REM[2]-Schlaf, daß der Mensch annähernd alle 90 Minuten einen Traum hat, daß alle Säugetiere träumen, und daß das Träumen ein psychologischer Aspekt eines komplexen, elementaren physiologischen Zustandes ist, der sicherlich nicht durch einen Drang nach Wunscherfüllung initiiert werden muß.

Als weitere Beispiele psychoanalytischer Formulierungen, die durch Erkenntnisse außerhalb der klinischen Situation Bestätigung finden, können Fairbairns Annahme, daß Libido „Objektsuche" sei, und Balints (1937) Erklärung gelten, daß „primäre Objektliebe" den Säugling besser charakterisiere als „primärer Narzißmus". Wie wir gesehen haben, gibt es zahlreiche Beweise dafür, daß Säuglinge nahezu unmittelbar nach der Geburt auf Reize reagieren und sie zu verarbeiten beginnen, daß sie bestimmte Arten äußerer Stimulierung bevorzugen und äußerst empfänglich für Objekte sind, die ihnen, um mit Harlow (1958) zu sprechen, „Kontaktbehagen" (taktile Stimulierung) und kinästhetische Stimulierung bereiten. (Wie bereits erwähnt, widerlegen alle diese Beweise die Vorstellung, daß es einen angeborenen „primären Haß" auf Objekte gibt.)

Die genannten Neigungen zur „Objektsuche" lassen sich offensichtlich auf ein angeborenes Bindungssystem zurückführen, wie es von Bowlby (1969) postuliert wurde. Der Säugling wird mit einem Verhaltensrepertoire geboren, das sowohl Signale (z. B. Lächeln, Laute) umfaßt als auch direkter und aktiver (z. B. durch Saugen, Anklammern) das „gesteckte Ziel" erreicht, Nähe zum Betreuer herzustellen. Der Beweis für ein angeborenes Bindungsverhalten entstammt offensichtlich nicht der klinischen Situation, sondern der Beobachtung des Verhaltens von Säuglingen und Kind-Mutter-Interaktionen bei einer großen Zahl von Arten. Das Eingebettetsein des Bindungskonzepts in einen umfassenden biologisch-evolutionären Kontext gibt ihm eine Solidität, die klinische Daten allein nicht bieten können.

Obgleich nun diese Formulierungen nicht der klinischen Situation entstammen, wirken sie sich doch auf sie aus. Ich möchte aber hinzufügen, daß mir die Widerlegung oder Bestätigung psychoanalytischer Formulierungen bezüglich der menschlichen Natur und des menschlichen Verhaltens auch dann als wesentliche Aufgabe erscheinen würden, wenn überhaupt keine unmittelbaren oder evidenten therapeutischen Implikationen damit verbunden wären. Ich erinnere nochmals daran, daß die Psychoanalyse sowohl eine Theorie menschlichen Verhaltens als auch eine Therapie ist. Ich glaube allerdings, daß solche Widerlegungen und Bestätigungen therapeutische Implikationen haben (wenn auch nicht hinsichtlich spezifischer Techniken), von denen einige bereits absorbiert worden sind. So spiegelt beispielsweise der Nachdruck, der zunehmend auf die Beziehung selbst als therapeutisches Werkzeug gelegt wird, eine theoretische Verschiebung des Bildes der Menschennatur wider, die nun nicht mehr als ein Organismus verstanden wird, welcher von Triebbefriedigung und Spannungsminderung angetrieben wird, sondern von der Suche und dem Bedürfnis nach einem Objekt.

Ich wäre überrascht, wenn der Verzicht auf die Hypothese von der Symptomsubstitution keine konkreten Implikationen für die Behandlung hätte. Zumindest würde er nahelegen, daß man nicht automatisch jene therapeutischen Methoden und Ziele, die sich in erster Linie auf Symptommilderung und Besserung konzentrieren, mißbilligend als zwecklos ansehen müßte. Im besten Fall wäre es möglich und in bestimmten Situationen sogar wahrscheinlich, daß die Symptommilderung selbst als Mittel dienen könnte, das Persönlichkeitswachstum zu fördern. Was die Implikationen von Traumuntersuchungen angeht, so scheint es, daß die Schwächung der Hypothese der Wunscherfüllung (oder zumindest jenes Aspektes, der behauptet, daß Wünsche als Triebkräfte für das Auftreten von Träumen notwendig seien) neben anderen positiven Befunden eben jene von Freud in Betracht gezogene und verworfene Hypothese bestätigt, daß Träume schlafend gewonnene Erkenntnisse seien, die unsere Befürchtungen, unsere unerledigten Aufgaben widerspiegeln und im wesentlichen Versuche sind, Probleme zu lösen und zu meistern.

Als letztes Beispiel für Erkenntnisse außerhalb der klinischen Situation, die unmittelbare Implikationen für klinische Formulierungen (und Interventionen) haben, nenne ich nochmals das Syndrom der Agoraphobie. Hier fließen Befunde und Begriffe aus verschiedenen Bereichen zu der Schlußfolgerung zusammen, daß die Agoraphobie ihrem Wesen nach am häufigsten eine Krise der

Loslösung und Individuation repräsentiert oder, wie Fairbairn (1952) sagt, „einen Konflikt zwischen dem fortschreitenden Drang nach Loslösung vom Objekt und der regressiven Verlockung, sich mit dem Objekt zu identifizieren ..." (S. 43) [übers. v. H. W.]. Diese Schlußfolgerung stützt sich auf zahlreiche Hinweise: das Verhältnis zwischen sicherer Bindung und dem Umfang exploratorischen Verhaltens, die Beziehung zwischen einer „sicheren Basis" und Forschungsdrang, frühere Schulängste, Familiengeschichte und Art der ehelichen Beziehung. Wie ich bereits ausgeführt habe, können diese Erkenntnisse dann dazu beitragen, spezifische klinische Formulierungen und Interventionen im Einzelfall auf eine sichere Grundlage zu stellen.

Viele Psychoanalytiker, die sich ausschließlich auf Fallgeschichten berufen, scheinen von der Annahme auszugehen, daß der Erwerb psychoanalytischen Wissens nur in der entgegengesetzten Richtung möglich sei – das heißt, vom Einzelfall zu theoretischen Hypothesen. Allerdings hat die Annahme, daß psychoanalytische Erklärungsversuche in erster Linie dem Einzelfall gelten, viel Verwirrung gestiftet. Sie hat beispielsweise zu Sherwoods These (1969) geführt, daß die individuelle psychoanalytische „Erzählung" anhand von Kriterien zu beurteilen sei, die sich besser zur Bewertung allgemeiner theoretischer Erklärungen eignen. Die Frage mag naiv erscheinen, aber weshalb sollte man alles Erdenkliche über einen einzelnen Patienten wissen wollen? Welchem therapeutischen Zweck dient es? Oder kann es hauptsächlich oder ausschließlich dadurch gerechtfertigt werden, daß psychoanalytisches Wissen im Interesse der „Forschung" gefördert wird? Wenn dem so ist, sind wir wieder beim ursprünglichen Thema der Glaubwürdigkeit angelangt, und Sherwoods Vorschlag, die „Richtigkeit" solle als Kriterium der Gültigkeit bei der Bewertung von „Erzählungen" dienen, hilft uns überhaupt nicht, da man uns nicht sagt, wie die Richtigkeit festgestellt werden soll, und das ist genau die Frage, von der wir ausgingen.

„Privilegierter Zugang"

Die Konzentration auf den Einzelfall geht zum Teil von der Annahme aus, daß die Anerkennung (der Deutung) durch den Patienten ein zentrales, für manche (z. B. Mischel, 1963, 1966) unerläßliches

Kriterium ist, um die Gültigkeit psychoanalytischer Deutungen beurteilen zu können. Es liegt klar auf der Hand, daß dieses Kriterium an die klinische Situation gebunden ist, da der Bezugspunkt die Anerkennung durch den Analysepatienten ist und die Argumentation sich auf die „verzögerte" Anerkennung im Gefolge von Einsicht und Aufhebung der Verdrängung stützt. Die zentrale Bedeutung, die der – sofortigen oder verzögerten – Anerkennung beigemessen wird, beruht ihrerseits auf der philosophischen Annahme, daß das Individuum einen „privilegierten Zugang" zu dem, was es erlebt, ersehnt, wünscht usw., habe. In letzter Konsequenz heißt das, daß nur durch die Anerkennung dessen, was das Individuum wünscht, ersehnt usw., die Gültigkeit einer Deutung oder Formulierung bestätigt werden kann, die Wunsch oder Verlangen einem anderen zuschreiben. Nach diesem Schema werden unbewußte Wünsche und Sehnsüchte als Erweiterungen ihrer gewöhnlichen Gegenstücke behandelt, und man geht davon aus, daß der „privilegierte Zugang" weiterhin besteht, wenn auch verzögert.

Ich habe dieses Thema an anderer Stelle (Eagle, 1982 c) ausführlicher behandelt, möchte aber hier nochmals auf folgende Punkte hinweisen. Zwar läßt sich das Argument des „privilegierten Zugangs" in bezug auf phänomenologische Erfahrungen gut vertreten, doch steht seine Beweiskraft im umgekehrten Verhältnis zur Distanz von der unmittelbaren Erfahrung der fraglichen Phänomene. Je entfernter vom unmittelbaren Erleben, desto fehlbarer sind die Berichte eines Beobachters über „innere Ereignisse". Beispielsweise ist ein Bericht über ein vergangenes Ereignis oder eine vergangene Erfahrung ebenso dem Irrtum wie der Verzerrung unterworfen wie jeder andere. Oder um ein anderes Beispiel zu wählen: Das Aktionsmuster eines Lebens braucht mit dem, was man als seine Motive, Wünsche und Ziele bezeichnet, nicht übereinzustimmen oder kann ihm sogar widersprechen. Die Anwendung des Grundsatzes des „privilegierten Zugangs" auf Phänomene, die der unmittelbaren Erfahrung entrückt sind, kann demnach nur in sehr geringem Umfang erfolgen. Aber mit eben diesen Phänomenen – zum Beispiel unbewußten Wünschen und Motiven – hat es die Psychoanalyse in erster Linie zu tun.

Einige Aspekte des psychoanalytischen Begriffs der Einsicht beruhen auf einer impliziten, modifizierten Version des Grundsatzes des „privilegierten Zugangs". In ihrer schlichtesten Form läuft die Vorstellung darauf hinaus, daß der Patient direkt und bewußt jene zuvor unbewußten Wünsche, Ideen, Sehnsüchte, usw. erlebt, sobald die Verdrängungen aufgehoben sind. Ihre Anerkennung durch ihn genießt demnach insofern einen besonderen privilegierten Status, als er nun über eine unmittelbare, bewußte Erfahrung berichtet. Doch wie wir gesehen haben, führt der Umstand, daß Patienten über ihr „Erleben" und ihre „Einsichten" entsprechend der theoretischen Ausrichtung ihrer Therapeuten zu berichten pflegen, dazu, daß diese simple Vorstellung von Einsicht ins Wanken gerät und einen weitaus komplexeren „Konstruktions"prozeß nahelegt, an dem Erwartungen sowie Suggestion und Entgegenkommen beteiligt sind. Außerdem sind die Dinge, hinsichtlich derer die Patienten zur Einsicht gelangt sein wollen, oft in subtile Formulierungen gekleidet, die mit dem Erleben nicht unmittelbar in Verbindung stehen. (Zum Beispiel das Bewußtwerden eines Verhaltensmusters oder das Bewußtwerden subtiler Faktoren, die der Angst innewohnen.) Es besteht daher kein vernünftiger Grund, solcher Einsicht den Status des „privilegierten Zugangs" einzuräumen.

Daß man sich einen unbewußten Wunsch (und ähnliche Konzepte) schlichtweg als einen bewußten (oder als latenten bzw. potentiellen) Wunsch vorstellt, der der Verdrängung anheimgefallen ist, deutet meines Erachtens auf ein naives, falsches Verständnis dieses Begriffs hin. Ein solches Verständnis behandelt den Begriff als im wesentlichen auf Erfahrung beruhend, statt als theoretisches, auf Schlußfolgerungen basierendes Konstrukt, das dazu bestimmt ist, gewisse (schwer zu erklärende) Verhaltensweisen zu erklären (vgl. Rubinsteins [1976] Darstellung dieses Begriffs). Betrachtet man den unbewußten Wunsch als einen quasi empirischen Begriff, so gelangt man zu der Auffassung, daß verzögerte Anerkennung ein entscheidendes Kriterium sei und solchen Anerkennungen ein „privilegierter Zugang" zugesprochen wird.

Ein weiterer Faktor, der die Vorrangstellung von Anerkennungen als Kriterium zweifelhaft erscheinen läßt, ist die Abwehr. Weshalb sollte man angesichts der Allgegenwärtigkeit von Abwehrvorgängen auf Anerkennung bestehen? Was geschieht, wenn es niemals zur Anerkennung kommt? Und was geschieht, wenn die allgemeine klinische Formulierung, auf der die Deutung beruht, gut begründet ist, wenn die Deutung allen Tatsachen Rechnung trägt, vorausschauend ist usw.? Würde man dann immer noch auf Anerkennung bestehen, bevor man über die Gültigkeit der Deutung urteilt? Wenn die Erklärung des Verhaltens eines Menschen nach den üblichen

Kriterien für Erklärungen adäquat ist, weshalb sollte man dann unbedingt die Zustimmung und Anerkennung durch diese Person fordern? Mir scheint, daß es nur ein weiteres Beispiel für die Verwechslung therapeutischer und explanatorischer Ziele ist, wenn man auf der Anerkennung durch den Patienten beharrt, um über die Glaubwürdigkeit der Deutung zu urteilen. Zwar mag die Anerkennung durch die Patienten im klinischen Kontext entscheidend sein, doch weshalb sollte sie im explanatorischen Kontext eine besondere Rolle spielen? Diese Frage ist besonders dann angebracht, wenn man psychoanalytische Erklärungen außerhalb der klinischen Situation betrachtet, wo es keinen Patienten gibt, der anerkennen (oder verleugnen) könnte.

Sobald man begreift, daß die Anerkennung durch den einzelnen Patienten weder eine notwendige noch eine ausreichende Voraussetzung der Validierung psychoanalytischer Deutungen ist (und gewiß keine notwendige oder ausreichende Voraussetzung für die Überprüfung allgemeiner psychoanalytischer Thesen), ist dem Erkenntniswert der einzelnen Fallgeschichte eine weitere Grundlage entzogen. Und wir müssen uns noch unter einem anderen Gesichtspunkt der Schlußfolgerung stellen, daß wir uns in erster Linie auf außerklinische Quellen stützen müssen, um psychoanalytische Deutungen und Thesen zu überprüfen und zu verifizieren. Das Interesse am Einzelfall und an der einzelnen „Erzählung" läßt sich nur aus therapeutischen Gründen rechtfertigen oder weil es zur Bereicherung der allgemeinen psychoanalytischen Theorie beiträgt. Was letztere angeht, gibt es offensichtlich keine Rechtfertigung für eine ausgedehnte, umfassende individuelle „Erzählung". Ob die individuelle Fallgeschichte verläßliches Wissen vermittelt oder einen seriösen Beitrag zur psychoanalytischen Theorie leistet, muß ernstlich bezweifelt werden. Angesichts aller bereits erörterten Probleme, die mit dieser Methode verbunden sind – etwa dem epistemisch kontaminierten Status klinischer Daten –, glaube ich nicht, daß sie ein zuverlässiges Mittel zur Überprüfung allgemeiner psychoanalytischer Formulierungen und Hypothesen ist, so nützlich sie heuristisch sein mag.

Viele neuere Formulierungen in der psychoanalytischen Theorie, die sich weiterhin auf die individuelle Fallgeschichte stützen, werden als Beweise zunehmenden psychoanalytischen Wissens angesehen. Es ist nicht klar, inwiefern sie einen Fortschritt darstellen. Mir scheint, daß sie eher veranschaulichen, wie zwecklos es ist, sich völlig oder vorwiegend auf Daten zu verlassen, die der klinischen Situation entstammen, und daß es nötig ist, die eigenen Formulierungen an vorhandenem Wissen zu messen, das anhand strengerer Maßstäbe entwickelt wurde. Nach meinem Eindruck ist das heutige psychoanalytische Theoretisieren stärker von Fachjargon gesättigt als die psychoanalytische Literatur in früheren Zeiten. In der Tat enthalten derzeitige psychoanalytische Publikationen soviel vage, fachspezifische Formulierungen, daß man sich ernstlich fragen muß, ob sie irgendeine klare empirische Bedeutung haben. Will man sich diesem Material nähern, muß man häufig zunächst enträtseln, was eigentlich gesagt wird, um zu entdecken, welcher empirische Gehalt diesen Formulierungen innewohnt.[3] Soll man das als Fortschritt ansehen?

Wir haben überraschende Beispiele dafür gesehen, wie die Fallgeschichte von Anhängern verschiedener theoretischer Richtungen benutzt werden kann, um ihren speziellen Gesichtspunkt selektiv zu beweisen.

Angesichts der Tatsache, daß Verhalten oft undurchsichtig ist, wenn es um zugrunde liegende Motive und Determinanten geht, ist es häufig möglich, ein bestimmtes Verhalten als Beweis für den eigenen theoretischen Standpunkt zu deuten. Die Fallgeschichte eignet sich nicht nur in hervorragendem Maße zu selektiver Deutung, sondern auch zum selektiven Aussondern von Beweisen. Schließlich werden keine wortgetreuen Berichte geliefert, sondern solche, die die Vorstellung des Analytikers von dem, was wichtig ist und sich zu berichten lohnt, wiedergeben. Es ist naiv zu glauben, daß Analytiker irgendwie immun gegen den Einfluß all jener selektiven, verzerrenden Faktoren des Erkenntnisvermögens und des Gedächtnisses seien, die dem Rest der Menschheit zu schaffen machen. Es scheint klar, daß die Fallgeschichte einen großen heuristischen Wert hat, wenn es um die Entwicklung von Ideen und Hypothesen geht, aber nur sehr selten, wenn überhaupt, kommt ihr Beweiskraft zu. Daß man spiegelnde und idealisierende Übertragungen in der Analyse und Berichte erwachsener Patienten im allgemeinen zitieren kann, um eine ätiologische Theorie über die kausale Wirkung fehlenden Spiegelns auf die Entstehung von Selbst-Defekten zu stützen, ist nur ein eklatantes Beispiel für die unpassende Verwendung von Informationen, die der Fallgeschichte entstammen, und den Versuch, solche Daten als Beweismittel zu benutzen. Bei derart unangemessenen Vorstellungen vom Charakter des Beweises muß man erneut fragen, ob Änderungen psychoanalytischer Formulierungen in neuerer Zeit einen Fortschritt darstellen.

Nach meinem Dafürhalten ist es an der Zeit, daß psychoanalytische Autoren erkennen, daß es schlichtweg unangebracht ist, sich der Fallgeschichte zu bedienen, um einen bestimmten theoretischen Gesichtspunkt zu beweisen. Ich stimme vollkommen mit neueren Äußerungen Holzmans (1976) überein, der sagt: „Es ist daher bemerkenswert, daß unsere achtzig Jahre alte Disziplin niemals weitere Richtlinien (als Fallskizzen) für die Forschung oder für die Beurteilung des Werts von Beiträgen entwickelt hat. Große Teile dessen, was wir lehren, können weder bestätigt noch als falsch bezeichnet werden. Neue Ideen in der Psychoanalyse führen zu einigen Aufsätzen pro und contra, doch dies genügt nicht. Anders ... als die Literaturkritik benötigen wir mehr als solche Essays. Wir brauchen Vorschläge zur systematischen Überprüfung der Ideen, aber leider verlangen zu wenige nach solchen Überprüfungen" (S. 269) [übers. v. H. W.].

Anmerkungen

[1] Bush (1978) hat ausgeführt, daß Freud „nicht glaubte, daß Einsicht beim Heilungsprozeß eine wichtige Rolle spiele", sondern vielmehr meinte, daß „nur die irrationale Macht der positiven Übertragung jenes Maß an Überzeugungskraft und Motivation hervorbringen könne, welches das Ich benötigte, um erfolgreich gegen seine eigenen Abwehren anzukämpfen" (S. 12) [übers. v. H. W.]. Zur Unterstützung seiner Schlußfolgerung zitiert Bush dann folgende Aussage Freuds (1917): „Wenn der Kranke den Normalkonflikt mit den Widerständen durchzukkämpfen hat, die wir ihm in der Analyse aufgedeckt haben, so bedarf er eines mächtigen Antriebes, der die Entscheidung in dem von uns gewünschten, zur Genesung führenden Sinne beeinflußt. Sonst könnte es geschehen, daß er sich für die Wiederholung des früheren Ausganges entscheidet und das ins Bewußtsein Gehobene wieder in die Verdrängung gleiten läßt. Den Ausschlag in diesem Kampf gibt dann nicht seine intellektuelle Einsicht – die ist weder stark noch frei genug für solche Leistung –, sondern einzig sein Verhältnis zum Arzt. Soweit seine Übertragung von positivem Vorzeichen ist, bekleidet sie den Arzt mit Autorität, setzt sie sich in Glauben an seine Mitteilungen und Auffassungen um. Ohne solche Übertragung, oder wenn sie negativ ist, würde er den Arzt und dessen Argumente nicht einmal zu Gehör kommen lassen" (S. 463).

Wenn Bush recht hat, würde dies bedeuten, daß auch Freud das Hauptgewicht auf die therapeutische Beziehung legte und es sich tatsächlich um eine Weiterentwicklung der Ideen Freuds handelt, wenn neuerdings offenbar der therapeutischen Beziehung mehr Bedeutung beigemessen wird als der Einsicht. Ich glaube jedoch zeigen zu können, daß Bush sich irrt. Zum einen läßt der größere Teil der Kommentare Freuds, einschließlich des bereits zitierten „Übereinstimmungsarguments", vermuten, daß er der Einsicht große Bedeutung beimaß. Zum zweiten zeigt die sorgfältige Lektüre des von Bush zitierten Absatzes, daß dieser seine Auslegung nicht stützt. Denn es ist klar, daß Freud beschreibt, welche Bedeutung der positiven Übertragung zukommt, wenn es darum geht, daß der Patient die Deutungen des Therapeuten gefühlsmäßig akzeptiert und eine Wiederverdrängung von Material verhindert werden soll, das bereits ins Bewußtsein getreten war – das heißt Material, hinsichtlich dessen der Patient bereits zur Einsicht gelangt war. Freud betont also die Bedeutung der Beziehung (d. h. der positiven Übertragung) für die Erleichterung gefühlsmäßiger Einsicht im Gegensatz zu vielen modernen Theoretikern, die für die *direkten* therapeutischen Wirkungen der Beziehung (durch Identifizierung, „umwandelnde Verinnerlichungen" oder andere nicht durch Einsicht erlangte Mittel) eintreten möchten. Wenn Bush recht hätte und Freud meinen würde, daß nur die Beziehung – das heißt, der Wunsch des Patienten, dem Therapeuten und seiner „Autorität" zu schmeicheln – erklärt, weshalb der Patient dem Arzt und seinen Argumenten Gehör schenkt und weshalb er gefühlsmäßig von den angebotenen Deutungen überzeugt wird, dann würde Freud im Grunde zugeben, daß der Patient die Deutungen ausschließlich – oder zumindest weitgehend – auf Grund von Suggestion und Entgegenkommen akzeptiert. Dies ist höchst unwahrscheinlich, da sich Freud stets gegen Suggestions- und verwandte Hypothesen ausgesprochen hat.

2 REM = Rapid Eye Movements = elektrisch meßbare Augenbewegungen. In den sogenannten REM-Phasen läßt die Schlaftiefe nach, und der Mensch träumt. Anm. d. Übers.

3 Kohuts Schuldkonto ist besonders belastet, wenn es um solches Fachchinesisch geht. Wir haben bereits einige Beispiele bei der Erörterung seiner Verwendung „hybrider Begriffe" kennengelernt. Hier folgen zwei Beispiele aus seinen Büchern, die 1973 und 1979 als deutsche Übersetzungen veröffentlicht wurden: „Die Gefahr, die das Ich abwehrt, indem es das archaische Größen-Selbst abgespalten und/oder verdrängt hält, ist der entdifferenzierende Zufluß nicht-neutralisierter narzißtischer Libido (auf die das bedrohte Ich mit angsthafter Erregung reagiert) und das Eindringen archaischer Vorstellungen eines fragmentierten Körper-Selbst ..." (1973, S. 178).

Wenn er über Herrn M. spricht, sagt Kohut, es liege „ein struktureller Defekt im Bereich seiner Ziele und Ideale vor, der sekundär zu einer unzureichenden Kanalisation seiner exhibitionistisch-grandios-kreativen Strebungen in gut integrierte, stabil verinnerlichte Ziele führte. Das Fehlen eines ausreichend organisierten Stroms grandios-exhibitionistischer Libido in eine verläßlich verinnerlichte Reihe von Idealen ... führte zu einer unzureichenden Entwicklung jener exekutiven (Ich-)Strukturen ..." (S. 36).

Kohut steht mit seiner Verwendung von Fachjargon sicher nicht allein.

Ich habe bereits einige Beispiele aus Mahlers (1968) Schriften zitiert. Ich füge hier ein weiteres an: „Metapsychologisch gesprochen, scheint dies zu bedeuten, daß mit dem zweiten Monat die scheinbar festgefügte Reizschwelle (negativ deshalb, weil sie nicht libidinös besetzt ist) – *diese autistische Schale* (Hervorhebung von Mahler), die äußere Reize abhielt – anfängt, brüchig zu werden. Durch die bereits erwähnte Verschiebung der Besetzung in Richtung auf die sensori-perzeptive Peripherie beginnt sich nun ein schützender, aber auch rezeptiver und selektiver, positiv besetzter Reizschild zu bilden und den symbiotischen Umkreis der Zweieinheit Mutter-Kind zu umschließen ... Diese letztlich hochselektive Grenze scheint nicht nur die Vor-Ich-Selbstrepräsentanzen zu umfassen, sondern auch die noch undifferenzierten, libidinös besetzten symbiotischen Teilobjekte innerhalb der symbiotischen Matrix Mutter-Kind“ (S. 21).

Als ein Beispiel für praktisch unverständlichen Fachjargon führe ich schließlich einen Abschnitt aus einer neueren Arbeit von Giovacchini (1981) an. Er erörtert die Frage, ob man „die endopsychische Struktur, die dem Übergangsphänomen als nährende oder funktionale Modalität zugrunde liegt“ (S. 404) [übers. v. H. W.] konzeptualisieren sollte, und schreibt: „Ich betone, daß die Schicksale, die mit der Bildung dieses ersten psychischen Konstrukts verbunden sind, einen bedeutenden Einfluß auf die Bildung der postsymbiotischen Introjekte ausüben, die ihrerseits als Quelle libidinöser Besetzung dienen, welche zur Stabilisierung einer Funktion sowie zur Konstruktion von Selbst- und Objektrepräsentanzen führen kann“ (S. 411 f.). (In seinem Buch *The New Ego* [1971] erörtert Leites den Jargon in psychoanalytischen Schriften eingehend.)

Teil IV
Allgemeine Themen

Wenn man von einer umfassenden Perspektive ausgeht und fragt, ob die hier vorgestellten verschiedenen Richtungen Gemeinsamkeiten aufweisen, welche Antworten werden einem dann zuteil? Kann man in den Formulierungen, die ich in diesem Buch erörtert habe, allgemeine Themen erkennen?

17. Kapitel
Individuation und Selbstdifferenzierung

Aus den Arbeiten von Mahler, Kohut und Fairbairn geht klar hervor, daß die zentrale Dimension der psychischen Entwicklung die Fortbewegung von einem Zustand völliger Abhängigkeit und relativ geringer Differenzierung zwischen dem Selbst und dem anderen zu zunehmender Definition des Selbst und wachsender Unabhängigkeit (oder, wie Fairbairn lieber sagt, reifer Abhängigkeit) ist. Obgleich sie sich nicht derselben Terminologie bedienen und das Thema anders gewichten und weiterentwikkeln, scheinen alle drei von der gleichen grundlegenden Dimension zu sprechen. Für Mahler geht es um die Fortbewegung von der Symbiose zu Loslösung und Individuation; für Kohut ist es die Fortbewegung von völligem Vertrauen auf das Selbst-Objekt, um zur Selbst-Definition und zum Selbstwertgefühl zu gelangen, zur Selbst-Kohärenz und zu Vorhaben, die von den eigenen Ambitionen, Werten und Idealen vorangetrieben werden, und für Fairbairn ist es die Fortbewegung von infantiler Abhängigkeit und primärer Identifizierung zu Differenzierung und reifer Abhängigkeit.

Alle drei scheinen zu sagen, daß die psychologische Bedeutung des Objekts nicht in erster Linie darin liegt, daß es die von Freud betonte Gelegenheit zu Triebbesetzungen und -befriedigungen bietet, sondern darin, daß es die Entwicklung von Selbst-Integrität und Unabhängigkeit ermöglicht. Sie scheinen auch die Ansicht zu teilen, daß zumindest die schwersten und hartnäckigsten psychischen Erkrankungen nicht auf Konflikte zurückzuführen seien, die sich um Triebwünsche drehen (d. h. Es-Ich-Konflikte), sondern darauf, daß Loslösung und Individuation nicht erfolgreich bewältigt wurden.[1] Oder um Loewald (1979) zu zitieren: „Probleme der Differenzierung zwischen Selbst und Objekt mit der dazugehörigen Polarität zwischen Individuation und verschmelzender Einheit sind wahrscheinlich nicht weniger universal, sondern eher noch universaler und noch tieferliegend als psychosexuelle Konflikte des ödipalen Kerns der Neurose“ (1986, S. 370).

Wenn man Kohuts strukturelle Sprache in eine motivationale übersetzt, so ist seinen Schriften implizit zu entnehmen, daß das

Bedürfnis nach Selbst-Kohärenz und Selbstwertgefühl so entscheidend und überragend ist, daß sich im Fall seiner Beeinträchtigung oder Nichtbefriedigung die vorherrschenden Motivationen des Verhaltens, einschließlich kompensatorischer und abwehrender Verhaltensweisen, in steigendem Maße diesen Kernpunkten zuwenden. Nach Kohut sind demnach zerstörerische Aggression, infantile Sexualziele sowie verschiedene Formen infantiler und pathologischer Objektbeziehungen – zum Beispiel der Wunsch, mit einem allmächtigen Selbst-Objekt zu verschmelzen – sämtlich Reaktionen auf das Unvermögen eines geschwächten und zur Fragmentierung neigenden Selbst, Selbst-Kohärenz und ein verläßliches Selbstwertgefühl zu erlangen, und dadurch motiviert. Tatsächlich schlägt Kohut eine Hierarchie motivierender Ziele vor, die es unmöglich machen, entwicklungsmäßig fortgeschrittenere aggressive und sexuelle Ziele (die für die ödipale Phase charakteristisch sind) zu verfolgen, bevor die elementaren Bedürfnisse nach Selbst-Kohärenz und Selbstwertgefühl in einem vernünftigen Maß befriedigt worden sind. Insoweit dies nicht geschehen ist, werden ihnen sexuelle und aggressive Ziele untergeordnet.

Man kann die Entwicklung der Selbst-Kohärenz oder, um mit Mahler (1968) zu sprechen, von Loslösung und Individuation als einen natürlichen Auswuchs bzw. eine Entwicklungslinie betrachten, die dem Triebsystem der Bindung entstammt. Man hält es bei Tier und Mensch für selbstverständlich, daß die Jungen der Spezies allmählich immer unabhängiger von der Mutter werden, daß sie zunächst spielen und forschen und später an allen Aktivitäten der Erwachsenen teilnehmen. Während beim Tier diese Entwicklung in erster Linie im Sinne physischen und psychischen Wachstums, des Erwerbs von Verhaltensmustern, verschiedener Fertigkeiten und der Sicherung seines Platzes in der sozialen Rangordnung verstanden werden kann, muß die psychische Entwicklung des Menschen außerdem die Entfaltung eines losgelösten Selbstgefühls einschließen.

Wie Fromm (Munroe, 1955, S. 365) festgestellt hat, ist das Selbstgefühl ein Gefühl des evolutionären Drangs nach zunehmender Individuation. Ein Identitäts- oder Selbstgefühl ist auf niedrigeren phylogenetischen Ebenen nicht vorhanden, und nur bei Primaten kann es rudimentär in Erscheinung treten (z. B. Gallup, 1977, 1979).[2] Da diese Eigenschaft auf evolutionäre „Selektion" zurückzuführen ist, besteht guter Grund zu der Annahme, daß sie wichtige

Anpassungsfunktionen zu erfüllen hat. Man kann vermuten, daß die Verfolgung übergeordneter Ziele des Selbstwertgefühls und der Selbst-Integrität eine wirksame hierarchische Möglichkeit ist, die Verfolgung anderer für das Überleben notwendiger Bedürfnisse und Ziele zu „garantieren". Das heißt, die psychische Entwicklung des Menschen wäre nicht vollständig, ohne daß er ein Gefühl dafür entwickelt, wer er ist, und ohne die Fähigkeit, selbst Pläne, Absichten, Ziele und Projekte zu entwerfen, die, wenngleich durch zunehmende Erfahrung und Können in die Tat umgesetzt, ohne diese Fähigkeit relativ bedeutungslos wären. Es ist klar, daß Mahler u. a. (1975) Phänomene wie das Gefühl eines getrennten Selbst und die Fähigkeit, Ziele und Pläne zu initiieren und zu verfolgen, im Sinn haben. Kurz gesagt, das Fortschreiten von symbiotischer Abhängigkeit zu Individuation und Unabhängigkeit ist – oberhalb einer bestimmten phylogenetischen Ebene – eine universelle Angelegenheit. Die meisten Tiere sind genetisch darauf programmiert, dieser Entwicklungslinie zu folgen, und das Überleben der jeweiligen Spezies hängt davon ab. Beim Menschen nimmt diese universelle Angelegenheit insofern eine besondere Wendung, als das Fortschreiten von der Bindung zur Individuation auch die Entwicklung einer Selbstheit und allem, was sie impliziert, einschließt. Dies ist ein wahrhaft unwandelbarer, allgegenwärtiger Aspekt menschlicher Entwicklung und sicherlich so universell und biologisch bedingt wie sexuelle und aggressive Impulse und Verhalten.

Obgleich die Entwicklung von Individuation, Autonomie und Selbstheit eine universelle Angelegenheit sein mag, ist man doch berechtigt, nach den Gründen für eine scheinbar zunehmende Pathologie in diesem allgemeinen Bereich zu fragen sowie nach den Gründen für die offenbar neuerdings zu beobachtende besondere Sensibilität gegenüber diesen beiden Dimensionen und dem verwandten Thema des Narzißmus. Worauf man hinweisen muß, ist die Tatsache, daß die generelle Sensibilität gegenüber diesen Themen keineswegs neu ist. Bereits 1945 schrieb Fenichel, daß „unsere gegenwärtige Gesellschaft gekennzeichnet zu sein scheint durch Konflikte zwischen Idealen individueller Unabhängigkeit ... und regressivem Verlangen nach passiver Abhängigkeit" (S. 464) [übers. v. H. W.]. Auch das Interesse an Problemen des Selbst in den Schriften von Sullivan (z. B. 1953, wie die Bedeutung, die etwa Horney [1945] Abhängigkeitsbedürfnissen zuschrieb) wurde als oberflächlich und extrem „kulturalistisch" betrachtet, weil sie nicht im Kontext der Triebtheorie und der psychosexuellen Entwicklung gesehen wurden.

Doch wenn auch das Interesse an diesen Problemen nicht neu sein mag, so sind sie doch entschieden modern, wie Fenichel vermuten läßt, wenn er von „unserer gegenwärtigen Gesellschaft“ spricht. Außerdem hat sich dieses Interesse ausgeweitet und systematischere Formen angenommen. Daß Themen wie Individuation und Selbst-Differenzierung und die damit verwandten von Passivität und infantiler Abhängigkeit nicht kulturell begrenzt sind, wird anhand der interessanten Untersuchung *The Anatomy of Dependence* über die japanische Kultur klar, die ein psychodynamisch orientierter japanischer Psychiater (Doi, 1973) veröffentlicht hat. Er definiert das japanische Wort *amae* in dem Sinne, daß es ungefähr das Gefühl des Säuglings an der Brust und das infantile Verhalten beschreibe, welches auf der Annahme beruht, daß man befriedigt werden wird. Er bemerkt ferner, daß „die *amae*-Mentalität als Versuch definiert werden könnte, die Tatsache der Getrenntheit zu verleugnen“, und daß „die *amae*-Psychologie bestrebt ist, das Gefühl des Einsseins von Mutter und Kind zu nähren“ (S. 75) [übers. v. H. W.]. Interessanterweise wird *amae* durch *jibun* kontrolliert oder in Schach gehalten, was ungefähr mit Ich oder Selbst übersetzt werden kann. Doi schreibt, daß ein Mensch, der *jibun* besitze, *amae* kontrollieren und meistern könne, während ein Mensch ohne *jibun amae* ausgeliefert sei. Auch sind Menschen, die sich mit *amae* nicht angemessen auseinandergesetzt haben oder unter frustrierter *amae* leiden (ein Patient klagt, daß er *amae* mit anderen erleben möchte wie einst mit seinen Eltern, aber „keiner läßt mich“), überempfindlich auf Trennungen reagieren und gesteigerte Fremdenangst *(hitomishiri)* empfinden. Kurz gesagt, man beobachtet eine Beziehung zwischen angemessener symbiotischer Befriedigung und sicherer Bindung und der Fähigkeit, Sicherheit und Lust auch im Falle von Trennung und getrenntem Funktionieren zu empfinden. Besonders interessant ist Dois Vermutung, daß eine zunehmende *amae*-Pathologie mit einer Verschiebung innerhalb der japanischen Gesellschaft und der sozialen Beziehungen – allgemein ausgedrückt, einer Verschiebung von *Gemeinschaft* zu *Gesellschaft* – zusammenhängt, die ihrerseits die Wahrscheinlichkeit und das Vorkommen von frustrierter *amae* erhöht. Mit anderen Worten, die Verschiebung von einer Gesellschaft, in der Gemeinsamkeit, enge Bande, das Gefühl des Dazugehörens (Gemeinschaft) die Regel sind, zu einer Gesellschaft, für die distanziertere und formalere Beziehungen, wie beispielsweise die Beteiligung an geschäftlichen Transaktionen (Gesellschaft) typisch sind, führt dazu, daß *amae* stärker frustriert und pathologisch wird.

Was an Dois Erklärung besonders interessant ist, ist der Gegensatz zu psychoanalytischen Versuchen, scheinbare Verschiebungen im Wesen der Pathologie und beim typischen Patienten von heute – in weniger extremer Form vielleicht bei der typischen Persönlichkeit von heute – zu erklären. Während Dois Erklärung Raum für den Einfluß von Faktoren auf soziokultureller Ebene läßt, pflegen psychoanalytische Erklärungen das soziokulturelle Element auf die Ebene der Praktiken und Einflüsse der Kinderaufzucht zu beschränken. Bader und Philipson (1980) äußern daher die Absicht, daß die Frauen von heute, weil sie ihre Kinder isoliert aufzuziehen pflegen und von ausgedehnteren Kontakten zu Erwachsenen und sinnvoller Arbeit abgeschnitten sind, Befriedigung ihrer psychologischen Bedürfnisse bei ihren Kindern suchen. Dies wiederum führt zu der unerwünschten Folge, daß die Mutter Loslösung und Individuation des Kindes fürchtet und das Kind die Überzeugung gewinnt, seine Schritte in Richtung Eigenständigkeit würden Frustration und Unglück der Mutter verursachen. Und Kohut (1977) äußert die Vermutung, daß „die Unterstimulierung durch elterliche Ferne, die bei Störungen des Selbst ein pathogener Faktor ist, (ist) Manifestation einer Selbst-Störung des Elternteils" sei (1979, S. 270). Er scheint nicht zu erkennen, daß diese „Erklärung" die Frage lediglich einen Schritt und eine Generation zurückwirft. Weshalb werden wir plötzlich zu Zeugen zunehmender Störungen des Selbst bei den Eltern? Ich hege ernste Zweifel, daß Verschiebungen in der Charakterbildung und des Charaktertyps, einschließlich ihrer pathologischen Ausdrucksformen (falls vorhanden), ausreichend erklärt werden können, wenn man ausschließlich auf der Ebene der Kinderaufzucht verweilt.

Abschließend möchte ich folgendes bemerken. Selbst wenn es zutrifft, daß pathologische Störungen im Bereich von Loslösung und Individuation und Selbst-Integrität ein ausgesprochen modernes Phänomen sind, können Loslösung und Individuation und verwandte *Dimensionen* nichtsdestoweniger ihrem Wesen nach universal sein, und ihre Bedeutung für die Entwicklung braucht sich nicht auf eine bestimmte Epoche zu beschränken.

Anmerkungen

[1] Wenngleich Mahler diese Positionen nicht explizit vertritt, glaube ich doch, daß sie implizit in ihren Formulierungen enthalten sind.

[2] Eine entgegengesetzte Auffassung vertreten Epstein, Lanza und Skinner (1981).

18. Kapitel
Objektsuche und Objektbeziehungen

Abgesehen davon, daß das im vorigen Kapitel erörterte Grundthema der Selbst-Differenzierung für Fairbairn und Kohut von gemeinsamem Interesse ist, scheinen doch bedeutende Divergenzen zwischen ihnen zu bestehen. Für Fairbairn ist die Objektsuche eine elementare Neigung, und das Bedürfnis nach Objekten und Objektbeziehungen hält lebenslang an. Wenn dieses Bedürfnis nicht durch Beziehungen zu realen äußeren Objekten befriedigt wird, setzt man an ihre Stelle Beziehungen zu verinnerlichten Objekten. Im Gegensatz dazu äußert sich Kohut oft so, als glaubte er, daß Objekte zwar zur Erlangung der Selbst-Kohärenz notwendig seien, sobald man das Stadium des „gesunden Narzißmus" erreicht hat und sich den „Luxus" von Triebbesetzungen des Objekts erlauben kann, daß man aber auch ohne sie ein erfülltes, sinnvolles Leben führen kann. Für Kohut scheint eher die Verwirklichung von Ambitionen, Werten und Idealen und das ihnen entspringende Selbstwertgefühl das Leben lebenswert zu machen als die Schaffung befriedigender Objektbeziehungen. (Ich habe bereits auf Kohuts Ansicht hingewiesen, daß die traditionelle psychoanalytische Theorie Objektbeziehungen überbewertet und den Narzißmus negativ beurteilt, sowie darauf, daß er beabsichtigt, dieses seiner Meinung nach bestehende Ungleichgewicht zu korrigieren.) Ich nehme an, daß es in Kohuts Augen einen Mangel an Selbst-Kohärenz verrät und eher eine fortbestehende Beziehung zu einem Selbst-Objekt vermuten läßt als zu einem vollentwickelten losgelösten anderen, wenn ein Erwachsener glaubt, daß das Objekt für psychische Intaktheit oder Überleben unentbehrlich sei.

Trotz dieses wichtigen Unterschiedes halte ich es für möglich, Kohuts und Fairbairns Auffassungen in diesem Bereich bis zu einem gewissen Grade miteinander zu versöhnen. Wenn man die These akzeptiert, die ich an anderer Stelle (Eagle, 1982 a) vorgetragen habe, daß Interessen, Werte und Ideale vitalen Objektbeziehungsfunktionen dienen, lassen sich die entsprechenden Aktivitäten nicht einfach im Sinne des „gesunden Narzißmus" verstehen, sondern als Ausdruck der von Fairbairn hervorgehobenen universalen Objektbeziehungsbedürfnisse und -neigungen. Dies ist keine willkürliche These, welche einer Reihe von Aktivitäten, die Kohut als narzißtisch betrachtet, einfach umbenennt und in das Reich der Objektbeziehungen verweist. Es gibt zahlreiche Beweise, die ich in meiner obenerwähnten früheren Arbeit und im 6. Kapitel zusammengefaßt habe, welche belegen, daß die kognitiv-affektiven Verbindungen, die sowohl durch zwischenmenschliche Beziehungen als auch durch Interessen und Werte geschaffen werden, psychische Intaktheit auch bei schwerer Belastung ermöglichen. In der Tat spielen unter Umständen, in denen normale zwischenmenschliche Beziehungen zerstört oder nicht verfügbar sind (z. B. Einzelhaft), verinnerlichte Interessen und Werte für die Bewahrung der psychischen Integrität eine umso entscheidendere Rolle. Es ist erwiesen, daß zu den Faktoren, die das Überleben von Kriegsgefangenen ermöglichen, nicht nur psychische Bindungen an andere (etwa die eigene Familie oder die Landsleute) gehören, sondern Interessen dieser oder jener Art. Strassman u. a. (1956) bemerkten in ihrem Bericht über amerikanische Kriegsgefangene, die 1953 von den Chinesen und Nordkoreanern repatriiert worden waren, daß „zwei Dinge den Mann gerettet zu haben scheinen, der dem Tod durch ‚Apathie' nahe war: daß man ihn bewegen konnte, etwas zu tun, gleichgültig wie trivial es sein mochte, und daß man ihn für irgendein gegenwärtiges oder künftiges Problem zu interessieren vermochte" (S. 99) [übers. v. H. W.]. (Vgl. auch Nardini [1952], der ähnliche Befunde mitteilt.)

Ein häufiges Thema in den autobiographischen Berichten von Menschen, die unter furchtbaren Bedingungen Gefangenschaft und Konzentrationslager durchlebten, ist die wichtige Rolle, die Interessen und Werte für die Erhöhung der Überlebensfähigkeit und die Bewahrung der psychischen Integrität spielten. Dies gilt für Menschen mit so verschiedenen Lebensläufen wie Malcolm X (1964) und Victor Frankl (1958), George Jackson (1970) und Bruno Bettelheim (1960). In ihren autobiographischen Berichten über körperliches und seelisches Überleben finden sich verblüffende Ähnlichkeiten, wenn es um die lebenserhaltende Bedeutung der Aufrechterhaltung von Beziehungen zu Menschen wie von Interessen und Werten geht. In einer Besprechung von Bettelheims Buch *Surviving and Other Essays* (1979) schreibt Robinson (1979), daß „Bettelheim vielleicht die schönste Feststellung trifft, wenn er bemerkt, daß tatsächlich jene Gefangenen überlebten, die nicht nur um des Lebens willen lebten, sondern für ein – kulturelles oder religiöses – Ideal, das über sie hinauswies" (S. 7) [übers. v. H. W.]. Einen ähnlichen Bericht gibt Cohen (1953), ein holländischer Arzt, der seine eigenen Erfahrungen im Konzentrationslager beschreibt und viele andere Darstellungen zusammenfaßt. Cohen fragt: „Welche Menschen waren am ehesten in der Lage, sich anzupassen, so daß ihr Überleben im Konzentrationslager zumindest möglich war?" (S. 147) [übers. v. H. W.]. Er antwortet darauf, daß „viele Autoren ... darin übereinstimmen, daß es von größter Wichtigkeit war, daß ein Mensch ein geistiges Leben besaß" (S. 148). Und er fügt hinzu, daß „der Begriff ‚geistiges Leben' hier alle geistigen Werte im weitesten Sinne – etwa Moral, Wissen, Gefühl, Intellekt, Charakter, Religion, usw. – umfaßt". Er zitiert einen anderen Autor, DeWind, der bemerkt, „daß wir im Lager, allgemein gesprochen, sehen, daß derjenige nach dem anfänglichen Stupor am schnellsten zurechtkommt, in dessen Leben gewisse religiöse Bindungen bestehen (wobei die Bezeichnung im umfassendsten Sinne benutzt wird, so daß sie auch die Treue zu einem politischen System oder eine humanistische Lebensauffassung einschließt). Es ist daher kein bloßer Zufall, daß überzeugte Christen ebenso wie die Kommunisten, die psychologisch scheinbar im Gegensatz zu ihnen stehen, in den Lagern die größte Widerstandskraft bewiesen und es sogar fertig brachten, eine gewisse Form antifaschistischen Widerstands zu organisieren" (S. 148). Es gibt auch Beweise, daß unter Bedingungen sensorischer Deprivation, Isolation und bei verschiedenen seelischen Belastungen, Aktivitäten, die eine „Reiznahrung" bereitstellen (etwa das Verfassen eines Gedichts), zur Bewahrung der psychischen Intaktheit beitragen können. Bei ihrem Beitrag zur „Reiznahrung" spielen Interessen und Werte eine der Anpassung dienende Rolle, um Ichfunktionen unter Bedingungen sensorischer Deprivation aufrechtzuerhalten.

Rapaport (1958) geht davon aus, daß das Ich der „Reiznahrung" bedarf, um angemessen zu funktionieren, und als Beweis für diese Hypothese zitiert er Ergebnisse, wonach Ichfunktionen durch sensorische Deprivation außer Kraft gesetzt werden (z. B. Bexton u. a., 1954). Er geht ferner von einer dualen Autonomie in dem Sinne aus, daß die Eigenständigkeit des Ichs gegenüber dem Es durch „Reiznahrung" aus der Umwelt ermöglicht wird, während die Eigenständigkeit des Ichs gegenüber der Umwelt durch „Reiznahrung" von seiten des Es (z. B. affektive Signale) zustande kommt. Und in der Tat wird Rapaports Hypothese durch den Befund von Goldberger und Holt (1961) gestützt, daß Personen, die zur „Regression im Dienste des Ichs“ fähig sind (die sich zum Beispiel darin äußert, daß man sich träumerischer Versunkenheit und seiner Phantasie hingeben kann), dem Abgeschnittensein von Umweltreizen, welches die sensorische Deprivation mit sich bringt, besser zu widerstehen vermögen.

Rapaport betont zwar, daß die Triebe die „letzten Garantien“ für die Eigenständigkeit des Ichs gegenüber der Umwelt seien, aber er verweist auch auf die „proximalen Garantien“, die Ich- und Über-ich-Strukturen entstammen und Ideologien, Werte und Interessen einschließen würden. Wenn man bei der Neuformulierung von Rapaports Ideen nicht von Triebaspekten ausgeht, kann man sagen, daß ein reiches Innenleben die Eigenständigkeit des Ichs gegenüber der Umwelt ermöglicht, und daß eine vielfältige, anziehende Umwelt, das Interesse an ihr und die Fähigkeit, auf sie zu reagieren, die Unabhängigkeit des Ichs von inneren Anforderungen ermöglicht.

Natürlich entspricht die erste Hälfte der obigen Feststellung genau dem, was Cohen und andere Überlebende von Gefangenschaft und anderen qualvollen Ereignissen berichtet haben – daß nämlich ein reiches „geistiges Leben“ eine gewisse Unabhängigkeit von der harten, unerträglichen Umwelt gewährleistete und damit das Überleben ermöglichte. Wenn man Rapaports Begriff der „Reiznahrung“ verwendet, kann man sagen, daß Menschen, die keine „Nahrung“ aus inneren Quellen, etwa Interessen, Werten, Phantasie usw., beziehen, stärker auf Umweltreize angewiesen sind. Sie geraten daher in größere Schwierigkeiten, wenn die Stimulierung durch die Umwelt entweder gestört oder unerträglich ist. Im Gegensatz dazu sind Menschen, denen „Nahrung“ aus inneren Ressourcen zuteil wird, weniger abhängig von Vorgängen in der Außenwelt.

Man mag fragen, weshalb „Reiznahrung“ für die Aufrechterhaltung der Intaktheit des Ichs so entscheidend sein soll. Miller (1962) interpretiert Angaben über Isolierung und Streß in dem Sinne, daß eine gewisse Art „geistiger Betätigung“, die er als den „Wesensgehalt der Ich-Aktivität“ bezeichnet, das ausschlaggebende Element sei, um die Intaktheit des Ichs zu wahren. Diese Erklärung mag Isolationssituationen (z. B. experimentelle sensorische Deprivation oder Einzelhaft) gerecht werden, in denen die Zufuhr von Außenreizen erheblich reduziert ist, aber auf rein quantitativer Ebene durch Reizzufuhr von innen ausgeglichen werden kann. Sie scheint jedoch nicht auf andere Streßsituationen anwendbar (z. B. Konzentrationslager), in denen das Problem nicht die reduzierte Zufuhr von Außenreizen ist, sondern der unerträgliche Charakter der Außenwelt. Doch selbst im ersten Fall gibt es einen entscheidenden, nichtquantitativen Aspekt, der allen Formen „geistiger Betätigung" zum Zweck der Bewahrung von Intaktheit gemeinsam ist und auf den Miller hinzuweisen versäumt. Das ist die Tatsache, daß all diese Aktivitäten eine Beziehung entweder zu Objekten oder zu mnemischen Repräsentanzen von Objekten in der Welt erfordern. Das gilt für alle von Miller erwähnten Aktivitäten vom Zählen von Kieselsteinen bis zum Verfassen von Gedichten oder zur Gewöhnung an Spinnen und Schaben. Kurz gesagt, unter dem Einfluß einer Ichpsychologischen Konzeption gelangt Miller dazu, den Objektbeziehungsaspekt der „geistigen Betätigungen" zu ignorieren, die die Intaktheit stärkten.

Man wird sich an Cohens (1953) Beschreibung des Überlebenswertes von Ideologien und kulturellen Faktoren erinnern. Wie er und andere gezeigt haben, erlauben diese „kulturellen Interessen" eine Flucht aus einer harten, unerträglichen Umwelt in ein Innenleben (um mit Rapaport zu sprechen, sie machen das Ich unabhängig von der Umwelt). Doch gerade weil das Innenleben, in das man flieht, durch (verinnerlichte) kognitive und affektive Bindungen an andere gekennzeichnet ist, handelt es sich um einen persönlichen, nicht aber um einen autistischen Rückzug. Wenngleich von der gegenwärtigen Umwelt isoliert, werden dem Individuum Beistand und Unterstützung durch „stumme" Verbindungen zu einer verinnerlichten kulturellen Welt zuteil. Weil Interessen und Werte Strukturen sind, die die kulturelle Welt verinnerlicht haben, gewährleisten sie Unabhängigkeit sowohl von der Außenwelt als auch von den eher idiosynkratischen und autistischen Aspekten unserer inneren Inanspruchnahme.

Objektbeziehungen und „Übergangsobjekte"

Die Verbindung zwischen Objektbeziehungen und Interessen, Werten und Idealen wird durch Winnicotts (1958) Darstellung der „Übergangsobjekte" und ihrer Bedeutung in einem Zwischenstadium des Fortschreitens zu Individuation und Autonomie erhellt. Ich erwähnte bereits die frühen Schritte des Kindes, die in diese Richtung führen, und die Rolle der Mutter, die diesen Prozeß fördert. Doch wie Winnicott gezeigt hat (und wie anhand des bereits erwähnten Beispiels der an ihre „Schmusedecke" gewöhnten Kleinkinder berichtet wurde), werden auf einer bestimmten Stufe der kindlichen Entwicklung auch andere Objekte als die Mutter herangezogen, um diesen Prozeß zu fördern. Wir alle kennen die besänftigenden, Sicherheit bietenden Eigenschaften der rauhen Decke oder des struppigen Teddybärs und die besondere Rolle, die sie in Situationen der Angst oder psychischen Gefahr spielen.[1] Winnicott hat diese „Übergangsphänomene" unmittelbar zur Entstehung von Kultur und kulturellen Interessen in Beziehung gesetzt, und es wäre daher nützlich, seine subtilen und komplexen Formulierungen in diesem Bereich aufzunehmen und davon zu profitieren.

Laut Winnicott sind Übergangsphänomene dies in mehrfachem Sinne. Zum einen, wie oben erwähnt, auf der offensichtlichsten Ebene, weil sie in einem Übergangsstadium auftreten, in dem das Kind von der Symbiose zur Unabhängigkeit fortschreitet. Zum zweiten sind sie in subtilerer Weise Phänomene des Übergangs in einem formaleren kognitiven Sinn. Das heißt, als *Repräsentanz* wird das Übergangsobjekt nicht wirklich für die Mutter gehalten und dennoch stellt es nicht nur ihre abstrakte, symbolische Repräsentanz dar. Das Übergangsobjekt verkörpert also auch einen Übergang von der konkreten Vorstellung zum Erwerb eines echten Symbols. Das Kind weiß, daß die Decke oder der Teddybär nicht die Mutter ist und doch reagiert es *gefühlsmäßig* auf diese Objekte, und sie spenden ihm Trost, als wären sie die Mutter. Indem man äußeren Objekten die Fähigkeit zu besänftigen und zu trösten zuspricht, vermag man die Außenwelt unbekümmerter und sicherer zu erforschen und ihr Interesse entgegenzubringen.

Dies legt nahe, daß das Übergangsobjekt und die Übergangsphänomene noch in einem weiteren wichtigen Sinne Übergänge sind. Das Kind braucht nicht zu entscheiden, ob die Bedeutungen, die es dem Objekt beilegt, seine eigene Schöpfung sind oder ob sie in der Außenwelt existieren. In diesem Sinne handelt es sich bei diesen Bedeutungen um Zwischenstufen zwischen dem Subjektiven und dem Objektiven. In Winnicotts (1958) Worten: „Hinsichtlich des Übergangsobjekts herrscht sozusagen eine Art Übereinkunft zwischen uns und dem Kleinkind, daß wir nie die Frage stellen werden: ‚Hast du dir das ausgedacht, oder ist es von außen an dich herangetragen worden?' Wichtig ist, daß eine Entscheidung in dieser Angelegenheit nicht erwartet wird. Die Frage darf nicht formuliert werden“ (S. 308) [übers. v. H. W.].

Im Laufe der Entwicklung werden die Übergangsobjekte der Kindheit aufgegeben und das Interessengebiet erweitert sich allmählich. „Es verliert seine Bedeutung, und zwar deshalb, weil die Übergangsphänomene verstreut, über das ganze Zwischenterritorium zwischen der ‚innerseelischen Realität‘ und ‚der Außenwelt, wie sie von zwei Menschen gemeinsam wahrgenommen wird‘, ausgebreitet worden sind, d. h. über das Gesamtgebiet der Kultur“ (S. 299). Mit anderen Worten, ein Prozeß, der mit äußeren Übergangsobjekten begann, wird in Gestalt kultureller Interessen und Werte verinnerlicht.

Wie Winnicott bemerkt, fragen wir auch in den kulturellen Bereichen der Kunst, Religion, usw. nach dem Subjektiven oder Objektiven, danach, ob es sich um meine eigene Schöpfung oder um einen Teil der Außenwelt handelt, auf den man noch verzichten muß. In diesem Sinne spiegeln kulturelle Phänomene innere und äußere Realität gleichzeitig wider. Das heißt, weil sie verinnerlicht sind, sind sie zutiefst persönlich, und man kann sie sozusagen mit sich herumtragen. Und weil hinsichtlich ihrer Richtigkeit Übereinstimmung besteht und sie von allen anerkannt werden, entsprechen sie unserem Bedürfnis nach Beziehungen zu Objekten in der Außenwelt.

Die von Winnicott postulierte Verbindung zwischen Übergangsphänomenen und späteren kulturellen Aktivitäten und Interessen impliziert, daß kulturellen Interessen das Bedürfnis zugrunde liegt, symbolischen Ersatz für frühe Quellen innerer und äußerer Sicherheit zu schaffen. In gewissem Sinne stellen sie verinnerlichte „Heimatbasen“ dar, zu denen man von Zeit zu Zeit zurückkehren muß, bevor man sich wieder in die Welt hinausbegibt. In sehr gehobener Weise tun wir das, was Harlows Affen und kleine Kinder tun, wenn sie vor seltsamen, schwierigen und neuartigen Situationen stehen. Dies kommt sicherlich dem nahe, was Winnicott im Sinn hatte, als er gewisse kulturelle Aktivitäten (z. B. Musik, Dichtung) als periodische therapeutische Regression bezeichnete, die Übergangsphänomenen ähnelten.[2]

Schließlich wirft Winnicotts (1965) Diskussion der „Fähigkeit, allein zu sein“ ein Licht auf die Verbindung zwischen Selbst-Kohärenz und Objektbeziehungen. Winnicott weist nachdrücklich darauf hin, daß sowohl die Verinnerlichung von Ich-Unterstützung durch die Umwelt als auch ein Gefühl der Ich-Verknüpfung uns befähigen, allein zu sein, ohne unbegründete Angst oder psychische Isolation zu empfinden. Das heißt, weil man sich Menschen (einschließlich ihrer Imagines oder Symbole) verbunden *fühlt*, ist man zu physischem Alleinsein imstande, ohne sich psychisch verlassen zu fühlen. So wie das Kind sich seinem Übergangsobjekt verbunden fühlt, durch dessen wirkliches Vorhandensein es besänftigt und getröstet wird, können wir uns als Erwachsene unseren „kulturellen Interessen", Weltanschauungen und Wertsystemen verbunden fühlen, die sämtlich kognitive und affektive Bindeglieder zur Welt sind und ermöglichen, daß wir uns mit anderen verbunden und nicht isoliert fühlen.[3]

Die obige Erörterung führt zu der Schlußfolgerung, daß Selbst-Intaktheit oder Selbst-Kohärenz und Objektbeziehungen unentwirrbar miteinander verbunden sind, nicht nur entwicklungsmäßig, sondern als laufender dynamischer Prozeß. Eben jene Aktivitäten und Fähigkeiten, die Kohut als narzißtisch und relativ unabhängig von Objektbeziehungen betrachtet – Ambitionen, Werte, Ideale –, sind von Natur aus durch Objektbeziehungen geprägt. Sie erfordern stabile, verinnerlichte kognitive und affektive Bindungen an Objekte im weitesten Sinne des Wortes.

Anmerkungen

[1] Es hat in der psychoanalytischen Literatur eine erhebliche Kontroverse darüber gegeben, ob Übergangsobjekte normal oder als pathologisch anzusehen sind und ob sie vom kindlichen Fetischismus unterschieden werden müssen. Es hat wenig Sinn, auf diese Kontroverse hier einzugehen. Ich stimme mit Dickes (1978) überein, der erklärt, daß das Übergangsobjekt pathologisch und vom Fetischismus nicht zu unterscheiden sei, wenn die extrem enge Beziehung zu solchen Objekten zur Verdrängung eines Elternteils führt oder das Objekt zur Abfuhr sexueller und aggressiver Spannungen benutzt wird. Er schlägt vor – und ich stimme ihm zu –, die Bezeichnungen *Übergangsphänomen* und *Übergangsobjekt* jener großen Gruppe von Kindern vorzubehalten, die unbelebte Objekte benutzen, um durch Trennung verursachten Kummer zu lindern.

[2] Es ist wichtig, an dieser Stelle einen Punkt zu klären. Es ist möglich, Winnicotts Darstellung von Übergangsobjekten in dem Sinne zu deuten, daß kulturelle Interessen ausschließlich oder vorwiegend auf das Bedürfnis zurückzuführen seien, einen symbolischen Ersatz für die von der Mutter gebotene Sicherheit und eine „sichere Verankerung" zu finden. Winnicott äußert sich in dieser Hinsicht nicht eindeutig. Ich vertrete die Meinung,

daß, wie bereits früher ausgeführt, die Grundlage eines Interesses an Objekten letztlich eine angeborene Prädisposition ist. In der Tat erklärt diese angeborene Prädisposition teilweise, weshalb das Kind zum Übergangsobjekt zurückkehrt, um sich besänftigen und trösten zu lassen. Ich gehe ferner davon aus, daß diese angeborene Prädisposition Objektbeziehungsfunktionen erfüllt. Unter optimalen Bedingungen führt die angeborene Prädisposition, auf Objekte zu reagieren, zur Entfaltung weitreichender Interessen. Diese Entwicklung bringt es jedoch mit sich, daß solche Interessen Objektbeziehungsfunktionen dienen. So kann sich ein bestimmtes Interesse zwar quasi autonom entwickeln, aber dennoch einige der psychologischen Funktionen übernehmen, die normalerweise von jeder starken kognitiv-affektiven Bindung wahrgenommen werden, d. h. von Objektbeziehungen.

[3] Ich vertrete zwar generell die These, daß autonome Interessen mit frühen sicheren Bindungen und relativ erfolgreicher Loslösung und Individuation zusammenhängen, doch gibt es wahrscheinlich noch andere wichtige Faktoren. Wie bereits erwähnt, hat Kohut festgestellt, daß manche schwer gestörte Menschen zumindest zeitweise ein befriedigendes, kreatives Leben zu führen vermögen. Ich habe selbst über einen gestörten, sehr begabten Komponisten berichtet, dessen Leidenschaft für die Musik meines Erachtens eine sehr entscheidende Rolle bei der Bewahrung seiner psychischen Integrität spielte. Mir scheint, daß bestimmte Personen, die mit besonderen Talenten und einer besonderen Sensibilität ausgestattet sind, spezielle kulturelle Interessen zu entwickeln vermögen, die dann als partieller symbolischer Ersatz für frühkindliche Entbehrungen von innerer und äußerer Sicherheit dienen können. In diesen Fällen können Interessen – zumindest mit teilweisem Erfolg – einige der wichtigen psychischen Funktionen gewöhnlicher Objektbeziehungen übernehmen. In diesem Sinne ähneln sie den von Kohut (1977) beschriebenen kompensatorischen Strukturen.

Es ist auch möglich, daß von zwei Menschen, denen in der Kindheit dasselbe Maß an Sicherheit zuteil wurde und die Loslösung und Individuation gleichermaßen bewältigt haben, einer im späteren Leben die günstige Gelegenheit hatte, beständige Interessen zu entwickeln. Er wuchs vielleicht mit Traditionen, Werten und geistigen Anregungen auf, die die Entwicklung von Interessen stimulieren. Diese beständigen Interessen können dann wichtige Objektbeziehungsfunktionen erfüllen und allgemein zur Bewahrung der persönlichen Integrität beitragen, insbesondere in Streßsituationen. Es liegt auf der Hand, daß das soziale Umfeld später entscheidend dazu beiträgt, ob man beständige Interessen entwickelt.

19. Kapitel
Die Suche nach übergeordneten Motiven

Sowohl Kohut als auch Fairbairn scheinen Sexualität und Aggression als Themen zu betrachten, die solchen wie Selbst-Kohärenz und Objektbeziehungen völlig untergeordnet sind. In der Tat bezeichnen beide Feindseligkeit als „entartetes" Nebenprodukt von Störungen im Bereich des Selbst oder der Objektbeziehungen. Während bei Freud Objekt und Objektbeziehungen der Sexualität und Aggression untergeordnet sind, verkehren Kohut und Fairbairn den Vorgang ironischerweise ins Gegenteil und ordnen Sexualität und Aggression völlig den Schicksalen der Selbst-Entwicklung und der Objektbeziehungen unter. Es scheint psychoanalytischen (und anderen) Theoretikern schwerzufallen, auf die Überzeugung zu verzichten, daß jedes Verhalten auf ein oder zwei grundlegende, übergeordnete Motive und Ziele reduziert werden könne. Was von unkritischen Enthusiasten der Psychologie des Selbst und der Objektbeziehungen übersehen zu werden pflegte, ist die Tatsache, daß Reduktionismus nach beiden Seiten wirken kann – das heißt, Objektbeziehungen und Selbst können auf sexuelle und aggressive Motive reduziert werden, aber es ist auch möglich, sexuelle und aggressive Motive lediglich auf Umwandlungen (einschließlich „Entartungs"produkte) von Selbst- und Objektbeziehungszielen zu reduzieren. Es fällt ihnen offenbar schwer zu akzeptieren, daß es tatsächlich eine Vielzahl von Motiven und Zielen (oder Verhaltenssystemen) gibt, die wohl miteinander auf komplexe Weise interagieren, aber nicht auf dieses oder jenes vermeintlich fundamentale, übergeordnete Motiv reduziert werden können.[1]

Wenngleich sexuelle und aggressive Verhaltensweisen und Gefühle zweifellos mit Objektbeziehungen und dem, was Klein (1976) „Selbstwerte" nennt, verflochten sind, stellen sie zweifellos auch deutlich abgegrenzte Verhaltenssysteme dar, die durch charakteristische Umwelt- und innere (z. B. hormonale) Einflüsse reguliert werden. Solche Verhaltensweisen und Gefühle werden zwar häufig durch Situationen und Stichworte ausgelöst, die „Selbstwert" besitzen und in bezug auf Objektbeziehungen signifikant sind, doch ebenso durch andere Stichworte. So mag es beispielsweise wahr sein, daß, wie Rochlin (1973) behauptet, Aggression häufig als Reaktion auf Bedrohungen der Selbst-Integrität und des Selbstwertgefühls auftritt, sie wird aber auch durch viele andere Faktoren ausgelöst, etwa Nachahmung, Lernen durch Beobachtung, stellvertretende Verstärkung, Hypothalamusstimulierung, Testosteronspiegel und soziale „Ansteckung". Außerdem gibt es so simple Fakten wie das weitverbreitete Vergnügen an Slapstickkomödien oder Boxkämpfen. Was ist angesichts solcher Phänomene für Objektbeziehungen und Selbst relevant?

Ähnliche Betrachtungen lassen sich hinsichtlich sexueller Verhaltensweisen und Gefühle anstellen. Auch sie werden von einer Vielzahl von Situationen und inneren Ereignissen ausgelöst, die nicht unbedingt und offensichtlich mit Objektbeziehungen und Selbst-Integrität verbunden sind. Lust und Haß sind allgemeine menschliche Gefühle und bestimmen einen nicht geringen Teil des Verhaltens. Es ist eine willkürliche Annahme, daß sie notwendigerweise untergeordnete oder umgewandelte Motive seien, die primär mit Objektbeziehungen und Selbst-Kohärenz verknüpft sind.

Hingegen erscheint die Frage berechtigt, ob die sexuellen und aggressiven Verhaltenssysteme für die frühe Persönlichkeitsentwicklung so entscheidend sind, wie die traditionelle Freudsche Theorie annimmt. Hier sind Kritik und Zweifel der Objektbeziehungs- und Selbst-Theoretiker angebracht und werden durch neue Ergebnisse gestützt. Ganz allgemein wird durch diese Ergebnisse die Schlußfolgerung gestützt, daß Faktoren wie Grad und Art sensorischer (einschließlich taktiler und kinästhetischer) Stimulierung, Übereinstimmung zwischen Kind und Mutter, gesicherte Bindung, Art und Menge von Trennungen und das Maß an „sensibler Empfänglichkeit" seitens der Pflegeperson für die frühe Persönlichkeitsentwicklung eine wichtigere Rolle spielen als Aggression und Sexualität, einschließlich der Schicksale von Deprivation und Befriedigung in verschiedenen psychosexuellen Stadien.

Es ist wichtig festzuhalten, daß die Säuglings- und Kindheitsforschung zur Entdeckung von Phänomenen wie den bemerkenswert komplexen kognitiven Fähigkeiten des Kindes, seinem Bedürfnis nach sensorischer Stimulierung und seiner Empfänglichkeit dafür, seinem Kampf um Loslösung und Individuation, seiner Abhängigkeit von einer sicheren emotionalen „Heimatbasis" während seiner frühen exploratorischen Bemühungen, usw. geführt hat. Sie hat bemerkenswert wenig zusätzliche Entdeckungen oder stichhaltige

Informationen hinsichtlich der Rolle der kindlichen Sexualität erbracht. Und ich glaube nicht, daß dies einfach durch die selektive *Ausrichtung* der Forschungsvorhaben oder eine auf Abwehr beruhende Vernachlässigung dieses Verhaltensbereichs (ein Fall von Verdrängung der Bedeutung der Sexualität) zu erklären ist. Vielmehr ist das Thema der kindlichen Sexualität in den frühen klinischen Formulierungen so erschöpfend behandelt worden, daß sie kaum zu weitergehenden Befunden anregten.

Die einzige interessante Berichtigung, der ich in den letzten Jahren begegnet bin, ist G. S. Kleins (1976) Hinweis, daß es richtiger sei, die kindliche Sexualität als kindliche *Sinnlichkeit* zu bezeichnen. Alles deutet darauf hin, daß das Kind ein wahrhaft sinnliches Geschöpf ist, insofern es außerordentlich sensibel auf alle Modalitäten sensorischer Stimulierung reagiert und ihrer bedarf. Doch diese sinnliche Veranlagung ist unentwirrbar mit Objekten verknüpft (wie kann man ohne Objekte sensorisch stimuliert werden?) sowie mit Objektbeziehungen, und sie wird nicht richtig erfaßt, indem man über Triebe redet, die nach Abfuhr drängen. Das heißt, sie wird mit traditionellen Formulierungen der Libidotheorie und der psychosexuellen Entwicklung nicht angemessen dargestellt.

Ich habe erklärt, daß unser Verhalten durch eine Vielzahl von Motiven und Zielen charakterisiert wird, die nicht auf ein oder zwei angeblich grundlegende Motivsysteme reduziert oder ihnen untergeordnet werden können. Wie läßt sich diese Behauptung mit der Position in Einklang bringen, die, wie wir gesehen haben, von einigen zeitgenössischen psychoanalytischen Theoretikern vertreten wird, welche davon ausgehen, daß Selbst-Integrität oder Selbst-Einheitlichkeit ein übergeordnetes Verhaltensmotiv sei? Um diese Frage zu beantworten, muß man das Konzept des übergeordneten Motivs eingehender betrachten.

Es scheint klar, daß von Anbeginn der Psychoanalyse eine Variante von Selbst-Einheitlichkeit und Selbst-Integrität in gewissem Sinne als übergeordnetes Motiv diente. So vertrat Freud (1893–1895) von Anfang an die Position, daß gewisse traumatische Erinnerungen und Ideen dem Bewußtsein entzogen werden, weil sie der Vorstellung, die man von sich selbst hat, schaden oder gar im Widerspruch zu ihr stehen. Das heißt, die Verdrängung bewirkt, daß ein bestimmtes Selbstbild intakt bleibt. Diese Grundidee wird in allen psychoanalytischen Vorstellungen von dynamischem Konflikt und Abwehr beibehalten, und offensichtlich bezieht sich Klein (1976) darauf, wenn er über „fraktionierende" Methoden spricht, die bei dem Versuch angewendet werden, Unvereinbarkeiten aufzulösen und damit die Selbst-Integrität zu bewahren. Doch selbst wenn die Bewahrung von Selbst-Einheitlichkeit und Selbst-Integrität zum vorherrschenden Motiv wird, sobald sie bedroht ist, folgt daraus nicht, daß sie das Grundmotiv oder eine allgegenwärtige und notwendige Komponente *aller* oder der meisten Verhaltensweisen ist. Diese Annahme ist ein Duplikat des Freudschen Denkens, wobei lediglich die Selbst-Integrität an die Stelle sexueller Motive tritt.

Eine weitere Schwierigkeit bei der Postulierung der Selbst-Integrität als übergeordnetes Motiv besteht darin, daß – wiederum dem Irrtum Freuds in diesem Kontext ähnlich – Funktion offenbar mit Motiv verwechselt wird (vgl. Moore, 1980). Während zum Beispiel eine große Zahl von Verhaltensweisen zum Überleben beitragen mögen, folgt daraus nicht, daß das Überleben ein *Motiv* dieser Verhaltensweisen ist. Sie können unzählige spezifische Gründe und Motive haben. Das Überleben bildet wahrscheinlich nur dann ein überragendes Motiv des Verhaltens, wenn es bedroht ist.[2] Ebenso mögen zwar vielfältige Verhaltensweisen zu Selbst-Einheitlichkeit und Selbst-Integrität beitragen, doch folgt daraus nicht, daß *das* das Ziel oder Motiv dieser Verhaltensweisen sei. Vielmehr ist zu vermuten, daß jede dieser Verhaltensweisen wegen vielfältiger spezifischer Gründe und Motive geübt wird. Wie beim Überleben ist es offenbar sehr wahrscheinlich, daß Selbst-Einheitlichkeit und Selbst-Integrität nicht direkt angestrebt werden können und daß sie stets Nebenprodukte anderer spezifischer Motive und Ziele sind. Selbst den frühesten psychoanalytischen Formulierungen liegt die Idee zugrunde – die auch bei späteren Entwicklungen der psychoanalytischen Theorie beibehalten wurde –, daß die Vorstellung, die man von sich selbst hat, nicht deshalb intakt bleibt (später sprach man von Ich-Intaktheit), weil dieses Ziel direkt verfolgt wird, sondern als Folge von Abwehrmaßnahmen, die durch Angst und den Wunsch, Unlust zu vermeiden, hervorgerufen werden.

Mir scheint, daß man von Selbst-Integrität als einem übergeordneten Motiv nur in einem sehr begrenzten Sinne sprechen kann. Erstens ist die Erlangung der Selbst-Kohärenz möglicherweise, wie Kohut behauptet, ein grundlegendes Entwicklungsproblem. Daher kann eine pathologische Entwicklung in diesem Bereich ein lebenslanges Streben nach Selbst-Kohärenz und eine lebenslange Sensibilität gegenüber relevanten Bedrohungen auslösen (natürlich bedeutet dies selbst hier nicht, daß jegliches Verhalten von solchen Bestrebungen diktiert wird). Zweitens kann es, wie oben erwähnt, zum beherrschenden Motiv werden, wenn es bedroht wird oder vielleicht mit anderen Motiven konkurriert. Ein Mechanismus, der das Streben nach Selbst-Intaktheit im Falle der Bedrohung zum beherrschenden Motiv macht, ist insofern in hohem Maße anpassungsfördernd und „effizient", als er alle möglichen Situationen subsumiert. Man wird aber natürlich erkennen, daß im wesentlichen ein Abwehrmechanismus beschrieben wird, der auf Erfahrungen von Angst und „Ich-Bedrohung" sensibel reagiert – ein Mechanismus, der durch eine innere Botschaft aktiviert wird, die etwa lautet: „Laß alles stehen und liegen und widme dich vor allen Dingen der Beseitigung meiner Angst und Bedrohung."[3] Ich würde daher den Schluß ziehen, daß es am sinnvollsten ist, das Streben nach Selbst-Intaktheit als übergeordnetes Motiv zu verstehen, wenn es sich um Angst und defensive Angstbewältigung handelt – Begriffe, die lange Zeit ein wesentlicher Bestandteil der psychoanalytischen Theorie waren.

Postuliert man Bedürfnis und Streben nach Selbst-Kohärenz und Selbst-Integrität als übergeordnete Motive, so bedeutet dies, daß man – wissentlich oder unwissentlich – eine neue Metapsychologie an die Stelle der Freudschen Metapsychologie setzt. Wie ich bereits bemerkte, stellt die Freudsche Trieblehre, die das Herzstück seiner Metapsychologie bildet, den Versuch dar, den verschiedenen mannigfaltigen und spezifischen Verhaltensweisen und Motiven Gleichförmigkeit und Regelmäßigkeit als Realität zugrunde zu legen. Mir scheint, daß die neue Selbst-Psychologie im wesentlichen dasselbe versucht, wobei als neue Version das Streben nach Selbst-Kohärenz und Selbst-Integrität die grundlegende reale Motivation vielfältiger Verhaltensweisen darstellt. Freuds Versuch, Gleichförmigkeit zu entdecken, zwang ihn verständlicherweise, eine kausale (oder zumindest quasi kausale) Theorie zu entwickeln, die die Gleichförmigkeit von Urtrieben, psychischer Energie und anderen vermeintlichen universalen Dimensionen und Mechanismen (und eines Tages, wie er hoffte, biochemischen Hirnmechanismen) bewies. Indessen versuchen viele moderne Theoretiker, die jeglicher Metapsychologie aus dem Wege gehen und kausale oder naturwissenschaftliche Modelle ablehnen, eine ähnliche Gleichförmigkeit menschlichen Verhaltens zu entdecken (ich sollte sagen: zu konstruieren), während sie völlig im Rahmen des Motivationsmodus verbleiben, indem sie ein übergeordnetes Motiv postulieren, das irgendwie den Myriaden spezifischer Motive zugrunde liegt, denen wir nachgehen und die unser Verhalten bestimmen.

Wir haben es hier mit einer doppelten Ironie zu tun. Die erste Ironie ist die, daß jene, die die Metapsychologie scheuen, in eine in Wahrheit metapsychologische Haltung gedrängt werden (wie Rubinstein [1976] in einem etwas anderen Zusammenhang ausgeführt hat), und die zweite Ironie ist die, daß sie beim Versuch, dem Metapsychologischen zu entgehen und vermeintlich der klinischen und empirischen Ebene nahezubleiben, dieser Ebene schließlich mehr Gewalt antun als jeder vorbehaltlos metapsychologische oder kausale Ansatz, der beansprucht, Motive und Erfahrungen eines Menschen nicht zu beschreiben, sondern nur zu *erklären*. Das heißt, es ist eine Sache zu behaupten, daß mannigfaltigen Verhaltensweisen, Motiven und Erfahrungen gewisse kausale Mechanismen zugrunde liegen. Auf dieser Ebene des Diskurses bleiben Verhaltensweisen, Motive und Erfahrungen intakt. Es ist eine andere Sache zu behaupten, daß man notwendigerweise und unveränderlich, während man scheinbar den spezifischen Motiven a, b, c ... folgt, stattdessen oder auch diesem oder jenem übergeordneten Motiv folgt. Dieser zweite Ansatz versucht die Gleichförmigkeit im Motivbereich zu finden; angesichts der Vielfalt von Zielen ist dies nicht gerechtfertigt. Es bedarf dann des nächsten Schrittes, um die Vielfalt umzuwandeln und auf ein übergeordnetes Motiv zu reduzieren – ein Schritt, der, so behaupte ich, die spezifischen Motive und Erfahrungen deformiert (üblicherweise im Dienste einer speziellen Lieblingsvorstellung der psychologischen Entwicklung oder der menschlichen Natur). Vielleicht läßt sich der springende Punkt hier am einfachsten so formulieren, daß es eine Sache ist, erzählt zu bekommen, daß unseren sämtlichen Erfahrungen und Motiven gewisse kausale (oder quasi kausale) Prozesse zugrunde liegen. Es ist eine andere Sache, erzählt zu bekommen, daß all unseren verschiedenen Erfahrungen und Motiven ein übergeordnetes Motiv zugrunde liege, das nach Selbst-Kohärenz oder Selbstverwirklichung oder sonst etwas drängt. Ersteres läßt unsere Erfahrungen und Motive unberührt. Da sich das übergeordnete Motiv vermutlich auf derselben Ebene bewegt wie die konkreten Erfahrungen und Motive, tritt im zweiten Fall das eine an die Stelle der anderen und führt somit zur Beeinträchtigung und Umwandlung dessen, was man wirklich erlebt und wünscht. Kurz gesagt, ein legitimes übergeordnetes Motiv hat nicht die Reduzierung allen Verhaltens auf dieses Motiv zur Folge, und es ist auch keine unerläßliche Komponente allen Verhaltens.[4] Wir müssen vielmehr mit der weitaus komplexeren Situation fertigwerden, daß es mannigfaltige spezifische Motive und Ziele gibt, die auf verschiedene Weise miteinander interagieren. Die Gleichförmigkeit, die der oberflächlichen Vielfalt zugrunde liegt, wird nicht auf derselben Ebene zu finden sein wie die zu erklärenden Oberflächenphänomene (das heißt, auf der Ebene von Motiven und Zielen), sondern auf einer anderen Ebene (der Ebene von Prozessen und Mechanismen).

Anmerkungen

1 Der Versuch, Verhalten auf die „grundlegenden" sexuellen und aggressiven Motive zu reduzieren, bildet das Kernstück von Freuds Metapsychologie, mit dessen Hilfe er nachzuweisen trachtet, daß den verschiedenen Erscheinungen eine einheitliche Realität zugrunde liegt. Hierbei handelt es sich jedoch im wesentlichen um eine kausale Theorie, die motivische Aspekte außer acht läßt. Es wird die These aufgestellt, daß Urtriebe Motive und Ziele erzeugen, die dann im Verhalten zum Ausdruck gelangen. Dies entspricht einer Beziehung zwischen, sagen wir einmal, einem Hormonsystem oder Hirnmechanismus und einer Reihe von Wünschen, Zielen und Verhaltensweisen. In diesem Sinne hat Shope (1967, 1970) meines Erachtens recht, wenn er bemerkt, daß der unbewußte Wunsch ein kausaler Begriff sei. Ich glaube, es war richtig, daß Freud nach unterschwelligen Variablen und tieferreichenden Erklärungen suchte. Es war falsch, daß er sein Interesse auf sexuelle und aggressive Verhaltenssysteme beschränkte, und es ist ihm nicht gelungen, die Vorgänge und Mechanismen zu erhellen, die eine etwaige endogene somatische Erregung und ein persönliches Verlangen oder Ziel miteinander verknüpfen. Aber schließlich ist es uns allen bisher nicht gelungen, diese Verknüpfung in vollem Umfang zu begreifen. Falsch war auch seine Annahme, daß *jegliches* Verhalten – weil ein elementares Triebsystem existiert – direkt oder indirekt damit verbunden sein oder es zum Ausdruck bringen müsse.

2 Obwohl wir Sauerstoff benötigen, um zu überleben, würde man weder behaupten wollen, daß alles Verhalten auf die Suche nach Sauerstoff zu reduzieren sei, oder daß das Verlangen nach Sauerstoff eine notwendige Komponente allen Verhaltens sei. In der Tat wird dieses Verlangen nur dann zu einem bedrängenden, vorherrschenden Motiv, wenn Mangelzustände eintreten, die das Überleben in Frage stellen.

3 In dieser Hinsicht ähnelt die Situation der angenommenen Beziehung zwischen den Emotionen und kognitiven Prozessen. Wie Simon (1967) feststellt, dient sie im allgemeinen der Anpassung, indem sie Gegenständen oder Zielen Priorität einräumt (im Sinne von Interesse und kognitiver

Verarbeitung), mit denen ein Gefühl, insbesondere ein sehr starkes, verknüpft und für sie relevant ist. Die Anpassungs- und Überlebensfunktion eines solchen Mechanismus ist offenkundig und repräsentiert vermutlich eine artspezifische und tiefverwurzelte Tendenz (vgl. auch Leeper, 1948, und Osgood, 1969).

[4] Man könnte argumentieren, daß ich nur den „negativen" Fall von Abwehr der Bedrohungen der Selbst-Intaktheit erörtert habe, nicht aber den „positiven" Fall des aktiven Strebens nach Selbstverwirklichung (den Theoretiker wie Rogers [1959, 1961] und Maslow [1952, 1968] hervorheben), und daß ich daher das allgemeine Thema eines übergeordneten Motivs oder einer entsprechenden Tendenz des mit dem Selbst zusammenhängenden Verhaltens nicht angemessen behandelt hätte. Erstens kenne ich keinen psychoanalytischen Theoretiker, der ein allumfassendes Motiv oder eine Tendenz zur Selbstverwirklichung postuliert. Mir scheint jedoch in jedem Fall, daß die meisten – wenn nicht alle – der obengenannten Argumente auch auf die Selbstverwirklichung als übergeordnetes Motiv zutreffen. Selbst wenn man sagen könnte, daß die Selbstverwirklichung eine allgemeine Tendenz des Organismus sei (vorausgesetzt man weiß, was das bedeutet), so folgt daraus nicht, daß sie ein konstituierendes Motiv jeglichen Verhaltens ist und jegliches Verhalten entweder durch Selbstverwirklichung motiviert wird oder eine Abwehrreaktion auf behinderte Selbstverwirklichung ist. Ich erinnere den Leser noch einmal daran, daß Verhalten in bezug auf zugrunde liegende Motive oft undurchsichtig ist und man daher jene Motive in das Verhalten hineinlesen kann, die mit der eigenen vorgefaßten Meinung von der menschlichen Natur in Einklang stehen. Was könnte als Beweis oder Gegenbeweis eines solchen allumfassenden Anspruchs hinsichtlich der allgemeinen Motivationstendenz des Verhaltens gelten?

20. Kapitel
Es und Ich in neuer Sicht

Die Grundidee, die in Freuds „Wo Es war, soll Ich werden" zum Ausdruck kommt, besagt, daß die Psychoanalyse dem Ich hilft, sich Teile des Es anzueignen. Dies kann jedoch mindestens auf zweierlei Art verstanden werden, je nachdem, wie man die Termini „Ich" und „Es" begrifflich faßt:

1. Im Kontext der Vorstellung des Es als Trieb und des Ichs als Apparat oder Kontrollinstanz bedeutet Freuds Ausspruch, daß dort, wo der „brodelnde Kessel" der Triebe war, mehr Kontrolle und Aufschub sein soll. Entsprechend dieser Deutung ist es das Ziel der Psychoanalyse, die Kontrolle gewisser Triebregungen im Gefolge psychischer Konflikte durch das Ich zu verstärken, gegebenenfalls sogar Verzicht zu leisten. Dies war die vorherrschende Interpretation von Freuds Diktum, und sie tritt in der von Hartmann und anderen psychoanalytischen Ich-Psychologen vertretenen Version der Freudschen Theorie klar zutage (gegen diese Version richtet sich die überzeugende Kritik von Apfelbaum [1966] und Klein [1976]).
2. Im Kontext der Vorstellung eines unpersönlichen „Es" und eines persönlichen „Ichs" kann man den Gedanken, daß sich das Ich Teile des Es aneigne, in dem Sinne verstehen, daß das, was unpersönlich und verleugnet war, als Teil des Selbst angeeignet und erlebt wird (vgl. Schafer, 1976). Entsprechend dieser zweiten Version der Begriffe Es und Ich, bezieht sich die Aneignung durch das Ich nicht auf eine stärkere Kontrolle über das seinem Wesen nach Chaotische und „Ich-Fremde", sondern auf die Überführung eines unpersönlichen „Es" (z. B. eines ungebetenen Zwangsgedankens, eines hysterischen oder phobischen Symptoms) in den persönlichen Bereich von „Ich wünsche", „Ich will", usw.

In diesem Sinne wird mit dem Verleugneten nicht in der Weise umgegangen, daß es lediglich kontrolliert oder weiterhin von der Selbst-Organisation abgespalten wird, sondern daß die Vorstellung vom eigenen Selbst *erweitert* wird und nunmehr das bisher Verleugnete *einschließt*. (G. S. Klein [1976] benutzt die Bezeichnung „Identifizierung" zur Beschreibung dieser Methode, mit Zielen umzugehen, die mit der Selbst-Organisation unvereinbar sind.) Dies impliziert nicht, daß man gegenüber allem, was man nun zugegebenermaßen anstrebt, wünscht oder will, in gleicher Weise *handelt* oder die gleiche Einstellung einnimmt. Es bedeutet vielmehr, um mit Fingarette (1969) zu sprechen, daß man „ausspricht", was man angestrebt, gewünscht und gewollt hat, und was seit langem in unserem Verhalten zum Ausdruck kam (Träume, Symptome, freie Assoziationen). Zumindest verringert dieses „Aussprechen" den Grad der Selbsttäuschung, 1956), die unser Leben kennzeichnet. Bestenfalls erlaubt es, einen flüchtigen Schimmer jenes fernen, uralten geistigen Ideals zu erhaschen, daß man „das Rechte und Gute tun wird, nicht weil man dem Gesetz gehorcht oder aus Selbstdisziplin, sondern weil es unserer spontanen Reaktion auf die Situation und den Augenblick entspricht" (Fingarette, 1969, S. 97) [übers. v. H. W.].

Dies ist ein klassisches Thema, das von anderen behandelt worden ist – z. B. Kierkegaards Gegensatz zwischen der „Reinheit des Herzens" und der „Zwiespältigkeit" und Sartres (1956) Gegensatz zwischen den frei gewählten Projekten des (präreflexiven) Bewußtseins und einem Selbst, welches das Produkt „unreiner Reflexion" und, in Fingarettes (1969) Worten, „voreingenommen zugunsten festgelegter Vorstellungen" ist. Wenn wir davon ausgehen, daß Es das Verleugnete und Ich das als eigen Anerkannte bedeutet, dann kann man, ohne daß es allzu weit hergeholt wäre, Sartres präreflexives Bewußtsein zumindest teilweise als Analogie zu Freuds Es und sein Selbst der „unreinen Reflexion" als Analogie zu den Abwehraspekten des Freudschen Ichs verstehen, das die Projekte dissimuliert und verleugnet, mit denen das präreflexive Bewußtsein (unbewußte Ziele) beschäftigt ist. Sartre stellt die Frage – und dies ist eine Variante einer klassischen Frage, die auch für die Psychoanalyse von zentralem Interesse ist –, wie Übereinstimmung zwischen präreflexivem Bewußtsein und dem Selbst der „unreinen Reflexion" zu erreichen sei. Diese Frage führt zu zwei weiteren Fragen: 1. Wie kann man der Selbsttäuschung entfliehen und zu wahrer Selbsterkenntnis gelangen? und 2. Wie können „die frei gewählten Projekte des Bewußtseins mit dem fortdauernden System, welches das Selbst darstellt, zur Deckung gebracht werden?" (Fingarette, 1969, S. 97). Im psychoanalytischen Kontext wird die erste Frage traditionell in der Weise beantwortet, daß dies durch Erkenntnis und Verstehen der unbewußten Wünsche und Ziele geschehe (was Fingarettes

Vorstellung vom „Aussprechen“ gleichkommt, dem Deutlichmachen und Bekennen, wie es um unser Engagement in der Welt bestellt ist).

Was das zweite Ziel angeht – die Erlangung der Harmonie zwischen spontan und frei gewählten Projekten und dem „fortdauernden System, welches das Selbst darstellt“, was der Vorstellung von Es und Ich als Trieb *vs.* Kontrollinstanz entspricht –, so ist dies im Grunde unerreichbar. Denn wenn man den primären Antagonismus des Ichs gegenüber den Trieben (A. Freud, 1966) akzeptiert, ist es schwierig, sich eine Übereinstimmung oder gar eine echte Aussöhnung zwischen der „spontanen Reaktion auf die Situation und den Augenblick“ und dem Diktat von Gesetz und Selbstdisziplin vorzustellen. Im Kontext einer Kritik der Ich-Psychologie weist Apfelbaum (1966) darauf hin, daß, entsprechend der der Ich-Psychologie zugrunde liegenden Es-Ich-Konzeption, eine stärkere Ich-Kontrolle über Es-Impulse und abgeschwächte Triebregungen die wichtigsten heilsamen Ergebnisse der Veränderung, des Wachstums und zunehmender Selbsterkenntnis durch die Therapie sind. Es-Impulse selbst werden für zeitlos und gleichbleibend infantil gehalten; sie unterliegen keinem Wachstum und Wandel. Es gibt keine freudige Erwartung, einst mit Konfuzius sagen zu können: „Mit siebzig konnte ich den Befehlen meines Herzens folgen, denn was ich wünschte, überschritt nicht mehr die Schranken des Rechts.“

Diese Version des Es-Ich-Modells übersieht die Möglichkeit, daß zunehmende Selbsterkenntnis und die Übertragung des zuvor Unpersönlichen ins Persönliche, indem man es anerkennt, zu Modifizierungen der Ziele und Impulse führen können. Wie Apfelbaum (1966) erklärt, ist es nicht einfach so, daß unannehmbare infantile Regungen verdrängt und verleugnet werden, sondern daß Verdrängung und Verleugnung dafür sorgen, daß Wünsche und Ziele infantil und unangepaßt bleiben, insoweit sie den Modifizierungen und Korrekturen, die durch Erfahrung und Bewußtwerden des Selbst möglich werden, nicht unterworfen sind. Das Ziel der Therapie kann daher nicht einfach die zunehmende Kontrolle über zeitlose und gleichbleibend infantile Triebregungen oder gar deren Sublimierung sein, sondern daß verleugnete Wünsche und Ziele als die eigenen anerkannt werden in dem Glauben, daß für die meisten Menschen ein spontan gelebtes Leben und Selbst-Reflexion nicht notwendigerweise unvereinbar und „primär antagonistisch“[1] sind.

Wenn die obige Ansicht richtig ist, so folgt daraus, daß zunehmende Selbsterkenntnis und Anerkennung des Verleugneten nicht nur ein besseres Verständnis der eigenen Wünsche und Ziele sowie deren Beherrschung ermöglicht (das heißt, die Fähigkeit, entsprechend dem Diktat von Gesetz und Selbstdisziplin zu handeln, wird gesteigert), sondern auch eine Umwandlung der Wünsche und Ziele selbst, die auf lange Sicht die Notwendigkeit ständiger Selbst-Reflexion und Kontrolle verringert. Das heißt, wenn unsere „spontane Reaktion auf die Situation und den Augenblick" mit dem „Richtigen und Guten" identisch ist oder, in Konfuzius' Worten, wenn die „Befehle des Herzens" „die Schranken des Rechts" nicht mehr überschreiten, dann hat man in der Tat das geistige Ideal erreicht, nach dem die „frei gewählten Projekte" des präreflexiven Bewußtseins mit dem authentischen Selbst identisch sind. Es ist wichtig festzustellen, daß diese Kongruenz durch die Erweiterung von Erfahrungen und die Vereinigung des Selbst mit den Funktionen kritischen Wissens und des reflexiven Bewußtseins erreicht wird. Das heißt, wie beim Erlernen jeder Fertigkeit endet, was als beharrliche, gewollte Übung der selbst-reflexiven Funktion beginnt, damit, daß diese Funktion nicht mehr so sehr geübt werden muß. Oder um es etwas anders auszudrücken, weil man sicher ist, daß man seine Anliegen aussprechen *kann*, und weil die Projekte, mit denen man befaßt ist, mit dem Selbstgefühl weniger unvereinbar sind, besteht eine geringere Notwendigkeit, die selbst-reflexive Funktion zu üben. Dieser Zustand ist im wesentlichen mit dem uralten spirituellen Ideal gemeint, von dem Fingarette spricht.

Bisher habe ich zwei Versionen des Es-Ich-Modells einander gegenübergestellt: das Es als Trieb und das Ich als Kontrollinstanz *vs.*. unpersönliches Es und persönliches Ich. Ich habe mich gegen die Vorstellung gewandt, daß der Trieb von Natur aus dem Ich feindlich gegenübersteht und daß er zwangsläufig mit dem Verleugneten und dem Unpersönlichen gleichgesetzt wird. Da ich es für nützlicher und richtiger halte, Es und Ich in dem Sinne zu definieren, daß das Es dem Verleugneten entspricht und das Ich dem als eigen Anerkannten, habe ich vorgeschlagen, das Es auf *alle* Wünsche und Ziele zu beziehen, die verleugnet und damit „unpersönlich" werden. Ich glaube, daß diese „Es-Ich"-Unterscheidung in der Tat nützlicher und richtiger ist, doch ich möchte diese Position nun in einem bestimmten Sinn und für einen bestimmten Zweck etwas abmildern.

Ich habe bereits meine Überzeugung zum Ausdruck gebracht, daß Freud recht hatte, als er biologisch begründete Gebote als

Quelle des Erwünschten und Ersehnten erkannte.[2] Ich würde hinzufügen, daß die Vorstellung vom eigenen Selbst und die Selbst-Organisation, die man im Laufe der Entwicklung erwirbt, aus dem Wechselspiel zwischen diesen universellen Sehnsüchten und Wünschen und der persönlichen Lebensgeschichte hervorgehen, das uns veranlaßt, diese Sehnsüchte zu bejahen und jene abzulehnen. Gewisse Bedürfnisse, Sehnsüchte und Wünsche, ob vom Selbst anerkannt oder nicht, sind universal, und man kann daher annehmen, daß sie Teil der Persönlichkeitsstruktur jedes einzelnen sind, wenngleich nicht unbedingt Teil seiner Selbst-Organisation. Wenn dies zutrifft, kann der Ausspruch „Wo Es war, soll Ich werden" oder die Vorstellung, daß sich das Ich Teile des Es aneigne, auch so verstanden werden, daß jedes kulturelle Wesen, d. h. jede Person, vor der Herausforderung steht, eine psychische Repräsentanz der biologisch verwurzelten universalen Bedürfnisse und Wünsche auszubilden, die einen großen Teil unserer menschlichen Natur ausmachen.[3] Das heißt, um ein einigermaßen harmonisches Leben im Einklang mit unserer Natur zu führen, müssen diese universalen Bedürfnisse Eingang in unsere Innen- und Erfahrungswelt mit ihren alltäglichen Zielen und Wünschen finden. Wenn man sagt, das Ich müsse sich Teile des Es aneignen, so bedeutet dies, daß man jenen Aspekten unserer biologischen Natur und unserer vitalen Bedürfnisse einen Platz in unserem Alltagserleben einräumen muß, die, aus welchen Gründen auch immer, nicht oder schlecht repräsentiert sind (etwa in Gestalt von Symptomen).

Im Idealfall würden unsere bewußt erlebten Wünsche und Ziele mit unseren organismischen Bedürfnissen voll übereinstimmen. Ja, die Verfolgung von Zielen und Wünschen, die als selbsterhaltend und selbsterhöhend empfunden werden, würde eine höchst wirksame Möglichkeit darstellen, die organismischen Bedürfnisse in vollem Umfang zu erfüllen. In diesem Sinne kann Selbst-Organisation als eine biologisch entwickelte hierarchische Anpassungsstruktur gesehen werden, die zahlreiche untergeordnete Funktionen koordiniert. In einem so komplexen System, wie es die Person darstellt, würde man die Entwicklung einer übergeordneten Struktur erwarten, zu deren wichtigsten Funktionen die Koordinierung und die Befriedigung mannigfaltiger Interessen und Bedürfnisse der Person gehören. Und eine übergeordnete Struktur oder Selbst-Organisation, die vielfältige Ziele und Strebungen ausschließt und dissoziiert, dient dem Wohlergehen der Person nicht hinreichend und wird ihren Anpassungsfunktionen damit nicht gerecht. Bei dieser Vorstellung von Es und Ich kann man als zentrales pathologisches Merkmal das Versäumnis des Ichs erkennen, sich lebenswichtige, biologisch verwurzelte Bedürfnisse zu eigen zu machen und persönlichen Zielen zuzuführen. Es wäre so, als ob die physiologischen Nahrungsbedürfnisse auf der psychologischen Ebene von Erfahrung, Wünschen und Sehnsüchten nicht oder schlecht repräsentiert wären. Man könnte in einem solchen Fall sagen, daß sich das Ich diese physiologischen Bedürfnisse nicht zu eigen gemacht habe, insofern sie nicht in persönliche Ziele, Wünsche und Sehnsüchte übergeführt wurden (wie etwa bei schwerer Anorexia nervosa).

Hiermit will ich sagen, daß die Verschmelzung eines unpersönlichen Es mit einem Es als biologischem Substrat in einem bestimmten Fall legitim *ist*. Und das ist in der Vorstellung enthalten, daß es gewisse universale und vitale biologisch begründete Bedürfnisse und Neigungen gibt (die man nicht unbedingt als Triebe konzeptualisieren sollte), welche durch persönliche Ziele und Wünsche repräsentiert und in solche „umgewandelt" werden müssen. Diese Bedürfnisse und Neigungen umfassen sexuelle und sinnliche Erfahrung, Bindung, Objektsuche und Objektbeziehungen, einschließlich des Bedürfnisses nach Vereinigung (Bakan, 1966), sowie Selbst-Integrität und Selbstwertgefühl. Bei optimaler Entwicklung gelingen Repräsentanz und „Umwandlung", bei pathologischer Entwicklung gelingen sie nicht. Gedo (1979) weist darauf hin, daß es ein Ziel der Psychoanalyse sei, gewisse universale, vitale biologische Bedürfnisse, die schlecht repräsentiert sind, auf die Ebene des bewußten Gewahrwerdens zu heben. (Man beachte, daß damit auf andere Weise gesagt wird: „Wo Es war, soll Ich werden".) Zu den Gründen für die mißlungene psychische Repräsentanz dieser vitalen Bedürfnisse gehören Entwicklungsschäden, innere Konflikte, Verdrängung und Dissoziation und möglicherweise ein breiteres soziales Umfeld, das nicht fördert, sondern schädigt.[4] Es sollte nochmals festgestellt werden, daß diese mangelhafte Repräsentanz nicht auf einen naturgegebenen Antagonismus zwischen dem biologischen Substrat und dem Ich zurückzuführen ist. Tatsächlich ist es sehr wahrscheinlich, daß sich im Laufe der Evolution ein System herausbilden und als anpassungsfähig ausgewählt würde, in dem Ziele und Wünsche größtenteils mit vitalen Bedürfnissen übereinstimmen und angemessen repräsentiert sind, statt eines Systems, in dem biologisch begründete Dränge eine inhärente Bedrohung der Selbst-Organisation darstellen.

Wenn das Es als „brodelnder Kessel" definiert und die Beziehung zwischen Es und Ich als „primärer Antagonismus" verstanden wird, ist begreiflich, daß die Kontrollfunktion des Ichs hervorgehoben wird und es das Schicksal des Es ist, verdrängt zu werden. Doch wie wir gesehen haben, braucht man nicht anzunehmen, daß nur das Irrationale und das Infantile Verdrängtes enthalten. Man muß vielmehr als Alternative in Betracht ziehen, daß das Verdrängte infantil und antisozial *wird oder bleibt*. Es ist auch nicht so, daß die universalen körperlichen Bedürfnisse und Funktionen, die als fremd und bedrohlich empfunden werden, dies von Natur aus und in Wahrheit sind, sondern daß der Verlust der „innigen Beziehung" (Winnicott, 1958) zwischen psychischem Funktionieren und dem Soma sie so erscheinen läßt.[5] Doch wie Winnicott uns mitteilt, sind Isolation und Antagonismus zwischen Psyche und Soma eher pathologische als natürliche Zustände. Wenn dem so ist, dann stellt die Version, die einen „primären Antagonismus" zwischen Es und Ich postuliert, im wesentlichen eher eine Beschreibung einer tiefsitzenden Pathologie dar als eine richtige Schilderung der menschlichen Persönlichkeit.

Mir scheint, daß der Wahrheitskern von Reichs (1973) Begriff der „orgastischen Potenz" und bestimmter Aspekte von Therapien, die von Reichs Arbeit ausgehen – etwa die Bioenergetik oder vielleicht die Urschrei-Therapie –, in der Erkenntnis zu suchen ist, daß zumindest manche Patienten nicht mehr Ich-Kontrolle benötigen, sondern daß sie, wenn es angezeigt ist, in höherem Maße die Möglichkeit bekommen, auf die Ich-Kontrolle zu verzichten – das heißt, Freuds Diktum „Wo Es war, soll Ich werden" umzukehren in „Wo Ich war, soll Es werden" (zumindest wenn man davon ausgeht, daß Es und Ich sich als Trieb und Kontrolle gegenüberstehen). Die psychoanalytische Theorie, die die pathogenen Wirkungen der Verdrängung auf die Sexualität früh erkannte (wie es z. B. in Begriffen wie aufgestaute Libido und „Aktualneurosen" zum Ausdruck kommt), ging immer mehr dazu über, die Sexualität und das Triebleben im allgemeinen als dem Ich von Natur aus antagonistisch und feindlich gegenüberstehend zu betrachten. Die Ich-Psychologie, die das Schwergewicht auf Ichfunktionen und -apparate legt, Es und Ich als Trieb und Kontrolle deutet, von *neutralisierten* Energien spricht und „konfliktfrei" implizit mit Unabhängigkeit vom Triebhaften gleichsetzt, ist das natürliche Endprodukt dieser Grundannahme der Es-Ich-Unterscheidung. Als solche tut sie dem frühen, vitalsten Aspekt der psychoanalytischen Theorie und dem Geist der Psychoanalyse Gewalt an. Sie hat zu einer gewissen Sterilität geführt.[6]

Eine umfassendere und adäquatere Konzeption des Biologischen und des Triebhaften, die Phänomene wie das Bindungsverhalten, Loslösung und Individuation und die auf Objektsuche gerichteten Neigungen, von denen Fairbairn sprach, einschließt, verweist auf eine unentwirrbare Interdependenz zwischen Trieb- und Ichfunktionen. Dies versucht offenbar Modell (1975) zu vermitteln, wenn er von Objektbeziehungstrieben, die mit dem Ich verknüpft sind, spricht. Sobald man den „brodelnden Kessel" und das Triebabfuhrkonzept beiseite läßt, wird die strukturelle Teilung der Persönlichkeit in ein Es, das von der Realität völlig abgeschnitten ist, und ein Organ, das Realität vermittelt, aufgehoben. Akzeptiert man den revidierten, umfassenderen Triebbegriff, für den hier plädiert wird, besteht keine Notwendigkeit mehr, die Unabhängigkeit der Ichfunktionen vom Triebhaften zu postulieren, um ein Verhalten zu verstehen, das auf verläßlicher Realitätsprüfung beruht. Triebbestimmte Neigungen (z. B. frühe Bindungsreaktionen) enthalten bereits Reaktionen auf reale Objekte.

Daß unsere vitalsten psychischen Bedürfnisse biologisch verwurzelt sind – eine zentrale Erkenntnis in Freuds Denken –, bewahrt uns schließlich davor, die menschliche Natur als „gesellschaftlich versklavt" zu verstehen. Natürlich gibt es ungeheure, kulturell bedingte Unterschiede im menschlichen Verhalten, doch diesen Abwandlungen werden durch die uns allen gemeinsame biologisch verankerte menschliche Natur Grenzen gesetzt. Der Mensch kann nicht *ad infinitum* variiert und modifiziert werden und dennoch Mensch bleiben. Die Anerkennung dieser Tatsache erlaubt das Urteil, daß gewisse kulturelle und soziale Manipulationen und Bedingungen diesem gemeinsamen biologischen Erbe entweder nicht angemessen Rechnung tragen oder ihm Gewalt antun.

Natürlich können das Soziale und Kulturelle im besten Fall das Triebhafte und das Biologische *transzendieren*, ohne ihm Gewalt anzutun. Das heißt, soziale und moralische Ideale – zum Beispiel die Idee der Gerechtigkeit – können das Triebhafte transzendieren, und zwar nicht deshalb, weil beide von Natur aus in einer antagonistischen Beziehung zueinander stehen, sondern weil diese Ideale dem Bereich des Triebhaften einfach nicht zugehören. Die Evolution enthält demnach nichts, was beispielsweise die Befürwortung gleicher Rechte unausweichlich macht. In einem gewissen Sinne werden Biologie und Evolution von einer wahrhaft kulturellen Leistung transzendiert.

Allgemein gesprochen, transzendieren wir das Triebhafte, indem wir uns nach sozialen und spirituellen Idealen ausrichten und damit das Persönliche erweitern. Wenn es zutrifft, daß wir den Bereich des Persönlichen sozusagen „von unten" erweitern, indem wir uns „Teile des Es" aneignen, dann trifft es auch zu, daß wir das Persönliche „von oben" erweitern, indem wir uns soziale und moralische Ideale zu eigen machen und sie als Teil von uns selbst erleben. In einer wichtigen Hinsicht kann das Überich ebenso als unpersönliches „Es" erlebt werden wie das Triebhafte (ein weiterer Grund, das Unpersönliche nicht völlig mit dem Triebhaften gleichzusetzen). Wie bei der Erörterung des Begriffs des verinnerlichten Objekts bereits erwähnt, kann das Überich als Ich-fremdes Introjekt erlebt werden, und oft geschieht dies auch. Dies bezeugen so volkstümliche Vorstellungen vom Gewissen als eines Homunkulus, der in unserem Kopf sitzt und seine „Tu es"- und „Tu's nicht"-Befehle austeilt. Es ist daher legitim zu sagen, daß sich das Ich Teile des Überichs aneignet, und man könnte mit demselben Recht das Ziel „Wo Überich war, soll Ich werden" anstreben wie das Ziel „Wo Es war, soll Ich werden".

Die Erweiterung des Persönlichen „von unten" und „von oben" geschieht nicht so unabhängig voneinander, wie es den Anschein haben mag. Die Fähigkeit, sich soziale und moralische Ideale zu eigen zu machen und wirklich als Teil des Selbst zu empfinden, wird demnach zweifellos von den Schicksalen des Bindungssystems, von dem, was Winnicott (1965) Ich-Bezogenheit nennt, und anderen Faktoren beeinflußt, die in eine affektiv-triebhafte Matrix eingebettet sind. Wenn die angeeigneten sozialen und moralischen Ideale aus dieser Matrix gelöst werden und keine Beziehung zu ihr haben, werden sie wahrscheinlich allmählich zu ungemilderter Kälte, Härte und Grausamkeit führen. Sie werden vermutlich ihre Verbindung zu „Fleisch und Bein", wie Unamuno (1931) es nennt, verlieren und zu dem führen, was Kant als den moralischen Kardinalfehler bezeichnet: andere als Objekte zu behandeln (und offensichtlich nicht im Sinne einer Objektbeziehung).

Ich glaube, daß Kants Erkenntnis hinsichtlich der Aufdeckung der Quelle der größten sozialen Gefahr weiter reichte und richtiger war als die Freuds. Das heißt, verheerende soziale Katastrophen, etwa in Gestalt eines Atomkriegs und anderer Formen von Völkermord, spiegeln nicht das ungezügelte Walten eines Aggressionstriebs wider, der von den Fesseln der Zivilisation befreit ist. In solchen Katastrophen kommen vielmehr hemmungslos soziale Ideale zum Ausdruck, die andere zu Objekten machen und ihnen ihre Menschlichkeit absprechen und die die Verbindung zum Affektiven und Triebhaften verloren haben. Ein Individuum, dessen Triebregungen (wie sie die traditionelle Theorie definiert) außer Kontrolle geraten sind, kann vergewaltigen und töten, doch nur eine Handvoll Leute. Doch das großangelegte Abschlachten von Menschen, das durch die moderne Technologie ermöglicht wird, fordert und besitzt Eigenschaften wie Gefühllosigkeit, Gleichgültigkeit sowie eine Art und einen Grad von Rationalität, der andere Überlegungen so fernliegen, daß sie sich um sich selbst dreht und zu einer Form von Wahnsinn wird. Dieses Verhalten wird nicht vom wildgewordenen Trieb bestimmt, sondern Funktionen, die in den Bereich von Ich und Überich gehören – Ideologie, nationale Interessen, Planung, usw. –, sind aller Gefühlsregungen bar und verfallen in Raserei. Es steht denmach außer Zweifel, daß in der Neuzeit eine so alltägliche Haltung wie sozialer Konformismus weitaus mehr mit der Möglichkeit von Großkriegen zu tun hat als irgendein brodelnder Kessel voller Aggression, Wut und Haß.

Es gibt wahrscheinlich keine Formulierung, die das Wesen des sozialen Übels in unserer Zeit besser erhellt als Hannah Arendts (1964) „Banalität des Bösen". In ihrem Buch *Eichmann in Jerusalem* weist sie darauf hin, daß Eichmann kein Unmensch gigantischen Ausmaßes war, sondern vielmehr ein gewöhnlicher, farbloser Beamter, dessen Tätigkeit zufällig darin bestand, Menschen in den Tod zu schicken, statt, sagen wir, Autos zu verschiffen. Hier handelte es sich nicht um einen offensichtlich Verrückten, der von Wut, Feindseligkeit, Sadismus und Haß getrieben wird und alle einengenden sozialen Kontrollen von sich geworfen hat. Statt dessen hatte man einen wenig eindrucksvollen kleinen Mann vor sich, einen guten Ehemann und anständigen Vater, einen patriotischen Bürger mit bescheidenen Ambitionen, der dauernd davon redete, daß er einfach seine Arbeit verrichtet habe. Wahrhaft erschreckend ist, wie Arendt sagt, das Nebeneinander von Schrecken nahezu unvorstellbaren Ausmaßes und der totalen Banalität des Täters. Dies mahnt uns daran, daß unter entsprechenden Umständen großes Übel von ganz gewöhnlichen Menschen begangen werden kann, die ganz gewöhnliche Dinge tun, indem sie es vorziehen, nichts zu wissen, gleichgültig zu bleiben und einfach ihre Arbeit zu verrichten.

Um zum Ausgangspunkt zurückzukehren: Das Transzendieren des Triebhaften ist an sich noch keine Garantie für Rechtschaffenheit. Sowohl auf der individuellen als auch auf der gesellschaftlichen Ebene kann es als destruktive oder konstruktive Kraft in Erscheinung treten. Es mag etwas paradox klingen, aber nur ein Transzendieren, welches bis zu einem gewissen Grade im Triebhaften verwurzelt bleibt – das heißt, ein soziales Ideal, das zumindest der biologischen Menschennatur keine Gewalt antut – wird sich als wahrhaft sinnvoll und konstruktiv erweisen. Die Reaktion auf Ideale und Werte, die unerreichbar sind und als der menschlichen Natur allzu fernstehend empfunden werden, hat immer darin bestanden, ihnen Lippendienste zu leisten oder sie zu ignorieren. So hat beispielsweise die Lehre Christi, die andere Wange hinzuhalten, christliche Nationen und Völker nicht daran gehindert, sich kriegerisch zu gebärden.

Wenn universale soziale und moralische Ideale nicht nur leere Abstraktionen sein oder, was noch schlimmer ist, Menschlichkeit objektivieren sollen, dann werden sie, wie ich bereits ausgeführt habe, organisch aus konkreten, umgrenzten Erfahrungen hervorgehen und mit ihnen verbunden bleiben. Der Erwachsene, der gelernt hat, wahrhaft universal zu denken, war einmal ein Säugling, der in eine einzigartige biologisch-affektive libidinöse Matrix eingebettet war – umgrenzt im wahrsten Sinne des Wortes. Wenn seine Universalität wahrhaft menschlich ist, dann wird sie organisch aus dieser frühen Matrix hervorgegangen sein und auf sehr subtile Weise diese frühen Wurzeln und Bande widerspiegeln. Die Beziehung zwischen Mutter und Kind ist stets konkret und umgrenzt, und dies gilt, wie ich meine, für jede Beziehung des Menschen zum Menschen. Jede Universalität, die diese Tatsache übersieht, gestattet es der Ideologie, Fleisch und Bein zu beherrschen und führt gewöhnlich dazu, daß der Mensch als Objekt und als Mittel zum Zweck behandelt wird.

In ihrem Buch „Ich zähmte die Wölfin", läßt Margaret Yourcenar Hadrian sagen, daß die Juden ein seltsames Volk seien, die bis zu den Augen in einer Kloake stecken, während die Brauen den Himmel berühren. Ich habe diesen Ausspruch stets als äußerst ergreifend und tiefschürfend empfunden. Ich glaube, daß er mit poetischer Ironie die Erkenntnis ausdrückt, daß es ein notwendiges, vitales Bindeglied zwischen der Kloake und dem Himmel gibt – zwischen dem Körperlich-Triebhaften und dem Spirituell-Idealen.

Eine Psychologie, die einen inhärenten „primären Antagonismus" zwischen Es und Ich postuliert, die einen brodelnden Kessel der Triebe einer kontrollierenden, Aufschub bewirkenden Instanz gegenüberstellt; die ihre primäre therapeutische Aufgabe in der Unterwerfung des Es durch das Ich sieht, und deren Perspektive in der Ansicht gipfelt, daß dieser brodelnde Kessel und seine Abkömmlinge die Hauptursache individuellen und sozialen Elends seien, wird der menschlichen Natur oder den Fakten individuellen und sozialen Verhaltens einfach nicht gerecht. Wenn wir die Es-Ich-Konzeption als Grundstein der Psychoanalyse beibehalten sollen, müssen wir zu dem frühen psychoanalytischen und sogar präpsychoanalytischen Standpunkt zurückkehren, wonach das Verleugnete dem als eigen Erkannten, das unpersönliche Es dem persönlichen Ich, das Dissoziierte dem Integrierten und, um mit G. S. Klein (1976) zu sprechen, das „fraktionierte" dem vollständigeren Selbst gegenübersteht.

Anmerkungen

1 Es liegt auf der Hand, daß es viele Menschen gibt, deren Triebleben so ungeordnet und chaotisch und deren Fähigkeiten zur Selbst-Reflexion so geschädigt sind, daß das praktische Behandlungsziel eine verbesserte Kontrolle sein wird. Doch dies gilt für bestimmte Individuen und ist keine unumstößliche Feststellung über die menschliche Natur.

2 Es ist Freuds *Vorstellung* vom Biologischen (beispielsweise die Triebabfuhrtheorie und ihre Beschränkung auf sexuelle und aggressive Triebe), die problematisch ist, nicht sein Glaube, daß das biologische Substrat der Ursprung alles Erwünschten und Ersehnten sei. Dies bedeutet *nicht*, daß jegliches Verhalten direkt oder indirekt im Dienst dieser biologischen Quellen steht oder durch sie motiviert wird.

3 Ich bin mir bewußt, daß die Frage nach der Spezifität der menschlichen Natur eine höchst kontroverse ist, um es betont schlicht auszudrücken. Doch es ist eine Frage, die nicht ignoriert werden darf und ständig gestellt werden muß.

4 Dies schließt die Möglichkeit ein, daß sich der bestehende soziale Kontext von unserer ursprünglichen „Umwelt evolutionärer Angepaßtheit" (Hinde, 1959) so radikal unterscheidet, daß einige Aspekte der menschlichen Natur für die Umwelt nicht mehr tauglich sind.

5 Obgleich nicht ausdrücklich so benannt, ist diese ganze Diskussion (wie

auch Freuds Es-Ich-Modell) von einer Art Abwandlung des Körper-Seele-Problems durchzogen. Wenn man sagt, daß das Ich sich Teile des Es aneignen müsse, heißt dies unter bestimmten Aspekten des Es-Begriffes, von der Umwandlung des Biologischen ins Psychische reden oder zumindest von der Repräsentanz des Biologischen durch das Psychische. Wie ich bereits früher ausgeführt habe, stand für Freud vielleicht die Frage im Mittelpunkt seines Interesses, wie ein biologischer Instinkt oder allenfalls etwas, das sich an der Grenze zwischen dem Psychischen und dem Physischen bewegt, in persönlichen Erfahrungen und Zielen repräsentiert wird. Möglicherweise geht es dabei im wesentlichen um nichts anderes, als um die Frage, wie eine physiologische Schwäche „umgewandelt" und dadurch repräsentiert wird, daß man Durst empfindet. Im vorliegenden Fall sind wir jedoch daran interessiert, inwiefern biologisch begründete, aber psychologisch relevante elementare Bedürfnisse, die mit Sinnlichkeit, Bindung, Loslösung und Individuation und dem Drang nach Objektsuche verknüpft sind, durch persönliche Ziele und Wünsche repräsentiert werden.

[6] Ein Resultat der zunehmenden Abwendung der Psychoanalyse und der psychoanalytischen Theorie von dem, was sie früher vertrat und was sie bewegte, und ihre Hinwendung zur gegenwärtig vorherrschenden (wie ich finde, etwas sterilen) Vorstellung vom Es-Ich-Modell besteht darin, daß diese frühen Erkenntnisse und Einsichten von Splittergruppen und simplifizierenden Bewegungen aufgenommen wurden. (So stützt sich beispielsweise die Urschrei-Therapie offensichtlich auf Freuds frühe Begriffe der aufgestauten Libido und seine Betonung von Katharsis und Abreaktion.) Doch meist pervertieren sie diese Einsichten, indem sie sie in Modetorheiten verwandeln, die sie schlichtweg mit trügerischen, ausgefallenen Ideen aufputzen. Leider ist dies angesichts der Tatsache zu erwarten, daß diese Erkenntnisse und Einsichten isoliert sind und sich nicht organisch mit einem größeren sinnvollen Theorie- und Wissensbestand verbinden.

Literatur

Aiken, C. (1964). Selected Poems. New York: Meridian.

Ainsworth, M. D. (1974). Infant-mother attachment and social development: Socialization as a product of reciprocal responsiveness to signals. In M. P. Richards (Ed.), The integration of the child into a social world. Cambridge: Cambridge University Press.

Ainsworth, M. D. (1984). Attachment. In N. S. Endler, & J. McV. Hunt (Eds.), Personality and the behavior disorders. New York: Wiley.

Ainsworth, M. D., Bell, S. M., & Stayton, D. C. (1971). Individual differences in a strange-situation behavior of one-year olds. In H. R. Schaffer (Ed.), The origins of human social relations. London/New York: Academic Press.

Ainsworth, M. D., & Wittig, B. A. (1969). Attachment and exploratory behavior of one-year-olds in a strange situation. In B. M. Foss (Ed.), Determinants of infant behavior, Vol. 4. London: Methuen.

Alexander, F., & French, T. M. (1946). Psychoanalytic therapy: Principles and application. New York: Ronald Press.

Apfelbaum, B. (1966). On ego psychology: A critique of the structural approach to psychoanalytic theory. International Journal of Psychoanalysis, 47, 451–475.

Arendt, H. (1964). Eichmann in Jerusalem. München: Piper.

Arlow, J. A., & Brenner, C. (1964). Grundbegriffe der Psychoanalyse. Reinbek: Rowohlt 1976.

Bader, J. B., & Philipson, I. J. (1980). Narcissism and family structure: A socialhistorical perspective. Psychoanalysis and Contemporary Thought, 3, 299–328.

Bakan, D. (1966). The duality of human existence: An essay on psychology and religion. Chicago: Rand-McNally.

Bakwin, H. (1949). Psychological aspects of pediatrics. Journal of Pediatrics, 35, 512–521.

Balint, A. (1939). Liebe zur Mutter und Mutterliebe. In A. Balint, & M. Balint, Die Urformen der Liebe und die Technik der Psychoanalyse. Frankfurt: Fischer 1969.

Balint, M. (1937). Frühe Entwicklungsstadien des Ich. Primäre Objekt-Liebe. In A. Balint, & M. Balint, Die Urformen der Liebe und die Technik der Psychoanalyse. Frankfurt: Fischer 1969.

Barnett, S. A. (1958). Exploratory behavior. British Journal of Psychology, 289–310.

Bergin, A. E., & Lambert, M. J. (1978). The evaluation of therapeutic outcomes. In S. L. Garfield, & A. E. Bergin (Eds.), Handbook of psychotherapy and behavior change (pp 139–189). New York: Wiley.

Berlyne, D. E. (1960). Conflict, arousal, and curiousity. New York: McGraw-Hill.

Bettelheim, B. (1960). The informed heart: Autonomy in a mass age. New York: Free Press.

Bettelheim, B. (1979). Surviving and other essays. New York: Knopf.

Bettelheim, B. (1982). Reflections: Freud and the soul. The New Yorker, 1, 52–93.

Bexton, W. H., Heron, W., & Scott, T. H. (1954). Effects of decreased variations in the sensory environment. Canadian Journal of Psychology, 8, 70–76.

Black, M. (1967). Review of A. R. Louch's "Explanation and human action." American Journal of Psychology, 80, 655–656.

Blight, J. (1981). Must psychoanalysis retreat to hermeneutics? Psychoanalytic theory in the light of Popper's evolutionary epistemology. Psychoanalysis and Contemporary Thought, 4, 147–206.

Bowlby, J. (1969). Bindung. München: Kindler 1975.

Bowlby, J. (1973). Trennung. München: Kindler 1976.

Bowlby, J. (1981). Symposium on Emanuel Peterfreund on information and systems theory. Psychoanalytic Review, 68, 187–190.

Brandt, L. W. (1966). Process or structure? Psychoanalytic Review, 53, 50–54.

Bush, M. (1978). Preliminary considerations for a psychoanalytic theory of insight: Historical perspective. International Review of Psychoanalysis, 5, 1–13.

Butler, R. A. (1965). Investigative behavior. In A. M. Schrier (Ed.), Behavior of nonhuman primates. London/New York: Academic Press.

Candland, D. K., & Mason, W. A. (1968). Infant monkey heartrate: Habituation and effects of social substitutes. Developmental Psychobiology, 1, 254–256.

Caston, J. I. (1980). Plan diagnosis reliability II. Studies on the effects of interventions. In J. Weiss, H. Sampson, S. Gassner, & J. Caston, Further research on the psychoanalytic process. The Psychotherapy Research Group, Department of Psychiatry, Mount Zion Hospital and Medical Center. Bulletin No. 4, June.

Clarke, A. M., & Clarke, A. D. B. (1976). Early experience: Myth and evidence. New York: Free Press.

Cofer, C. N., & Appley, M. H. (1963). Motivation: theory and research. New York: Wiley.

Cofer, C. N., & Appley, M. H. (1972). Motivation and emotion. Illinois: Scott, Foresman & Co.

Cohen, E. A. (1953). Human behavior in the concentration camp. New York: Grosset & Dunlop.

Cohen, L. B., & Gelber, E. R. (1975). Infant visual memory. In B. Cohen & P. Salapatek (Eds.), Infant perception: From sensation to cognition, Vol. I: Basic visual processes. New York: Academic Press.

Cohen, L. B., Gelber, E. R., & Lazar, M. A. (1971). Infant habituation and generalization to repeated visual stimulation. Journal of Experimental Child Psychology, 11, 379–389.

Collingwood, R. G. (1946). The idea of history. Oxford: Oxford University Press.

Cox, F. N., & Campbell, D. (1968). Young children in an new situation with and without their mothers. Child Development, 39, 123–131.

Dahl, H. (1974). The measurement of meaning in psychoanalysis by compu-

ter analysis of verbal contexts. Journal of the Psychoanalytic Association, 22, 37–57.
Delgado, J. M. R. (1969). Physical control of the mind. New York: Harper & Row.
Deutsch, H. (1930). Psychoanalyse der Neurosen. (Elf Vorlesungen.) Wien: Internationaler Psychoanalytischer Verlag.
Devore, I., & Konner, M. J. (1974). Infancy in hunter-gatherer life: An ethological perspective. In N. F. White (Ed.), Ethology and Psychiatry (pp 113–141). Toronto: University of Toronto Press.
Dickes, R. (1978). Parents, transitional objects, and childhood fetishes. In S. Grolnick, & L. Barkin (Eds.), Transitional objects. New York: Jason Aronson.
Dilthey, W. (1961). Meaning in history. Ed. by H. P. Rickman. London: Allen & Unwin.
Doi, Takeo (1973). The anatomy of dependence. Tokyo: Kodansha International Ltd.
Dollard J., & Miller, N. E. (1950). Personality and psychotherapy. New York: McGraw-Hill.
Eagle, M. N. (1973). Sherwood on the logic of explanation in psychoanalysis. In B. B. Rubinstein (Ed.), Psychoanalysis and Contemporary Science, Vol. 2. New York: MacMillan.
Eagle, M. N. (1979). Psychoanalytic formulations of phobias. In L. Saretsky, G. D. Goldman, & D. S. Milman (Eds.), Integrating ego psychology and object relations theory. Dubuque, Iowa: Kendal/Hunt.
Eagle, M. (1980). A Critical examination of motivational explanation in psychoanalysis. Psychoanalysis and Contemporary Thought, 3, 329–380.
Eagle, M. (1981). Interests as object relations. Psychoanalysis and Contemporary Thought, 4, 527–565. Auch in: J. Masling, (Ed.) (1982), Empirical studies in Psychoanalytical theories, Vol. I. Hillsdale, New Jersey: Lawrence Erlbaum.
Eagle, M. N. (1982a). Essay review of "Object and self: A developmental approach." Review of Psychoanalytic Books.
Eagle, M. N. (1982b). Privileged access and the status of self-knowledge in Cartesian and Freudian conceptions of the mental. Philosophy of the Social Sciences, 12, 349–373.
Eagle, M. (1984). Psychoanalysis and modern psychodynamic theories. In N. S. Endler, J. McV. Hunt (Eds.), Personality and the behavior disorders. (Rev. Ed.), New York: Wiley.
Eckardt, V. von (1981). On evaluating the scientific status of psychoanalysis. Journal of Philosophy, 78, 570–572.
Emde, R. N., & Robinson, J. (1979). The first two months. Recent research in psychobiology. In J. D. Noshpitz (Ed.), Basic handbook of Child Psychiatry, Vol. I (pp 72–105). New York: Basic Books.
Epstein, R., Lanza, R. P., & Skinner, B. F. (1981). "Self awareness" in the pigeon. Science, 212, 695–696.
Erikson, E. H. (1959). Identität und Lebenszyklus. Frankfurt: Suhrkamp 1966.

Erikson, E. H. (1963). Kindheit und Gesellschaft. Stuttgart: Klett-Cotta, 9. Aufl. 1984.
Fairbairn, W. R. D. (1952). Psychoanalytic studies of the personality. London: Tavistock Publications / Routledge & Kegan Paul.
Fantz, R. L. (1958). Pattern vision in young infants. Psychological Record, 8, 43–47.
Fantz, R. L. (1965). Visual perception from birth as shown by pattern selectivity. In H. E. Whipple (ed.), New issues in infant development. Annals of the New York Academy of Sciency, 118, 793–814.
Fantz, R. L., & Fagan, J. F. (1975). Visual attention to size and number of pattern details by term and pre-term infants during the first six months. Child Development, 46, 3–18.
Federn, P. (1953). Ichpsychologie und die Psychosen. Frankfurt: Suhrkamp, 1978.
Feldman, S. S., & Ingham, M. E. (1975). Attachment behavior: A validation study in two age groups. Child Development, 46, 19–30.
Fenichel, O. (1945). Remarks on the common phobias. In ders., Collected papers. New York: W. W. Norton.
Ferenczi, S. (1950). Schriften zur Psychoanalyse. Fischer: Frankfurt 1972.
Fingarette, H. (1963). The self in transformation. New York: Harper & Row.
Fingarette, H. (1969). Self-deception. London: Routledge & Kegan Paul / New York: Humanities Press.
Firestein, S. (1978). Termination in psychoanalysis. New York: International Universities Press.
Fletcher, R. (1957). Instinct in man: In the light of recent work in comparative psychology. New York: Schocken Books 1966.
Frankl, V. (1959). Der Mensch vor der Frage nach dem Sinn. München, Zürich: Piper, 2. Aufl., 1980.
Freud, A. (1936). Das Ich und die Abwehrmechanismen. In Die Schriften der Anna Freud, Bd. 1. München: Kindler 1980.
Freud, A. (1960). Diskussion von John Bowlbys Arbeit über Trennung, Trennungsschmerz und Trauer. In Die Schriften der Anna Freud, Bd. 6. München: Kindler 1980.
Freud, A., & Dann, S. (1951). Ein Experiment zur Gruppenerziehung. In Die Schriften der Anna Freud, Bd. 2. München: Kindler 1980.
Freud, S. (1893–1895). Studien über Hysterie. GW I.
Freud, S. (1895). Über die Berechtigung, von der Neurasthenie einen bestimmten Symptomkomplex als Angstneurose abzutrennen. GW I.
Freud, S. (1887–1902). Aus den Anfängen der Psychoanalyse: Briefe an Wilhelm Fließ. Frankfurt: Fischer 1962.
Freud, S. (1900). Die Traumdeutung. GW II/III.
Freud, S. (1911). Psychoanalytische Bemerkungen über einen autobiographisch beschriebenen Fall von Paranoia (Dementia paranoides). GW VIII.
Freud, S. (1912). Zur Dynamik der Übertragung. GW VIII.
Freud, S. (1914). Zur Einführung des Narzißmus. GW X.
Freud, S. (1915a). Triebe und Triebschicksale. GW X.
Freud, S. (1915b). Das Unbewußte. GW X.

Freud, S. (1916–17). Vorlesungen zur Einführung in die Psychoanalyse. GW XI.
Freud, S. (1920). Jenseits des Lustprinzips. GW XIII.
Freud, S. (1923). Das Ich und das Es. GW XIII.
Freud, S. (1926). Hemmung, Symptom und Angst. GW XIV.
Freud, S. (1930). Das Unbehagen in der Kultur. GW XIV.
Freud, S. (1940a). Abriß der Psychoanalyse. GW XVII.
Freud, S. (1940b). Die Ichspaltung im Abwehrvorgang. GW XVII.
Freud, S. & Breuer, J. (1893–1898). Studien über Hysterie. Frankfurt: Fischer 1970.
Friedman, S., Bruno, L. A., & Vietze, T. (1974). Newborn habituation to visual stimuli: A sex difference in novelty detection. Journal of Experimental Child Psychology, 18, 242–251.
Fromm, E. (1955). Der moderne Mensch und seine Zukunft. Frankfurt: Europäische Verlagsanstalt 1967.
Fromm, E. (1947). Psychoanalyse und Ethik. Stuttgart: Deutsche Verlagsanstalt 1982.
Gallup, G. G. (1977). Self recognition in primates: A comparative approach to the bidirectiona properties of consciousness. American Psychologist, 23, 329–338.
Gallup, G. G. (1979). Self-awareness in primates. American Scientist, 67, 4, 417–421.
Gassner, S. (1980). Research describing the therapeutic process during the first 100 treatment hours. In J. Weiss, H. Sampson, S. Gassner, & J. Gaston, Further research on the psychoanalytic process. The Psychotherapy Research Group. Bulletin No. 4, Department of Psychiatry, Mount Zion Hospital and Medical Center, June.
Gedo, J. E. (1979). Beyond interpretation. New York: International Universities Press.
Gedo, J. E. (1980). Reflections on some current controversies in psychoanalysis. Journal of the American Psychoanalytic Association, 28, 363–383.
Giere, R. (1979). Understanding sientific reasoning. New York: Holt, Rinehart & Winston.
Gill, M. M. (1976). Metapsychology is not psychology. In M. M. Gill & P. S. Holzman (Eds.), Psychology versus metapsychology: Essays in memory of George S. Klein. New York: International Universities Press.
Gill, M. M., & Brenman, M. (1959). Hypnosis and related states: Psychoanalytic studies in regression. New York: International Universities Press.
Gill, M. M., & Hoffmann, I. Z. (1982). A method of studying the analysis of aspects of the patient's experience of the relationship in psychoanalysis and psychotherapy. Journal of the American Psychoanalytic Association, 30, 137–167.
Giovaccini, P. L. (1981). Object relations, deficiency states, and the acquisition of psychic structure. In S. Tuttman et al. (Eds.), Object and self: A developmental approach: Essays in honor of Edith Jacobson. New York: International Universities Press.
Goldberg, A. (1973). Review of Kohut's "The analysis of the self." Psychotherapy Social Science Review, 1, 26–28.

Goldberg, A. (1978). The Psychology of the self: A Casebook. New York: International Universities Press.

Goldberger, L., & Holt, R. R. (1961). Experimental interferences with reality contact: individual differences. In P. Solomon et al., Sensory deprivation. Cambridge, Mass.: Harvard University Press.

Goldschmidt, W. (1975). Absent eyes and idle hands: Socialization for low affect among the Sebei. Ethos, 3, 157–163.

Greenson, R. R. (1967). Technik und Praxis der Psychoanalyse, Bd. 1. Stuttgart: Klett-Cotta, 3. Aufl. 1981.

Grünbaum, A. (1979). Is Freudian psychoanalysis pseudo-scientific by Karl Popper's criterion of demarcation. American Philosophical Quarterly, 16, 131–141.

Grünbaum, A. (1980). Epistemological liabilities of the clinical appraisal of psychoanalytic theory, Noûs, 14, 307–385.

Grünbaum, A. (1982). Can psychoanalytic theory be cogently tested "on the couch"? Psychoanalysis and Contemporary Thought, 5 (2 & 3), 155–255; 311–436.

Guntrip, H. (1969). Schizoid phenomena, object relations and the self. New York: International Universities Press.

Harlow, H. F. (1958). The nature of love. American Psychologist, 13, 673 ff.

Harlow, H. F. (1974). Syndromes resulting from maternal deprivation: maternal and peer affectional deprivation in primates. In J. H. Cullen (ed.), Experimental behavior: a basis for the study of mental disturbances. New York: Wiley.

Harlow, H. F., & Harlow, M. K. (1962). Social deprivation in monkeys. Scientific American, 207, 5, 136–146.

Harlow, H. F., & Harlow, M. K. (1969). Effects of various infant-mother relationships on Rhesus monkey behaviors. In B. Foss (ed.), Determinants of infant behavior, Vol. 4. London: Methuen & Co.

Harlow, H. F., & Harlow, M. K. (1972). The language of love. In T. Alloway, L. Krames, & P. Pliner (eds.), Communication and affect: A comparative approach. New York: Academic Press.

Harlow, H. F., & Suomi, S. J. (1974). Induced depression in monkeys. Behavioral Biology, 12, 273–296.

Harlow, H. F., Suomi, S. J., & Collins, M. L. (1973). Effects of permanent separation from mother on infant monkeys. Developmental Psychology, 9, 376–384.

Harlow, H. F., & Zimmermann, R. R. (1959). Affectional responses in the infant monkey. Science, 130, 421–432.

Hartmann, H. (1939). Ichpsychologie und Anpassungsproblem. Stuttgart: Klett-Cotta, 3. Aufl., 1975.

Hartmann, H. (1964). Essays on ego psychology: Selected problems in psychoanalytic theory. New York: International Universities Press.

Hendrick, I. (1943). The discussion of the "instinct to master". Psychoanalytic Quarterly, 12, 561–565.

Hermann, I. (1933). Zum Triebleben der Primaten. Imago, 19, 13.

Hermann, I. (1936). Sich-Anklammern-Auf-suche-gehen. Internationale Zeitschrift für Psychoanalyse, 22, 349–370.

Hershenson, M. (1964). Visual discrimination in the human newborn. Journal of Comparative and Physiological Psychology, 58, 270–276.
Hesse, H. (1943). Das Glasperlenspiel. Frankfurt: Suhrkamp 1977.
Hinde, R. A. (1959). Behavior and speciation in birds and lower vertebrates. Biological Review, 34, 85–128.
Hinde, R. A. (1975). Mothers' and infants' roles: Distinguishing the questions to be asked. Ciba Foundation Symposium, 33, 5–13.
Hinde, R. A., & Spencer-Booth, Y. (1971). Effects of brief separation from mother on Rhesus monkeys. Science, 173, 111–118.
Hogan, J. A., & Abel, E. (1971). Effects of social factors in response to unfamiliar environments in Gallus Spadiceus. Animal Behavior, 19, 687ff.
Holt, R. R. (1972). Freud's mechanistic and humanistic images of man. Psychoanalysis and Contemporary Science, 1, 3–24.
Holt, R. R. (1976). Drive or wish? A reconsideration of the psychoanalytic theory of motivation. In M. M. Gill, & P. S. Holzman (eds.), Psychology versus metapsychology: Essays in memory of George S. Klein. New York: International Universities Press.
Holzman, P. S. (1976). The future of psychoanalysis and its institutes. Psychoanalytic Quarterly, 65, 250–273.
Home, H. G. (1966). The concept of mind. International Journal of Psychoanalysis, 47, 42–49.
Horney, K. (1945). Unsere inneren Konflikte. München: Kindler 1973.
Horowitz, L. M., Sampson, H., Siegelman, E. Y., & Wolfson, A. (1975). On the identification of warded-off mental contents: An empirical and methodological contribution. Journal of Abnormal Psychology, 84, 545–558.
Hull, C. L. (1943). Principles of behavior. New York: Appleton-Century-Crofts.
Hunt, J., McV. (1965). Intrinsic motivation and its role in psychological development. In D. Levine (ed.), Nebraska Symposium on Motivation, Vol. 13. Lincoln, Nebraska: University of Nebraska Press.
Jackson, G. (1970). Soledad Brothers: The prison letters of George Jackson. New York: Coward-McCann.
Jacobson, E. (1964). Das Selbst und die Welt der Objekte. Frankfurt: Suhrkamp 1973.
Janet, P. (1907). The major symptoms of hysteria. New York: Macmillan.
Janet, P. (1924). Principles of psychotherapy. New York: Macmillan.
Kaplan, D. M. (1981). Review of Gedo's "Beyond interpretation". Psychoanalytic Review, 68, 285–288.
Kaufman, I. C. (1960). Symposium on psychoanalysis and ethology III. Some theoretical implications from animal behavior studies for the psychoanalytic concepts of instinct, energy and drive. International Journal of Psychoanalysis, 318–326.
Kaufman, I. C. (1974). Mother-infant relations in monkeys and humans: A reply to Prof. Hinde. In N. F. White (ed.), Ethology and psychiatry. Toronto: University of Toronto Press.
Kernberg, O. (1975). Borderline-Störungen und pathologischer Narzißmus. Frankfurt: Suhrkamp 1978.

Kernberg, O. (1976). Object-Relations theory and clinical psychoanalysis. New York: Jason Aronson.
Kierkegaard, S. Die Reinheit des Herzens. München: C. Kaiser, 2. Aufl., 1924.
Kinney, D. G., & Kagan, J. (1976). Infant attention to auditory discrepancy. Child Development, 47, 155–164.
Klein, G. S. (1976). Psychoanalytic theory: An exploration of essentials. New York: International Universities Press.
Klein, Melanie (1932). Die Psychoanalyse des Kindes. Wien, Leipzig: Internationaler Psychoanalytischer Verlag.
Klein, Melanie (1948). Contributions to psychoanalysis 1921–1945. London: Hogarth Press.
Klein, Melanie (1957). Neid und Dankbarkeit. In dies., Das Seelenleben des Kleinkindes. Reinbek: Rowohlt 1972.
Klein, Milton (1981). On Mahler's autistic and symbiotic phases: An exposition and evaluation. Psychoanalysis and Contemporary Thought, 4, 69–105.
Kohlberg, L., La Crosse, G., & Ricks, D. (1972). The predictability of adult mental health from childhood behavior. In B. B. Wolman (ed.), Manual of child psychology. New York: McGraw-Hill.
Kohut, H. (1971). Narzißmus. Frankfurt: Suhrkamp 1973.
Kohut, H. (1977). Die Heilung des Selbst. Frankfurt: Suhrkamp 1979.
Kubie, L. S. (1975). Practical and theoretical aspects of psychoanalysis. (2nd rev. ed.) New York: International Universities Press.
Kuhn, T. (1962). Die Struktur wissenschaftlicher Revolutionen. Frankfurt: Suhrkamp 1973.
Lader, M. H., & Wing, L. (1966). Physiological measures, sedative drugs, and morbid anxiety. Institute of Psychiatry Maudsley Monographs, No. 14. London: Oxford University Press.
Leeper, R. W. (1948). A motivational theory of emotion to replace "emotion as disorganized response." Psychological Review, 55, 5–21.
Leites, N. (1971). The new ego. New York: Science House.
Levenson, E. A. (1982). Language and healing. In S. Slipp (ed.), Curative factors in dynamic psychotherapy. New York: McGraw-Hill.
Levine, F. J. (1977). Review of "Restoration of the self." Journal of the Philadelphia Association for Psychoanalysis, 4, 238–247.
Levine, F. J. (1979). On the clinical application of Kohut's psychology of the self: Comments on some recently published case studies. Journal of the Philadelphia Association for Psychoanalysis, 6, 1–19.
Loevinger, J. (1966). Three principles for a psychoanalytic psychology. Journal of Abnormal Psychology, 71, 432–443.
Loewald, H. (1979). Überlegungen zum psychoanalytischen Prozeß und seinem therapeutischen Potential. In ders., Psychoanalyse. Aufsätze aus den Jahren 1951–1979. Stuttgart: Klett-Cotta 1986.
Lorenz, K. (1965). Evolution and modification of behavior. Chicago: University of Chicago Press.
Lorenz, K. (1966). Das sogenannte Böse. München: dtv 1983.
Luborsky, L. (1953). Intraindividual repetitive measurements (P Technique)

in understanding psychotherapeutic change. In O. H. Mowrer (ed.), Psychotherapy: Theory and research (pp 389–413). New York: Ronald.
Luborsky, L. (1967). Momentary forgetting during psychotherapy and psychoanalysis: A theory and research method. In R. R. Holt (ed.), Motives and thought: Essays in honor of David Rapaport. New York: International Universities Press.

Mahler, M. (1968). Symbiose und Individuation. Bd. 1: Psychosen im frühen Kindesalter. Stuttgart: Klett-Cotta, 2. Aufl. 1979.

Mahler, M., Pine, F., & Bergman, A. (1975). Die psychische Geburt des Menschen. Frankfurt: Fischer 1978.

Malcolm X. (1964). The autobiography of Malcolm X. New York: Grove Press.

Marmor, J. (1962). Psychoanalytic therapy as an educational process. In J. Masserman (ed.), Psychoanalytic education. New York: Grune & Stratton (1977).

Marvin, R. S. (1977). An ethological model for the alternation of mother-child attachment behavior. In T. M. Alloway, L. Kramer, & P. Pliner (eds.), Advances in the study of communication and affect (pp 25–60). New York: Plenum.

Masling, G., & Cohen, I. S., Psychotherapy, clinical evidence, and the selffulfilling prophecy. Unpublished manuscript.

Maslow, A. H. (1952). Motivation and personality. New York: Harper.

Maslow, A. H. (1968). Toward a psychology of being. Princeton: Van Nostrand, 2. Aufl.

Mason, W. A. (1970). Motivational factors in psychosocial development. In W. J. Arnold, & M. M. Page (eds.), Nebraska Symposium on Motivation. Lincoln, Nebraska: University of Nebraska Press.

Masterson, J. (1976). Psychotherapy of the borderline adult: A developmental approach. New York: Brunner/Mazel.

McCall, R. B., & Nelson, W. H. (1970). Complexity, contours, and area as determinants of attention in infants. Developmental Psychology, 3, 343–349.

McDougall, W. (1948), An Introduction to social psychology, London: Methuen, 29. Aufl.

Meissner, W. W. (1981). Internalization in psychoanalysis. New York: International Universities Press.

Miller, S. C. (1962). Ego autonomy in sensory deprivation, isolation, and stress. International Journal of Psychoanalysis, 43, 1–20.

Mischel, T. (1963). Psychology and explanations of human behavior. Philosophy and Phenomenological Research, 23, 578–594.

Mischel, T. (1966). Pragmatic aspects of explanation. Philosophy of Science, 33, 40–60.

Mitchell, S. A. (1979). Twilight of the idols: change and preservation in the writings of Heinz Kohut. Contemporary Psychoanalysis, 15, 170–189.

Modell, A. (1975). The ego and the id: 50 years later. International Journal of Psychoanalysis, 56, 57–68.

Moore, M. S. (1980). The nature of psychoanalytic explanation. Psychoanalysis and Contemporary Thought, 3, 459–543.

Morgenthau, H. & Person, E. (1978). The roots of narcissism. Partisan Review, 45, 337–347.

Munroe, R. L. (1955). Schools of psychoanalytic thought. New York: Dryden Press.

Murray, E. J. (1956). A content-analysis method for studying psychotherapy. Psychological Monographs, 70.

Nardini, J. E. (1952). Survival factors in American prisoners of war. American Journal of Psychiatry, 109, 244.

Ornstein, P. (ed.) (1978). The search for the self: Selected writings of Heinz Kohut: 1950–1978. New York: International Universities Press.

Osgood, C. E. (1969). On the whys and wherefores of E, P, and A. Journal of Personality and Social Psychology, 12, 194–199.

Passman, R. H. & Erck, T. W. (1977). Visual presentation of mothers for facilitating play in children. The effects of silent films of mothers. Presented to the Society for Research in Child Development, New Orleans.

Passman, R. H., & Weisberg, P. (1975). Mothers and blankets as agents for promoting play and exploration by young children in an novel environment: The effects of social and nonsocial attachment objects. Developmental Psychology, 170–177.

Patton, R. G., & Gardner, L. I. (1963). Growth failure in maternal deprivation. Springfield, Ill.: Charles Thomas.

Peterfreund, E. (1978). Some critical comments on psychoanalytic conceptions of infancy. International Journal of Psychoanalysis, 59, 427–441.

Peters, R. S. (1958). The concept of motivation. London: Routledge & Kegan Paul.

Piaget, J. (1976). Piaget's theory. In P. B. Neubauer (ed.), The process of child development (pp 164–212). New York: New American Library.

Piaget, J. & Inhelder, B. (1969). Die Psychologie des Kindes. Olten, Freiburg i. Br.: Walter 1972.

Popper, K. R. (1962). Conjectures and refugations. New York: Basic Books.

Popper, K. (1972). Objektive Erkenntnis: ein evolutionärer Entwurf. Hamburg: Hoffmann & Campe, 2. Aufl., 1974.

Powell, G. F., Brasel, J. A., & Hansen, G. D. (1967a). Emotional deprivation and growth retardation simulating idiopathic hypopituitarism: Clinical evaluation of the syndrome. New England Journal of Medicine, 276, 1271–1278.

Powell, G. F., Brasel, J. A., & Hansen, G. D. (1976b). Emotional deprivation and growth ratardation simulating idiopathic hypopituitarism II: Endocrinologic evaluation of the syndrome. New England Journal of Medicine, 276, 1279–1283.

Prince, M. (1929a). Clinical and experimental studies in personality. (rev. ed.) Cambridge, Mass.: Harvard University Press.

Prince, M. (1929b). The unconscious. (2nd ed.) New York: Macmillan.

Radnitzky, G. (1973). Contemporary schools of metascience. Chicago: Henry Regnery.

Rangell, L. (1980). Contemporary issues in the theory of therapy. In H. Blum (ed.), Psychoanalytic explorations of technique: Discourse on the theory of therapy. New York: International Universities Press.

Rapaport, D. (1950). On the psychoanalytic theory of thinking. In R. P. Knight & C. R. Friedman (eds.), Psychoanalytic psychiatry and psychology, clinical and theoretical papers. Austen Riggs Center, Vol. I. New York: International Universities Press 1954.

Rapaport, D. (1951). The conceptual model of psychoanalysis. In R. P. Knight, & C. R. Friedmann (eds.), Psychoanalytic psychiatry and psychology, clinical and theoretical papers. Austen Rigers Center, Vol. I. New York: International Universities Press 1954.

Rapaport, D. (1958). The theory of ego autonomy: A generalization. Bulletin of the Menninger Clinic, 13–35.

Reich, W. (1927). Die Funktion des Orgasmus. Frankfurt: Fischer 1976.

Rheingold, H. L., & Eckerman, C. O. (1970). The infant separates himself from his mother. Science, 168, 78–83.

Ricoeur, P. (1969). Die Interpretation. Ein Versuch über Freud. Frankfurt: Suhrkamp.

Robins, L. N. (1966). Deviant children grown up: A socio-psychiatric study of sociopathic personality. Baltimore, Md.: Williams & Wilkins.

Robinson, P. (1979). Apologist for the superego (review of B. Bettelheim's "Surviving and other essays"). New York Times Book Review, April 29.

Rochlin, G. (1973). Man's aggression: The defense of the self. Boston: Gambit.

Rogers, C. R. (1959). A theory of therapy, personality, and interpersonal relationships, as developed in the client-centered framework. In S. Koch (ed.), Psychology: A study of science, Vol. 3 (pp 184–256). New York: McGraw-Hill.

Rogers, C. R. (1961). Entwicklung der Persönlichkeit. Stuttgart: Klett 1973.

Rogers, C. R. (1951). Die klientenzentrierte Gesprächspsychotherapie. München: Kindler 1976.

Rosenblum, L. (1961). The development of social behavior in the rhesus monkey. Unpublished doctoral dissertation, University of Wisconsin.

Rosenthal, R. (1963). On the social psychology of the psychological experiment: The experimenter's hypotheses as unintended determinant of experimental results. American Scientist, 51, 268–283.

Rubinfine, D. (1981). Reconstruction revisited: the question of the reconstruction of mental functioning during the earliest months of life. In S. Tuttman, C. Kaye, & M. Zimmermann (eds.), Object and self: A developmental approach: Essays in honor of Edith Jacobson. New York: International Universities Press.

Rubinstein, B. B. (1976). On the possibility of a strictly clinical psychoanalytic theory: An essay in the philosophy of psychoanalysis. In M. M. Gill, & P. S. Holzman (eds.), Psychology versus metapsychology: Psychoanalytic essays im memory of George S. Klein. New York: International Universities Press.

Rubinstein, B. B. (1980). On the psychoanalytic theory of unconscious motivation and the problem of its confirmation. Noûs, 14, 427–442.
Rubinstein, B. B. (1981). Person, organism, and self: their worlds and their psychoanalytically relevant relationships. Paper presented at the New York Psychoanalytic Society.
Ruff, H. A., & Birch, H. G. (1974). Infant visual fixation: The effect of concentricity, curvilinearity, and number of directions. Journal of Experimental Child Psychology, 17, 460–473.
Rutter, M. (1976). Separation, loss and family relationships. In M. Rutter, & L. Hersov (eds.), Child Psychiatry. Oxford: Blackwell.
Rycroft, C. (1966). Psychoanalysis observed. London: Constable.
Sampson, H. (1982). Psychotherapy research: Theory and findings; Research findings. Psychotherapy research group, department of Psychiatry, Mount Zion Hospital and Medical Center, Bulletin No. 5.
Sampson, H., & Weiss, J. (1977). Research on the psychoanalytic process: An overview 2. The Psychotherapy Research Group, Department of Psychiatry, Mount Zion Hospital and Medical Center, Bulletin No. 2.
Sampson, H., Weiss, J., & Canston, J. (1976). Research on the psychoanalytic process. Presentation to the opening conference on Psychotherapy research, Langley Porter Institute, Psychotherapy Evaluation and Study Center. San Francisco/Cal., October.
Sampson, H., Weiss, J., & Gassner, S. (1977). Research on the psychoanalytic process II: A comparison of two theories of how previously warded off contents emerge in psychoanalysis. The Psychotherapy Research Group; Department of Psychiatry, Mount Zion Hospital and Medical Center. Bulletin No. 3.
Sampson, H., Weiss, J., Mlodnosky, I. & Hause, E. (1972). Defense analysis and the emergence of warded off mental contents. Archives of General Psychiatry, 26, 524–532.
Sand, R. (1981). Symposium on Emanuel Peterfreund on information and systems theory. Psychoanalytic Review, 68, 174–186.
Sandler, J. & Sandler, A., M. (1978). On the development of object relationships and affects. International Journal of Psychoanalysis, 59, 285–296.
Sartre, J. P. (1943). Das Sein und das Nichts. Reinbek: Rowohlt 1962.
Schafer, R. (1968). Aspects of internalization. New York: International Universities Press.
Schafer, R. (1978). Language and Insight. New Haven: Yale University Press.
Schafer, R. (1976). Eine neue Sprache für die Psychoanalyse. Stuttgart: Klett-Cotta 1982.
Schanberg, S. M., & Kuhn, C. M. (1980). Maternal deprivation: An animal model of psychological dwarfism. In E. Usdin, T. L. Sourkes, & M. B. Youdin (eds.), Enzymes and neurotransmitters (pp 374–393). New York: Wiley.
Scheffler, I. (1967). Science and subjectivity. Indianapolis: Bobbs-Merrill.
Sherwood, M. (1969). The logic of explanation in psychoanalysis. New York: Academic Press.

Shope, R. K. (1967). The psychoanalytic theories of wish-fulfillment and meaning. Inquiry, 10, 421–438.

Shope, R. K. (1970). Freud on conscious and unconscious intentions. Inquiry, 13, 149–159.

Silver, H. K., & Finkelstein, M. (1967). Deprivation dwarfism. Journal of Pediatrics, 70, 317–324.

Simon, H. A. (1967). Motivational and emotional controls of cognitions. Psychological Review, 74, 29–39.

Slap, G. W., & Levine, F. J. (1978). On hybrid concepts in psychoanalysis. Psychoanalytic Quarterly, 67, 499–523.

Spence, D. (1982). Narrative truth and theoretical truth. Psychoanalytic Quarterly, 51, 43–69.

Spitz, R. (1945). Hospitalism: An inquiry into the genesis of psychiatric conditions in early childhood. The Psychoanalytic Study of the Child, Vol. 1 (pp 53–74). New York: International Universities Press.

Spitz, R. (1946a). Hospitalism: A follow-up report. The Psychoanalytic Study of the Child, Vol. 2 (pp 113–117). New York: International Universities Press.

Spitz, R. (1946b). Anaclitic depression: An inquiry into the genesis of psychiatric conditions in early childhood. The Psychoanalytic Study of the Child, Vol. 2 (pp 313–342). New York: International Universities Press.

Spitz, R. (1960). Discussion of Dr. Bowlby's paper. The Psychoanalytic Study of the Child, 15, 85–94.

Steele, R. S. (1979). Psychoanalysis and hermeneutics. International Review of Psychoanalysis, 6, 389–411.

Stern, D. N. (1980). The early development of schemas of self, of other, and of various experiences of "self with other". Paper presented to a symposium on "Reflection on Self Psychology" at the Boston Psychoanalytic Society and Institute. Boston/Mass., November 1980.

Stolorow, R. (1975). Toward a functional definition of narcissism. International Journal of Psychoanalysis, 56, 179–185.

Stolorow, R. (1976). Psychoanalytic reflections on client-centered therapy in the light of modern conceptions of narcissism. Psychotherapy: Theory, Research and Practice, 13, 26–29.

Stolorow, R. D., & Lachmann, F. M. (1980). Psychoanalysis of developmental arrests. New York: International Universities Press.

Strachey, J. (1934). The nature of the therapeutic action of psychoanalysis. International Journal of Psychoanalysis, 15, 127–159.

Strasman, H. D., Thaler, M., & Schein, E. H. (1956). A prisoner of war syndrome: Apathy as a response to severe stress. American Journal of Psychiatry, 122, 998–1003.

Sullivan, H. S. (1947). Conceptions of modern psychiatry. New York: W. W. Norton.

Sullivan, H. S. (1953). The interpersonal theory of psychiatry. New York: W. W. Norton.

Sullivan, H. S. (1956). Clinical studies in psychiatry (pp 166–181). New York: W. W. Norton.

Suomi, S. J., Harlow, H. F., & Domek, C. J. (1970). Effects of repetitive infant-infant separation of young monkeys. Journal of Abnormal Psychology, 76, 161–172.

Thoman, E. B., & Arnold, W. J. (1968). Maternal behavior in rats. Journal of Comparative Physiological Psychology, 65, 441–446.

Truax, C. (1966). Reinforcement and nonreinforcement in Rogerian psychotherapy. Journal of Abnormal Psychology, 71, 1–9.

Unamuno, M. de (1931). The tragic sense of life in men and in peoples. London: Macmillan.

Volkan, V. (1976). Psychoanalyse der frühen Objektbeziehungen. Zur psychoanalytischen Behandlung psychotischer, präpsychotischer und narzißtischer Störungen. Stuttgart: Klett-Cotta 1978.

Waelder, R. (1960). Die Grundlagen der Psychoanalyse. Bern/Stuttgart: Huber/Klett.

Wallerstein, R. S. (1980). Self-psychology and "classical" psychoanalytic psychology. The nature of their relationships–a review and overview. Paper presented at the Boston Psychoanalytic Society and Institute Symposium on the Psychology of the "Self". Boston/Mass., Nov. 1980.

Weiss, J. (1952). Crying at the happy ending. Psychoanalytic Review, 39, 388.

Weiss, J. (1971). The emergence of new themes: A contribution to the psychoanalytic theory of therapy. International Journal of Psychoanalysis, 52, 459–467.

Weiss, J. (1982). Psychotherapy research: Theory and findings, theoretical introduction. Psychotherapy Research Group, Department of Psychiatry. Mount Zion Hospital & Medical Center, Bulletin No. 5.

Weiss, J., Sampson, H., Caston, J., & Silberschatz, G. (1977). Research on the psychoanalytic process I: A comparison of two theories about analytic neutrality. The Psychotherapy Research Group, Department of Psychiatry, Mount Zion Hospital and Medical Center, Bulletin No. 3.

Weiss, J., Sampson H., Gassner, S. & Caston, J. (1980). Further research on the psychoanalytic process. The Psychotherapy Research Group, Department of Psychiatry, Mount Zion Hospital and Med. Center, Bulletin No. 4.

White, G. L., & La Barba, R. C. (1976). The effects of tactile and kinesthetic stimulation on neonatal development in the premature infant. Journal of Developmental Psychobiology, 9, 569–577.

White, R. W. (1960). Competence and psychosexual stages of development. In M. R. Jones (ed.), Nebraska symposium on motivation. Lincoln, Nebraska: University of Nebraska Press.

White, R. W. (1963). Ego and reality in psychoanalytic theory. Psychological Issues, 3.

White, R. W. (1966). Lives in progress. New York: Holt, Rinehart & Winston.

Wilson, W. R., & Rajecki, D. W. (1974). Effects of the presence of familiar objects on the tendency of domestic chicks to peck in a novel situation. Revue du Comportement Animal, 8, 95–102.

Winnicott, D. W. (1985). Collected papers: Through pediatrics to psychoanalysis. New York: Basic Books.

Winnicott, D. W. (1965). Reifungsprozesse und fördernde Umwelt. München: Kindler 1974; 2. Aufl. Stuttgart: Klett-Cotta 1978.

Yourcenar, M. (1965). Ich zähmte die Wölfin. Die Erinnerungen des Kaisers Hadrian. München: dtv 1978.

Verlag Internationale Psychoanalyse

Otto F. Kernberg
Innere Welt und äußere Realität
Anwendungen der Objektbeziehungstheorie.
Übersetzt aus dem Amerikanischen von Max Looser.
1987, 408 Seiten, Leinen mit Schutzumschlag.
DM 58,–
ISBN 3-621-26500-7

Peter Kutter, Raúl Páramo-Ortega, Peter Zagermann (Hrsg.)
Die psychoanalytische Haltung
Auf der Suche nach dem Selbstbild der Psychoanalyse.
1987, 412 Seiten, Leinen mit Schutzumschlag, DM 58,–
ISBN 3-621-26501-5

Ursula Welsch/Michaela Wiesner
Lou Andreas-Salomé
Vom „Lebensurgrund" zur Psychoanalyse
1987, ca. 536 Seiten, 92 Abb., Leinen mit Schutzumschlag,
DM 48,–
ISBN 3-621-26506-6

Béla Grunberger
Narziß und Anubis
Die Psychoanalyse jenseits der Triebtheorie.
Übersetzt aus dem Französischen von Eva Moldenhauer
1987, Band I, 256 Seiten, Leinen mit Schutzumschlag,
DM 48,–
ISBN 3-621-26503-1
1988, Band II, 244 Seiten, Leinen mit Schutzumschlag,
DM 48,–
ISBN 3-621-26504-X

Janine Chasseguet-Smirgel
Zwei Bäume im Garten
Zur psychischen Bedeutung der Vater- und Mutterbilder. Psychoanalytische Studien.
Übersetzt aus dem Französischen von Eva Moldenhauer
1987, 216 Seiten, Leinen mit Schutzumschlag,
DM 44,–
ISBN 3-621-26502-3

Morris N. Eagle
Neuere Entwicklungen in der Psychoanalyse
Eine kritische Würdigung.
Übersetzt aus dem Amerikanischen von Hilde Weller.
1987, 308 Seiten, Leinen mit Schutzumschlag.
DM 48,–
ISBN 3-621-26505-8

Angela-Graf-Nold
Der Fall Hermine Hug-Hellmuth
Eine Geschichte der frühen Kinder-Psychoanalyse
1988, ca. 320 Seiten, ca. 50 Abb., Leinen mit Schutzumschlag,
ca. DM 48,–
ISBN 3-621-26507-4

Der 1987 gegründete Verlag Internationale Psychoanalyse ist eine Tochtergesellschaft der Psychologie Verlags Union München-Weinheim
Verlagsanschrift: 8000 München 2, Postfach 20 24 40
Vertrieb: Psychologie Verlags Union, Postfach 11 20, 6940 Weinheim

München und Wien

Preisänderungen vorbehalten